V&R

# Deutschland im 18. Jahrhundert

*Politische Verfassung, soziales Gefüge, geistige Bewegungen*

Ausgewählte Aufsätze
von
Rudolf Vierhaus

VANDENHOECK & RUPRECHT
GÖTTINGEN · 1987

CIP-Kurztitelaufnahme der Deutschen Bibliothek

*Vierhaus, Rudolf:*
Deutschland im 18. Jahrhundert : polit. Verfassung, soziales Gefüge, geistige Bewegungen ; ausgew. Aufsätze / von Rudolf Vierhaus. – Göttingen : Vandenhoeck u. Ruprecht, 1987.

ISBN 3-525-36216-1


Gesetzt aus der 10/11 Punkt Garamond auf der V-I-P
Gesamtherstellung: Verlagsdruckerei E. Rieder, Schrobenhausen

# *Inhalt*

# *Vorwort*

Die Erträge wissenschaftlicher Arbeit gehen nicht immer, manchmal erst nach längerer Zeit und dann in modifizierter und kondensierter Gestalt in größere Darstellungen ein. Oft aber haben sie in Aufsätzen und Abhandlungen Niederschlag gefunden, die, aus unterschiedlichen Anlässen entstanden, das übergreifende, sich weiter entwickelnde Erkenntnisinteresse des Verfassers und sein Bemühen um Darstellung erkennen lassen. Das mag es rechtfertigen, einige von ihnen, die einer vielschichtigen, im Kern aber einheitlichen Thematik gewidmet waren, allerdings an verschiedenen Stellen veröffentlicht wurden, gesammelt noch einmal vorzulegen. Um den Zusammenhang der Argumentation deutlicher hervortreten zu lassen, ist die Chronologie der Erstveröffentlichung der einzelnen Beiträge aufgegeben worden zugunsten einer Ordnung nach Schwerpunkten, die für die sozial-, verfassungs-, kultur- und mentalitätsgeschichtliche Interpretation des 18. Jahrhunderts aufschlußreich erscheinen. Eines Jahrhunderts, das einerseits am Anfang der modernen Welt stand, andererseits noch zum alten Europa gehörte. Das gilt für Deutschland mehr noch als für Westeuropa; die Eigentümlichkeit der deutschen Entwicklung, insbesondere der deutschen Ausprägung der Aufklärung, herauszuarbeiten, war eine der leitenden Absichten aller hier vereinigten Abhandlungen.

Es handelt sich um eine Auswahl aus einer größeren Anzahl von Aufsätzen, auf die nur hingewiesen wird, wenn es sachlich gerechtfertigt ist. Partielle Überschneidungen waren nicht zu vermeiden, da es sich um Annäherungen unter verschiedenen Fragestellungen an denselben Problemkomplex handelt. Nur bei gänzlicher Neubearbeitung wäre eine schärfere Abgrenzung der Beiträge möglich gewesen. Das aber hätte nicht nur bedeutet, ein neues Buch zu schreiben; es wäre auch der Charakter einer Aufsatzsammlung verlorengegangen, die einen anderen Einblick in die Arbeit erlaubt als eine Gesamtdarstellung. Auch auf eine durchgehende Modernisierung der Beiträge ist verzichtet worden. Direkte Anspielungen auf den Anlaß ihrer Entstehung sind weggelassen; um ihren Ort in der Erforschung des 18. Jahrhunderts anzudeuten, ist in bibliographischen Nachträgen wichtige Literatur genannt, die seither zu den einzelnen Themen erschienen ist und zum Teil die hier wieder abgedruckten Studien verwertet. Stilistisch überarbeitet sind alle Beiträge. Wer möchte nach Jahren nicht manches anders und besser sagen als bei der ersten Veröffentlichung?

Die vorliegende, von Herrn Dr. Winfried Hellmann im Verlag Vandenhoeck & Ruprecht angeregte Sammlung wäre ohne das Drängen, den Rat und die Hilfe meiner Frau kaum zustande gekommen. Ihr gilt mein erster Dank. Zu danken habe ich weiterhin Herrn Rainer Sabelleck für wertvolle Hilfe bei der Druckvorbereitung.

Rudolf Vierhaus

# *Montesquieu in Deutschland*

## Zur Geschichte seiner Wirkung als politischer Schriftsteller im 18. Jahrhundert

»Eben werfe ich mich in den Reisewagen nach Paris und lese nichts als Montesquieu unterwegens.«
(Herder an Begrow, Nov. 1769)

### I

Lassen wir uns warnen: »Man findet Montesquieu unmittelbar nach seinem Erscheinen und fortan dauernd, ich möchte sagen: überall und nirgends [...]. Und gerade weil er überall ist, ist er schließlich nirgends. Die allzu weite Wirkung entkleidet sich des Persönlichen«.[1] Und warnen wir uns selber vor der Unterschätzung der Schwierigkeiten einer Wirkungsgeschichte. Wenn es sehr viel schwerer ist, einen historischen Sachzusammenhang genau zu erforschen und darzustellen als ein Urteil darüber zu fällen, so noch mehr, einen ideellen Wirkungszusammenhang aufzuhellen.

Unmöglich, *alle* Motive aufzudecken, die eine menschliche Handlung bestimmen, *allen* Traditionen nachzugehen, die hinter einer Anschauung, einer Meinung, einem geistigen Werke stehen. Was nimmt ein Einzelner auf von seiner Herkunftswelt, von der ihm vermittelten Bildung, von der sozialen Umwelt, in die er hineinkommt? Was bringt er schon mit, wenn er in seiner Lektüre, in der Berührung mit anderen Menschen, in der Erfahrung fremder Natur oder Kunst dem für ihn »Neuen« begegnet? Das Wann, Was, Wie und Wo der Begegnung ist wichtig – die Aufnahmefähigkeit des Einzelnen ist es nicht minder. Seine eigene geistige Energie entscheidet, ob er nur passiv aufnimmt oder aktiv verarbeitet, was auf ihn »wirkt«. Eine »Wirkung« kann auf Verstehen oder Mißverstehen beruhen; sie kann direkt oder vermittelt sein – womit sich die Frage nach dem Vermittler stellt.

Die Tatsache, daß jemand Begriffe gebraucht, die zu einem bestimmten Zeitpunkt in einem bestimmten Kontext aufgetreten und mit einem bestimmten historischen Bedeutungsgehalt aufgeladen worden sind, besagt nicht notwendig, daß er dieselbe Bedeutung mit ihnen verbindet. Die Aufnahme eines bestimmten Gedankens aus dem früheren oder gleichzeitigen Gedankensystem eines anderen besagt nicht, daß das ganze System rezipiert worden ist. Einzelne Gedanken, Begriffe, Schlagwörter können erhellend sein, ohne daß der Zusammenhang bekannt ist, in dem sie entstanden sind. Sie können aus der allgemeinen Diskussion der Zeit übernommen sein. Es gibt das Aufeinanderstoßen des Ungleichzeitigen; es gibt bewußt und unbewußt aufgenommene, vorherrschende und verdeckte, aufgezwungene und bereitwillig akzeptierte »Einwirkungen«. Ihre Annahme ist selten eine totale, manchmal eine zufällige. Ideen und Ideenkomplexe können daher einen »Stellenwert« erhalten, der ihnen ursprünglich nicht eigen war.

Die Wirkung Montesquieus im politischen Denken (und Geschehen) Europas war bereits im 18. Jahrhundert so selbstverständlich, daß man getrost den Beweis schuldig bleiben zu können glaubte, wenn man von ihr als Faktum sprach. »In unseren Tagen haben die mutigen Brabanter ihre Stände und Rechte mit Macht gerettet. Ihre Mitbürger in Österreich scheinen [...] auch etwas tun zu wollen. Und in Frankreich wachen die Reichsstände, nach einem erquickenden Schlafe von 175 Jahren, der der eigentlichen Nation (dem tiers état) Geist und Herz gestärkt hat, wieder auf. Das hat Montesquieu der Aufklärer getan!« So schrieb der Göttinger Professor und Publizist August Ludwig Schlözer 1788.[2] Und ein Jahr später: »Die jetzige Revolution in Frankreich hat der Verfasser des Esprit des Lois eingeleitet [...] Er lehrte, was jetzt jeder wirklich gelehrte Greis und Jüngling lehrt und unmittelbar schon Christus der Herr lehrte: kein Herodes, kein Kaiphas sollen ihre Mitmenschen kujonieren«.[3]

## II

Montesquieus Ruhm ist zunächst der des Schriftstellers gewesen: des Mannes, der die »Lettres Persanes« (1721) und »Le Temple de Gnide« (1724) geschrieben hatte – beides nach Inhalt und Form Werke im Geschmack der Zeit, deren Autor trotz seiner Anonymität nicht unbekannt blieb,[4] – des Mannes, der in den »Considérations sur les causes de la grandeur des Romains et de leur décadence« (1734) eines der großen Themen des europäischen geschichtlich-politischen Denkens seit Augustin behandelt und »vielleicht neben Piranesis monumentalen Rom-Stichen überhaupt die wichtigste europäische Romdichtung des Jahrhunderts und eine der wirkungsvollsten Darstellungen vor Gibbons umfassender Darstellung des römischen Untergangs«[5] geschaffen hatte. Selbst »De l'esprit des lois« (1748), ein klassisches Werk der europäischen politischen Literatur, erschien seiner Zeit weniger als staatsrechtliche oder historische Abhandlung, denn als das Buch eines »Philosophen«, eines denkenden Kopfes, eines Schriftstellers, der einen der wirklich lohnenden Gegenstände des menschlichen Geistes: den Staat, seine »Verfassung«, seine »Gesetze« behandelte.

Montesquieu war ein Mann von bedeutender Gelehrsamkeit, die gleichwohl die Regeln des Geschmacks und die Anforderungen der Eleganz des

Ausdrucks gewichtiger nahm als das Gebot der Exaktheit und Vollständigkeit – ein Mann von »Welt«, in der das Politische wie bei den Alten im Mittelpunkt stand.[6] Auch die Historie sah er unter dem weiteren Aspekt des Politischen, d. h. im Horizont der gesellschaftlichen Welt. Alles Historische war ihm Demonstration menschlichen Handelns in seinen verschiedenen Formen, die jeweils durch Klima, Religion, Gesetze, Regierungsgrundsätze, Beispiele der Vergangenheit (»exemples des choses passées«), Sitten und Gebräuche (»manières«) bestimmt sind.[7] Geschichtliche Erscheinungen als jeweils besondere Ausprägung der grundsätzlich gleichen Menschennatur in verschiedenen Zeitaltern und Räumen – in dieser Auffassung verband sich systematisches Denken mit der Freude am empirischen Befund, mit der Abneigung gegen bloße Abstraktion und mit dem aristokratischen Bedürfnis nach Unterscheidung. Von hier sind Impulse zur Ausbildung eines spezifischen »historischen Denkens« und einer »organischen« Staatsauffassung ausgegangen, die beide vor allem in Deutschland sich entfaltet haben.

Trotz des Verzichts auf streng systematische Durchführung, trotz einer bewußt lockeren Form trat der »Esprit« mit dem souveränen Anspruch auf, das Ganze des thematisch Wichtigen zu enthalten. Der Verfasser war zu »fein«, um sein weitgespanntes, aus unablässiger Lektüre und Beobachtung gewonnenes Wissen mit zahllosen Anmerkungen und fachlicher Polemik auszubreiten. Das Publikum, für das er schrieb, also die »Philosophen«, die »hommes d'état«, alle diejenigen, die sich an den unendlichen Diskussionen über den Menschen und die menschliche Gesellschaft beteiligten, hätten auf einen gelehrten Wälzer kaum angesprochen. Der »Esprit« war zugleich Kompendium und riesiger Essay, Handbuch für Regierende und schöngeistige Literatur für Damen, die sich in den Pariser Salons über Wissen, Geschmack, Bildung und Weltkenntnis des Autors unterhielten. Hier gab es so viel Fakten, daß die faktenhungrigen Leser des 18. Jahrhunderts begeistert waren, und so viel an Generalisierung und Reflexion, daß sie – ebenso diskussionsfreudig wie räsonierend – sich lange dabei aufhalten konnten. Was ließ sich nicht alles über eine der Hauptthesen Montesquieus, den entscheidenden Einfluß des Klimas, in einer Gesellschaft sagen, die alle Nachrichten über den Orient oder die amerikanischen »Wilden« begierig aufnahm und einem modischen Exotismus verfallen war. Welch schier unbegrenztes Feld der Diskussion, des Vergleichs, der Kombination und des Zurschaustellens von Wissen bot auch Montesquieus Zuordnung bestimmter moralischer Prinzipien zu bestimmten Staatsformen. Schließlich die Form des »Esprit«: die klare, nirgendwo prätentiöse Sprache, dagegen die gewollten Dunkelheiten der Gedankenführung, die kaschierte Systematik: kaum politische Camouflage, vielmehr literarischer Stil eines Mannes von geistiger Distinktion.

So beruht die Wirkung Montesquieus zum einen auf dem literarischen und – im Sinne der Zeit – »philosophischen« Charakter seines Oeuvres und auf dem Vorhandensein eines »Publikums«, das dafür in besonders hohem Grade ansprechbar war. Zum anderen auf der Tatsache, daß die »Lettres persanes« und der »Esprit« bei ihrem Erscheinen als politische Kritik gelten mußten, die sich zwar in erster Linie gegen französische Verhältnisse richtete, doch so prinzipiell begründet war und in so allgemeine Folgerungen einmündete, daß man in ganz Europa auf sie reagierte. Was vor allem im »Esprit« über die Freiheit, ihre Bedingungen und Garantien, über die Gefahr des Despotismus, die Vorteile der beschränkten Monarchie, die Notwendigkeit der ständischen Zwischengewalten und der Dezentralisation der Gewalt gesagt war, das mußte als Herausforderung an bestehende Verhältnisse gelesen werden, vor allem an den monarchischen Absolutismus, der seine Überzeugungskraft in Frankreich seit einem halben Jahrhundert zunehmend verloren hatte, aber auch im übrigen Europa neben der altständischen nun eine aufgeklärte Opposition erhielt.

Diese politisch-kritische Wirkung ist mit der literarischen unmittelbar verknüpft gewesen, vor allem in Frankreich. Die Franzosen der zweiten Hälfte des 18. Jahrhunderts waren gewohnt, in den Schriftstellern »les principaux hommes politiques du pays« zu sehen.[8] Zwar kann man Montesquieu der von Tocqueville derartig charakterisierten Gruppe nicht ohne weiteres zurechnen. Er stand nicht nur zeitlich *vor*, sondern auch hoch *über* den meisten von ihnen, insofern er nicht bloß räsonierte, sondern ergründete, durchdachte. Während für sie die Kritik das Hauptgeschäft war, ergab sie sich bei ihm als Konsequenz des Gedankens. Gleichwohl hat er das politische Ansehen des homme de lettres in Frankreich mitbegründet. Ansehen in Frankreich aber bedeutete im 18. Jahrhundert Beachtetwerden in Europa.

Auch in Deutschland ist der »Präsident« Montesquieu (der doch schon 1726 die ein Jahrzehnt vorher von seinem Oheim ererbte Stelle eines Präsidenten des Parlaments von Bordeaux wieder verkauft hatte) schnell berühmt geworden. Zeitpunkt und Zahl der Übersetzungen seiner Werke sind dafür kein genügender Gradmesser, denn sein Publikum war darauf nicht angewiesen, und an französischen Ausgaben war kein Mangel.[9] So sind die »Lettres persanes« erst 1759 in deutscher Sprache erschienen. Dagegen legte Bielfeld schon 1742 eine Übersetzung der »Considérations« vor; eine zweite erschien 1786. Die meisten Übersetzungen erlebte die Prosadichtung und fiktive Übertragung aus dem Griechischen »Le Temple de Gnide«; 1750 kam sie zusammen mit Voltaires »Tempel des guten Geschmacks« auf den Büchermarkt; bis 1782 folgten vier weitere Übertragungen. Gleich zweimal erschien 1762 Montesquieus »Versuch über den Geschmack«, der fragmentarische Enzyklopädie-Artikel. »De l'esprit des lois« lag bereits 1753 in deutscher Übersetzung vor, für die der Göttinger Professor Abraham Gotthelf Kästner verantwortlich zeichnete. Unbefriedigt über alle bisherigen Verdeutschungen des Wortes »esprit« und voller Sorge, unverständlich zu bleiben, wenn er es mit »Geist« übersetze, wählte er den Titel »Des Herrn von Montesquiou Werk von den Gesetzen oder von der Verhältniß, welche die Gesetze zu jeder Regierungsverfassung, den Sitten, dem Landstriche, der Religion, der Handlung usf. haben sollen [...]«.[10] Als 1782 K. G. Schreiter und A. W. Hauswald eine zweite deutsche Übersetzung vorlegten, scheuten sie nicht mehr vor der Verwendung des Wortes »Geist« zurück. Eine weitere Übersetzung erschien 1785–1787 in Prag.

Fast immer, wenn Montesquieu genannt wurde, geschah dies unter der Voraussetzung seiner Bekanntheit. Als Hamann 1754 »Idée du siècle présent réduit à 6 vrais auteurs« skizzierte, nannte er Gresset, Crébillon père, Trublet, Fontenelle, Montesquieu »et un auteur qu'on laisse à deviner«.[11] In seiner Eloge auf Montesquieu vor der Berliner Akademie 1755 rechtfertigte Maupertuis sein Tun: es sei zwar nicht üblich, auswärtige Mitglieder auf diese Art zu ehren, da es Sache ihrer eigenen Nationen sei, Lobreden auf sie zu halten; Montesquieu aber sei der ganzen Welt gegeben. Er, Maupertuis, werde demnach »von einem allgemeinen Guten reden, davon ein Teil auch uns zugehöret«.[12] »In dem ersten Rang der heutigen Schriftsteller« sieht man Montesquieu stehen,[13] erblickt in ihm den »Adler unter allen französischen Verfassern«,[14] ist überzeugt, daß eine Sammlung von »vertraulichen Briefen« aus seiner Feder keiner Empfehlung bedürfe.[15] Der Übersetzer der Altenburger Ausgabe der »Considérations« von 1786 meinte: »Was die Schrift selbst betrifft, so ist sie zu bekannt, als daß ich einleitungsweise viel zu ihr sagen dürfte; und der Name ihres berühmten Verfassers, welchen Frankreich bis zum heutigen Tage unter seine klassischen Schriftsteller rechnet, sollte hinlänglich genug sein, um ihr überall eine günstige Aufnahme zu verschaffen«.[16] Der Wiener F. J. Riedel stellte Montesquieu mit Winckelmann auf eine Stufe; was dieser für die Künste, bedeute jener für die Gesetzgebung.[17] Der »große Montesquieu«,[18] der »unsterbliche Montesquieu«,[19] »le célèbre Montesquieu«[20] – das waren wiederkehrende gängige Wendungen. Für Wolfgang Heribert von Dalberg war es sicher, daß sich dieser »große Schriftsteller« durch seine Werke »das Bürgerrecht bei allen aufgeklärten Nationen bereits erworben hat«.[21] Damit bestätigte er, was Maupertuis ein Menschenalter zuvor gesagt hatte. Und Wieland nannte in seinem Akademieplan Montesquieu und Shaftesbury als die einzigen neuzeitlichen Schriftsteller, deren Lektüre für den Unterricht obligatorisch sein müsse.[22]

Sprach man in Deutschland in der zweiten Hälfte des 18. Jahrhunderts von Montesquieu, so meinte man zumeist den Verfasser des »Esprit«; hinter ihm trat der Verfasser der »Persischen Briefe« und der »Betrachtungen« mehr und mehr, seit der Französischen Revolution dann gänzlich zurück. Was die letztgenannten Werke an politischen Gedanken enthielten,[23] erschien – mit Recht – im »Esprit« aufgehoben und überhöht. Schon Maupertuis hatte sie als »Stufen zu diesem prächtigen Tempel« bezeichnet, den Montesquieu »der Glückseligkeit des ganzen menschlichen Geschlechts errichtete«.[24] Der »Esprit« war gemeint, wenn man – so selbstverständlich, als handle es sich um ein Lehrbuch – »der« Montesquieu sagte. »Ich schlage soeben noch den Montesquieu wegen der Lycurgischen Gesetze nach«, schrieb Justus Möser im Januar 1765 an Thomas Abbt, und einige Monate später empfahl er ihm, das Recht aus der Geschichte zu lernen, wie Montesquieu es getan habe.[25]

Schon 1753 hatte, in Deutschland beachtet, der dänische Dichter und Geschichtsschreiber Baron Holberg von dem »fameux ouvrage, qu'on regarde comme un ornement de notre siècle« gesprochen. »Je conviens avec ceux, qui estiment cet ouvrage et qui le regardent comme un chef d'œuvre dans son espace«.[26] Und ein Jahr darauf stellte David Georg Strube in den »Hannöverschen gelehrten Anzeigen« fest: »Zu unseren Zeiten ist schwerlich ein Buch geschrieben, welches mehren Beifall gefunden als dasjenige, so der Präsident Montesquiou, unter dem Titel L'Esprit des Lois, ans Licht treten lassen«.[27] Für Hertzberg war das Buch »ce célèbre ouvrage«, durch das der für den menschlichen Geist (»génie«) ebenso schwierige wie interessante Gegenstand, nämlich »la forme des gouvernements et quelle est la meilleure« sehr aufgehellt sei.[28] Treffendster Beweis für die Hochschätzung des längst berühmten »Esprit«: Am 23. April 1775 schreibt der Erzieher des Göttinger Studenten Karl Freiherr vom Stein an dessen Mutter in Nassau, der Herr Sohn bitte um die Erlaubnis, sich das Buch anzuschaffen. »Ich glaube nicht, daß es ihm wird abgeschlagen werden, da ihm dieses Buch immerhin nützlich sein wird und er nicht zu frühe anfangen kann, es zu studieren, weil er darin nie ausstudieren wird«.[29]

Wenn Hertzberg in der erwähnten Abhandlung Aristoteles, Locke und Montesquieu nebeneinander nennt, in einer anderen die Werke von Montesquieu, Hume, Stewart, de Veri und Adam Smith in einen Zusammenhang stellt,[30] so ist der Umkreis abgesteckt, in dem man den großen Franzosen zu sehen gewohnt war. Isaak Iselin plazierte ihn neben Hume und Voltaire – freilich als Leute von gleicher Gefährlichkeit (noch über Machiavelli hinaus),[31] und Claproth erwähnte ihn zugleich mit dem großen italienischen Juristen Cesare Beccaria, ohne beiden jedoch ihren Ruhm zu gönnen.[32] Aus seiner ungeheuren Lektüre 1769 in Frankreich nannte Herder dem Verleger und Freunde Hartknoch Voltaire und Freron, Fontenelle und Montesquieu, d'Alembert und Rousseau.[33] Auch der rhetorische Ausgriff in die Antike und damit auf die höchste Ebene des Vergleichs fehlt nicht: Maupertuis erkannte in Montesquieu einen der Weisen, die den Völkern Gesetze gegeben haben, »und diese Vergleichung wird weder dem Solon noch dem Lykurg zum Nachteil gereichen«.[34] Und für den jungen Johannes Müller, der in Montesquieus Schriften durch einen Schweizer Freund des Autors eingeführt wurde, rangierte dieser gleich mit Tacitus (und war Tacitus ein »römischer Montesquieu«). »Ist er nicht der Prophet, der Apollo Pythius der Gesetzgeber?«[35]

Die Reihe ließe sich fortsetzen. Das lesende und schreibende Publikum in Deutschland war sich um diese Zeit über den Rang Montesquieus als eines politischen Schriftstellers einig; der »Esprit« gehörte als »unsterbliches Werk«[36] zum geistigen Gemeinbesitz. Das bezeugen Briefe, Werke und sonstige biographische Dokumente nicht nur von Juristen (wie Svarez), Kameralisten (wie Justi), Historikern (wie Johannes von Müller) und politischen Publizisten (wie Schlözer), sondern auch von Männern wie Abbt und Lessing, Wieland und Herder, Goethe und Schiller. Man kann behaupten, daß die Begegnung mit Montesquieus Werk – mochten ihn auch viele nicht »Grundtextmäßig studiert« haben, wie Friedrich Carl v. Moser mit Stolz von sich behauptet[37] – in der Geschichte des politischen Denkens in Deutschland, schon vor der Französischen Revolution, Epoche gemacht hat.

## III

Eine Untersuchung der Wirkung des politischen Schriftstellers Montesquieu im Deutschland des 18. Jahrhunderts muß zum einen ausgehen von der Tatsache der strukturellen Einheitlichkeit des sozialen Gefüges und der Bildungswelt Europas, zum anderen vom unterschiedlichen Verlauf des geschichtlichen Prozesses, des voneinander abweichenden politischen Schicksals und der differenzierten geistigen Prägung der europäischen Völker. Als der »Esprit des Lois« erschien, erstaunlich schnell Verbreitung fand und schon bald pro et contra diskutiert wurde, bestanden zwischen den politischen Zuständen in Frankreich und Deutschland erhebliche Unterschiede, die man nur in der allgemeinsten Erscheinung erfaßt, wenn man auf den Gegensatz von staatlicher und konfessioneller Einheit und Vielfalt hinweist. Auch das politische Denken blieb in Deutschland länger der Überlieferung verhaftet, bewegte sich im Umkreis von universalistischer Reichstradition, fürstlichem Patriarchalismus und landschaftlichem Ständetum und folgte noch immer römisch-rechtlichen und philosophisch-naturrechtlichen Schultraditionen, die durch Christian Wolff systematisch zusammengefaßt, durch Althusius, Pufendorf und Thomasius aber auch schon aufgelockert worden waren. Unabhängig von der gelehrten Beschäftigung mit dem Staate, den verschiedenen Regierungsformen, die noch immer nach dem aristotelischen Schema behandelt wurden, mit Prinzenerziehung und »Justizverbesserung«, gab es erst geringes Interesse für das Politische. Die Publizistik stand in ihren moralistischen Anfängen; ein breiteres Publikum für die Diskussion politischer Fragen existierte noch nicht. Sie erfolgte deshalb fast ausschließlich im Kreise der »Gelehrten«, die sozial weit von der Sphäre des politischen Handelns, von Regierung, Diplomatie und Krieg entfernt lebten und in den Kategorien gelehrter Begriffsbildung dachten. Ihre Kritik an einem Werk wie dem »Esprit« nahm sich oft recht unzulänglich und beckmesserisch, wie »unbesonnene, kleinfügig deutsche Tadeleien«[38] aus; der Anlage und dem Ziel dieses Werkes wurde man damit nicht gerecht. So ist denn diese Kritik, die sich schon bald meldete und gegen Unrichtigkeiten im Detail wandte, heute so gut wie vergessen. Bezeichnend, daß die ersten Einwände sich auf Einzelheiten der Darstellung des Römischen Rechtes bezogen – wie z.B. 1750 in den »Anmerkungen über das französische Buch de l'Esprit des Lois« in der von J. A. Bach herausgegebenen »Unpartheyischen Critik über Juristische Schriften inn- und außerhalb Deutschlands«. Aus den Unrichtigkeiten »in Ansehung des Römischen Rechtes« sei zu entnehmen, daß die Gründe, auf die der Verfasser sich stütze, nicht die besten sein könnten, und man werde schließen können, »daß zur Erklärung und Betrachtung der Gesetze, wenn sie auch nur (!) politisch ist, ein Räsonnement ohne rechte Kenntnis der Historie, des Staats, der Altertümer und der Sprache bei weitem nicht hinlänglich ist, wenn auch das Räsonnement noch so artig und witzig klingen sollte«.[39] Der berühmte Leipziger Professor und Rektor der Thomasschule Joh. Aug. Ernesti tadelte 1757 Montesquieus unzureichende Kenntnis der lateinischen Sprache und setzte einiges an seiner Darstellung der römischen Geschichte aus.[40]

Direkt oder indirekt hört man aus solchen Äußerungen das Bedauern heraus, daß der »Esprit« auf Kosten seiner historischen und juristischen Genauigkeit viel zu sehr ein politisches Buch sei; sein Charakter als Werk der politischen Philosophie wird hier nicht erkannt oder nicht anerkannt. Doch ist daneben schon früh und zunehmend stärker ein anderes Echo sowohl der Zustimmung als der Ablehnung vernehmbar, wobei auch die letztere insofern eine positive Wirkung Montesquieus darstellt, als sie oft mit Überprüfung und Präzisierung des eigenen Standpunktes verbunden war. Die Lektüre des »Esprit« und die Auseinandersetzung mit ihm ist auch in Deutschland eine Schule des politischen (wie des juristischen[41]) Denkens gewesen. Man pries die Weite der Gedanken Montesquieus, aber man kritisierte auch ihre zu große Allgemeinheit oder Oberflächlichkeit, und die dies taten, waren keineswegs nur beschränkte Köpfe. »Montesquieu gleicht der schönsten Blume, die ich kenne; wenn man sie aber durchs Vergrößerungsglas betrachtet, so verliert sie ihre Schönheit. Er leidet keine Anatomie.« So schrieb der ganz aufs Reale, das Konkret-Geschichtliche gerichtete Justus Möser.[42] Und Friedrich Carl v. Moser, ein durch und durch unphilosophischer Kopf, aber bedeutender Jurist, politischer Moralist und mutiger Publizist bekennt, daß es ihm bei aller Bewunderung des Tiefsinns Montesquieus so ergehe wie bei der Betrachtung eines Porträts von Rubens; »in der Natur« habe er noch kein Original gefunden, das die Kraft des Gemäldes erreiche. »Ich erstaune über den Umfang, welchen jener große Geist umfaßt, über die Tiefen, in welche er sich gewagt hat, die Fundamente der Weltreiche zu ergründen; ich koste mit geistiger Wollust die honigsüßen Lehren aus dem Munde dieses redlichen Menschenfreundes und erfreue mich über die Freimütigkeit des ehrlichen Mannes, des Untertanen eines Monarchen, ich erhebe mich auf seinen Schwingen über die Nebel der Vorurteile und meine: nun ist Raum um meinen Geist; ich schließe mein Buch, und siehe: ich war im Reich der Geister, der Möglichkeiten, im Land politischer Feen, ich fühle voll Unmut, daß ich mit ihm unter Römern, Griechen, Chinesen, Engländern und Franzosen gewesen und keine dieser Trachten zum teutschen Körper passe. – Das schönste Werk unserer Tage bleibt mir in der wirklichen Anwendung der Sätze nur allzu oft ein bloßer politischer Roman«.[43]

Ohne schon jetzt auf Mosers Auseinandersetzung mit Montesquieu einzugehen – sie gehört zu den wichtigen Vorgängen in der Geschichte des deutschen politischen Bewußtseins im 18. Jahrhundert – soll hier nur das Argument festgehalten werden, die Gedanken des »Esprit« seien auf den Einzelfall, und zumal auf Deutschland, unanwendbar. Diese Kritik, die in vielfältiger Form, unter anderen von Herder,[44] vorgebracht wurde, machte es notwendig, den Einzelfall, also den »Geist der Gesetze« der Deutschen, zu beschreiben. Eines der ersten und verbreitetsten Bedenken richtete sich gegen Montesquieus Klimatheorie und – im Zusammenhang damit – gegen die Zuordnung bestimmter moralischer Eigenschaften zu den verschiedenen Regierungsformen. Man erblickte darin eine Determination, die den einen zu naturhaft und zu wenig geschichtlich, den anderen zu künstlich und spekulativ erschien. In der Tat waren die staatlichen Zustände Deutschlands, die in ihrer bunten Vielfalt nur historisch begriffen werden konnten, dazu angetan, an der Möglichkeit und Berechtigung jeder systematischen Begründung der Verschiedenheit von Verfassungsformen zweifeln zu lassen. Schon der erste deutsche Übersetzer des »Esprit«, der Mathematiker Kästner, tadelte, daß sein Verfasser den Grund für die unterschiedliche Beschaffenheit der Staaten »aus der Naturlehre hervorgeholt« habe. Die Gesetze sollten sich vielmehr nach der »Beschaffenheit eines Volkes, sowohl was den Körper als die Seele betrifft«, richten; beide wiederum seien bestimmt durch Lebensart und räumliche Verhältnisse, auf welche allerdings »der Himmelsstrich und die Lage des Aufenthaltes« großen Einfluß ausübten.[45] Auch die in Deutschland bald bekannt werdende Kritik Holbergs aus demselben Jahr betont, »que la différence qui se trouve entre les nations par rapport à la vertu et à la bravoure ne vient pas de l'air, de la nourriture ou de la qualité de la terre; mais qu'on la doit attribuer aux lois et à l'éducation, et que les arguments de ceux, qui soutiennent le contraire ne sont d'aucun poids«.[46]

Ein anderer Kritiker, der Göttinger Jurist Justus Claproth, stellte unter Berufung auf Cicero gar apodiktisch fest, es sei gleichgültig, unter welchem »Himmelsstrich« ein Gesetzbuch gemacht werde, »weil Recht und Billigkeit auf dem ganzen Erdboden nicht verschieden ist«; statt dessen komme bei der Gesetzgebung alles auf Erziehung, Religion und »Staats-Klugheit« an.[47]

Doch ist diese vollständige Ablehnung der Klimatheorie ebensowenig charakteristisch wie ihre gelehrte und staatspatriotische Aufnahme zur Begründung der Überlegenheit der Deutschen, die man bei Hertzberg antrifft. Zustimmend referiert er die Grundgedanken des 14. Buches des »Esprit« vor der Berliner Akademie und fügt hinzu, ein Einwohner (»indigène«) des Nordens und der preußischen Staaten könne sie nicht lesen, ohne ihnen zuzustimmen. Er, Hertzberg, könne sich an dieser Stelle nicht in die Diskussion einlassen über »cette célèbre question de l'opinion de Montesquieu«, der man vor allem entgegenhalte, daß sie nur das Ergebnis eines »Systems« sei, »auquel on se plaisait d'appliquer et de rapporter les observations et les raisons qui peuvent flatter l'amour propre d'une nation ou d'un auteur; mais du moins il me paraît qu'on peut et doit adopter et ne pas rejeter un système dans lequel les effets répondent aux causes par une juste combinaison et par des observations constatées et bien liées. – Si un raisonnement acquiert un degré d'évidence par des observations réiterées et suivies, on peut dire que l'opinion de M. de Montesquieu sur la supériorité du climat et du caractère septentrional est appuyée par l'expérience de tous les siècles, principalement à l'égard des nations de la Germanie et du Nord de cet Empire«.[48]

Von größerer Bedeutung als solche gelehrt-patriotische Nutzbarmachung Montesquieus war es, daß man weithin auf seine Grundthese einging, die »Gesetze«, d. h. im allgemeinsten Sinne die politische Verfassung eines Staates, stehe oder müsse mit seinen jeweiligen besonderen Bedingungen in Übereinstimmung stehen. Man diskutierte diese These nach allen Richtungen, modifizierte ihre Begründung und Durchführung und übertrug sie als Hypothese auf vergangene und gegenwärtige Verhältnisse. Man nahm auch die Frage nach dem »Geist« der Gesetze auf – also nach dem Gemeinsamen, dem Zusammenhaltenden und Bewegenden im Ensemble von naturhaften und geistigen, sozialen und politischen, rationalen und irrationalen Elementen, die die Realität der politischen Verfassung eines Volkes in einer Zeit bestimmen und prägen. Wie in Frankreich seit dem späten 17. Jahrhundert, vor allem aber seit Voltaire und Montesquieu, die Frage nach dem »Geist« geschichtlicher Gebilde aufgeworfen, ja zur Mode wurde, so auch in Deutschland seit den späten 1750er Jahren. Kein Zweifel, daß Montesquieus Hauptwerk auslösendes Moment für den bald grassierenden Gebrauch des Begriffs »Geist« in diesem umfassenden Sinne gewesen ist. »Nationalgeist«, »Volksgeist«, »Zeitgeist« wurden zu Zentralbegriffen, deren Bedeutungsgehalt sich ständig erweiterte.

So trifft man denn in fast allen Werken der politischen Philosophie, in fast allen Schriften über Verfassung und Gesetzgebung direkt oder indirekt auf Montesquieu. In seinen Spuren wandelte Johann David Michaelis bei der Beschreibung des »Mosaischen Rechts«.[49] »Wer über die Gesetze philosophieren und, um mit einem einzigen Namen mehr zu sagen als ich durch eine lange Umschreibung deutlich machen kann, wer mit dem Auge eines Montesquieu die Gesetze ansehen will«, dem sei die Kenntnis anderer, möglichst weit entfernter Völker nützlich; andernfalls erscheine ihm manches als »notwendig«, »was doch bei anderen Umständen anders sein muß: das Willkürliche des Rechts, das nach jedem Himmelsstrich und nach hundert andern Umständen Veränderliche der gesetzgebenden Klugheit, fällt ihm nicht in die Augen«.[50] Sollen Gesetze gut sein, so müssen sie den jeweils besonderen »Umständen des Volks« entsprechen, für das sie bestimmt sind.[51] Unter diesen nennt Michaelis mit Berufung auf Montesquieu zuerst den »Himmelsstrich«, dann die Fruchtbarkeit des Landes, seine geographische Lage, Macht und politische Verhältnisse der Nachbarn, Lebensart der Menschen, ferner den »Anfang des Staates«, die Auffassungen des Volkes von Ehre, Schande, Strafe, reinen Sitten, Verbrechen, Krankheiten, schließlich das »System des übrigen Rechts«.

Weiter rückt der anonyme Verfasser des »Entwurfs der allgemeinen

Grundsätze der Gesetzgebung« (1777) von Montesquieu ab. Die »Hauptverschiedenheiten«, nach denen sich die Gesetzgebung zu richten habe, sieht er in der moralischen, »intellektualistischen« und physischen Beschaffenheit der Völker, ihrer Nahrungs- und Lebensart, ferner in der Beschaffenheit des jeweiligen Landes, des Klimas und in den schon vorhandenen und nicht abzuändernden Gesetzen.[52] Anthropologische, moralische, geistige und historisch-politische Bestimmungselemente waren gleich- und vorrangig zu den »natürlichen« (Klima) getreten. Dabei verließ man die längst steril gewordene, auf Aristoteles zurückreichende Verfassungstypologie und betrat, wenn auch oft noch zögernd, den Weg zur individualisierenden, historischen Erklärung der jeweiligen Verfassungsverhältnisse.

## IV

Ausdruck dieser Verfassungsverhältnisse sind – das hatte Montesquieu zum Ausgangspunkt und zum Beweisziel seines »Esprit« genommen – die »lois politiques et civiles«; sie machen die Wirklichkeit einer »verfaßten« politischen Gesellschaft aus. Nach der Regierungsform einer solchen Gesellschaft fragen, heißt nach den in ihr geltenden Gesetzen fragen. Dieses Thema wurde in Deutschland um so bereitwilliger aufgenommen, da durch den Absolutismus die Gesetzgebung als Hauptaufgabe der Regierung in den Vordergrund der Aufmerksamkeit gerückt war. In der dauernden Tätigkeit des Gesetzgebers sah man die Garantie für die Verwirklichung von Gerechtigkeit und für den Fortschritt des gesellschaftlichen Lebens; von wohlwollenden, aufgeklärten Gesetzen erwartete man Sicherheit des Besitzes und der Privilegien, umgekehrt aber auch patriotischen Sinn bei den Regierten, also ein aktives, bejahendes Verhältnis zur Regierung und zum Staate. Diese Hochschätzung der Gesetzgebung und der Optimismus, der sich mit ihr verband, kam in der politischen Diskussion des späten 18. Jahrhunderts an vielen Stellen zur Sprache – sicher nicht erst und allein durch Montesquieu angeregt, aber doch durch ihn inspiriert. Man trifft auf sie auch dort, wo die beschränkte, gemäßigte Monarchie als beste Regierungsform gepriesen wurde – ob man nun die Beschränkung in der Selbstbindung des Herrschers an die Gesetze oder in dem Vorhandensein von ständischen oder repräsentativen Institutionen verwirklicht sehen wollte. Und schließlich sind die Anregungen Montesquieus auch aus der Diskussion über den »teutschen Nationalgeist«, über das Wesen »teutscher Freiheit« und das Reich als Garanten dieser Freiheit nicht fortzudenken. Alle diese Wirkungen haben sich vielfach verknüpft und überschnitten.

Will man ihnen nachgehen, so mag eine Schrift aus dem Jahre 1760 mit dem Titel »Geist der Gesetze der Teutschen« als Einsatzpunkt dienen,[53] deren Verfasser der Altdorfer Jurist Johann Heumann war. Seine Feststellung, wer sich einige Zeit zuvor in die Gesellschaften der »feineren Welt« gewagt habe,

habe in der Lage sein müssen, über den »Geist der Gesetze« zu sprechen, wirft noch einmal ein Schlaglicht auf die rasche Breitenwirkung des »Esprit« in Deutschland. Montesquieu war »Mode« geworden, weil er, wie Heumann meinte, eine an sich alte Sache in »neuer Einkleidung« geboten, sie auch »im Allgemeinen« behandelt habe. Um ihn jedoch wirklich fruchtbar zu machen, müsse man seine Grundsätze auf einen einzelnen »Staat« anwenden.[54] Für Heumann, wie überhaupt für das 18. Jahrhundert, bestand kein Zweifel, daß das Reich ein »Staat« sei: der Staat der Deutschen, »eines der Freiheit ganz ergebenen Volkes«.[55] Die Form dieses Staates sei zwar ungewöhnlich, aber man müsse sie als diejenige einer »eingeschränkten Monarchie« bezeichnen, in der die »Verwaltung der Majestätsrechte« (nicht »die Majestät selbst«) »nach den Reichsgrundgesetzen verteilt« sei.[56] Hier werden im Anschluß an Montesquieus Wort von der Heimat der Freiheit in den Wäldern Germaniens und in Anknüpfung an gelehrt-humanistische Traditionen die »Teutschen« mit den Germanen gleichgesetzt, die Verfassung des Reiches wird mit Begriffen Montesquieus zu fassen und zu rechtfertigen versucht, und ihm werden die beiden, gerade durch Montesquieu zu hohem Ansehen gekommenen Eigenschaften zugesprochen: beschränkte Monarchie zu sein und durch »Gewaltenteilung« gegen Despotismus gefeit zu sein.

Für den hier zutage tretenden Nationalsinn und Reichspatriotismus bedeutete Montesquieus Zuordnung bestimmter moralischer »Triebfedern« zu den einzelnen Regierungsformen eine Herausforderung, und diese traf zusammen mit dem vieltönigen Lob der britischen und noch mehr der schweizerischen »Freiheit«. Gegen die Inanspruchnahme der Tugend, nämlich der Liebe zu den Gesetzen und zum »Vaterland«, für die republikanische, der Ehre für die monarchische (und der Furcht für die despotische) Regierungsform schreibt Heumann: »In einer jeden Regierungsform soll die Tugend die Triebfeder sein und von der Ehre begleitet sein«.[57] Montesquieus politischem Begriff des »honneur« wird, wie es gleichzeitig Möser und Abbt taten, ein als spezifisch deutsch angesehener ständischer Ehrbegriff entgegengehalten: nicht über den Stand hinaus, sondern nach Stand und »Verdienst« könne ein jeder seine Ehre empfinden, und zwar in »demokratischen« Reichsstädten ebenso wie in Monarchien; hier wie dort sei tatsächlich jene patriotische »Tugend« anzutreffen.[58]

Dies für die Monarchie nachzuweisen, war das Ziel der bewunderten Schrift Thomas Abbts »Vom Tod fürs Vaterland« (1761).[59] Ohne Montesquieu direkt zu nennen, polemisiert Abbt gegen ihn, wenn er nachzuweisen sucht, daß man in einer »gut eingerichteten Monarchie« ein »Vaterland« sehen dürfe und daß die Ansicht, nur ein Republikaner könne auf sein Vaterland stolz sein, nicht – oder nicht mehr – gelte. »Die Einrichtung der Monarchie schließt die Liebe zum Vaterland ebensowenig aus, als sie in einer Republik beständig in gleichem Grade vorhanden ist«.[60] Zwar sei in den Monarchien die Einteilung in Stände nötig; wenn aber in ihr »ein allgemeines Bestes« stattfinde, könne es in ihr auch nur *eine* politische Tugend geben. So gesehen verschwänden alle Unterschiede vor der allgemeinen Eigenschaft des »Bürgers«; wie in der »freiesten Republik« sei in der Monarchie jeder Untertan Bürger; jeder sei den Gesetzen unterworfen; niemand sei schlechthin frei, aber jeder sei frei »nach dem Geist der Staatsverfassung, darin er lebt«.[61]

Es war das friderizianische Preußen des Siebenjährigen Krieges, das den geborenen Reichsstädter Abbt die Monarchie als sein »Vaterland« erleben ließ, für das er patriotische Liebe bis zur Hingabe des Lebens forderte. Sein aus den antiken Geschichtsschreibern schöpfender gelehrter Patriotismus hatte einen realen Anhalt in der eigenen Zeit gefunden, und zwar an einer militärischen Monarchie. Wie für Heumann galt auch für ihn, daß Vaterlandsliebe und »Ehre« eng verknüpft seien; zwar sei der Adel am meisten durch die Ehre motiviert, doch auch für den in niedrigstem Stande Geborenen könne die Ehre Antrieb sein.[62] Das glaubte er in Preußen bewiesen. – Anders Friedrich Carl von Moser. Überzeugt, daß dem »militärischen Staatsrecht«, für das Preußen den Musterfall biete, wesentliche Schuld am Niedergang von Reich und Reichsbewußtsein zukomme,[63] gewarnt durch schlechte Erfahrungen mit fürstlichen Herren, beurteilte der Moralist und Pietist, der Vertreter eines auf das Reich bezogenen Patriotismus seine Gegenwart düster und wollte durch die Beschreibung des deutschen Mangels aufrütteln. In der Tat traf sein Büchlein »Von dem Deutschen national-Geist« (1765) einen allergischen Punkt der deutschen politischen Bewußtseinsbildung. Es im einzelnen zu analysieren und die anschließende Debatte zu verfolgen, würde die Frage nach den Wirkungen Montesquieus weit überschreiten; unverkennbar stand jedoch auch hier der »Esprit des Lois« im Hintergrund. Schon der zum Schlagwort werdende Begriff »Nationalgeist« dürfte an Montesquieu und Voltaire anknüpfen.[64] Die Herausforderung, auf die das Buch antworten wollte, ging allerdings von schweizerischen Schriftstellern wie Isaak Iselin und Johann Georg Zimmermann aus. Der letztere hatte 1758 den Deutschen den »Nationalstolz« bestritten und ihn allein für Republikaner in Anspruch genommen.[65] Abbt hatte mit einem Plädoyer für Preußen, wo der Monarch und der Krieg die Untertanen mit nationalem Eifer erfüllte, entgegnet; Moser stellt den Deutschen »das Wunderbare« der Verfassung des Reiches in ihrer idealen Gestalt als vollkommenen Ausdruck des deutschen Nationalgeistes und Verwirklichung der »deutschen Freiheit« vor und erinnert an die »weise Mäßigung in dem Gleichgewicht der befehlenden und vollziehenden Macht«, an den »unschätzbaren Wert und Wichtigkeit unserer Gesetze« und das »allgemeine Interesse aller Stände, über denselben zu halten«, und an die »mächtige Triebfeder, die herzrührenden Lehren von der Liebe des Vaterlandes«, die freilich bei den Deutschen im Unterschied zu Briten, Schweizern und Niederländern erloschen sei.[66] Nicht, weil sie dem »Geist« der deutschen Gesetze widersprochen hätte, sondern gerade infolge des Eindringens eines fremden Geistes und letztlich des Versagens der Menschen!

In der kontroversen Debatte um Mosers Buch wurde der Begriff »Nationalgeist« sowohl weit über den politischen Bereich hinaus ausgedehnt (J. J.

Bülau[67]) als auch ganz von ihm abgelöst (F. C. C. v. Creutz[68]); er wurde zum Verständigungszeichen in der politischen Diskussion der Zeit, in der sich ein neues politisches Nationalbewußtsein der Deutschen auszubilden begann. In dieser Diskussion läßt ein Titel von 1766 aufhorchen: »Der wahre Geist der Gesäze«.[69] Auch diese Schrift handelt von der »deutschen Freiheit«; der Zusammenhang Montesquieuscher Gedanken mit den Bemühungen um den deutschen Nationalgeist, die deutsche Freiheit, wird hier ganz handgreiflich. Für den Verfasser – es ist Creutz! – ist die Bewahrung von Sitte, Sprache, Rechten wichtiger als die äußere Unabhängigkeit der Staaten und ihre Regierungsform. Ist die Gewalt der Regierung eine »gesetzmäßige«, so tue es der Freiheit keinen Abbruch, wenn sie in den Händen eines Alleinherrschers liege.

## V

Selbstverständlich ist diese Diskussion nicht von Montesquieu allein ausgelöst worden. Das gelehrte Interesse an der »altdeutschen« Freiheit war humanistisches Erbe; Hermann Conring hatte sie als Wesen deutscher Verfassung angesprochen, Pufendorf daran, freilich sehr nüchtern, angeknüpft. Der dreißigjährige Krieg, der Kampf um den Umfang von kaiserlicher Gewalt und reichsständischer »Libertät«, hatte die Frage nach der Eigenart der deutschen Verfassung akut werden lassen und Pufendorfs berühmte Antwort hervorgebracht: »monstro simile«. Lob und Tadel des Reiches, Klage über seinen Verfall, Gleichsetzung »deutscher Freiheit« mit ständischer »Libertät«, Interpretation des Dualismus von Kaiser und »Reich«, von Landesherren und Landständen als Beschränkung der monarchischen Gewalt – das gab es schon *vor* Montesquieu.[70] *Seit* Montesquieu jedoch ist fast jede Stellungnahme in irgendeiner Weise durch seine Gedanken bestätigt, akzentuiert, verändert, geformt worden. Überall dort, wo nun über die Unterschiede der Regierungsformen, über die Gesetzgebung, über politische Freiheit und ihre Sicherung geredet und geschrieben wurde, darf man den »Esprit des Lois« voraussetzen, wenn auch nicht immer als selbst gelesen oder verstanden.

Dabei ist bemerkenswert, daß sich ebenso Vertreter des Reichs- wie des Staatspatriotismus, des regional-ständischen Wesens wie der landesherrlichen Souveränität auf ihn berufen haben. Doch ist diese Wirkung nicht verwunderlich; denn Montesquieu ist weder ein Revolutionär gewesen noch – zumal in Deutschland – als ein solcher gelesen worden, sondern ein aristokratischer, an antiken Schriftstellern gebildeter Feind des »Despotismus«. Aus den Überlieferungen seines Standes, der »noblesse de robe«, und als Mann der ständischen Opposition gegen den monarchischen Absolutismus sah er die »Freiheit« als »unausweichliches Kriterium« für alles das an, was an einer Verfassung gut ist.[71]

»La liberté politique ne se trouve que dans les gouvernements modérés«

(XI, 4): diese Bestimmung fand bei Montesquieu auf Aristokratie und Demokratie nur begrenzte Anwendung, da sie nicht von Natur frei seien; voll dagegen auf die Monarchie, die er – trotz des Lobes der antiken Republik – in seiner Gegenwart als die beste Staatsform ansah. Für die Realität der Freiheit nun sei es entscheidend, daß die Regierungsgewalt nicht mißbraucht werde, sondern Macht die Macht begrenze. Das große Beispiel dafür biete die englische Nation, die die politische Freiheit zum direkten Gegenstand der Verfassung gemacht habe, und zwar durch das Mittel der Aufteilung der Gewalt.

Bekanntlich ist die an der englischen Verfassung – systematisierend und abstrahierend – entwickelte Gewaltenteilungslehre das Kernstück der weltgeschichtlichen Wirkung Montesquieus geworden. Bis heute ist sie selbstverständlich mit seinem Namen verknüpft und gibt das Stichwort für die Einordnung des »Esprit des Lois«. Das aber war nicht immer so! Wenn bemerkt worden ist, »daß gerade die vielberufene Teilung der Gewalten in eine legislative, exekutive und jurisdiktionelle bei Schiller überhaupt keine Rolle spielt, es sei denn als heuristisches Prinzip der Auslegung historischer Verfassungsformen«,[72] so trifft dieser Befund keineswegs für den Dichter allein zu. In der politischen Wirklichkeit Deutschlands im späteren 18. Jahrhundert fand die Gewaltenteilungslehre keine oder nur bedingt Anhaltspunkte. Wohl nahm man vielfach Montesquieus Interpretation der englischen Verfassung an; sie gehörte zu der für die Zeit charakteristischen Anglomanie. Ebenso wurde die Unterscheidung zwischen gesetzgebender und vollziehender Gewalt als theoretisches Prinzip oft akzeptiert. Sie wurde zum Bestandteil der staatsrechtlich-politischen Terminologie und zum Element der Verfassungslehre, ohne daß allerdings dieselben Folgerungen daraus hergeleitet worden wären – abgesehen von der durchgehenden Ablehnung der Despotie. Ohne Rücksicht darauf, ob König, adelige Körperschaft oder bürgerliche Oberschicht (»élite de citoyens«) an der Spitze stehen, waren für Chr. W. Dohm (1780) nur diejenigen Staaten »frei«, in denen legislative und exekutive Gewalt geteilt sind:[73] eine Feststellung, die, auf die »Alten« angewandt, freilich »akademisch« und gleichsam unpolitisch blieb. Graf Hertzberg suchte die Gewaltenteilung dem preußischen Staat zu vindizieren, F. C. v. Moser und andere, sie in der Reichsverfassung zu entdecken. Unverkennbar ist das Bemühen, durch den Nachweis einer Art von Gewaltenteilung jeweils gegebenen Verfassungsverhältnissen einen »freiheitlichen« Charakter zuzusprechen. Doch gab es auch Stimmen – so etwa diejenige des Physiokraten Jacob Mauvillon –, die die Teilung der beiden Gewalten (die dritte, jurisdiktionelle, spielt auch bei Montesquieu eine untergeordnete Rolle) auch dort, wo sie bestand, für zufällig und unwichtig erklärten.[74] J. H. G. v. Justi sprach wohl von »Teilung« und »Gleichgewicht« der Gewalten, war jedoch von ihren Segnungen nicht überzeugt. »Ich zweifle sehr, daß ein einzig Volk überzeugend beweisen kann, daß es durch die Einschränkung der königlichen Gewalt etwas gewonnen hat.« Statt dessen hätten kleine Gruppen – hier kommt die Abneigung der Zeit vor »Oligarchien« zum Ausdruck – die Gelegenheit erhalten, ihren Ehrgeiz zu befriedigen oder gar Tyrannen zu werden, während der Staat in Untätigkeit und Verwirrung geriet. Selbst England habe keinen großen Vorteil von seiner Verfassung gehabt, obwohl sie »vielleicht die weiseste ist, welche die Menschen erfinden können, wenn sie sich nicht uneingeschränkt der Willkür der Könige überlassen wollen.« Justis eigener Vorschlag verfolgt einen »dritten Weg«: die Völker mögen den Königen die uneingeschränkte Gewalt lassen, »aber sie in solche Umstände setzen und ihnen solche Triebfedern geben, daß sie aus eigener Bewegung alle ihre Kräfte anwenden, um mit Güte und Weisheit zu herrschen und ihre Völker glücklich zu machen«.[75] Das ist praktisch das Programm eines benevolenten Absolutismus! – An eine volle Verwirklichung der Gewaltenteilung nach englischem Muster (oder was man dafür hielt) hat niemand gedacht. Man war weithin davon überzeugt (und konnte sich wiederum auf Montesquieu berufen), daß jeder Staat seinen »besonderen Plan« habe, »wonach er seine Glückseligkeit fördert«.[76] Oder mit den Worten Joh. Jac. Mosers (1746): »Jedes Land hat seine eigene Regierungsform. England muß auf englisch, Deutschland auf deutsch und Württemberg nach dessen althergebrachter Verfassung regiert werden«.[77]

Wichtiger geworden als die spezifische Gewaltenteilungslehre ist Montesquieus Lob der beschränkten Monarchie, d.h. der Monarchie, die nicht despotisch regiert wird; denn hier fanden sich Anknüpfungspunkte in der deutschen Wirklichkeit, und zwar ebenso im Blick auf das politische Ständewesen wie auf den aufgeklärten Absolutismus. Sowohl die Verteidiger des ständischen Charakters des Reiches und der ständischen Institutionen in den einzelnen Staaten als auch die Fürsprecher der aufgeklärten Herrschergewalt konnten sich auf den »Esprit« berufen; beide konnten auf »Beschränkungen« hinweisen; beide die Notwendigkeit von »pouvoirs intermédiaires« anerkennen, die Montesquieu als notwendige Elemente der funktionierenden, nicht-despotischen Monarchie bezeichnet hatte.

Erwähnt wurde bereits Heumanns Ansicht, »Teutschland« sei eine eingeschränkte Monarchie mit aufgeteilter Verwaltung der Majestätsrechte. J. St. Pütter stimmte dem zu[78] und konstatierte eine grundsätzliche Übereinstimmung der Verhältnisse Kaiser/Reichsstände, Landesherr/Landstände und König/Parlament in England. Deshalb zögerte er nicht, die deutschen Landstände – dort, wo Entscheidungen über die »gemeine Landesverfassung« betreffenden Angelegenheiten nur von Landesherren und Landständen gemeinsam gefällt werden können – als »Repräsentanten« der gesamten Bevölkerung,[79] auch als »Parlament« zu bezeichnen[80] und ihnen ein »Mitregierungsrecht« zuzusprechen,[81] das ihnen nicht lange vorher selbst Joh. Jac. Moser, der große Verfechter des »alten Rechts« der württembergischen »Landschaft«, bestritten hatte. Hier ist etwas von der politischen Aufwertung der Stände erkennbar, die in der zweiten Hälfte des 18. Jahrhunderts erfolgte – nicht ohne Einwirkung Montesquieus und seiner Feststellung, daß aus dem Wesen der Monarchie sich die Notwendigkeit von »Zwischengewalten« ergebe. Das Problem dieser Zwischengewalten hat deutsche Juristen, Publizisten und Historiker stark bewegt.

»Les pouvoirs intermédiaires, subordonnés et dépendants, constituent la nature du gouvernement monarchique, c'est-à-dire de celui où un seul gouverne par des lois fondamentales« (II, 4). Zwar sei der Fürst die Quelle aller politischen und zivilen Gewalt; doch verlangten die Grundgesetze (»lois fondamentales«) notwendig »Vermittlungskanäle« (»canaux moyens«) der Macht. Die natürlichste dieser Zwischengewalten sei der Adel; denn ohne den Adel sei die Monarchie eine Despotie; als weitere Zwischengewalten nennt Montesquieu den Klerus und, beiläufig, die Städte. Also diejenigen privilegierten Gruppen, die überall in Europa die ständischen Vertretungen bildeten! Doch heißt es im gleichen Kapitel weiter, es genüge nicht, daß es in einer Monarchie »rangs intermédiaires« gebe; darüber hinaus sei ein »Hort des Gesetzes« (»dépôt de lois«) nötig. Dieser Hort könne nur in den politischen Körperschaften gegeben sein, die die Gesetze ankündigen, wenn sie erlassen, oder sie in Erinnerung rufen, wenn sie vergessen sind. Hier hat Montesquieu die französische Monarchie vor Augen. Dennoch spricht er allgemein, so als sei dieser »Hort« ein Wesenselement der Monarchie, sofern sie nicht despotisch regiert wird. Unvermeidlich mußte die deutsche Montesquieu-Rezeption an solche Bestimmungen anknüpfen.

Mochte der erste deutsche Übersetzer des »Esprit« mit den »pouvoirs intermédiaires, subordonnés et dépendants« nichts anzufangen wissen – bei anderen Schriftstellern finden sich bald konkrete Anwendungen auf deutsche Verhältnisse. F. C. v. Moser: Um den gefährlichen Abweg zum Despotismus und Staatsumsturz von oben zu verhüten, »waren und sind auch größtenteils noch in allen europäischen Reichen und deren kleineren Staaten solche Mittels-Corpora und Personen, welche als Wächter für die Freiheit des Volkes und als Vormünder für dessen Rechte zu sprechen, selbige gegen die Ausdehnung der landesherrlichen Gewalt vertreten, das Beste des Landes zu wahren und in dessen wichtigsten Stücken mit dem Regenten zu handeln berechtigt und verbunden sind«.[82] Solche »Corpora« sind für Moser die Landstände. Auch C. F. Häberlin spricht in seinem an das System Pütters sich anschließenden »Handbuch des Teutschen Staatsrechts« davon, daß ebenso wie die Reichsstände zwischen Kaiser und »Nation«, die Landstände zwischen Fürsten und Volk einen »glücklichen Mittelstand« bilden. »Sie sind oder sollten wenigstens die wahren Repräsentanten desselben sein, die dessen Bestes beim Regenten vertreten, dessen Gesinnungen studieren und diese dem Regenten erklären müssen, also Organ der Nation«.[83] Freilich täuscht sich Häberlin nicht über die erheblichen Mängel und Anachronismen in der tatsächlichen Gestalt und Zusammensetzung der Stände – und Mosers Kritik an ihnen dreißig Jahre früher war eher noch schärfer gewesen. Es ist stets dieselbe Klage: Wenn die Landstände das wären, was sie sein sollten und könnten, wenn sie nicht durch eigenes Verschulden und noch mehr durch die Militärpolitik der Fürsten heruntergekommen, machtlos geworden, an den Rand gedrängt wären, könnten sie eine bedeutende Rolle, also die Rolle der Zwischengewalt, spielen.

Moser sagt aber auch, es sei immer gut, wenn Landstände noch vorhanden seien, »sie mögen manchmal wenig oder gar nichts gelten«. Es kämen Zeiten, da man wieder von Recht und Freiheit sprechen werde; »die guten Grundsätze werden doch immer gerettet, fortgepflanzt und in solchen kritischen Augenblicken wieder geltend gemacht, welche aber ganz verloren gingen, wenn nicht noch ein Corpus vorhanden wäre, bei dem sie verwahrlich niedergelegt sind«.[84] Offensichtlich ist hier der »Hort der Gesetze« Montesquieus gemeint und den deutschen Ständen die Funktion der französischen »parlements« (also hoher Gerichtshöfe) übertragen. Zwar beanspruchte das Pariser Parlament, seitdem die Generalstände nicht mehr einberufen wurden, ihre Nachfolge (und bezeichnete sich als »dépôt« der »lois fondamentales«); doch war es weit davon entfernt, eine Ständeversammlung zu sein. Nicht aber Gleichheit der Institutionen, sondern der Funktionen: darum ging es bei der Aufnahme der These von den notwendigen Zwischengewalten. Konnten es in Deutschland nur die Stände sein? Und wo es sie nicht oder nicht mehr gab – handelte es sich dort eo ipso um Despotie? Moser, der ohnehin überzeugt war, daß die »politische Freiheit« eines Volkes vornehmlich in der Sorge des »obrigkeitlichen Standes« um die Erhaltung der »Grundgesetze« und die Wohlfahrt der Bürger sowie in der Achtung des Regenten vor dem »Menschenstand seiner Untertanen« ihre Gewähr finde, der Freiheit dort sah, wo die natürliche Gleichheit der Rechte nach Maßgabe der Sicherheit und Wohlfahrt durch Gesetze festgelegt ist –, erkannte auch in »guten Ministern« eine Zwischeninstanz, die die Vorstellungen des Landes beim Fürsten zur Geltung bringen kann.[85] Von Zwischen*gewalt* kann hier freilich keine Rede mehr sein, auch nicht von institutioneller Unabhängigkeit. Hier hängt alles von moralischen Qualitäten, von Rechtschaffenheit und Patriotismus bei Herren, Beamten und Untertanen ab. – Die doppelseitige Widerstandsaufgabe einer »Mittelmacht« (die durch Gesetze errichtet ist) betonte Ferd. v. Lamezan: gegen unbeschränkte Gewalt von oben und übertriebene Freiheit von unten.[86] Nur wo eine solche Macht das Gleichgewicht erhalte, könnten sich Gemeinschaftssinn und politisches Bewußtsein entfalten.

Die Rede von den Zwischengewalten, die den Despotismus verhindern, ist also in Deutschland über die politische Rechtfertigung des älteren Ständewesens hinausgegangen. Ja – sie ist tief in den sogenannten aufgeklärten Absolutismus eingedrungen. Wir müssen ein wenig ausholen.

## VI

Wie für die Verteidigung und Aufwertung der ständischen Verfassung im späteren 18. Jahrhundert Gedanken Montesquieus anregend und formend gewirkt haben, so auch – noch verzweigter und im einzelnen noch weniger greifbar – für das politische Denken der Aufklärungsgesellschaft, für die Ausbildung des sogenannten »aufgeklärten Absolutismus« und den beginnenden Übergang vom monarchischen Absolutismus zur Rechtsstaatlichkeit. Von den »Lettres persanes« über die »Considérations« bis zum »Esprit des Lois« haben Montesquieus Schriften auf alle europäischen Aufklärer bis hinauf zu den Fürsten Eindruck gemacht und auf ihre politischen Anschauungen klärend, präzisierend, bestärkend, infragestellend gewirkt, und zwar eben deshalb, weil sie nicht »revolutionär« waren –, weil in ihnen das abgelehnt wurde, was sie alle ablehnten: der »Despotismus« –, das gepriesen wurde, was alle priesen: die Freiheit –, das geboten wurde, was alle verlangten: historisches Wissen und kritische politische Reflexion. Das Aufklärungspublikum las aus ihnen vor allem die Kennzeichnung der Monarchie als gemäßigte Staatsform und die Aufforderung heraus, den »Gesetzen« die größte Aufmerksamkeit zu widmen. Das alles war nicht unbedingt neu; für die politische Aufklärung in Deutschland sind die Lehre vom guten Fürsten, die Kameralistik, die politische und Rechtsphilosophie Thomasius' und Wolffs und anderes im Einzelfalle wichtiger gewesen. So hat Friedrich d. Gr. zwar Montesquieus Schriften intensiv studiert, nicht jedoch erst unter seiner Einwirkung die Reform des Strafrechts in Angriff genommen.[87] Und wenn die »Institutions politiques« Bielfelds (1760) von ihrem deutschen Übersetzer trotz des unverkennbaren Einflusses Montesquieus in das Gefolge Wolffs gestellt werden,[88] so mag auch das als Beweis dafür gelten, daß die Ideen des Franzosen in Deutschland nicht in ein politisches Ideenvakuum einströmten. Sie gaben nicht erst den Anlaß zu Reformgedanken und -maßnahmen, aber sie konnten dazu beitragen.

Für Bielfeld ist es zwingend, daß die gesetzgebende Gewalt allein dem Landesherrn »oder demjenigen Rate [...], der die landesherrliche Macht hat«, zukommt.[89] Das war die durchgehende Auffassung aller derjenigen – und sie waren in der Mehrzahl –, die die souveräne Gewalt des Landesherrn anerkannten, in den Ansprüchen der Stände nur Interessen privilegierter sozialer Gruppen sahen und allgemeine Gerechtigkeit nur dort für gegeben hielten, wo – wie Baron Ungern-Sternberg schrieb – »die Herrschaftsrechte [...] das Depot in der Hand eines einzigen oder einiger wenigen« sind.[90] Jedenfalls in einem Staate »von auch nur mäßigem Umfange«; in einem »kleinen Schweizerkanton« möge es anders sein. »Aufgeklärte Alleinherrschaft« erscheint als die optimale Bedingung für Gerechtigkeit und für Fortschritt in Gesetzgebung und Bildung (den beiden für die Aufklärer wichtigsten Bereichen staatlicher Aktivität). Der »teutsche Freiheitssinn« sei nie dem Fürsten entgegen gewesen, »welcher durch Gesetz und nach Gesetzen herrschte«.[91] Von den Landständen als Schranken der fürstlichen Willkür hält Ungern für seine Zeit nicht viel; aufgeklärte Publizistik und allgemeine Volksbildung erscheinen ihm wichtiger. »Es gehört nur der allergeringste Grad der Aufklärung dazu, um einen Fürsten zu überzeugen, daß es für ihn kein anderes Interesse gibt, als das seines Volks.« »Mich dünkt daher, ein aufgeklärtes und patriotisches Volk würde am sichersten die Früchte der gesellschaftlichen Vereinigung ernten und die Dauer dieser Vorteile befestigen, wenn es den Fürsten, als seinen Repräsentanten, zwar die dreifache Gewalt der Erteilung, Anwendung und Vollziehung der Gesetze übergäbe, sich aber die öffentliche Rechenschaft der Minister und die Macht, sie zu strafen, vorbehielte, im Falle sie durch Leidenschaft verblendet, die Vorteile des Herrschers in den Vorteilen der Gesellschaft verkannt und seine Schritte mißleitet hätten«.[92]

Also Ablehnung der Gewaltenteilung, dagegen Kontrolle der wichtigsten Organe der obersten Gewalt durch »Abgeordnete des Volks«, die ohne Rücksicht auf Stand und Vermögen durch Mehrheit der Stimmen grundbesitzender »Hausväter« gewählt werden sollen.[93] Das ist eine auf dem Boden des aufgeklärten Absolutismus entwickelte Konzeption der beschränkten Monarchie, die an den Frühkonstitutionalismus des 19. Jahrhunderts heranführt! Wo immer solche und ähnliche Ideen auftauchten, sind sie in Anlehnung an Montesquieu bzw. in der Auseinandersetzung mit ihm entwickelt worden. Ein Beispiel dafür bietet auch der Minister Friedrichs d. Gr., Graf Hertzberg. Er war überzeugt, daß jede »Nation« ihre besondere Art habe zu denken und zu handeln, durch die ihr Nationalcharakter gebildet sei.[94] Als er 1784 vor der Berliner Akademie »Sur la forme des gouvernements et quelle est la meilleure« sprach, begann er nicht nur mit einer Verbeugung vor Montesquieu: sein berühmtes Buch habe diese Frage sehr erhellt; sondern er ging auch im einzelnen immer wieder von Montesquieu aus. Ihm gilt es als sicher, daß eine durch Grundgesetze («lois fondamentales«) gemäßigte Erbmonarchie, die der Beschaffenheit des Landes und dem Nationalcharakter angepaßt ist, die für das Glück der Menschen, der Gesellschaften und Nationen geeignete Regierungsform ist.[95] Die zeitgemäße Gestalt dieser Monarchie ist die »monarchie libre«. In ihr muß der Souverän gesetzgebende und vollziehende Gewalt in seiner Person vereinigen; die Grundgesetze dürfen ohne dringende und offensichtliche Not nicht verändert werden; zumindest müssen feste Grundsätze eingehalten werden, die den Untertanen Eigentum und schnelle, genaue, gerechte »Justiz« sichern. Der Souverän muß »corps intermédiaires« einrichten (!) oder erhalten; diese, nämlich die Provinzialstände, nehmen an der Exekutive teil und haben das Recht (»faculté«), sich regelmäßig zu versammeln, über Lage und Bedürfnisse des Staates zu beraten, dem Souverän darüber zu berichten und unter seiner Aufsicht an der Zivilverwaltung mitzuarbeiten. Die Deputierten der Provinzialstände können dem Herrscher die Kenntnis des Landes vermitteln und die Verbindung (»union«) zwischen ihm und den Untertanen aufrechterhalten. Kurzum: sie können die innere Verwaltung erleichtern, dürfen jedoch an der Gesetzgebung keinen Anteil haben, weil daraus für gewöhnlich ein »dérangement total« der »Staatsmaschine« folge. Anders als bei Montesquieu und im Blick auf Preußen heißt es dann ausdrücklich, Provinzialstände seien viel besser als Justizkollegien geeignet, die Funktion der »corps intermédiaires« auszuüben, denn die Mitglieder der letzteren gehörten ihrem Stande nach nicht zu den Grundbesitzern und seien deshalb weniger mit den Problemen des Landes vertraut. »Si les parlements de France prennent dans ce royaume le rôle de corps intermédiaires, si M. de Montesquieu croit devoir leur attribuer le dépôt de toutes les lois, ce n'est pas apparemment qu'en défaut d'un corps d'états généraux, qui n'existe plus en France«.[96] (Dagegen weist Hertzberg auf Versuche Katharinas II. hin, in Rußland »corps intermédiaires« einzurichten und damit der »monarchie libre« einen entscheidenden Schritt näherzukommen.)

Mit der doppelten Rechtfertigung: es gibt »Zwischengewalten«, und es gibt hier (vielleicht mehr noch als in Republiken) Patriotismus,[97] stellt Hertzberg das friderizianische Preußen als »monarchie libre« dar. Als eine solche – d.h. von der äußersten Position her, die auf dem Boden des monarchischen Absolutismus möglich war – verteidigt Hertzberg sie am 1. Oktober 1789, also bereits unter dem Eindruck der Französischen Revolution, vor der Berliner Akademie. Die preußische Monarchie stehe auf den Grundsätzen der »freien und gemäßigten Regierung«, die aus einem Souverän, einem »Mittelkörper« von Landständen, einem Staatsrat und den Ministerkollegien bestehe.[98] Zwar könne man behaupten, daß der König die legislative und exekutive Gewalt gleichzeitig ausübe (das wird als Vorwurf angesehen, dem entgegengetreten werden muß). »Aber durch Gewohnheit und Gebrauch teilt er sie mit den besten Köpfen der Nation und läßt sie also durch die Nation selber ausüben. Er ist unfähig, davon einen Mißbrauch zu machen: – er kennt sein Interesse zu gut, um nicht einzusehen, daß eine so mittelmäßige und so künstlich zusammengesetzte Monarchie ihre überlegene Rolle nicht lange behaupten würde, wenn sie nicht mehr durch diese innere Tätigkeit und jene patriarchalische Regierung, durch die sie sich in so kurzer Zeit so hoch emporgeschwungen, beständig unterhalten würde«.[99] Mit anderen Worten: nicht ein theoretisches Programm, sondern praktisches Interesse und Einsicht des Monarchen verhindern in Preußen den Despotismus. Als Beweis dafür gilt der Verzicht des Herrschers auf »Machtsprüche«, also auf Eingriffe in Rechtsprozesse und in die »Verwaltung der Gerechtigkeit«.

Dieser Verzicht stand als ein Kernstück im Zentrum der Bemühungen der Männer, die das »Allgemeine Landrecht für die Preußischen Staaten« vorbereitet haben. Ihre wichtigsten politischen Aussagen erfolgten nach 1789, liegen also jenseits der hier gesetzten Zeitgrenze und dürfen uns nicht länger beschäftigen. Stellen wir nur fest, daß auch für diese hohen Juristen, vor allem für Svarez und Klein, der »Esprit des Lois« wichtig gewesen ist und ihre Vorstellungen von der durch Gesetze beschränkten monarchischen Regierung mitbestimmt hat.[100] Demgegenüber wurde die beschränkende Rolle der Stände, die als »Stände im Staate« verstanden werden, in diesem Kreise vorwiegend bürgerlicher Juristen kaum ernsthaft diskutiert. Wohl aber scheint die Neigung vorhanden gewesen zu sein, auch in Preußen die hohen Justizkollegien als »Mittelmächte« anzusehen. Dafür spricht ein Vorgang von 1792, der überdies für die politisch-psychologische Situation der Zeit symptomatisch ist: Kircheisen, der Vorsitzende des Berliner Kammergerichts, hatte die Absicht, in einer Ansprache an den Kronprinzen unter Berufung auf Montesquieu zu sagen, in monarchischen Staaten dürfe der Monarch nicht selber richten, sonst würde die Verfassung zerstört, eine notwendige Mittelmacht vernichtet, die Form der gerichtlichen Entscheidung aufgehoben, das Gemüt des Volkes mit Furcht erfüllt. Gegen diese Bemerkung erhob Svarez bei der Durchsicht des Entwurfs zwar keine grundsätzlichen, aber taktische Bedenken und schlug vor, »in der schönen Stelle von Montesquieu die Mittelmacht wegzulassen«. Denn »man beschuldigt jetzt ohnehin unsere Justiz, daß sie sich gegen die Monarchie auflehne und ein Französisches Parlament agieren wolle. Man könnte also aus diesem in gewissem Sinne sehr wahren Ausdruck, wenn er ins Publikum bekannt würde, sehr leicht Gift saugen«.[101] Es war also nach 1789 nicht mehr opportun, in Preußen von »Mittelmächten« zu sprechen, die in irgendeiner Weise als institutionelle Schranken der Herrschergewalt erscheinen mußten, wie nun ja auch der ausdrückliche Verzicht auf den Machtspruch wegfiel.

Erinnern wir zugleich an das eingangs zitierte Wort Schlözers: »Die jetzige Revolution in Frankreich hat der Verfasser des Esprit des Lois eingeleitet!«, so wird deutlich, in welchem Ausmaß die Vorgänge von 1789 in Frankreich das politische Klima in Deutschland mitbestimmt[102] und damit auch für die Wirkung der politischen Ideen Montesquieus veränderte Bedingungen geschaffen haben. Ihnen gehen wir nicht mehr nach. Dagegen ist noch einer Auswirkung Montesquieus zu gedenken, die freilich politisch noch kaum lokalisierbar und nur im Zusammenhang der allgemeinen Geistesgeschichte faßbar ist, und zwar als Ferment des politischen Denkens im breitesten Verstande.

## VII

Wir müssen uns mit Hinweisen begnügen. Wohl kein anderer unter den großen deutschen Schriftstellern des späteren 18. Jahrhunderts ist – keineswegs allein in seinen politischen Vorstellungen – so nachhaltig von Montesquieu beeindruckt worden wie Herder. Die Zeugnisse dafür reichen von der Rigaer Zeit bis in die Jahre der »Ideen zur Philosophie der Geschichte der Menschheit«. Für den unendlich aufnahmefähigen und unablässig produktiv umsetzenden Geist des jungen Herder war Montesquieu Anreger: ein Schriftsteller, »nach dem ich denke und wenigstens spreche«,[103] dessen Gedankenreichtum ihn inspirierte und dessen Hauptwerk Maßstäbe setzte. Diesem etwas Eigenes an die Seite zu stellen – einen anwendbaren »Geist der Gesetze« –, das war einer der zahlreichen Pläne, die das »Journal« der Seereise von 1769 verzeichnet und die bei aller politischen Unreife und Phantastik doch Protuberanzen eines genialen Kopfes sind. Das Werk »Über die wahre Kultur eines Volkes und insonderheit Rußlands«, dessen Umrisse aufs Papier geworfen wurden (und dann ein »Seetraum« blieben), sollte nach der Methode, nicht aber nach dem System Montesquieus geschrieben werden. Anwendung des »Esprit« – Herder exemplifizierte es an Rußland – hieß Konkretisierung, Abwandlung, Eingehen auf das Besondere der ganzen Kultur eines Volkes; es hieß: ein »zweiter Montesquieu« werden.[104]

Hochschätzung: Montesquieu hat einen Standard gesetzt für das Schreiben über »Gesetze« – und Kritik: er ist im Allgemeinen geblieben –, beide kennzeichnen Herders Antwort auf den Verfasser des »Esprit«. Die Absicht, eine »Metaphysik der Gesetze« zu schreiben ( eben das sei mit »esprit« gemeint), erfordere die Kenntnis aller Regierungsarten in ihrer Besonderheit, und die habe Montesquieu nicht besessen. Darum seien seine Grundsätze »so unapplikabel«. »Ist nicht jedes (Land) ein so eignes Datum nach Land, Volk, Einrichtung und allem, daß seine (Montesquieus) Grundsätze nie anzuwenden sind ohne unendliche Ausnahmen?«[105] Ein Einwand, der uns bereits begegnet ist, wird hier grundsätzlich vorgebracht von dem Manne, der mit offenem Blick für Individualität und Entwicklung auf der Schwelle des historischen Denkens in Deutschland stand.

Sinn und Ausmaß seiner Kritik eröffnen sich ganz in der Feststellung, Montesquieu habe mit der Konzentrierung seines Interesses auf die Gesetze am Wesentlichen vorbeigesehen. »Geschriebenes Gesetz ist ein Schatten, lebende Sitte und Gewohnheit ist ein Körper.« Davon habe Montesquieu zu wenig gekannt; er sei zu sehr Bürger eines monarchischen Staates und zu wenig Mensch gewesen. Für ein Buch »zur Bildung der Völker« – nur dies erschien Herder wirklich vonnöten – stünden die Gesetze am Ende; Hauptzweck sei die Erforschung des »Geistes der Nationen, der Erziehung, der Mittel der Bildung«. Und als weiterer Einwand: Montesquieu berücksichtige zu wenig die Geschichte, den Wandel der Regierungsformen. »Die politische Geographie also, die er entwirft, ist nichts; sie ist so wandelbar wie die Geschichte der Völker selbst«.[106]

Trotz dieser Absetzung von dem großen Franzosen ist Herder selber Beweis, wie sehr dessen Denken auf Geschichte verwies. Mit Recht hat Friedrich Meinecke Montesquieu in die Ahnenreihe des deutschen Historismus gestellt. Seine Wirkungen sind sowohl bei den Göttinger Historikern Schlözer, Spittler, Heeren, bei den Reichsrechtshistorikern Pütter und Häberlin als auch bei dem Verfasser der »Osnabrückischen Geschichte«, Justus Möser, und dem Schweizer Johannes Müller erkennbar. Der letztere, ein Schüler Schlözers, ein Freund und Verehrer Herders, hat Montesquieu stets an die Spitze aller politischen Denker gestellt, neben ihm nur wenige, zeitweilig nur Tacitus, gelten lassen und seine Werke »wie die Theologen das Evangelium« gelesen.[107] Müllers »Schweizergeschichte« wollte an die Seite der »Considérations« treten: das war der höchste Anspruch, den er kannte. Was ihm an Montesquieu als vorbildlich galt, war nicht dessen Konzeption oder Stil, sondern das umfassende empirische Interesse und die Neigung, das Beobachtete zum Anlaß allgemeiner Reflexion zu machen. Es war die Befreiung von der naturrechtlichen Verfassungssystematik, die Montesquieu selber keineswegs zu Ende geführt hatte, für die sich jedoch Spätere durch ihn veranlaßt sahen, die wie Müller in Montesquieu einen Lehrer und Bahnbrecher zum geschichtlichen Begreifen sahen.

In der Tat bedeutete es einen Fortschritt im historischen Erkennen wie im politischen Denken, daß Montesquieu keine Regierungsform als die absolut beste pries, vielmehr nach den Bedingungen und Eigentümlichkeiten der bestehenden fragte. Je mehr allerdings die politische Analyse Montesquieus durch historische Beschreibung ersetzt wurde, um so mehr konnte sie zur Rechtfertigung des Bestehenden werden. Darin liegt ein wesentlicher Grund für die ambivalente Wirkung der Montesquieuschen Ideen. Sie hat dazu beigetragen, daß Wieland, Schiller, Kant, daß Schlözer, Spittler und viele andere die Anfänge der Französischen Revolution begrüßten, die den »Despotismus« unmöglich zu machen schien. Als jedoch die Franzosen daran gingen, nach abstrakten Prinzipien der Vernunft eine neue Verfassung zu errichten und den Grundsatz der Volkssouveränität zu verwirklichen, da bot wiederum Montesquieu die Argumente zur Ablehnung eines solchen Beginnens. »Tout cela«, schrieb Johannes Müller 1794 einem Freunde, »ne prouve que contre les sophistes, et tout au plus cela montre les dangers d'une politique comme celle de Rousseau qui n'est qu'un roman métaphysique. Notre ami Montesquieu, qui se sera estimé le plus heureux des hommes s'il avait pu donner à chacun de nouvelles raisons pour aimer la constitution sous laquelle il était né, et qui marchait toujours, le flambeau de l'expérience dans la main, n'était pas de cette espèce d'hommes«.[108]

# *Ständewesen und Staatsverwaltung in Deutschland im späteren 18. Jahrhundert*

## I

Leopold von Ranke hat die Weigerung der brabantischen Stände Ende 1788, Auflage und Akzise wie vorher weiterzuzahlen, einen »Moment von universaler Wichtigkeit« genannt. »Der ganze Widerstreit der aus dem Mittelalter überkommenen korporativen Freiheit und der Erfordernisse der modernen Staatsverwaltung tritt darin hervor. Auf der einen Seite eine Verfassung, die so geartet war, daß der Widerspruch einer Stimme, selbst des Bruchteils einer solchen, das ganze Räderwerk der öffentlichen Verwaltung hemmen konnte, auf der anderen das Bestreben des Souveräns, seiner Verwaltung eine allumfassende, möglichst unbedingte Wirksamkeit zu verschaffen.«[1] Hier wird im Blick auf ein geschichtlich spätes Ereignis der ganze, umfassende und für die Ausbildung des modernen kontintentaleuropäischen Staates wesentliche Vorgang der Auseinandersetzung zwischen Ständemacht und fürstlichem »Absolutismus« gleichsam verdichtet, in seiner Quintessenz beschrieben. Im einzelnen hat er allerdings einen recht unterschiedlichen Verlauf genommen. Ist doch die geschichtliche Wirklichkeit des Verhältnisses von ständischem Wesen und Absolutismus von äußerst komplexer Natur und keinesfalls bloß durch Gegnerschaft gekennzeichnet gewesen! Zwar hat der Absolutismus wirksam und konsequent daran gearbeitet, regionale Besonderheiten von ehemals selbständigen Provinzen und Landesteilen, von älteren Verwaltungs-, Gerichts- und Grundherrschaftsbezirken, von Dorf- und Stadtgemeinden zu nivellieren und ständische Rechte und »Freiheiten« einzuschränken; ihre gänzliche Beseitigung aber hat er weder erreicht noch angestrebt.[2]

Wo er sich durchzusetzen vermochte, wo es ihm also gelang, die politische Macht der Stände als Verteidiger von Sonderrechten zu brechen, hat er sich praktisch damit begnügt (und begnügen müssen), landständische Institutionen, vor allem die Landtage, zurückzudrängen, ständisch-regionale Selbstverwaltung einzuschränken, sie zu überwachen, zu überformen, administrativ zu integrieren, ohne sie ganz zu beseitigen. Zwar hat der Absolutismus durch Entpolitisierung und Privatisierung der Stände, durch ihre Umwandlung von Herrschaftsständen in Sozial- und auch schon Berufsstände innerhalb einer Untertanengesellschaft das ständische Sozialgefüge in seinen Grundlagen erschüttert und es durch Ermöglichung des Aufstiegs von nichtadeligen Offizieren, Beamten, nichtzünftigen Unternehmern, also

Gruppen außerhalb der alten Ständeordnung, an wichtigen Stellen aufgelokkert. Dennoch darf nicht übersehen werden, daß das absolute Fürstentum nicht nur selbst eine Erscheinung auf dem Boden der alteuropäischen, ständisch gegliederten Gesellschaft, sondern auch ihr Bewahrer und Verteidiger gewesen ist, im späteren 18. Jahrhundert bewußter und ausdrücklicher als zuvor. Nicht nur hat es – trotz aller zeitweiligen Begünstigung von bürgerlichen und von landfremden Elementen in seinem Dienste – die prinzipielle gesellschaftliche Solidarität mit dem Adel, auch dem politisch bekämpften landsässigen Adel, nie aufgegeben, sondern wie das ältere Landesvätertum die Erhaltung und Förderung aller Untertanen in ihren Rechten und Pflichten, in ihrem sozialen und moralischen »Stande« als oberste Regentenpflicht angesehen. Standeserhebungen, so häufig sie im 17. und noch mehr im 18. Jahrhundert vorkamen, blieben Ausnahme, Gnade, »Gunst«; die besondere Unterstützung eines Gewerbezweiges, des Handels, einer Bevölkerungsgruppe (z.B. der Beamten) hatte bestimmte staatsutilitarische Beweggründe und bezweckte niemals eine Umgestaltung der sozialen Verhältnisse im ganzen. Auch der auf die Vertragslehre sich berufende sog. »aufgeklärte Absolutismus« ist in seiner Tendenz wie in seiner Praxis sozial erhaltend gewesen – in mancher Hinsicht mehr als der »klassische« Absolutismus. Dem »Allgemeinen Landrecht für die Preußischen Staaten«, das nach langer Vorbereitung, unter antiaufklärerischen und antirevolutionären Einflüssen bereits abgeschwächt, aber dennoch in allem Wesentlichen das Werk des aufgeklärten Rechts- und Staatsdenkens friderizianischer Prägung, 1794 in Kraft trat, lag die Auffassung zugrunde, daß der Staat Pflicht und Interesse habe, die Stände als unterschiedene gesellschaftliche Gruppen in ihrer sozialen und rechtlichen Stellung zu erhalten. Doch wird diese Stellung jetzt als eine solche begriffen, die durch die jeweilige Aufgabe der Stände in der Staatsgesellschaft konstituiert ist: die Stände sind Stände im Staate; die Zugehörigkeit zu ihnen bestimmt sich durch Geburt, Beruf und Leistung. Bei prinzipieller Anerkennung der natürlichen Gleichheit der Menschen bleiben in der bürgerlichen Gesellschaft die Unterschiede der Stände, nun gleichsam staatsfunktional motiviert, bestehen.

In diesen groblinigen Aufriß fügen sich die folgenden Überlegungen ein, die sich mit dem Verhältnis von Ständewesen und Absolutismus im späteren 18. Jahrhundert, speziell mit den Ämtern und ihrer Besetzung und mit der Entstehung eines besonderen Standes staatlicher Beamter befassen. Dabei handelt es sich keineswegs um einen nebensächlichen Bereich der geschichtlichen Wirklichkeit; vielmehr ist in ihm die institutions- und sozialgeschichtlich entscheidende Auseinandersetzung zwischen dem Landesherrn und den Ständen ausgetragen worden. Hier läßt sich in besonders eindringlicher Weise das Fortbestehen älterer Formen ständisch-regionalen und die Ausbildung neuer Formen »staatlichen« Lebens erkennen.[3]

## II

Über »Deutschland« im 18. Jahrhundert sprechen, heißt eine Vielzahl von staatlichen Gebilden in den Blick fassen, die sich nicht nur in ihrer räumlichen Ausdehnung und staatsrechtlichen Gestalt, sondern gerade auch in dem konkreten Macht- und Kompetenzenverhältnis zwischen ständisch-regionalen Institutionen und landesherrlicher Gewalt stark unterscheiden. Ebenso wie es *den* deutschen Territorialstaat nicht gegeben hat (darauf hat Fritz Hartung hingewiesen)[4], so auch nicht *den* Ständestaat oder gar *den* absolutistischen Staat. Im juristischen Sinne souverän waren deutsche Fürsten nur für Territorien, die nicht zum Reich gehörten; nur wenige deutsche Fürsten haben tatsächlich »absolut« regiert; nur wenige der deutschen »Staaten« haben bis 1800 eine einheitlich organisierte, zentral gelenkte, keiner eine die gesamte Staatsbevölkerung direkt und gleichermaßen erreichende Verwaltung gehabt. Nirgendwo wurde die volle Durchdringung des öffentlichen Lebens mit dem politischen Willen des Landesherrn erreicht, die tendenziell dem Absolutismus innewohnte; an keiner Stelle wurden die älteren genossenschaftlichen Einrichtungen ganz abgetragen und durch herrschaftliche ersetzt. Ihr Neben- und Miteinander gehörte noch immer in einem Ausmaß zur sozialen Realität, das erst von der Forschung der letzten Jahrzehnte voll in den Blick gebracht ist.

Auch in der zweiten Hälfte des 18. Jahrhunderts standen im Reich, das seinem Geist und seiner institutionellen Wirklichkeit nach ständisch geprägt war, patriarchalisch, dualistisch, monarchisch-absolutistisch und demokratisch-oligarchisch (Reichsstädte) regierte staatliche Gebilde nebeneinander, denen nicht selten viele der Qualitäten abgingen, die als erforderlich angesehen werden, um im modernen Sinne von »Staaten« sprechen zu können. Starke Unterschiede bestanden nicht zuletzt in der Ausdehnung der ständischen Sphäre. Es gab – um nur einiges anzudeuten – kleine Territorien (wie z. B. die sechs Landesteile des Fürstentums Hohenlohe[5] oder die Grafschaft Hanau,[6] in denen nie Landstände (»Landschaften«) existiert hatten, und andere, in denen sie über Ansätze nicht hinausgelangt waren (wie die Rhein- und die obere Pfalz, obwohl in der ersteren die Landesherren selbst im 16. Jahrhundert auf ihre Bildung hingearbeitet hatten).[7] Schwach und inaktiv waren – mit der Ausnahme Württembergs – die Landstände stets dort, wo die Ritterschaft die Reichsunmittelbarkeit erlangte und aus der Landsässigkeit heraustrat (wie u. a. in Kurtrier,[8] Fulda,[9] im Rheingau[10]). In geistlichen Staaten hatte die jeweilige Stellung des Domkapitels erhebliche Folgen für die Landstände: es konnte zur »Herrschaft« gerechnet werden und den Landständen gar nicht angehören (Mainz und Trier), der einzig verbliebene Stand sein (Augsburg), mit den Klöstern zusammen oder allein die Prälatenkurie stellen (Fulda).[11] Haben die Domkapitel einerseits das ständische Wesen allgemein gestärkt, so doch andererseits in den meisten Fällen die Entwicklung einer gesamtständischen Vertretung behindert. In den meisten größeren Staaten gab es keine Gesamtvertretung aller (einst selbständigen) Landesteile (Hannover,[12] Mainz,[13] Weimar,[14] Bayreuth,[15] Brandenburg-Preußen,[16] Länder des Hauses Österreich u. a.); die einzelnen landständischen Vertretungen waren oft auch verschiedenartig zusammengesetzt. Auch im 18. Jahrhundert noch stand der Zusammenlegung von Ständen ihr überlieferter regionaler Charakter entgegen, wie der Herzog von Weimar 1756 seitens der jenaischen Stände oder die hannoversche Regierung von den kalenbergischen und grubenhagenschen Ständen (bis 1801) erfahren mußten. In Mecklenburg dagegen hatte die dynastische Teilung des Landes (anders als in Hessen)[17] die Landstände nicht zersprengen können. In anderen Territorien waren die Landstände ganz verschwunden (wie in Baden)[18] oder doch die Landtage zum Erliegen gekommen (wie in der Kurmark Brandenburg und in Ostpreußen) oder als Horte der Opposition vom neuen Landesherrn aufgehoben worden (wie in Schlesien und Westpreußen).[19] In anderen dagegen bestanden noch immer Verhältnisse, wie sie durch den Terminus »landständische Verfassung« bezeichnet sind: so in Mecklenburg,[20] Hannover, Sachsen,[21] Jülich-Berg,[22] Münster,[23] Herzogtum Westfalen,[24] Württemberg[25] u. a. Wie stark im einzelnen die Verschiedenheiten auch in dieser letztgenannten Gruppe waren, tritt in Mecklenburg, wo die fast rein adeligen Stände eine Mitregierung ausübten, und in Württemberg, wo der Ausschuß der rein bürgerlichen Stände eine Art Nebenregierung darstellte, besonders deutlich hervor. Daß Ausschüsse, »Verordnete«, Deputationen die Stelle von Gesamtlandtagen einnahmen, war nicht selten (u. a. in Kurbayern,[26] Hessen-Kassel[27]) und mußte nicht immer Schwächung der Stände bedeuten (Württemberg!), doch sind in solchen Ausschüssen fast überall oligarchische Tendenzen wirksam geworden, die ihnen einerseits Geschlossenheit gegenüber dem Landesherrn verliehen, sie andererseits aber von den Ständen abhoben, deren Vollversammlung sie (in Bayern und Württemberg) zu verhindern wußten. Daß mit Ausschüssen leichter und weniger kostspielig zu verhandeln war – ein Argument, das die Regierungen gern gebrauchten –, ist sicher zutreffend; das Bewußtsein einer Verantwortung für das Land aber litt bei den Ständen erheblich darunter.

Wie in vielen anderen Ländern behaupteten in Kursachsen die Landstände ihr Steuerbewilligungsrecht und der Adel seine Steuerfreiheit; nach dem Übertritt der Dynastie zur katholischen Kirche traten die Stände als Verteidiger des lutherischen Charakters Sachsens auf. In der Niederlausitz, wo sie fast die gesamte Verwaltung in Händen hatten,[28] verstanden sie sich als Bewahrer der Landeseigenart gegenüber der sächsischen Verwaltung. Ebenso in Vorpommern gegenüber der schwedischen[29] oder in Jülich-Berg gegenüber der kurpfälzischen, im Grunde überall, wo ein einst eigenständiges »Land« an eine fremde Dynastie gefallen war. In Hannover besaßen die einzelnen Landesteile ständische Steuerverwaltung, und die Landesregierung lag in den Händen einer kleinen Gruppe von landeingesessenen Adelsfamilien.[30] Es gab Staaten und Landesteile (so etwa im Herrschaftsbereich des Hauses Österreich),[31] in denen große Bereiche der Verwaltung noch immer in den Händen der Stände lagen und der Landesherr durch seine Organe nur die Oberaufsicht ausübte und die obersten Justizbeamten ernannte (wie z.B. auch im kurkölnischen Herzogtum Westfalen).[32]

Ständekämpfe im eigentlichen Sinne gab es im späteren 18. Jahrhundert nicht mehr, nachdem die mecklenburgischen 1747/55 und die württembergischen 1770 mit Erbvergleichen abgeschlossen waren. Spannungen zwischen landesherrlicher Verwaltung und Landständen, die auch jetzt nicht fehlten, endeten durchweg mit der Bestätigung der vorher bestehenden Verhältnisse. Manche Regierung wußte, im Besitz der entscheidenden Machtpositionen, den Nutzen friedlicher Stände zu schätzen (die einst in bedrängten Lagen des Landes und des Fürsten durch seine Berufung zustande gekommen waren); anderen fehlten Mittel und die Beamten, die von den Ständen gehandhabten Teile der Landesverwaltung zu übernehmen, oder die Energie, sich mit den Ständen unter den Augen einer aufmerksamen Öffentlichkeit zu streiten. Nur in den Ländern des Hauses Österreich verschob sich noch jetzt, sozusagen im Nachholen einer in anderen Ländern, besonders in Preußen, fortgeschrittenen Entwicklung, das Verhältnis zwischen landesherrlicher und landständischer Macht im Zuge der theresianisch-josephinischen Reformen erheblich, zu einem Teil freilich auch jetzt noch nicht endgültig, da nach 1790 eine Reihe von Maßnahmen rückgängig gemacht wurde.[33] Auf seiten der Stände lebte auch in absolutistisch regierten Ländern nicht nur die Erinnerung an einstige Macht und der Wille, den verbliebenen Einfluß zu behaupten, sondern auch das Interesse, die finanziellen Forderungen der Regierung möglichst abzuwehren und die korporativen Privilegien zu behaupten, auch auf Kosten der Ausschaltung von allen wichtigen Landesangelegenheiten. Wo immer sich Gelegenheit dazu bot, vor allem auf Huldigungslandtagen, baten sie um ausdrückliche Bestätigung ihrer Rechte oder gar um deren Erweiterung: so 1786 die ostpreußischen Stände mit ihrer Bitte um ein von ihnen zu wählendes Gremium, das dem König und den »Landes-Collegiis« von Zeit zu Zeit vortragen solle, »was Landes-Wohlfahrt erfordert, was Landes-Verfassung, Privilegia, Rechte und Freiheiten mit sich bringen«.[34]

Unverkennbar aber ist auch der Auftrieb, der im späteren 18. Jahrhundert den Ständen sozusagen von außen her zukam und ihr Selbstbewußtsein stärkte. Er hatte verschiedene Ursachen. Da war das Beispiel des erfolgreich abgeschlossenen Kampfes der württembergischen Stände mit ihrem Landesherrn; da gab es, freilich weithin unrealistische, Erwartungen und Impulse, die durch Versuche Kaiser Josephs II. zur Reform der obersten Reichsinstitutionen in den 1760er Jahren, aber auch durch die in Opposition gegen Josephs bayerische Absichten in Gang gekommene Fürstenbundpolitik der 1780er Jahre ausgelöst wurden;[35] da gab es ferner die lebhafter werdende Urteilspraxis der von namhaften Reichsstaatsrechtslehrern wie J. J. und F. C. Moser und J. St. Pütter darin unterstützten obersten Reichsgerichte, insbesondere des Reichshofrats, der in Streitfällen oft zuungunsten des Landesherrn entschied.[36] Bezeichnend ein Bericht der Regierung in Darmstadt an den Landgrafen 1771: Es sei nicht ratsam, das Verlangen der Stände nach einem Zusammentreten des engeren Landtagskonvents glatt abzuweisen, da sie im Falle einer Berufung an die höchsten Reichsgerichte »nach der dort herrschenden Praxis sowie der Autorität des älteren Moser« wohl recht bekämen.[37] Von kleineren Staaten waren reichsgerichtliche Entscheidungen und deren Exekution noch immer ernst zu nehmen! Überhaupt war das Reich, das mehr einen Rechtsverband als eine politische Machtorganisation darstellte, als die bedeutendste Verkörperung der genossenschaftlich bestimmten deutschen Vergangenheit allein schon durch seine Existenz noch immer ein wesentlicher Rückhalt für alles Ständewesen. Da waren ferner die Bereitschaft der »Schriftsteller«, der Herausgeber und Mitarbeiter überregional gelesener Zeitschriften, die eben damals zu meinungsbildender Macht aufstiegen, jeden tatsächlichen und vermeintlichen »Despotismus« anzuprangern[38] (wenn es sich nicht gerade um den eigenen Landesherrn handelte), und ihr Ruf nach Schranken der fürstlichen Gewalt, wobei die einen von der Selbstbindung des aufgeklärten Monarchen an die Gesetze und den Verzicht auf Machtsprüche, die anderen von der Wiederbelebung der Landstände unter Ausschaltung oligarchischer Tendenzen Besserung erwarteten. Man kann in der Tat von einer gewissen »Renaissance« des Ständegedankens sprechen, vor allem bei reichspatriotischen Schriftstellern, die, wie etwa Friedrich Carl von Moser, nicht zuletzt angeregt durch Montesquieu,[39] dem Ständewesen in seinem idealen Gehalt (und seiner angeblichen einstigen Realität) als Grundlage »deutscher Freiheit« betont Hochschätzung entgegenbrachten und eine durchgehende Linie (ständischer) Freiheit von Kaiser und Reich bis herab zum letzten Hintersassen eines Ritters oder Einwohner einer landsässigen Stadt zu erkennen meinten.[40] Sie wußten freilich nur zu gut, daß die Wirklichkeit oft anders aussah und klagten den fürstlichen Absolutismus in den Einzelstaaten an, er habe, vor allem durch das »militärische Staatsrecht« (F. C. von Moser), das Reich gelähmt, die »deutsche Freiheit« verkümmern lassen, den Einfluß der Stände herabgedrückt.[41] Sie schlossen aber auch die Landstände in ihre Anklage ein, die durch Egoismus, Uneinigkeit und Gleichgültigkeit, vor allem dadurch, daß sie nicht wirkliche Vertreter (Repräsentanten) des ganzen Landes, sondern nur bestimmter privilegierter Gruppen waren, selbst zu dieser Entwicklung beigetragen hätten.[42] Dennoch zweifelten sie nicht, daß das »ständische« Verfassungssystem noch lebensfähig sei und Möglichkeiten einer Reform des deutschen politischen Lebens biete.

## III

Wie aber sah die Wirklichkeit aus? Ein Beispiel zunächst für die Einschränkung ständischer Macht durch landesherrliche Gewalt. Der erst 1752 im

Zuge der theresianischen Reformen durch die Einrichtung der »Repräsentation und Kammer« (für die Verwaltung) und der »Regierung« (für Justiz- und Lehnssachen) zu einem selbständigen »Land« gewordene vorderösterreichische Breisgau[43] war peripherer Bestandteil jener »monarchischen Union von Ständestaaten« (O. Brunner), deren Herrscher trotz sehr früher Ansätze absolutistischer Machtausübung bis in die Mitte des 18. Jahrhunderts die ständisch bestimmte Struktur der einzelnen Länder so gut wie unangetastet gelassen hatten. Unter Berufung darauf, daß die meisten von ihnen einst als freie Stände an das Erzhaus gekommen seien, erfreuten sich die Stände im Breisgau von alters umfassender Privilegien, darunter der Freiheit von aller Steuer-, Abgaben- und Schatzungspflicht. Außergewöhnliche Abgaben, zu denen sie sich in Verhandlungen auf den Landtagen bereitfanden, wurden von ihnen selber umgelegt, eingezogen und verwaltet. Bei der Neuordnung der Regierungsstellen nach dem Dreißigjährigen Krieg war ein weitgehendes Indigenat zugestanden worden. So beherrschten die Stände – also Ritter und vor allem Prälaten, die Bedeutung der Städte war gering – fast die gesamte Verwaltung und Justiz im Lande, und sie wehrten sich hartnäkkig gegen die von Maria Theresia mit dem Ziel der »gottgefälligen« Gleichheit in Steuersachen angestrebte Einführung einer einheitlichen Grundsteuer. Ansatzpunkt für das landesherrliche Eingreifen bildeten dann, nach dem Siebenjährigen Krieg, innerständische Streitigkeiten, Klagen der Bauern über ungerechte Steuerverteilung und Mißwirtschaft sowie die ungenügenden Leistungen des Landes während der Kriegsjahre. Der Landesherr trat also – das ist bezeichnend – zugleich in fiskalischer Sache wie als Gerechtigkeit wahrende und das Staatsganze im Auge haltende Gewalt den Ständen als Vertretern begrenzter regionaler und sozialer Interessen entgegen. Mit der Steuerreform wurde die gesamte ständische Verwaltung umgewandelt. Zwar behielt sie ihre Kompetenzen; doch wurden diese nun von einer neuerrichteten Behörde, dem »landständischen Konsess«, wahrgenommen, der seinerseits in die landesherrliche Verwaltung eingefügt war: der Präsident der »Regierung« war zugleich Präsident des »Konsesses«. Noch 1790 haben die Stände gegen diese Verquickung staatlicher und ständischer Institutionen wie gegen die ebenfalls neue Gerichtsverfassung Einspruch erhoben. Landtage wurden zwar offiziell nicht abgeschafft, aber nach der Einführung fixer Steuern nicht mehr berufen. An der kirchlichen und adeligen Grundherrschaft einschließlich der Gerichtshoheit wie an der städtischen Selbstverwaltung änderte sich nichts.

Als zweites Beispiel, das jedoch ein weiter fortgeschrittenes Stadium der Einengung der ständischen Sphäre bezeichnet, mag die Kurmark Brandenburg gelten.[44] Der erfolgreiche Aufstieg des fürstlichen Absolutismus hatte auch hier, im Kernland des Hohenzollernstaates, ständische Einrichtungen und Rechte bestehen lassen, ihre Existenz allerdings in ein Zugeständnis seitens der Krone umgedeutet. Unter der Aufsicht und Rechnungskontrolle landesherrlicher Behörden waren den Ständen u. a. die Leitung und Verwaltung des kurmärkischen Kreditwesens, ferner die der landesherrlichen Bestätigung bedürfende Wahl der ständischen Beamten und der Landräte auf den Kreistagen (also den Versammlungen der kreiseingesessenen Gutsbesitzer), die Führung der Kreiskassen und die Verteilung der von den Kreisen aufzubringenden Steuern verblieben: also die Erledigung gewisser konkreter finanzieller, ökonomischer und sozialer Angelegenheiten auf Kreis- und Provinzebene.

Alles darüber Hinausgehende hatten der Landesherr und seine Verwaltung nach dem Maße des ausschließlich von ihnen definierten »Staatsinteresses« in ihre Kompetenz hineingezogen. Die Beispiele ließen sich häufen. Immer wieder läßt sich mit großen Unterschieden im einzelnen beobachten, wie die landesherrliche Verwaltung ältere ständisch-korporative Rechte einengt, ohne sie auszulöschen, ständische Institutionen übergreift, überwacht und leitet, ohne sie völlig aufzuheben. Nicht selten allerdings waren Austrocknung und Erstarrung die Folge; der den Ständen verbliebene Tätigkeitsbereich verlor an »öffentlicher« Bedeutung, während derjenige des Staates sich unablässig ausweitete. Zunächst und zumeist aber nur auf den oberen Ebenen der Verwaltung, während breite Zonen des sozialen Lebens dem unmittelbaren Zugriff der landesherrlichen Gewalt entzogen blieben, und zwar vor allem durch die adelige (wie auch kirchliche) Grund- und Amtsherrschaft, die in Verbindung mit Gerichtshoheit und Polizeigewalt öffentlich-rechtlichen Charakter besaß. Man kann sagen, daß die Stellung der Landstände am stärksten war »nicht eigentlich im Landtag, sondern in ihrem engsten örtlichen Machtbereich, wo sie aus eigenem Recht die obrigkeitlichen Befugnisse [...] ausübten«.[45]

Am ehesten und aufs Ganze gesehen am erfolgreichsten konnte die fürstliche Verwaltung in den Landstädten in die ständische Sphäre eindringen. Bei der Beobachtung dieses Prozesses ist zunächst zu berücksichtigen, daß die Kraft und Lebendigkeit städtischer Selbstverwaltung, die einen bedeutenden Bereich korporativen Wesens ausmachte, nicht von dem Vorhandensein und der Macht von Landständen abhing. Wo es Landstände gab, gehörten ihnen zwar auch Städte an, freilich nie alle und nie mit dem Recht, die Städte ohne Standschaft mitzuvertreten. Waren sie mächtig, so konnten sie – wie das Beispiel der Städte Königsberg im 17. Jahrhundert zeigt[46] – zu Vorkämpfern gesamtständischer »Freiheiten« werden; noch öfter aber waren sie nur an ihren eigenen Freiheiten interessiert, die ihnen in einzelnen Fällen (Erfurt, Hildesheim, Osnabrück, Rostock, Danzig) eine Stellung gaben, die kaum weniger unabhängig war als diejenige mächtiger Reichsstädte. Daß umgekehrt sie von den adeligen Ständen solidarische Hilfe erfahren hätten, kann keineswegs generell festgestellt werden. Vielmehr gab es, von beiden Seiten her, oft erhebliche Interessengegensätze (vor allem über die Höhe von Steueranteilen wie auch über das Recht der Standschaft), die – z. B. in Hessen-Kassel – von der fürstlichen Verwaltung mit Erfolg benutzt wurden, einheitliches Vorgehen der Landstände zu verhindern und sie dadurch zu lähmen. Es konnte vorkommen, daß der Landesherr in der Auseinandersetzung mit dem opponierenden Adel sich (zeitweilig) auf die Städte stützte; zahlreicher und charakteristischer aber waren die Fälle, in denen die fürstliche Verwaltung unter Ausnutzung innerstädtischer sozialer Spannungen, die zu Kämpfen um die Zusammensetzung des Rats und die Vergabe der städtischen Ämter geführt hatten, und veranlaßt durch Mißwirtschaft die Kontrolle der Finanzen in die Hand nahm und damit entscheidende Einflußmöglichkeiten auf die gesamte städtische Verwaltung gewann. In Preußen war die städtische Selbstverwaltung von Friedrich Wilhelm I. weitgehend beseitigt;[47] in anderen Staaten blieb sie zwar offiziell bestehen, doch nahmen die Landesherren – so in Hessen und Braunschweig, seit der Jahrhundertmitte auch in Österreich – häufig und direkt Einfluß auf die Besetzung des überall oligarchische Tendenzen zeigenden Rates, oder sie kontrollierten die Ratswahlen. Es kam auch vor, daß ein fürstlicher Beamter die Leitung des Magistrats übernahm oder, vor allem bei finanzieller Zerrüttung, eine neue Stadtverfassung oktroyiert wurde. In das städtische Sozialgefüge griff jedoch die landesherrliche Verwaltung kaum ein, allenfalls in der Weise, daß durch ihre Behörden neue Elemente in die Stadtbevölkerung hineingebracht wurden. Wo die städtischen Institutionen (auch die Zünfte) zwar erhalten blieben, aber doch in das landesherrliche Verwaltungssystem eingefügt werden konnten, da reichten die direkten Wirkungen des »Staates« tiefer in die Gesellschaft hinein als auf dem platten Lande.

## IV

Das Vordringen der landesherrlichen Gewalt erfolgte im Ausbau und in der Kompetenzerweiterung der »staatlichen« Verwaltung. Dazu wurden nicht nur neue Behörden eingerichtet, die der Fürst mit Leuten seiner Wahl und der von ihm geforderten Qualifikation zu besetzen bestrebt war; es wurden auch ständische Behörden und Ämter der landesherrlichen Kontrolle unterworfen. In diesem Vorgehen realisierte sich – neben der Wahrnehmung der »Außenpolitik« und der Landesverteidigung – am stärksten landesherrliche Gewalt. Ihre Legitimierung dazu hat in konsequenter Entwicklung aus der Lehre vom Vertrag, der die bürgerliche Gesellschaft, d.h. den Staat, »unter einem gemeinschaftlichen Oberhaupt« konstituiert,[48] C. G. Svarez in seinen Kronprinzenvorträgen von 1791/92 prägnant definiert.[49] Zu den Rechten des Regenten gehöre es, Staatsämter zu errichten, um der Pflicht zu genügen, für geeignete Organe zur Ausführung der Regierungsgeschäfte zu sorgen, und Würden zu erteilen, damit einem jeden sein Rang in der bürgerlichen Gesellschaft angewiesen werde. Mit dem Recht, »öffentliche Ämter einzurichten und Beamte zu setzen«, sei die Befugnis verknüpft, bestimmte Anforderungen an Amtsbewerber zu stellen und ihre Entlohnung festzusetzen. Dem korrespondiere die Pflicht, nur fachlich qualifizierte Beamte zu ernennen, sie in ihrer Amtsausübung und der Beachtung der Amtsgrenzen zu kontrollieren und ihnen Einkünfte und ihre berufliche Zukunft zu sichern. Hinter diesen Sätzen steht die Konzeption des vollausgebildeten aufgeklärten Absolutismus, und es zeichnen sich in ihnen bereits die Grundzüge des modernen staatlichen Beamtentums ab. Die Wirklichkeit war indes im späten 18. Jahrhundert in vielen Fällen weit davon entfernt.

Im folgenden soll verdeutlicht werden, welche Überschneidungen und Anpassungen zwischen ständischen und landesherrlichen Ämtern möglich waren, in welchem Umfange spezifisch ständische Interessen in der landesherrlichen Verwaltung sich behaupteten oder Geltung verschaffen konnten und wie weit ein durchgeformtes staatliches Beamtentum, ein »Stand« der Staatsdiener sich im späten 18. Jahrhundert in Deutschland schon ausbildete.[50] Selbstverständlich ist mit diesen drei Erscheinungskomplexen nicht der ganze Bereich des Verhältnisses von Ständewesen und Staatsverwaltung erfaßt. Er war, wie schon erwähnt, oft noch bestimmt durch ein unverbundenes Nebeneinander von landständischen und landesherrlichen Behörden, von »Beamten« beider Seiten, wobei die der ersteren nicht selten als die vornehmeren galten. Je mehr die fürstlichen Beamten landfremd oder bürgerlich waren, um so schroffer konnten sie den Ständen gegenüber auftreten, wie es in Hessen-Darmstadt der Fall war, wo die eng untereinander versippten fürstlichen Beamten alles taten, die Gravamina der Stände wirkungslos zu machen.[51] Dies zu zeigen ist hier nicht die Absicht, sondern einige Erscheinungen hervorzuheben, die für das spätere 18. Jahrhundert als charakteristisch gelten dürfen und geeignet sind, ein allzu einfaches Bild vom Umfang des Ständischen wie von dem Charakter der staatlichen Verwaltung zu beseitigen.

Noch immer war die Zahl der Ämter sehr groß, in denen ständische und landesherrliche Kompetenz zusammentrafen. Vor allem waren es solche, bei deren Besetzung der Landesherr an ständische Privilegien gebunden war, oft weniger aus Unfähigkeit, diese Bindung zu beseitigen, als aus Herkommen, aus Zweckmäßigkeit und auf Grund freiwilliger Zugeständnisse. Ständisches und fürstliches Interesse gemeinsam haben dem Amt des preußischen Landrats seinen Charakter gegeben: er war zugleich Vertreter der Stände und königlicher Beamter, mußte adelig und kreiseingesessen sein, mußte sich der Prüfung durch staatliche Examinationsbehörden unterwerfen und bedurfte der königlichen Bestätigung; in ständischen Dingen war er an den Kreistag und in manchen Fällen an die Mitwirkung der Kreisdeputierten gebunden.[52] Auch der Direktor der kurmärkischen Landschaft, also des landständischen Kreditinstituts, war zugleich Ständevertreter und königlicher Kommissarius.[53] 1749 wurde der Landschaft das Recht gegeben, zur Besetzung dieser Stelle drei landeingesessene adelige Rittergutsbesitzer vorzuschlagen, die in Landschaftssachen bereits erfahren seien. Bezeichnenderweise wurden Männer gewählt, die schon hohe Funktionen in der staatlichen Verwaltung oder in der Justiz ausgeübt hatten, also Geschäftskenntnis, Konnexionen zu staatlichen Stellen und ein Ansehen besaßen, das nicht zuletzt eben aus diesen Funktionen herrührte.[54] – Ein anderes, aber kein grundsätzlich verschiedenes Vorzeichen trugen manche Ämter in Staaten mit starker Ständemacht. Die Verwaltungs- und Justizbehörde »Landdrost und Räte«, die im kurkölnischen Herzogtum Westfalen die Vertretung des Landesherrn wahrnahm, bestand, bis auf die Gelehrten unter den Räten, aus aufgeschworenen westfälischen Rittern, die auch in der Funktion landesherrlicher Landtagskommissare aufs engste mit den Landständen verknüpft waren. Diese Liaison wurde noch bestätigt durch die Tatsache, daß der Sekretär des genannten Kollegiums zugleich als Sekretär der Ritterkurie fungierte. Umgekehrt empfing ein eindeutig landständischer Beamter wie der Landpfennigmeister, der die von den Ständen beschlossenen, verteilten und erhobenen Steuern verwaltete, ein jährliches Gehalt vom Landesherrn.[55] In Hannover konnte 1794 festgestellt werden, daß die landsässige Ritterschaft einen »nahen und observanzmäßigen Anspruch [...] an beinahe allen Militär-, Zivil-, Hof- und Landschaftsbedienungen« habe.[56] Die Beispiele ließen sich häufen; sie belegen, daß das Eindringen der landesherrlichen Verwaltung in die lokale und provinzielle »ständische« Sphäre durchaus nicht nur und nicht auf Dauer schroffe Gegensätze aufgerissen hat. Sie zeigen ferner die enge Verzahnung von landesherrlicher und landständischer Zuständigkeit, die oft kaum genau erkennen läßt, wer der »Auftraggeber« für bestimmte Ämter gewesen ist. Erwähnt sei nur noch, daß die zweiseitige Betrauung vor allem von bürgerlichen gelehrten Juristen, also von »Spezialisten«, des öfteren vorkam, so z. B. in Kurbayern[57] und sogar im ständestolzen Württemberg[58]; das größte Beispiel dafür ist Justus Möser.

Allgemein verbreitet und dort, wo ständisches Wesen noch mächtig war, auch erfolgreich, war das Bestreben der Stände, den Landesherrn bei der Besetzung von Ämtern an Indigenat und Standeszugehörigkeit zu binden. Im Bistum Münster mußten die Drosten der 12 Ämter landeingesessen und adelig sein; der Geheime Rat setzte sich aus Domherren, Adeligen (also Mitgliedern landtagsfähiger Familien) und Rechtsgelehrten zusammen.[59] Bis zur Verwaltungsreform von 1770 wurde das Amt des Viztumen im kurmainzischen Rheingau ausschließlich vom rheingauischen Adel besetzt.[60] Man kann es eher als Regel denn als Ausnahme bezeichnen, daß gewisse hohe Stellen in den Regierungskollegien und gewisse mehr oder weniger einflußreiche Ämter im Lande, auf Grund schriftlicher Zusicherungen oder Gewohnheit, dem Adel reserviert blieben, auch – und gerade – wenn sie ihre ältere Bedeutung längst eingebüßt hatten und, wie etwa das erwähnte Viztumenamt, zu bloßen Sinekuren für große Herren geworden waren, die sich oft nicht einmal mehr im Lande aufhielten.

In diesem Sachverhalt kommt das unverändert starke Interesse der Stände, d. h. vor allem des Adels, an den Ämtern zum Ausdruck, auch an solchen, auf die der Landesherr Einfluß nahm oder die von ihm eingerichtet waren. Als Quelle von Einkünften und Ansehen, aber auch von praktischer

Macht behielt das Amt für sie seine soziale Bedeutung. Es war handfestes familiäres und ständisches Interesse, wenn mit der gesellschaftlichen Stellung ein Amtsanspruch geltend gemacht und versucht wurde, Ämter in einer Familie durch Erblichkeit oder Adjunktur festzuhalten.[61] Die Behauptung der Ämter aber wirkte sich konkret als Barriere gegen den fürstlichen Absolutismus aus. Das zeigte sich vor allem dort, wo der Verwendung landfremder und standloser Personen im fürstlichen Dienst erfolgreich widerstanden wurde. Die Motive solcher oft geübten oder doch angestrebten landesherrlichen Praxis erläuterte Landgraf Ludwig IX. 1776 den darmstädtischen Ständen nur zum Teil, wenn er ihnen recht rabiat sagen ließ: die Erfahrung lehre, »daß je mehr Fremde eingeschaltet werden, je mehr Emulation gibt es, um je weniger Hoffnung oder Rechnung haben sich die im Land geborenen Ignoranten auf Beförderung zu machen, die sich in vorigen Zeiten darauf verlassen haben, die Bedienungen seien erblich, sie mögen etwas oder nichts leisten, könne es ihnen nicht fehlen [...]«[62] Noch mehr ging es den Fürsten darum, Personen in ihren Dienst zu nehmen, die von den Ständen unabhängig und mit ihren Interessen völlig auf den Landesherrn orientiert waren. Daß sich dabei Günstlingswirtschaft entwickeln konnte, manche Fürsten auch aus Geldbedürfnis zum »Diensthandel« übergingen, bei dem der Meistbietende häufig nicht der Geeignetste war, muß erwähnt werden.[63] Mit dem Abklingen der Auseinandersetzungen zwischen Landesherren und Ständen trat dann insofern eine veränderte Lage ein, als einerseits die Landesherren zunehmend eingesessene Adelige in ihren Dienst hineinzogen und sie sich damit verpflichteten, andererseits der Landadel selbst in diesen Dienst eintrat, der durch die Einflußmöglichkeiten, die er bot, und das Ansehen, das er besaß, zunehmende Anziehungskraft auf ihn ausübte. Damit ist unser zweiter Beobachtungsgegenstand angesprochen: ein Vorgang von hoher sozialgeschichtlicher Bedeutung.

Vorbereitet durch die an vielen Stellen schon ältere persönliche Dienstbindung zwischen Krone und Landadel im Heer, hat der verstärkte Eintritt von Adeligen den sozialen Charakter des »staatlichen« Verwaltungsdienstes in Deutschland nachhaltig und mit Auswirkungen bis mindestens 1918 geprägt. Mit der Bereitschaft, in diesen Dienst einzutreten, unterwarfen sie sich fachlichen Anforderungen, die im standes- und berufssoziologischen Sinne jener Zeit solche eines »bürgerlichen« Berufs waren. Im Dienste stehend wurden sie in den Zusammenhang eines auf die öffentliche Sache gerichteten Denkens und Handelns hineingezogen, das in betonter Weise nichtständisch, wenn auch keineswegs anti-ständisch war. Damit wurden sie zugleich vor der glänzenden Funktionslosigkeit eines bloßen Hofadels wie vor dem Steckenbleiben in der Enge des Interessenhorizontes eines bloßen Landjunkertums, aber auch vor der Sinnentleerung des aristokratischen Anspruchs auf sozialen Vorrang und politischen Einfluß bewahrt. Wenn der Adel in Deutschland längst nicht in dem Maße sein Ansehen verloren hat wie in Frankreich im 18. Jahrhundert, dann nicht nur auf Grund der noch vorherrschenden agrarischen Struktur des deutschen Gesellschaftsgefüges oder der Rückständigkeit des politischen Selbstbewußtseins in Deutschland, sondern auch infolge erbrachter Leistungen für den Staat im Militär- und Verwaltungsdienst. Ohne diese Leistung wäre etwa im friderizianischen Preußen die besondere königliche Protektion des Adels kaum möglich gewesen. Daß Friedrich, der ihn in erster Linie als Offiziersreservoir ansah, ernsthaft befürchtete, der Zug zum Verwaltungsdienst könne den Offiziersnachwuchs gefährden, bezeugt das Ausmaß dieses Vorgangs.[64]

Andererseits wurden von den Adeligen manche ihrer spezifischen sozialen Interessen und viel von ihrer Standesmentalität in den landesherrlichen Dienst hineingetragen. Sie waren bemüht, ihren sozialen Vorrang als dienstlichen Vorzug geltend zu machen. Tatsächlich ist der Adel, auch in Preußen unter Friedrich d. Gr., beim Dienstantritt wie beim Avancement begünstigt worden; für höhere Stellen besaß er wenn auch keinen rechtlich fixierten Anspruch, so doch eine durch lange Praxis gefestigte »wohlerworbene« Aussicht. Obgleich auch in Preußen das Mißtrauen des Monarchen gegen außerdienstliche Einflüsse, seine unbeirrbare Skepsis gegenüber allen Beamten und das allgemeine Amtsüberwachungssystem eine »Feudalisierung« des Staatsdienstes verhindert haben, konnten doch massive Interessenverbindungen zwischen hoher Verwaltung und eingesessenem Adel zustande kommen. Ein Beispiel dafür bietet die schlesische Verwaltung unter dem Provinzialminister v. Hoym.[65]

Kein Zweifel, daß das adelige Element die sozial konservative Haltung, die sich in der preußischen Verwaltung des späteren 18. Jahrhunderts zunehmend ausbreitete, erheblich bestärkt hat.[66] Doch lag diese Entwicklung ganz auf der Linie des preußischen Spätabsolutismus. Sein sozialpolitisches Ziel war die Erhaltung der ständischen Gliederung der Staatsbevölkerung, die nun aber verstanden wurde als Gliederung nach sozialen Funktionen im Staate. In ihr nahm der Adel eine äußerlich bevorzugte Stellung ein, die ihm – wie es Svarez in seinen Kronprinzenvorträgen 1791/92 erläuterte, als Gegenleistung für besondere Pflichten im Staate eingeräumt war. Nach der friderizianischen Staatskonzeption findet in der staatlich integrierten Gesellschaft ein Gegensatz zwischen Ständen und Staatsverwaltung prinzipiell nicht mehr statt.

Es ist bezeichnend, daß diese Konzeption von denjenigen adeligen und bürgerlichen Kräften vertreten wurde, die im landesherrlichen oder wie man im späteren 18. Jahrhundert zu sagen berechtigt ist: im Staatsdienst standen und hier zu einem besonderen Berufsstand, dem »Beamtenstand«, sich formierten,[67] in dem die Unterschiede der Geburt zwar nicht verschwanden, aber doch von einem Amts-, Standes- und Staatsbewußtsein übergriffen wurden. Gesellschaftlich tonangebend blieb in der höheren Bürokratie durchaus der Adel, und seine sozialen standards wirkten prägend auf das Bewußtsein der hohen bürgerlichen Beamten, von denen nicht wenige die Nobilitierung erstrebten und erreichten. So konnte sich das Selbstverständnis einer Aristokratie der Beamten, einer neuen vermittelnden Schicht zwischen Monarch und Volk, einer in besonderer Weise »staatstragenden« Gruppe entfalten, die zwar in ihrer Funktion von der monarchischen Gewalt abhängig blieb, aber doch zunehmend ein eigenes soziales und politisches Schwergewicht erlangte. Es ist kaum denkbar, daß dies ohne die Teilnahme des Adels oder gegen ihn möglich gewesen wäre. Für die Sozialgeschichte und die Geschichte des politischen Bewußtseins in Deutschland ist die materielle und ideelle Bindung beträchtlicher Teile des Adels und der bürgerlichen Bildungsschichten an den Staat im Verwaltungsdienst von kaum zu überschätzender Bedeutung.

Zwei Beispiele sollen auf verschiedene Möglichkeiten in der Ausbildung eines Beamtenstandes verweisen: In Württemberg stand der rein bürgerliche Beamtenstand nach der Landesverfassung zwischen den Landständen und dem Landesherrn.[68] Hier, wo sich der Dualismus von Ständemacht und fürstlicher Gewalt erhalten hatte und noch nach der Mitte des 18. Jahrhunderts eine erneute Sanktion erfuhr, waren Herzog und Beamte nicht nur an die Beachtung der ständischen Landesverfassung gebunden; die Beamten, deren der Herzog sich bedienen mußte, waren auch durch verwandtschaftliche Beziehungen und soziale Mentalität aufs engste mit den Landständen verknüpft. Weitgehend homogener Herkunft (aus dem Pfarrstand, der bürgerlichen Bildungsschicht, dem gewerblichen Bürgertum und dem Schreiberstand), beruflich geprägt durch die Ausbildung in dem charakteristisch württembergischen Institut der »Schreibstube«, zahlenmäßig überstark, eng versippt und durch Amtspatronage gegenseitig verpflichtet, lehnte sich die württembergische Beamtenschaft enger an die »Landschaft« als an den Fürsten an. Das hat sie einerseits zum Widerstand gegen fürstlichen Absolutismus befähigt, andererseits beharrende Tendenzen in ihren Reihen bestärkt.

In Preußen dagegen eine Beamtenschaft, die im Dienste absolutistisch regierender Landesherren hart diszipliniert worden war:[69] aus adeligen und bürgerlichen, eingesessenen und landfremden Elementen zusammengesetzt, gewissen, wenn auch noch nicht ausnahmslosen Ausbildungsanforderungen unterworfen, durch kameralistische Schulung hindurchgegangen, zu einem regionale und ständische Unterschiede übergreifenden, über die Person des Fürsten hinaus auf den »Staat« orientierten Bewußtsein erzogen, in der Amtsführung streng reglementiert, selber reglementierend und bevormundend – eine Bürokratie, die das öffentliche Leben zu monopolisieren suchte, das Interesse des Landesherrn zu ihrem eigenen machte und doch zugleich die eigenen Interessen mit denen des Staates identifizierte. Keinesfalls kann der landesherrliche Dienst als allein formendes Element für die preußische Beamtenschaft angesehen werden; daneben waren Tendenzen wirksam, die man in typologischer Beschreibung als »ständisch« bezeichnen muß: Tendenzen der sozialen Verfestigung nach innen und der Abschließung nach außen. Wenn 1740 die Ämtererblichkeit und -käuflichkeit in Preußen auch in der indirekten Form der Zahlungen in die Rekrutenkasse praktisch verschwunden war, so spielten doch Verwandtschaftsbeziehungen und Empfehlungen weiterhin eine nicht unbeträchtliche Rolle. Eine sehr verbreitete Erscheinung war es, daß Söhne von Beamten wieder Beamte wurden und dabei Vorzüge genossen. Nach wie vor wurden Ämter als Pfründen angestrebt und zu materiellen Gewinnen auch über die festen Bezüge hinaus genutzt. Wie für den zahlreichen nicht-grundbesitzenden Adel (insbesondere die nichterbenden Söhne und Brüder der Gutsbesitzer), so war für das gebildete Bürgertum die Beamtenstelle in erster Linie eine begehrte Versorgung in einer sozialen Welt mit sehr begrenzten Erwerbsmöglichkeiten. Noch war die Grenze zwischen höheren und Subalternbeamten fließend,[70] doch hoben sich die höheren Beamten immer mehr als eine besondere Gruppe heraus. Zu dieser Entwicklung hat der starke Anteil an Adeligen, Nobilitierten und akademisch Gebildeten erheblich beigetragen.

Eng waren die Beziehungen der höheren Beamtenschaft zu der anderen großen Gruppe, dem anderen Berufsstand von Staatsdienern: den Offizieren. Oft traf man Mitglieder derselben landeingesessenen Adelsfamilien hier wie dort an. Gewiß kam es in Preußen sehr viel häufiger vor, daß Söhne von Beamten in den Militärdienst eintraten als daß umgekehrt Offizierssöhne Beamte wurden. Dagegen war der Übergang gewesener Offiziere in den höheren zivilen Verwaltungsdienst sehr verbreitet; Landratsämter wurden zur Zeit Friedrichs II. fast durchweg mit Adeligen besetzt, die einen Offiziersrang besaßen. Unter den besonderen preußischen Bedingungen hat der militärische Dienst auf den zivilen stilprägend gewirkt. Aus seinem Bereich stammten die Ehrauffassung, das Corpsbewußtsein, die Art und Weise des Auftretens der höheren Beamten; auf der unteren Ebene der Militäranwärterbediensteten waren die Verhältnisse analog. Und das, obwohl in der Beamtenschaft (auch in der höheren) der bürgerliche Anteil wesentlich höher lag als im Offizierskorps. Dieser Befund demonstriert das soziale Schwergewicht des Militärs, dessen Stellung in Preußen aufs engste mit der gesamten staatlichen Ordnung wie mit der Gesellschaftsstruktur verknüpft war.[71] Hergebrachtes Interesse des Adels am Kriegswesen und neues Interesse an standesgemäßen angesehenen Positionen im fürstlichen Dienst, aber auch das landesherrliche Interesse an der Indienstnahme des eingesessenen, gutsbesitzenden Adels hatten das Offizierskorps zur adeligen Domäne werden lassen; gerade daraus resultierte sein hohes gesellschaftliches Ansehen wie andererseits die Gefahr kastenmäßiger Absonderung. In der Beamtenschaft dagegen ist das adelige Exklusivstreben mit dem bürgerlichen Aufstiegsstreben zusammengeflossen. Beide waren im späten 18. Jahrhundert stärker entwickelt als zuvor; aus beiden erwuchs eine Gruppe eigener sozialer Physiognomie, die wie keine andere ein Verbindungsglied zwischen Adel und Bürgertum, aber auch ein Auffangbecken für »Ausländer« bildete. Kein Wunder, daß sich die Beamten als »Stand« des sozialen Ausgleichs par excellence verstanden, überdies als Stand der Vermittlung zwischen Herrscher und Untertanen und als diejenige Gruppe der Untertanen, die an der Obrigkeit teilhat. Aus dieser Auffassung zogen sie ein starkes, in mancher Hinsicht übersteigertes Bewußtsein ihrer Bedeutung für das öffentliche Wohl in Gesellschaft und Staat.

Gerade die soziale Garantie des Adels und seine Einfügung in das absolutistische Staatskonzept als Stand mit spezifischer Aufgabe – beides erst möglich nach der politischen Entmachtung der Stände – hat verhindert, daß die fürstliche Beamtenschaft zu einer Gruppe außerhalb des Gesellschaftsgefüges, zu einem bloßen Instrument der landesherrlichen Gewalt wurde, das der Bevölkerung sozusagen gegenüberstand. Darin fand der Adel nicht nur einen (begrenzten) Ausgleich für verlorengegangene Selbständigkeit, sondern auch Rückendeckung für seine verbliebenen Vorrechte. Nichts hat seine Position im Staate mehr stabilisiert als seine Beteiligung am Staate in Militär und Verwaltung. Dafür bietet Preußen das bezeichnendste Beispiel, wo den Ständen, d.h. dem Adel nach der politischen Entmachtung unter der Kontrolle des Landesherrn ein erheblicher Bereich des öffentlichen Lebens mit zahlreichen juristischen und administrativen Ämtern in eigener Zuständigkeit überlassen blieb und auch in der staatlichen Beamtenschaft beträchtlicher Einfluß zugebilligt wurde. Darin äußerte sich nicht Schwäche des Absolutismus, sondern Selbstsicherheit, die sich bei Friedrich II. mit einer rationalistischen Auffassung der Ständegliederung einerseits, der Forderung eines aufgeklärten Staatspatriotismus andererseits verknüpfte.

## V

Nur im System der absoluten Monarchie hat die Beamtenschaft zum »politischen« Stand, zu einer sekundären Führungsschicht aufsteigen können; unter einer ständischen Verfassung war dafür kein Platz. Diese Feststellung wird auch durch die Beobachtung bestätigt, daß in einem Land wie Bayern die Beamtenschaft erst zur Rheinbundzeit eine ähnliche Stellung und Bedeutung erreichte wie in Preußen im späteren 18. Jahrhundert. Man kann behaupten, daß die staatliche Bürokratie die Rolle der Stände als pouvoirs intermédiaires unmöglich machte. Daß sie selber in diese Funktion eingetreten sei, kann nur sehr entfernt und in übertragenem Sinne gelten. Denn eine »Bürokratie« verfügt ihrem Wesen nach nur über abgeleitete Macht, mag sie sie auch massiv in eigenem Interesse verwenden.[72] Im absolutistischen Staat, in dem es keine Repräsentation der Bevölkerung gab, konnte sie die Vermittlung zwischen dem Souverän und den Untertanen in dem Sinne sein, daß sie als Exekutivorgan den Willen des Herrschers in administrative Praxis überführte und umgekehrt Wünsche und Stimmungen der Bevölkerung dem Herrscher zur Kenntnis brachte. Die »Regierung aus dem Kabinett«, wie sie Friedrich von Preußen praktizierte, verschloß sich freilich solcher Kenntnisnahme weithin.

Wenn es aber als ein Kennzeichen der landständischen Vertretung wie der

Volksrepräsentation zu gelten hat, daß sie die Herrschergewalt rechtlich beschränkt, so kann eine Bürokratie normalerweise *diese* Funktion nicht ausüben. Je mehr, wie in Preußen im späteren 18. Jahrhundert, die Beamtenschaft in dem ständischen Gesellschaftsgefüge verankert war und als besonderer Berufsstand das verbindende und integrierende Element der staatsbürgerlichen Gesellschaft darstellte, desto selbständiger konnte sie auftreten, aber auch dann nur im Namen des Staates, u. U. allerdings als eine Fronde gegen den Monarchen. So haben sich die Männer des »Allgemeinen Preußischen Landrechts« als Vertreter des »aufgeklärten« friderizianischen Staates und Staatsdenkens gegenüber den Tendenzen verstanden, die nach 1786 durch die Person Woellners repräsentiert wurden. Und in den späteren 1790er Jahren hat sich in den Kreisen der hohen Beamtenschaft der Geist der Reformen zuerst geregt, der dann in der tiefsten Krise Preußens nach 1807 eine Modernisierung des Staates bewirkte, für deren Gelingen freilich die Kräfte der Bürokratie nicht ausreichten, sondern die »Teilnahme« der »Nation« erforderlich war. Wie sie Gestalt finden könne und müsse, ist eine Frage, die seither die Menschen bewegt und das Gefüge der Staaten erschüttert hat. Dabei ist es von Wichtigkeit gewesen, daß man auch in Deutschland an ständische Traditionen und Institutionen anknüpfen konnte, daß auf Grund alter territorialer Zersplitterung eine nationale Repräsentation jedoch lange nicht erreicht wurde und daß der monarchisch-bürokratische Staat nicht so schwach und nicht so schlecht war, um revolutionär beseitigt werden zu können.

# *Wahlkapitulationen in den geistlichen Staaten des Reiches im 18. Jahrhundert*

## I

In seiner umfassend angelegten Darstellung der Rechtsgeschichte der katholischen Kirche, deren erste Auflage 1950, deren vierte bereits 1964 erschien, schreibt Hans Erich Feine: »Vor allem die deutschen Wahlkapitulationen sicherten dem Domkapitel noch im 16. und 17. Jahrhundert einen weitgehenden Einfluß auf die Regierung und Verwaltung der Diözese und der Bistumslande. Das Tridentinum hat hier noch keinen Wandel gebracht. Erst als der ständische Feudalstaat dem Zeitalter des Absolutismus erlag, konnte es ein Papst, Innozenz XII., [...] im Einvernehmen mit den Bischöfen wagen, Wahlkapitulationen ohne päpstliche Bestätigung für nichtig zu erklären, ein Vorgehen, dem sich Kaiser Leopold I. seinerseits anschloß: In einem Würzburger Streitfall erging am 22. September 1695 die Konstitution ›Ecclesiae catholicae‹, die sogenannte Innocentiana, die nicht nur den Würzburger, sondern auch den Wahlkapitulationen in den meisten anderen Bistümern ein Ende bereitet oder sie praktisch entwertet hat.«[1] Feine wiederholt damit , was er schon 1921 in seinem Buch über »Die Besetzung der Reichsbistümer vom Westfälischen Frieden bis zur Säkularisation« geschrieben hatte:[2] Nach Erreichung des Höhepunkts der Wahlkapitulationen im 17. Jahrhundert sei mit der Wende zum 18. Jahrhundert ein Rückschlag eingetreten. Er bringt ihn unmittelbar in Zusammenhang mit der Zurückdrängung der »ständischen Macht« in den deutschen Territorien durch die Fürsten seit dem Dreißigjährigen Krieg. Wenn er dann fortfährt, in den meisten Hochstiften seien die Kapitulationen der Domkapitel »dem Bunde von Kaiser und Papst mit den Bischöfen« erlegen, so macht er Mächte für diese Entwicklung verantwortlich, die gerade nicht als Förderer des fürstlichen Absolutismus gelten können. Und – daß die Kapitulationen »über das sachlich etwa begründete Maß weit hinausgewachsen« waren, kann als Begründung für ihr Erliegen doch nicht ausreichen. Aus Feines Darstellung spricht überdies insofern eine gewisse Unsicherheit, als er feststellt, daß die Innocentiana in den einzelnen Bistümern eine ganz unterschiedliche Wirkung gehabt habe und in nicht wenigen Fällen alles beim alten geblieben sei.

Seine Feststellung, daß »die Zeit der Kapitulationen schon im 18. Jahrhundert abgelaufen« gewesen sei,[3] verlangt also eine Überprüfung. Eine zu unproblematische und einseitige Vorstellung vom Aufstieg des fürstlichen Absolutismus ist hier auf die Entwicklung der geistlichen Staaten übertragen worden. Soweit Feines Urteil im Hinblick auf den Trend dieser Entwicklung zutrifft, läßt es doch vieles beiseite, was die Wirklichkeit und das Bewußtsein der Menschen von dieser Wirklichkeit noch erheblich mitbestimmt hat.

Als Beleg für seine Feststellung hat Feine sich auf die »Anschauungen tatkräftiger Regenten« berufen und als Beispiel Franz Ludwig von Trier angeführt, der gesagt hatte, sein Eid, den er auf die Wahlkapitulation geleistet habe, gehe nicht weiter als es seine Pflicht zulasse, die Ehre und das Beste seiner Kirche zu fördern; soweit er ihn zu etwas verpflichte, was der Landesverfassung und der erzbischöflichen Gewalt zuwiderlaufe, sei er durch die »Innocentiana« aufgehoben.[4] Nach dieser Ansicht können Kapitulationen Bestimmungen enthalten, die mit der Landesverfassung und der geistlichen Gewalt des Bischofs nicht vereinbar sind und die der Bischof und Landesherr trotz der Eidesleistung nicht zu halten verpflichtet ist. War das die durchgehende Praxis des 18. Jahrhunderts? Eine befriedigende, erschöpfende Antwort auf diese Frage zu geben, können wir nicht hoffen, allenfalls einige Beobachtungen beibringen.

## II

In der Wahlkapitulation des Fürstbischofs von Speyer, August Ludwig von Limburg-Styrum, aus dem Jahre 1770 heißt es am Schluß, daß er weder heimlich noch öffentlich etwas gegen die vorstehenden Bestimmungen unternehmen wolle, auch nicht im Falle einer Dispensierung von höherer Stelle. Selbst bei Abänderungen von päpstlicher Seite werde er keinen Gebrauch von diesen machen.[5] Offenbar sah also das Speyrer Domkapitel in der »Innocentiana« kein wesentliches Hindernis. Diese Wirkungslosigkeit wird von Johann Jacob Moser im 11. Band seines »Neuen Teutschen Staatsrechts« (1775) bestätigt: Alle einschlägigen päpstlichen Verordnungen hätten bisher »schlechte Würckung« gehabt. Ein geistlicher Reichsfürst habe ihm versichert, es gebe in Deutschland nur drei Erzbischöfe bzw. Bischöfe, welche »in publicis etc.« noch einigermaßen freie Hand hätten; alle anderen »müßten thun, was ihre Capitul wollten«. Der Grund dafür sei, daß die Anfechtung einer Kapitulation in Rom den Bischof teuer zu stehen komme und daß er damit die Chancen seiner Familie bei späteren Wahlen verderbe. »Er comportirt sich also meistens lieber so taliter qualiter mit dem Capitul, und dieses nimmt es auch nicht so genau, weil es weißt, wann es zur Contradiction kommt, bestehe doch das ganze Werck nicht.«[6] Da also in der Mehrzahl der Fälle weder die eine noch die andere Seite sich von einem Konflikt Gewinn versprechen konnte, ging man ihm aus dem Wege.

Das konnte heißen, alles blieb beim alten. Was aber war das »Alte«? Oder es kam darauf an, welche Seite praktisch die stärkere oder von welchem Format der neue Landesherr war und welche Tatkraft er entfaltete. Das bestätigt indirekt auch Moser, wenn er hinzufügt, man kenne manche Fälle, in denen geistliche Kurfürsten und Fürsten nach ihrer erfolgten Wahl von einer Unterschrift der Wahlkapitulation oder gar von deren Verbindlichkeit nichts hatten wissen wollen – ein Verhalten, das er, der Jurist Moser, nicht billigen könne. Denn da weder Bischöfe noch Domkapitel immer so seien, wie sie sein sollten, und man deshalb weder auf Kapitulationen ganz verzichten noch deren Erstellung allein den Kapiteln überlassen könne, sei es am besten, man ließe die Kapitel zwar die Kapitulationen machen, hielte sie aber »mit Ernst« an, diese »nebst allen Articulis secretis et separatis, was die Spiritualia betrifft, dem Pabst, so vil aber die Temporalia anlanget, dem Kayser zur Untersuchung und Approbation vorzulegen«.[7] Mit anderen Worten: man möge ernst nehmen, was durch die »Innocentiana« und deren Anerkennung seitens des Kaisers geboten war. Die Aussichten dafür wurden allerdings, wie aus dem Kontext hervorgeht, von Moser nicht eben hoch veranschlagt.

Was besagt die Konstitution ›Ecclesiae catholicae‹ vom 22. September 1685 und in welche Praxis griff sie – offenbar mit nur geringem Erfolg – ein? Veranlaßt durch einen langjährigen Streit des Würzburger Fürstbischofs Johann Gottfried von Guttenberg mit seinem Kapitel verbot sie unter Androhung schwerster Kirchenstrafen alle *vor* der Wahl eingegangenen Kapitulationen und verlangte, daß alle *nach* der Wahl geschlossenen Verträge durch die Kurie geprüft und bestätigt werden, bevor sie Rechtskraft erlangten.[8] Ergänzend verbot auf Ersuchen des Papstes ein Reskript des Kaisers vom 11. September 1698 dem Würzburger Domkapitel, nachdem durch ›Ecclesiae catholicae‹ die »insgemein bey denen in des Heil. Röm. Reichs Erz- und Stifftern fürgehenden Wahlen und Postulationen eingerissenen Capitulationen« gänzlich und wirklich abgestellt worden seien, bei zukünftigen Sedisvakanzen Abmachungen zu treffen, die sich auf »circa temporalia Regalia, nempe Jura Territorialia, Cameralia et Politica« und alles das beziehen, was einem Bischof vom Kaiser zu Lehen gegeben wird und ihm als einem Reichsfürsten zukommt. Was immer diesem Verbot entgegen vor oder nach einer Wahl vereinbart würde, verfalle unnachsichtlich der Kassation. Damit waren zwar nicht Kapitulationen, Konkordate oder Vergleiche schlechthin,[9] wohl aber alle Verpflichtungen des Bischofs im Hinblick auf die Ausübung seiner landesherrlichen Rechte verboten und das Eindringen der Kapitel »in ein Condominium« untersagt. Zur Begründung verwies das Reskript auf Fälle, in denen die Fürsten daran gehindert worden seien, in Notfällen des Reiches oder des eigenen Stifts zu handeln, ja sogar mit dem Kaiser Bündnisse einzugehen – »als wann nicht Wir, als Röm. Kayser, sondern das Capitulum, dergleichen Landsfürstliche Jura zu übergeben hätte«.[10]

Wie in so vielen Fällen stand die starke Sprache der kaiserlichen Verordnung in krassem Widerspruch einerseits zur Beachtung, die sie fand, andererseits zur Möglichkeit ihrer Durchsetzung. Zwar scheuten die geistlichen Fürsten wie die Kapitel die Einschaltung des Reichshofrates, weil sie, wenn es zu einem Prozeß kam, sich seinen Entscheidungen kaum zu entziehen vermochten. Deshalb bemühten sie sich, Papst und Kaiser aus ihrem gegenseitigen Verhältnis herauszuhalten und offene Konflikte zu vermeiden. Wie unangenehm und lästig es werden konnte, wenn der Reichshofrat, auch ohne Konfliktsituation, eine ordnungsgemäß zur kaiserlichen Konfirmation eingereichte Wahlkapitulation prüfte, zeigt das Beispiel der Eichstättischen Kapitulation von 1754. Die Resolution des Reichshofrats vom 2. März 1758 enthielt eine lange Reihe von Monita und verlangte weitere Erläuterungen![11] Die Domkapitel mußten erfahren, daß es sinnlos war und zu ihrem Nachteil ausfiel, gegen einen gewählten und installierten Bischof auf Einhaltung seiner Kapitulation zu klagen. Umgekehrt mußten die Bischöfe damit rechnen, daß sie mit der Anrufung des Reichshofrats sich ihre Domkapitel geschlossen zu Gegnern machen würden.

Wenn nun die Kapitel einen gewählten Bischof rechtlich nicht zwingen konnten, sich an seine Kapitulation zu halten, und überdies damit rechnen mußten, daß dieser im Streitfall bei Papst und Kaiser Rückhalt finden werde, so lagen nach 1695 die Trümpfe eigentlich in den Händen der Bischöfe und Landesherren. Warum aber hat es im 18. Jahrhundert dann überhaupt noch Wahlkapitulationen mit sehr weitgehenden Bestimmungen zugunsten der Domkapitel gegeben, obwohl diese zunehmend der gelehrten, dann auch der öffentlichen Kritik verfielen? Der wichtigste Grund dafür ist zweifellos in der Tatsache zu sehen, daß Bischöfe, Erzbischöfe und Fürstäbte im System der Reichskirche zugleich Landesherren waren. Die kanonische Wahl entschied auch über weltliche Herrschaft, und der kanonisch vorgesehene und notwendige Wahlkörper, das Dom- (oder Stifts-)kapitel nahm zugleich die Wahl des Landesherrn vor. Solange geistliche Territorien bestanden, mußte es Wahlkörper geben; sie stellten ein zentrales Element ihrer Verfassung und einen Machtfaktor dar. Ohne Werbung um ihre Mitglieder und ohne Bestätigung der Rechte und Einkünfte der Kapitel durch den zu Wählenden war eine Wahl nicht zu erreichen und ebensowenig eine Einflußnahme der regierenden Bischöfe auf ihre Nachfolge. Da die Kapitel neben dem ausschließlichen Wahlrecht die volle Regierungsgewalt und landesherrliche Jurisdiktion während der Sedisvakanzen besaßen, ferner die Verwaltung des bischöflichen Gutes, allerdings nicht die iura pontificalia ausübten und daraus ein Recht auf Mitregierung ableiteten, war es für sie nur konsequent, bei den Wahlen Garantien für die Ausübung der Regierung durch den künftigen Herrscher zu verlangen. Dabei traten sie gegenüber den Bischöfen, vor allem wenn diese landfremd waren und nicht aus dem Domkapitel selbst hervorgingen, als Vertreter der Interessen des Landes auf, zu deren Beachtung sie den zu Wählenden verpflichten wollten. Gerade dieser Anspruch aber wurde ihnen von den Landesherren bestritten, denen umgekehrt die Domkapitel als egoistische Verteidiger weitreichender Privilegien galten, während allein sie, die Fürsten, die wirklichen Interessen des ganzen Landes wahrnähmen. Das war im 18. Jahrhundert auch die Überzeugung vieler Kritiker. Johann Jacob Moser glaubte, das Reich erleide dadurch großen Schaden, daß die Bischöfe von ihren Kapiteln so eingeschränkt seien. Er nahm auch an, daß die Geheimniskrämerei um die Wahlkapitulationen in dem Bestreben der Kapitel begründet sei, nicht öffentlich bekannt werden zu lassen, wie weit die von ihnen ausbedungenen Vorrechte und die Beschränkungen der Regenten reichten.[12]

Welches Ausmaß die einen wie die anderen tatsächlich gehabt haben, muß in jedem einzelnen Fall untersucht werden. Schon die in den verschiedenen Wahlkapitulationen formulierten Ansprüche und Interessen der Kapitel divergierten von Land zu Land. Dennoch lassen sich allgemeine Tendenzen erkennen. Offenbar sind die Ansprüche im 18. Jahrhundert nicht wesentlich andere gewesen oder gar geringer geworden als vorher.[13] Damit aber lagen sie von den zeitgenössischen Meinungstrends und Erwartungen weiter ab denn je.

## III

Wahlkapitulationen – nach der Definition J. J. Mosers »ein Vergleich zwischen einem neu-erwählten Catholischen geistlichen Reichsstand und seinem Capitul, oder auch noch Anderen, in welchem bedungen wird, wie solcher Stand seine Regierung so wohl überhaupt, als auch in denen besonders benahmsten Stücken, führen solle«[14] – reichen mit ihren Anfängen bis ins 13. Jahrhundert zurück. Entstanden sind sie als Vereinbarungen (confoederationes) der Wahlberechtigten, in denen diese sich während einer Sedisvakanz verpflichteten, im Falle ihrer eigenen Wahl die im Lande geltenden Rechte, die Privilegien der Wähler und die Grenzen der Herrschaftsbefugnis bei ihrer Regierung zu beachten. Für die weitere Entwicklung ist dann jedoch nicht das Element der Einung, sondern der Schwur der Gewählten auf die Vereinbarungen wichtig geworden. Anfangs galten diese nur für die jeweils bevorstehende Wahl; mit ihrer Wiederholung und Erweiterung bei folgenden Wahlen sind sie bald, wie später auch die kaiserlichen Wahlkapitulationen, zu umfangreichen Instrumenten der einseitigen Verpflichtung der Gewählten geworden. Der hauptsächlich von den Bischöfen seit der zweiten Hälfte des 17. Jahrhunderts unternommene Versuch, zu capitulationes perpetuae zu kommen, hat – soweit ich sehe – außer in Osnabrück keinen Erfolg gehabt. Gegenstand der Kapitulationen in geistlichen Staaten waren sowohl geistliche als auch weltliche Angelegenheiten. Verpflichteten sie einerseits den künftigen Bischof auf bestimmte Aufgaben und die Wahrung gegebener Zustände, so bestätigten sie andererseits das Recht des Kapitels, an der Verwaltung der Diözese und des Territoriums, vor allem des kirchlichen Gutes, teilzunehmen.

Die Notwendigkeit oder Erwünschtheit solcher förmlichen Vereinbarungen setzt Interessenkonflikte oder doch -unterschiede zwischen Bischof und Kapitel voraus. In ihrem Kern dürfte die Nutzung des kirchlichen Gutes gestanden haben, das zu einem Teil zur mensa capituli, zum anderen zur bischöflichen mensa rechnete. Politisch wichtiger waren die Mitwirkungsansprüche der Kapitel, die sich auf das gesamte Steuer- und Finanzwesen des Landes, ferner auf die Besetzung wichtiger und einträglicher Ämter erstreckten und bis in die Außen- und Bündnispolitik hineinreichten. Vor allem die Beanspruchung und Durchsetzung eines Steuerbewilligungsrechts durch die Kapitel stellt eine Parallele zu den Bestrebungen der Landstände in den weltlichen Territorien dar. Es ist nicht die einzige!

Damit stellt sich die Frage nach dem Verhältnis zwischen Domkapitel und Landständen.[15] Auch hier ist keine generelle Antwort möglich. In mehreren geistlichen Staaten – u.a. in Mainz, Bamberg, Würzburg – haben die Domkapitel die Stelle der Landstände eingenommen, nachdem diese durch den Übertritt der Ritterschaft in die Reichsunmittelbarkeit zum Erliegen gekommen waren. In Köln dagegen gehörte das Kapitel zu den Landständen und bildete auf den Landtagen den ersten und vornehmsten Stand. In Trier, Münster, Paderborn standen die Kapitel zwischen dem Landesherrn und den Landständen, wobei es jedoch enge Interessenbindungen zwischen Kapitel und Ritterschaft gab, da ihnen z.T. dieselben Familien angehörten. Eine Mitwirkung der Stände an der Wahl des Bischofs und Landesherrn wie an der Erstellung der Wahlkapitulation ist wohl angestrebt, aber nur vereinzelt oder vorübergehend erreicht worden.

So in Osnabrück! Hier hatte das Kapitel im frühen 14. Jahrhundert sein Steuerbewilligungsrecht durchgesetzt und auch die Besetzung von Ämtern, die Vergabe größerer Lehen und die Erhebung von Zöllen von seiner Einwilligung abhängig gemacht. Begleitet wurde diese Entwicklung von einer beträchtlichen Erweiterung des Kapitelgutes. »Mit Hilfe eines Konsensrechtes« war das Kapitel »an den Regierungshandlungen beteiligt«;[16] dafür ist die Wahlkapitulation von 1321 ein erstes deutliches Dokument. 1424 aber beschwor der Bischof die Kapitulation in einer Weise, die sie zu einem Vertrag nicht mit dem Kapitel, sondern mit dem Land machte. Wie um diese Zeit Ritterschaft und Stadt das Kapitel zu einem Vertrag nötigen konnten, wonach ein Kandidat nur nach ihrer Zustimmung gewählt werden dürfe, so waren sie, die »nachsitzenden« Stände, auch an der Festlegung der Bestimmungen der Wahlkapitulation beteiligt. Ihre Mitwirkung an der Bischofswahl ist zwar 1448 durch das Wiener Konkordat wieder ausgeschlossen worden; die Wahlkapitulationen dagegen bezogen auch weiterhin alle drei Stände ein, und zwar bis zur »capitulatio perpetua« von 1650.[17] Diese nimmt unter den Wahlkapitulationen insofern eine Sonderstellung ein, als sie eine durch Vertreter des Kaisers und der Reichsstände beider Konfessionen unterzeichnete und in einem Nebenrezeß zwischen dem Osnabrücker Bischof und dem Hause Braunschweig-Lüneburg ergänzte Regelung der Osnabrücker Verfassungszustände darstellt, nachdem dieses Bistum 1648 zu einem alternierend von einem katholischen Bischof und einem protestantischen Fürsten regierten Land geworden war. Durch diese Veränderung wurde die Stellung des Domkapitels gegenüber dem Landesherrn nicht wesentlich eingeengt, seine

Sonderstellung gegenüber den anderen Ständen jedoch herausgehoben. Sie ist auch während der Regierungszeiten evangelischer welfischer Fürsten voll zur Geltung gekommen.

Als zweites Beispiel kann das Kurerzbistum Köln genannt werden.[18] Hier war die Wahlkapitulation ausschließlich Sache des Domkapitels; ihr ging jedoch bei jeder Neuwahl eine Zusammenkunft der Landstände voraus, bei der das Kapitel an die Erblandvereinigung von 1463 und 1550 erinnert wurde, also an das Übereinkommen von Kapitel und Ständen, keinen Bischof anzunehmen, bevor er die Beachtung einer Reihe von Beschränkungen seiner Macht gelobt hatte.

Versucht man, mit aller Vorsicht, eine generelle Aussage, so kann man sagen, daß in geistlichen Staaten mit landständischen Institutionen die Domkapitel diese abschirmten, in anderen, in denen die Landstände zum Erliegen gekommen oder nicht zu Bedeutung gelangt waren, dem Landesherrn gegenüber auch die Funktion von Landständen wahrnahmen und dabei infolge ihres Wahlrechts und ihrer landesherrlichen Aufgaben während der Vakanzen erfolgreicher als jene sein konnten. Die Kapitel, die sich als Erb- und Grundherren der Stifter betrachteten, haben die Macht der Landesherren real beschränkt; durch Wahlkapitulationen wollten sie diese Beschränkung vertraglich festschreiben. Dabei waren die Kapitel von dem Interesse geleitet, den eigenen Besitzstand an Gütern, Rechten und Freiheiten gegen landesherrliche Beanspruchungen zu sichern und die landesherrlichen Finanzen zu kontrollieren, um eine übermäßige Verschuldung zu verhindern. Es sind dies dieselben Interessen, die die Landstände verfolgten. Erheblich weiter als diese gingen die Kapitel in dem Anspruch auf Mitregierung.

Aus den Kapitulationen Staatsgrundgesetze zu machen, als welche die kaiserlichen Wahlkapitulationen galten, ist verschiedentlich versucht worden.[19] Es gelang 1757 in Bamberg; bei der Koadjutorwahl Karl von Dalbergs in Mainz 1788 blieb es bei einem Entwurf.[20] Ausgegangen sind diese Versuche von den Landesherren, die damit dem Ausbau domkapitularischer Privilegien und Ansprüche eine Grenze ziehen und die weitere Einengung des landesherrlichen Handlungsspielraums verhindern wollten. Den Mainzer Beratungen zufolge sollte eine capitulatio perpetua sich im wesentlichen auf die Privilegien der Domkapitel beschränken, während die Vorstellungen des Kapitels über Verbesserungen der Regierung dem gewählten Erzbischof bei seinem Amtsantritt bloß in der Form von Monita überreicht werden sollten. Wenn das Kapitel diesem Entwurf zustimmte, so doch nur unter voller Einbringung des erreichten Besitzstandes! Von Verzichten und von Zugeständnissen an die Forderung effektiver und aufgeklärter Regierung kann keine Rede sein!

IV

In den Wahlkapitulationen geistlicher Staaten im 18. Jahrhundert läßt sich nichts finden, was auf ein Interesse an tiefergreifenden und modernen Reformen der Verwaltung schließen läßt, so viel auch von Verbesserungen und Abstellen von Mißständen die Rede ist. Geht man die Speyrer Wahlkapitulation von 1770 oder die Freisingische von 1769 durch, so trifft man wie eh und je auf einen langen Katalog von z. T. sehr speziellen Verpflichtungen, die der zukünftige Bischof gegenüber dem Domkapitel und dem Lande eingeht. Daß diejenigen gegenüber dem Kapitel nicht nur weit mehr Platz einnehmen, sondern auch viel weiter ins Einzelne gehen als solche, die das ganze Land betreffen, entsprach dem Selbstverständnis der Kapitel, die ihre Interessen mit der Wohlfahrt des jeweiligen Bistums identifizierten. Es fehlen alle für die Zeit charakteristischen Begründungen und Rechtfertigungen aus dem gemeinen Wohl; es fehlt der Tenor des bewußten Verbessernwollens: also diejenige Argumentation, die im 18. Jahrhundert auf seiten der Regierenden, der Minister und Räte auch in geistlichen Staaten zunehmend anzutreffen ist. Später als in weltlichen, vor allem protestantischen Staaten mit aufgeklärt regierenden Fürsten und unter dem Eindruck ihrer weiter fortgeschrittenen politischen Entwicklung kam jedoch auch in ihnen eine öffentliche Diskussion in Gang, die sich mit der Verfassungsstruktur und dem Funktionieren überlieferter Institutionen beschäftigte. Geistliche Fürsten oder doch ihre Minister versuchten, im Stile des aufgeklärten Absolutismus zu regieren oder doch Elemente dieser Regierungsweise zu übernehmen, die sich als effizient erwiesen hatten. Sie – nicht die Domkapitel – versuchten, Zeitvorstellungen und Antriebe der katholischen Aufklärung im Bereich der Kirche wie der weltlichen Herrschaft zur Geltung zu bringen.[21]

Daß dabei das Bewußtsein eine Rolle spielte, Rückständigkeit überwinden zu müssen, zeigt die Preisfrage an, die der Herausgeber des »Journals von und für Deutschland«, der Fuldaer Domkapitular und Regierungspräsident Heinrich von Bibra, 1786 stellte: »Da die Staaten der geistlichen Reichsfürsten Wahlstaaten und über dieses größtenteils die gesegnetsten Provinzen von ganz Deutschland sind, so sollten sie von Rechts wegen auch der weisesten und glücklichsten Regierung genießen. Sind sie nun nicht so glücklich, als sie seyn sollten, so liegt die Schuld nicht sowohl an den Regenten, als an der inneren Grundverfassung. Welches sind also die eigentlichen Mängel? und wie sind solche zu heben?«[22] Von den sieben eingegangenen (und veröffentlichten) Antworten bildete die preisgekrönte von Joseph von Sartori den ersten Schritt zu seinem sechsbändigen »Geistlichen und weltlichen Staatsrecht der deutschen katholisch-geistlichen Erz-, Hoch- und Ritterstifter« (1788–91); eine andere, gewichtigere, hatte den Juristen und politischen Schriftsteller Friedrich Carl Moser zum Verfasser, den Sohn Johann Jacob Mosers. Insgesamt geben sie ein differenziertes, aber durchweg kritisches Bild von den zeitgenössischen Ansichten über die geistlichen Staaten des Reiches. Zugleich aber gehören sie einer größeren Diskussion an. Schon mit der These, daß »Wahlstaaten« eigentlich weise und glücklich regiert sein sollten, war die Frage der Staatsform, der Verfassung aufgeworfen. Auch in Deutschland wurde sie längst vor der Französischen Revolution diskutiert, und zwar vornehmlich mit Blick einerseits auf das Reich und seine Reform, andererseits auf Reform und Modernisierung innerhalb der einzelnen Staaten. Verfechter einer aufgeklärten Regierung verwiesen auf ihre überlegene Handlungsfähigkeit und glaubten an die Möglichkeit, durch die vernünftige Gesetzgebung eines absoluten, sein Amt als gesellschaftliche Funktion ausübenden, streng gesetzlich herrschenden Monarchen und durch eine wohlwollende Administration zur Sicherung von Freiheit und Eigentum aller Staatsbürger zu gelangen. Die Landstände dagegen erschienen ihnen als Interessenvertretungen privilegierter Gruppen und als Hemmnisse der auf den ganzen Staat gerichteten Aktivität der Regierung. Im Gegensatz dazu standen die Verfechter einer ständischen Konzeption, die die noch vorhandenen Landstände aktivieren oder zum Erliegen gekommene erneuern wollten; sie sahen in ihnen eine wirksame Schranke gegen fürstlichen Absolutismus und eine Garantie für unterschiedliche Freiheiten. Sie wünschten zugleich die Reform der Reichsverfassung und wurden damit notwendig vor die Frage nach der Fortexistenz jener staatlichen Gebilde gestellt, die aufs engste mit dem Reich verbunden waren: den reichsritterschaftlichen Territorien, den Reichsstädten und den geistlichen Staaten.

Soweit die Einschränkung der Regierung und die Vertretung der Regierten in einer institutionalisierten Form zentrale politische Forderungen der Zeit waren, hätten Staaten, in denen die Landesherren gewählt und auf die Beachtung von Rechten verpflichtet wurden, im Prinzip als ideal erscheinen müssen. Tatsächlich jedoch boten gerade sie keine nachahmenswerten Beispiele – weder die oligarchisierten aristokratischen Republiken der Zeit noch die geistlichen Staaten des Reiches. Und zwar nicht allein deshalb, weil die Wahlen oft zum Anlaß für politischen Kuhhandel und fremde Intervention wurden, sondern weil das öffentliche Leben in ihnen weithin stagnierte. Daß dies in den geistlichen Staaten mit ihrer Eigenschaft als Wahlstaaten zusammenhing, galt für A. L. Schlözer als erwiesen. Bei ihnen müsse »nach Ausweis aller Geschicht- und StatsKunde eine unglückliche Regierung nach der Regel« vermutet werden. »Wer sind denn die Wälenden? In welchen Umständen befinden sich solche gewönlich? [...] Seltner werden Kardinäle etc., in ihrer jetzigen Lage, einen guten Papst treffen, als blinde Tauben eine Erbse finden.«[23] So leicht machten es sich die Beantworter der Preisfrage Bibras allerdings nicht; aber auch nach ihrer Meinung lagen in der Verfassung der geistlichen Staaten schwere Mängel. Die Wahl des Landesherrn erschien ihnen als die wichtigste »Quelle der meisten die Verfassung [...] zerstörenden Übel«,[24] da gerade durch sie kontinuierliche Politik, ein wirkliches Interesse des Regenten an seinem Lande und jede Gemeinsamkeit von Regierenden und Regierten verhindert würden. Auch ein wohlwollender Regent könne in diesem System das Gute nicht verwirklichen, das er sich vorgenommen habe. Daran hindere ihn insbesondere die Wahlkapitulation.

Das Urteil der Preisfragenbeantworter über dieses Instrument, das sie alle – als »Richtschnur der Handlungen des Fürsten« und als »das eigentliche Wesen der Regierungsart« – wichtignahmen, ist gleichwohl in charakteristischer Weise ambivalent. Wenn auf der einen Seite, wie Sartori sagt, die Kapitulationen für die »Hemmung schädlicher Gewalt ihre gute Wirkung haben«, nehmen sie auf der anderen dem Regenten die »Freyheit, Gutes zu thun«, weil sie von den Domkapiteln nur als Mittel zur Beschränkung der Landesherren angesehen werden, nicht aber als »das einzige und beste Mittel [...], Regentengewalt zum Besten des Staates zu verstärken«.[25] Einen ähnlichen Vorwurf hat Schlözer den Landständen gemacht: sie seien bloß »Monarchenbezügler«; das Wohl des Landes stehe weit hinter ihrem Interesse zurück, Vorrechte zu wahren und auszudehnen, im übrigen jedoch alles beim alten zu belassen.[26] Während jedoch ständefreundliche Schriftsteller eine Reform der Landstände für möglich hielten, durch die sie zur tatsächlichen Vertretung des ganzen Landes würden, haben die auf Bibras Frage Antwortenden die Domkapitel für kaum reformierbar gehalten. Abgesehen von Moser rieten sie jedoch nicht die Aufhebung des Wahlsystems oder der Wahlkapitulationen an. Sartori empfahl, die Kapitulationen so abzufassen, daß sie die Fürsten verpflichten, »das allgemeine Beste des Landes mit einer unumschränkten Gewalt zu befördern«.[27] Klenk sprach von der Prüfung neuer und zwar perpetuierlicher Kapitulationen durch den Kaiser und von der Beseitigung der Korregentschaft der Kapitel.[28] Alle Autoren blieben überdies im Rahmen der Reichsverfassung, der für sie tiefgreifende Veränderungen der Verfassung der geistlichen Staaten, also etwa deren Säkularisierung und Umwandlung in weltliche erbliche Fürstentümer, ausschloß.

Das gilt auch für Friedrich Carl Moser; dennoch sind seine Vorschläge im Vergleich mit den anderen radikal zu nennen. Sie zielen – wobei eine scharf anti-katholische Tendenz nicht zu übersehen ist – auf die Trennung von Bischofsamt und weltlichem Fürstentum, auf die Säkularisierung der Domkapitel, aber die Erhaltung der Wahl des Landesherrn. »Die geistlichen Lande sollen [...] ganz weltlich werden, um sich zu mehrerer Vollkommenheit zu erheben, aber Wahlstaaten bleiben.«[29] Die Fürsten sollen aus dem Adel des jeweiligen Landes gewählt werden, die Domkapitel, denen das Recht der Wahl bleibt, zu »stehenden Staats-Räthen« der Fürsten werden, die ihrerseits weiterhin durch – allerdings verbesserte – Wahlkapitulationen gebunden werden sollen.[30] Denn wenn die geistlichen Staaten als solche verschwinden sollen, weil sie den Zwecken weder des Staates noch der Kirche gerecht werden, so doch nicht, um, wie Moser sagt, »eben so unglücklich, eben so sehr Beute des Despotismus« zu werden, »als es so viele weltliche deutsche Provinzen sind und immer mehrers werden dürften«.[31] Moser will die Säkularisierung der geistlichen Staaten, die zur Erhaltung der Religion nicht mehr nötig seien, zur Erhaltung des Adels, zur Stärkung des ständischen Elements im

Reich, zur Stabilisierung eines zwischen Volk und »despotischen« Fürsten »das Gleichgewicht haltenden Mittelstandes« nutzen.[32] Und er glaubt, daß solche weltlichen Wahlstaaten, in denen die säkularisierten Domkapitel die Funktion der Beschränkung des Monarchen um so besser wahrnehmen können, als Vorbild auf die Erbstaaten wirken würden.[33] Auf der Suche nach Mitteln gegen den auf stehende Heere abgestützten Absolutismus, den er für das größte Übel der Zeit hielt, glaubte Moser in den geistlichen Staaten Institutionen zu finden, die, zeitgemäß verändert, als solche dienen konnten. Zu ihnen gehörten auch die Wahlkapitulationen.

## V

Wenn in der reichs- und staatsrechtlichen und in der politischen Literatur des 18. Jahrhunderts die Wahlkapitulationen für wichtiger angesehen wurden als sie nachträglicher Betrachtung erscheinen wollen, so muß dieser Befund im Zusammenhang der Urteile über die geistlichen Staaten und das Reichssystem verstanden werden. Offenbar boten die Kapitulationen besonders geeignete Ansatzpunkte für Kritik und für allgemeine verfassungspolitische Überlegungen. Was aber haben sie für die geistlichen Staaten selber noch bedeutet?

Ohne daß es im einzelnen nachgewiesen werden kann, darf angenommen werden, daß die kaiserlichen Wahlkapitulationen, die den Charakter von Reichsgrundgesetzen trugen und als solche publiziert und ausgiebig kommentiert wurden, einen Rückhalt für die Praxis in den geistlichen Staaten boten. In beiden Fällen handelte es sich darum, daß Gruppen, geschlossene corpora mit dem ausschließlichen Recht dazu, aber auch mit eigenem politischen Gewicht, Regenten wählten. Unter solchen Umständen konnte von einer Wahl ohne Bedingungen keine Rede sein. Die Wählenden mußten geradezu bestrebt sein, sich im Hinblick auf die eigenen Vorrechte wie auf das zukünftige Regiment abzusichern. Dennoch kann das tatsächliche Machtverhältnis zwischen einem Fürstbischof und seinem Domkapitel nicht aus der Wahlkapitulation herausgelesen werden. Wollte man es im konkreten Fall analysieren, so müßten auch andere Fakten berücksichtigt werden, u. a. der Rückhalt des Bischofs an größeren Mächten oder seine Zugehörigkeit zu einer einflußreichen Dynastie, zu deren Politik die Besetzung von Bischofsstühlen wie von Domkapitelsitzen gehörte, ferner die Kumulation mehrerer Bischofsämter in einer Hand, die Verschuldung der Bistümer, der jeweilige Umfang der kirchlichen Güter und die Höhe der bischöflichen Einkünfte, die Praxis der Besetzung wichtiger Regierungsämter usw. Auch das persönliche Format des Gewählten, die Energie, mit der er sich der Regierung widmete und tüchtige Berater gewinnen konnte, spielten eine Rolle. Auf der anderen Seite ist die soziale Zusammensetzung der im 17./18. Jahrhundert exklusiver werdenden Domkapitel von Bedeutung. Die Begrenzung des stiftsfähigen Adels durch Ahnennachweis ließ eine relativ hohe Interessenhomogenität entstehen und förderte zugleich die Tendenz, die Hochstifter als Interessensphäre, ja als Eigentum des katholischen Reichs- und Stiftsadels zu verstehen. Sofern die Bischöfe selber dieser Gruppe entstammten, teilten sie weithin deren Interessen. Konflikte zwischen Bischöfen und Domkapitel haben in den meisten Fällen den Boden einer breiten Solidarität nicht verlassen. Deshalb dürfen Wahlkapitulationen auch nicht als bloße Paradedokumente des Egoismus privilegierter Gruppen und als Zwangsjacken für die Bischöfe gesehen werden. Man beurteilt sie richtiger, wenn man sie als ein systembedingtes Mittel nicht einmal so sehr der Begrenzung herrschaftlicher Gewalt als vielmehr der Sicherung überkommener und erworbener Rechte und Besitzstände sowie der Einflußnahme der Kapitel auf die Regierung begreift. *Ein* Mittel neben anderen – aber insofern doch ein besonderes Mittel, als es den Versuch darstellt, faktische Besitzstände und Ansprüche in toto vertraglich abzusichern.

Wenn dieses Mittel im Laufe des 18. Jahrhunderts an praktischer Bedeutung verlor, so weniger durch päpstliches Verbot und kaiserlichen Eingriff; auch nicht so sehr durch den Aufstieg absolutistischer Regierungspraxis in den geistlichen Staaten. Wichtiger war, daß man seiner weniger bedurfte. Das Verhältnis der Kräfte hatte sich – mit Unterschieden in den einzelnen Hochstiftern – weitgehend eingespielt. Veränderungen wären für Kapitel und Bischof zu aufwendig, überdies im Ergebnis unabsehbar gewesen; beide sahen deshalb keinen überzeugenden Vorteil darin. Faktische Veränderungen ließen sich überdies durch Wahlkapitulationen weder vorschreiben noch verhindern. Radikale Lösungen aber wünschte weder die eine noch die andere Seite, weil sie das System der Reichskirche sprengen mußten. Als schließlich, von außen her veranlaßt und von innen kaum verteidigt, dieses System zusammenbrach, da fiel auch bald das Reich in sich zusammen. Gewinner waren die absolutistisch-bürokratisch regierten Monarchien, die effizienter funktionierten als Staaten mit ständestaatlicher Verfassung oder geistliche Wahlstaaten.

In der letzten Phase ihres Bestehens haben die geistlichen Staaten ein Beispiel dafür geboten, daß *noch* bestehende Institutionen *schon* als Hindernisse erkannt werden können, daß aber das Vorhandensein von Ideen, Kritik und reformwilligen Menschen nicht genügt, Institutionen zu verändern, die in einer überlieferten, eng verflochtenen sozialen, rechtlichen und politischen Verbindung miteinander stehen. Auch auf Bischofsstühlen und in Domkapiteln gab es im späten 18. Jahrhundert zahlreiche aufgeklärt denkende Männer, und die Kritik an der Verfassung der geistlichen Staaten wie der Ruf nach Reformen kamen keineswegs allein von außen. Doch waren die geistlichen Staaten so sehr in das Reichssystem verschränkt, und die Institutionen und Interessen innerhalb der geistlichen Staaten hingen so eng zusammen, daß selbst partielle institutionelle Veränderungen, wenn das ganze System nicht in Frage gestellt werden sollte, nur sehr begrenzt möglich waren. Deshalb machten hier reformpolitische Ansätze im Sinne aufgeklärter Regierung, die meistens von der Regierung ausgingen, aber nicht selten auch von den Domkapiteln unterstützt wurden, die Diskrepanzen zwischen Verfassungssystem und für notwendig angesehener Praxis nur bewußter.

Welche weitere Entwicklung die geistlichen Staaten ohne die Zerstörung der Reichsverfassung durch Napoleon genommen hätten, ist nicht abzusehen. Zu weltlichen Wahlstaaten, wie Friedrich Carl Moser wollte, wären sie sicher nicht geworden. Als Mittel zur Beschränkung der Gewalt der Regierungen und zur Einflußnahme der Regierten auf die Regierung hatten Kapitel und Wahlkapitulationen keine Zukunft.

Als Schlözer im 13. Band seiner »Staatsanzeigen«, der die Jahreszahl 1789 trug, die Freisingische Wahlkapitulation abdruckte, setzte er nur einen kommentierenden Satz hinzu: »Zur beliebigen Vergleichung mit der vorseienden heilsamen Régénération du Clergé in Frankreich!«[34]

# *Absolutismus*

## Begriff

›Absolutismus‹ ist ein geschichtlich später Begriff. ›Absolutisme‹ erscheint 1796 vereinzelt zuerst im Französischen, dürfte zur Zeit der Restauration als politischer Begriff aufgekommen, aber erst um die Mitte des 19. Jahrhunderts geläufiger geworden sein. Im Englischen finden sich seit 1830 vereinzelte Belege für den politischen Gebrauch von ›absolutism‹. Wirklich durchgesetzt hat sich der Begriff Absolutismus jedoch weder in England noch in Frankreich. Im außerdeutschen Sprachgebrauch, auch in der kommunistischen Welt, zieht man heute den zweifellos präziseren Begriff ›absolute Monarchie‹ vor. Im Deutschen findet sich ›Absolutismus‹ erst in den dreißiger Jahren des 19. Jahrhunderts häufiger, meist schon mit pejorativem Akzent. Es bestätigt sich, daß Kritik und Ablehnung hellsichtig für das Besondere des Gegners und begriffsbewußt machen: der Begriff wird vor allem von Gegnern des Absolutismus, und zwar sowohl von altständischen als auch von liberal-demokratischen und sozialistischen, gebraucht.

Es erscheint charakteristisch, daß der Absolutismus erst dann zum Gegenstand der Erörterung wurde, als die absolute Monarchie längst angegriffen, in ihren Grundlagen erschüttert, an vielen Stellen ganz umgestürzt, überall fragwürdig geworden war und zugleich schon andere Formen omnipotenter Herrschaft – die Herrschaft parlamentarischer Majoritäten, militärischer Diktatoren und plebiszitärer Cäsaren – aufgetreten waren. Auch auf sie ist wiederholt der Begriff Absolutismus (öfter allerdings Despotismus) angewandt worden. So konnte J. M. v. Radowitz von einem »Absolutismus von oben herunter als Beamtenstaat«, einem »Absolutismus aus der Mitte als parlamentarische Regierung« und einem »Absolutismus von unten herauf als demokratische Republik« sprechen. Gemeint ist in allen Fällen eine uneingeschränkte Regierungsgewalt, die, gleich welchen Charakters, abgelehnt wird.

Die große Geschichtsschreibung des 19. Jahrhunderts seit Ranke und Tocqueville hat ein neues, positiveres Bild der absoluten Monarchie gezeichnet, das freilich unter dem Einfluß des forcierten Nationalbewußtseins, des damit entzündeten Interesses an der Vor- und Entwicklungsgeschichte des gegenwärtigen oder noch erstrebten nationalen Einheitsstaates oder in dem Wunsch, die staatsbildende Leistung eines Staates wie Preußen herauszustreichen, rasch einseitig verzeichnet und stilisiert wurde. Zu sehr beanspruchte – begünstigt durch die Erschließung des umfangreichen Quellenmaterials staatlicher Archive – die Tätigkeit von Regierung und zentraler Verwaltung die Aufmerksamkeit der Forscher; sie sahen die historische Wirklichkeit ausschließlich vom Staate her und durch das Medium der Staatstätigkeit, und sie erlagen der Faszination einer anscheinend konsequenten, dem Prinzip der Rationalität gehorchenden staatlichen Machtentfaltung durch Zentralisierung und Vereinheitlichung der Administration, durch Disziplinierung der Bevölkerung und den Aufbau stehender Heere. Die Historiker der inneren Staatsbildung – und ihre Leser – standen im Bann einer Betrachtung des Politischen, welche die Staaten als Naturgebilde, ihre Machtentfaltung und -expansion als Naturprozeß, die Staatsmänner unter dem Aspekt ›machiavellistischer‹ Identifizierung ihres Wollens und Handelns mit der ›Staatsräson‹ erscheinen ließ. Die breite und ergebnisreiche Erforschung der absoluten Monarchie, welche zeitweise mit der Erforschung der Entstehung des modernen Staates überhaupt gleichgesetzt worden ist, bewirkte eine besondere Hochschätzung des ›absoluten Staates‹ und seiner geschichtlichen Bedeutung und führte dazu, die Zeit von 1648 bis 1789 als Epoche des Absolutismus zu bezeichnen.

Seit dem Ersten, spätestens aber seit dem Zweiten Weltkrieg kann eine solche Sicht des Absolutismus in der Wissenschaft (wenn auch noch nicht im populären Geschichtsverständnis) als überholt angesehen werden. Die Neuorientierung der Absolutismusforschung erfolgte unabhängig von der Herausforderung durch die marxistische Geschichtsinterpretation; doch hat diese, wie vor allem die französische Geschichtswissenschaft zeigt, direkt und indirekt dazu beigetragen, intensiver nach den ökonomischen und sozialen Voraussetzungen des Absolutismus zu fragen.

## Die marxistisch-leninistische Interpretation des Absolutismus

### *Der Absolutismus in der Sicht von Marx und Engels*

Für Karl Marx ist die absolute Monarchie (den Begriff Absolutismus verwendet er nicht) eine Erscheinung, die sich in Deutschland noch als unmittelbare Realität in seiner Gegenwart darstellt. Sie tritt auf in dem Übergangsstadium des Niedergangs der »alten Feudalstände« und der Herausbildung der »modernen Bourgeoisieklasse« aus dem »mittelalterlichen Bürgerstand«.[1] Dieser Übergang wiederum ist die Folge fortschreitender Arbeitsteilung, der sich entwickelnden Manufakturwirtschaft und des intensivierten Handels, wodurch das materielle Schwergewicht vom Land auf die Stadt, das soziale vom feudalen Adel auf das Bürgertum verlagert und die Ständegesellschaft zur Klassengesellschaft wird.[2] Mit zunehmender Erweiterung des Handels und ansteigender Konkurrenz der handeltreibenden Nationen wächst die Notwendigkeit staatlichen Schutzes, mit dem sich ausweitenden bürgerlichen Privateigentum das Verlangen nach Rechtssicherheit; mit der weiteren Arbeitsteilung entfaltet sich die Administration und wandelt sich die Grundherrschaft in staatliche Verwaltung.

Die absolute Monarchie ist das Produkt dieses vielschichtigen Prozesses, nicht der Antrieb dazu; sie steigt auf, weil die sich bekämpfenden Klassen nicht stark genug sind, einander zu überwältigen; sie wirkt mit an der Überwindung der alten Feudalmächte und begünstigt die aufsteigende Bourgeoisie, durch deren Aufstieg sie selber erst möglich geworden ist. So besitzt sie nur »den Schein einer gewissen Selbständigkeit«.[3] In weltgeschichtlicher Dimension ist sie das Werkzeug der Bourgeoisie im Kampf gegen die Feudalklasse. Je reicher und sozial mächtiger jene mit der Entfaltung von Handel und Industrie wird, desto mehr wendet sie sich, um auch die politische Macht an sich zu reißen, gegen die Monarchie, die sich zu absoluter Stellung aufgeschwungen hat. Im gleichen Maße wird die absolute Monarchie, einst ein Element des ›Fortschritts‹, zur reaktionären Macht. Sie verbündet sich eng mit der feudalen landbesitzenden Klasse, die ihrerseits Schutz bei der absoluten Monarchie sucht, um ihre politische und soziale Vorrangstellung gegenüber dem Bürgertum behaupten zu können. Nachdem die absolute Monarchie die ständisch-feudalen Gewalten entmachtet hat, ist sie daran interessiert, »wenigstens den Schein der feudalen Unterschiede festzuhalten«,[4] weil »ihre eigentliche materielle Grundlage« verlorengeht, sobald die »Grundlage der alten Gesellschaft« sich auflöst.[5] Mit anderen Worten: die absolute Monarchie ist zunächst Produkt und Instrument der über den Feudalismus hinausdrängenden kapitalistischen Entwicklung, deren Träger die Bourgeoisie ist. Da sie jedoch die Fundamente der feudalen Gesellschaft aus eigenem Existenzinteresse selbst noch im Zustande des Verfalls aufrechterhält, wird sie eine reaktionäre Macht, welche die bürgerliche Revolution provoziert.

Die Absolutismus-Deutung von Engels, Kautsky, Mehring u. a. unterscheidet sich in der Bestimmung des geschichtlichen ›Stellenwerts‹ der absoluten Monarchie nicht von der von Marx, doch setzen jene ihre selbständige Macht höher an. In seiner Schrift »Der Ursprung der Familie, des Privateigentums und des Staats« (1884), die zur wichtigsten Grundlage der marxistisch-leninistischen Auffassung von der Entwicklung des Staates geworden ist, betont Engels, daß der Staat, der mitten im Klassenkampf, aber aus dem Bedürfnis entstanden ist, die Klassengegensätze im Zaum zu halten, »in der Regel Staat der ökonomisch herrschenden Klasse ist, die durch ihn auch zur politisch herrschenden Klasse wird«. »Ausnahmsweise« aber gebe es Zeiten, »wo die kämpfenden Klassen einander so nahe das Gleichgewicht halten, daß die Staatsgewalt als scheinbare Vermittlerin momentan eine gewisse Selbständigkeit gegenüber beiden erhält«. Das sei bei der absoluten Monarchie des 17. und 18. Jahrhunderts der Fall, »die Adel und Bürgertum gegeneinander balanciert«.[6] In dieser Aussage bestätigt sich (was auch andernorts belegt ist), daß der späte Engels bei seiner intensiveren Beschäftigung mit historischen Fragen auch dem ›Überbau‹ eine aktive Rolle in der Geschichte zuschrieb. Er betonte, daß das Königtum im Wirrwarr des Feudalstaates das

»progressive Element« gebildet habe, welches »die Ordnung in der Unordnung«, die Einheit der sich bildenden Nation »gegenüber der Zersplitterung in rebellische Vasallenstaaten« vertrat; »revolutionäre Elemente« in der feudalen Gesellschaft waren auf das Königshaus angewiesen wie umgekehrt dieses auf sie. Schon seit dem 10. Jahrhundert datiert Engels die »Allianz von Königtum und Bürgertum«, die dem Königtum (noch nicht dem Bürgertum) in der zweiten Hälfte des 15. Jahrhunderts den Sieg über den Feudalismus brachte. Nur in Italien und Deutschland sei dieser Sieg damals ausgeblieben.[7] Einen ersten revolutionären Vorstoß hat das Bürgertum dann, nach Engels' Ansicht, mit der Reformation unternommen, die dem Bürgertum wie der Monarchie neuen Glauben, neue Theorien lieferte. Gegenüber den allgemeinen zentrifugalen Tendenzen sei die absolute Monarchie »nötig« gewesen, die sich mit aufständischen Feudalherren und Städten, aber auch mit den »Ständen«, die nicht beseitigt wurden, habe auseinandersetzen müssen. Deshalb – so notiert Engels für die Neubearbeitung seines »Bauernkrieges« – solle man die Monarchie dieser Zeit besser als »ständische (noch feudale, verwesend feudale und embryo-bürgerliche) Monarchie« bezeichnen.[8] Den weiteren Verlauf sieht Engels wie Marx: mit wachsendem Wohlstand wendet sich das politisch noch immer ohnmächtige Bürgertum (Engels zieht diesen Begriff jetzt vor) gegen die Monarchie, die sich nun wieder mit dem Adel verbündet. Die gewaltsame Erhebung gegen den Absolutismus ist eine neue, die erste »politische« bürgerliche Revolution.[9]

Mit dem ausdrücklichen Ziel, dem Vulgärmarxismus und einem »flachen« Verständnis der »materialistischen Geschichtsauffassung« entgegenzuwirken, schrieb Karl Kautsky 1889 über die Klassengegensätze in Frankreich vor und während der Französischen Revolution. Er folgte den von Engels gezeichneten Bahnen der Interpretation, legte jedoch größeres Gewicht auf den egoistischen Machtwillen der Monarchen. Die absolute Monarchie ist für Kautsky eine Staatsform, die jeden intensiven Klassenkampf ausschließt, da sie jede politische Tätigkeit der Untertanen verbietet. Der ›Absolutismus‹ (dieser Begriff wird von Kautsky nun gebraucht) bedeutet »Unabhängigkeit der Staatsgewalt von den herrschenden Klassen«.[10] Die Staatsgewalt ist nicht direkt ein Werkzeug der Klassenherrschaft, sondern führt eine »anscheinend« selbständige Existenz über den Parteien und Klassen; möglich ist das nur, wo die »gesellschaftlich maßgeblichen« Klassen einander das Gleichgewicht halten.

Im großen ist die Entwicklung der absoluten Monarchie, wie Marx, Engels und Kautsky sie schildern, am Frankreich des 17. und 18. Jahrhunderts abgelesen. Daß sie in Deutschland anders, zögernder verlief, wird von Marx aus den besonderen deutschen Bedingungen erklärt. Sie ist für ihn – hier wird die Gleichzeitigkeit von Geschichtsinterpretation und Gegenwartskritik manifest – eine aufgestaute Entwicklung. Die deutsche Bourgeoisie hat sich »verspätet«, so daß sie ihren Kampf mit der absoluten Monarchie erst zu einem Zeitpunkt beginnt, als in anderen europäischen Ländern die »politischen Illusionen« ihrer Klasse schon überlebt sind und sie bereits im Kampf gegen die Arbeiterklasse steht.[11] Auch in Deutschland gibt es infolge des internationalen wirtschaftlichen Prozesses einen Klassengegensatz zwischen Bürgern und Arbeitern; er ist jedoch dadurch gekennzeichnet, daß die Bourgeoisie sich hier, wo die »Misere der absoluten Monarchie« und »verkommene halbfeudale Stände und Verhältnisse« noch bestehen, als Klasse politisch noch nicht konstituiert hat. Sie lehnt sich an die Monarchie an und bedient sich ihrer im Kampf gegen die Forderungen der Arbeiter.

Deshalb habe – so argumentiert Marx gegen jene, die der Meinung sind, die Arbeiter sollten mit der Monarchie gemeinsam gegen die Bourgeoisie kämpfen – die deutsche Arbeiterschaft grundsätzlich keinen Anlaß, die absolute Monarchie der Herrschaft der Bourgeoisie vorzuziehen. Würden doch die bürgerlichen Eigentumsverhältnisse durch die Stützung der feudalen nicht beseitigt. Wohl gebe es insofern eine faktische Interessengemeinschaft beider Klassen, als die »revolutionäre Bewegung der Bourgeoisie gegen die feudalen Stände und die absolute Monarchie«[12] auch die Revolution der Arbeiter fördere, ja die bürgerliche Revolution die Bedingung der proletarischen sei. Da inzwischen jedoch die Bourgeoisie erkannt habe, daß in einer bürgerlichen Revolution auch die nichtbürgerlichen Schichten aufbegehren können, versuche sie alles, um die absolute Monarchie ohne Revolution in eine ›bürgerliche‹ zu verwandeln. In Preußen allerdings sei dies auf gütlichem Wege nicht zu erreichen, da hier die ›Zivil-, Militär- und Pfaffenbürokratie‹ noch viel zu mächtig sei, als daß sie sich auf eine dienende Rolle gegenüber der Bourgeoisie beschränken lasse. Davor werde sie überdies durch die ›feudalen Stände‹ zurückgehalten, deren Existenz auf dem Spiel stehe.

Der weltgeschichtliche Gegner der absoluten Monarchie ist im Verständnis von Marx auch um die Mitte des 19. Jahrhunderts noch die ›Bourgeoisie‹, nicht die Arbeiterklasse; durch die »Verspätung« der deutschen Entwicklung, also durch die sich gegenseitig bedingende Fortdauer des monarchischen Absolutismus und die politische Schwäche, die ›Feigheit‹ der Bourgeoisie, ist hier die historisch notwendige Reihenfolge verwischt. Daraus erklären sich für Marx und Engels die verschobenen Frontstellungen der deutschen politischen Verhältnisse, die auch durch die Revolution von 1848 nicht überwunden sind. Vielmehr sei diese Revolution selber ein Beweis für jene Verspätung. Waren die Revolutionen in England im 17. und in Frankreich im 18. Jahrhundert von europäischer Bedeutung, weil der Sieg der Bourgeoisie zugleich der »Sieg einer neuen Gesellschaftsordnung« war, so sei die preußische Märzrevolution provinziell und um ein halbes Jahrhundert hinter der Zeit zurück gewesen. Nicht die Bourgeoisie, die in Preußen keine Klasse gewesen, sondern zu einem Stand herabgesunken sei, habe die Revolution gemacht, sondern eine Volksbewegung; gegen diese nun halte die Bourgeoisie an der Unantastbarkeit der Krone fest, schwärme deshalb von der konstitutionellen Monarchie und wende sich gegen die Revolution.[13]

In seiner Rede vor den Kölner Geschworenen am 8.2.1849 hat Marx dann gleichwohl die »Natur des Kampfes«, der im März 1848 zum Ausbruch kam, als »Konflikt zweier Gesellschaften« bezeichnet, als sozialen Konflikt in politischer Gestalt zwischen der alten ›feudal-bürokratischen‹ Gesellschaft des adeligen Grundbesitzes, der Leibeigenschaft, der Herrschaft des Landes über die Stadt, der abgeschlossenen Stände, des Zunftwesens, des Glaubens, die ihren Ausdruck in der Krone von Gottes Gnaden, in bevormundender Bürokratie und selbständiger Armee fand, und der modernen bürgerlichen Gesellschaft der freien Konkurrenz, der Industrie und des Wissens. Als die alte politische Macht ihre sozialen Grundlagen und die alte Gesellschaft ihre politische Macht gefährdet sahen, drängten sie zum Staatsstreich. Die Krone war eben noch immer »Repräsentant der feudal-aristokratischen Gesellschaft«; sie mußte deshalb versuchen, Zugeständnisse, die sie gemacht hatte, zurückzunehmen. »Nach einer Revolution ist die Konterrevolution die stets sich erneuernde Lebensbedingung der Krone«.[14]

Diese Kritik am beibehaltenen, unüberwundenen Absolutismus in Preußen ist von Engels immer wieder vorgetragen worden, wobei die theoriegebundene Interpretation des Geschichtsablaufs mit der politischen Realität der Gegenwart ständig arrangiert werden mußte. Dabei verlagerte sich der Schwerpunkt der Kritik immer mehr vom feudal-bürokratischen Absolutismus auf die ›erbärmliche‹ Bourgeoisie, die 1848 die Macht in der Hand gehalten, sie aber nicht genutzt, sondern sich der Reaktion unterworfen habe. Auch in Frankreich und England habe die Reaktion mit dem Vorwand gearbeitet, sie schütze die Grundlagen der bürgerlichen Gesellschaft vor dem Proletariat; allein in Preußen sei man nicht über die Unterwerfung der bürgerlichen Gesellschaft unter die Herrschaft des Feudalismus hinausgekommen. Danach habe die Bourgeoisie, nach illusionärer Überschätzung ihrer Kraft in der Neuen Ära, vor Bismarck erneut kapituliert. Er, nicht sie, sei es dann, der – durch die geschichtliche Lage, in die er Preußen gestellt hat, und durch den industriellen Fortschritt gezwungen – das tut, was die Bourgeoisie 1848/50 aus lauter Feigheit nicht durchzusetzen vermocht hatte, nämlich mit der Kreisordnung die Axt an die Wurzel des Junkertums, damit aber auch des alten Preußens zu legen. Die Bourgeoisie stimmt Bismarck zu; sie fordert höchstens anstandshalber die politische Macht für sich, in Wirklichkeit aber will sie sie gar nicht.[15] Im »Deutschen Reich Bismarckscher Nation« ist nach Engels' Meinung noch einmal eine Situation gegeben, die derjenigen analog ist, aus welcher der Absolutismus des 17./18. Jahrhunderts und der Bonapartismus des 1. und 2. französischen Kaiserreichs hervorgegangen sind: ein Gleichgewicht der Klassen. »Hier werden Kapitalisten und Arbeiter gegeneinander balanciert und gleichmäßig geprellt zum Besten der verkommnen preußischen Krautjunker«.[16]

## *Der Absolutismus in der marxistisch-leninistischen Geschichtswissenschaft*

Für die marxistisch-leninistische Geschichtswissenschaft stellt sich die Frage nach der historischen Eigenart und zeitlichen Innengliederung des Absolutismus von ihrer allgemeinen Vorstellung vom Verlauf der Weltgeschichte her in spezifischer, vorentschiedener Weise, die eine ganze Reihe von Problemen der ›bürgerlichen‹ Absolutismusforschung ausklammert, für Scheinprobleme hält oder sie nicht in den Blick bekommt. Das macht sie in ihren Einzelheiten relativ uninteressant; wichtiger ist es, die allgemeine historische Einordnung und Beurteilung des Absolutismus durch die marxistisch-leninistische Geschichtswissenschaft darzulegen.

Für sie ist der Absolutismus keine eigenständige historische Erscheinung. Nur seine Einordnung in das Schema der ökonomisch-sozialen Entwicklung und die Bestimmung seiner Funktion in ihm, also die Rückführung auf ›objektive‹ Bedingungen der Möglichkeit und Ursachen seines Auftretens, wird als ›wissenschaftlich‹ belangvoll angesehen. Durchweg sind marxistisch-leninistische Aussagen über den Absolutismus nicht Ergebnisse der Forschung, sondern der Interpretation. Das Grundkonzept der marxistischen Absolutismusauffassung hat sich seit den Analysen von Marx und Engels nicht gewandelt. Festgehalten wird sowohl die historisch-ökonomische Ortsbestimmung des Absolutismus als auch seine Beurteilung als zunächst fortschrittliche, dann hemmende und reaktionäre Macht. Doch hat sich im Laufe der Entfaltung der marxistischen Geschichtswissenschaft, und zwar gerade in der Auseinandersetzung mit der bürgerlichen Geschichtsschreibung, diese Auffassung differenziert, und ihre Vertreter haben sich bemüht, die Ergebnisse der historischen Forschung in ihr Konzept einzubeziehen. Dabei scheint in der UdSSR die vorwiegend während der zwanziger Jahre vertretene ökonomistische Auffassung einer mehr sozialgeschichtlichen Betrachtung Platz gemacht zu haben. Anknüpfend vor allem an Engels, geht die gegenwärtige marxistische Geschichtswissenschaft davon aus, daß der absolute Staat ein zwangsläufiges Ergebnis der geschichtlichen Entwicklung und, wie jede Form des Staates, ein Ausbeutungsapparat in den Händen der herrschenden Klasse gewesen sei.

Die absolute Monarchie wird zeitlich zwischen der Feudalmonarchie des Mittelalters und dem konstitutionellen bürgerlichen Staat eingeordnet. Da sie noch auf dem Boden der feudalen Gesellschaftsordnung steht, bezeichnet Skazkin sie als letzte Form des Feudalstaates.[17] Sie ist gekennzeichnet durch politische Zentralisierung. Das als Quelle aller legislatorischen und exekutiven Gewalt angesehene, von aller Kontrolle freie Staatsoberhaupt schafft sich als Instrumente einen umfassenden bürokratischen Apparat, ein stehendes Heer, ferner Polizei, Justizbehörden und ein Fiskalsystem. Spezifisch für die absolute Monarchie ist, daß der Staatsapparat, obwohl Organ der herrschenden Klasse des Adels, dennoch eine scheinbare Unabhängigkeit von ihr erlangt. Dies wird durch die Ausbildung kapitalistischer Elemente und durch das Auftreten der Bourgeoisie im noch bestehenden Rahmen der feudalen Gesellschaft ermöglicht – einer Bourgeoisie, die noch nicht stark genug ist, sich die staatliche Macht anzueignen, wohl aber ökonomisch potent genug, sich mit ihren Interessen der Feudalklasse entgegenzustellen. Der Adel dagegen muß sich wegen der Erhaltung seiner Privilegien und seiner Position als sozial dominierende Klasse damit abfinden, daß der Fürst unter Ausnutzung des Klassenkampfes die Vertretungskörperschaften ausmanövriert, sie schließlich nicht mehr einberuft und das Land mit Hilfe der Bürokratie regiert.

Als ›fortschrittliche‹ Leistungen der absoluten Monarchie werden angesehen: die Überwindung des ›Separatismus‹ der feudalen Aristokratie und der politischen Zersplitterung, die Schaffung größerer Territorien, einheitlicher Verwaltung und dadurch auch wirtschaftlicher Einheit, ferner die Förderung der Entwicklung kapitalistischer Verhältnisse durch Manufakturen, Schutzzoll, merkantilistische Staatswirtschaftspolitik und Handelskriege. All dies diente dem Interesse des Bürgertums, das in der Epoche der sogenannten ursprünglichen Akkumulation des Kapitals, der Entstehung eines Vorproletariats und der Trennung der Produzenten von den Produktionsmitteln den staatlichen Zwangsapparat benötigte; doch kommt die Monarchie jenen Interessen nur so weit entgegen, als es mit den Interessen der herrschenden Adelsklasse vereinbar ist. Zunächst profitiert diese selber vom kapitalistischen Wirtschaftsaufschwung (u. a. durch die ansteigende ›Feudalrente‹); ebenso tut das die absolute Monarchie, die dadurch die Mittel für den Aufbau der Militärmacht und für die kriegerische Expansion gewinnt.

Der ›fortschrittliche‹ Charakter der absoluten Monarchie geht im selben Maße verloren, wie das Bürgertum an Einfluß gewinnt; sie wird zum Hemmnis der sozialen Entwicklung und deshalb in den fortgeschrittenen Ländern notwendig durch bürgerliche Revolutionen überrannt. In Ländern mit verzögerter Entwicklung (Preußen, Österreich, Rußland), in denen als charakteristische Form des Absolutismus im 18. Jahrhundert der ›aufgeklärte‹ Absolutismus auftritt, verbindet sich die Bourgeoisie im Verlauf der bürgerlichen Revolution angesichts des wachsenden Proletariats mit der feudalistisch-absolutistischen Monarchie. Zwar wandelt sich diese auch; das bürgerliche Element wird stärker, ohne daß jedoch die feudalen Elemente der Gesellschaft und die absolutistischen Elemente der Staatsgewalt bis 1917/18 ganz beseitigt werden können.

Die Unterschiede der geschichtlichen Entwicklung in den einzelnen Ländern werden von der sowjetischen Geschichtsschreibung gesehen und im Horizont ihrer Absolutismusinterpretation zu erklären versucht. Andererseits hält sie in betonter Wendung gegen die ›westliche‹ bürgerliche Geschichtswissenschaft (insbesondere seit dem Internationalen Historikerkongreß in Rom 1955) die absolute Monarchie auch in Asien für gegeben. Skazkin bezeichnet Frankreich und Japan als diejenigen Länder, in denen der Absolutismus klassische Form erreichte.[18] Die Entwicklung in England sei dadurch gekennzeichnet, daß die Krone das Parlament bestehen ließ und zur

Stärkung der königlichen Macht nutzte, daß ferner infolge der Bedeutung des local government der administrative Apparat schwach blieb und kein stehendes Heer entstand. In Spanien habe die Monarchie Handel und Gewerbe nicht unterstützt, also keine fortschrittliche Rolle gespielt; sie sei in »Despotismus« ausgeartet. Die Entwicklung in Asien sei bestimmt gewesen durch größere Stabilität des Feudalismus, geringere Zentralisation, langsamere Entfaltung kapitalistischer Wirtschaftsformen, geringeren Einfluß lokaler kapitalistischer Gruppen, ferner durch die Einmischung fremder Mächte (z.B. der Mandschu in China) oder europäischer Kolonialmächte. In Japan hätten die Tokugawa und die von ihnen abhängigen Familien eine eigene Feudalherrschaft aufgebaut und zugleich alle Handels- und Gewerbekräfte des Landes der Zentralregierung unterstellt, während sie das Land nach außen isolierten. – Der Anfang des Absolutismus in Rußland wird von den einen auf die Mitte, von anderen auf das Ende des 17. und den Anfang des 18. Jahrhunderts angesetzt; er habe sich auf das sich ausbildende Bürgertum, vor allem aber auf den Dienstadel gestützt, dem dann im 18. Jahrhundert die oberste Schicht des Bürgertums gleichgestellt wurde. Der Absolutismus sei hier in autokratischen Formen aufgetreten; von 1859 an wurden erste Schritte in Richtung auf eine bürgerliche Monarchie getan.

Den deutschen Absolutismus sieht G. Schilfert im Gegensatz zum ›klassischen‹ französischen als ›verkrüppelten‹, territorialen, antinationalen Absolutismus, der die historisch notwendige Ausbildung eines zentralistischen Nationalstaates gefährdete. Wo immer er sich gegen den zunächst frondierenden Adel durchsetzte, regierte der Monarch doch als »unbeschränkter Sachwalter der Adelsklasse«. Wenn der Adel keine politische Handlungsfreiheit mehr besaß, so diente der »Staatsapparat« doch der Erhaltung der Macht der ›Feudalklasse‹, der gesamten ›feudalen Wirtschafts- und Gesellschaftsordnung‹. Und zwar um so eindeutiger, als das wirtschaftlich schwache deutsche Bürgertum kein wirkliches Gegengewicht zur Feudalklasse darstellte. Da es der Monarchie wenig zu bieten hatte, fanden seine Interessen nur geringe Berücksichtigung; deshalb konnten Monarch und Adel sich leicht über die Legalisierung der ›zweiten Leibeigenschaft‹ einigen, zumal das ängstliche Zunftbürgertum durch die Erhaltung seiner Privilegien befriedigt wurde. So wog die Fortschrittsleistung des Absolutismus in Deutschland seine »reaktionäre Rolle« ebensowenig auf wie die Einwirkung der bürgerlichen Oberschicht auf den Absolutismus ihre Schwäche zu verdecken vermochte.[19]

Schilfert sieht jedoch den sogenannten ›aufgeklärten Absolutismus‹ bedingt durch die »Fortschritte der Produktivkräfte und die gesellschaftlichen Folgen« wie durch die Kulturleistungen des Bürgertums. Dadurch wie durch den Druck unruhiger Volksmassen sei eine Änderung im Verhalten des feudalabsolutistischen ›Überbaus‹ gegenüber dem Bürgertum erfolgt, und zwar aus dem Interesse der niedergehenden Feudalklasse, dem Bürgertum den Überbau durch Zugeständnisse annehmbarer zu machen, ohne daß er sich wirklich änderte. Nur ein so schwaches Bürgertum wie das deutsche (und dasjenige anderer ähnlich zurückgebliebener Länder in Ost- und Südeuropa), das auf den feudalabsolutistischen Staat mehr angewiesen war als dieser auf das Bürgertum, konnte daran glauben, daß der aufgeklärte Absolutismus allen Untertanen gleichmäßig diene. Er änderte nichts an den sozialen Verhältnissen; wo er es versuchte (wie unter Joseph II.), verlor er die Unterstützung der Feudalklasse, ohne schon eine genügende beim Bürgertum zu finden. ›Objektiv‹ war der aufgeklärte Absolutismus also nur der reaktionäre Anpassungsversuch der Monarchie an die entwickelten ökonomisch-sozialen Bedingungen, um die Herrschaft der Feudalklasse zu erhalten und die bürgerlich-bäuerliche Opposition auszuschalten.[20]

*Schwerpunkte der gegenwärtigen marxistischen Absolutismus-Diskussion*

1. Das Periodisierungsproblem ist seit Stalins späten Schriften (vor allem »Über dialektischen und historischen Materialismus«, 1938; »Der Marxismus und die Fragen der Sprachwissenschaft«, 1950; »Ökonomische Probleme des Sozialismus in der UdSSR«, 1952) stark in den Vordergrund getreten. Nachdrücklich wird die Zugehörigkeit der absoluten Monarchie zur Feudalgesellschaft betont, und zwar als letzte Form des Feudalstaates, als die Staats- und Regierungsform einer Zeit, die durch den weltgeschichtlichen Übergang vom Feudalismus zum Kapitalismus gekennzeichnet ist. A. Meusel verteidigt den Begriff Feudalabsolutismus, durch den sichtbar gemacht werden soll, daß auch in der absoluten Monarchie der grundbesitzende Adel die herrschende Klasse gewesen sei.[21] Man dürfe die ›bürgerlichen‹ Elemente im Absolutismus nicht zu hoch veranschlagen; wohl aber müsse man die ›Adelsherrschaft‹ in der absoluten von derjenigen in der feudal-ständischen Monarchie unterscheiden.

In Anknüpfung an Engels' These vom Gleichgewicht der Klassen als Ermöglichung einer scheinbar selbständigen Staatsgewalt unterscheidet Meusel zwischen ›herrschender‹ und ›regierender‹ Klasse. Auch wenn eine Klasse noch (der Adel) oder schon (die Bourgeoisie) die ökonomisch mächtigste sei, müsse sie nicht die regierende sein. Doch werde in dem Augenblick, wo die Bourgeoisie – gefördert durch den Absolutismus selber – ökonomisch überlegen geworden ist, jenes Gleichgewicht zerstört; damit sei der Anfang vom Untergang des Absolutismus gegeben. (In England sei dieser Zeitpunkt am Ende des Elisabethanischen Zeitalters erreicht gewesen.) Es verschärfen sich nun die Gegensätze sowohl zwischen Bourgeoisie und Feudalismus als auch zwischen Bourgeoisie und Krone. Um ihre absolute Stellung aufrechtzuerhalten, muß die Krone die feudalen Kräfte unterstützen (so unter den Stuarts). Die Theorie des Klassengleichgewichts sei jedoch, so betont Meusel, nicht schematisch auf alle Länder anwendbar. In Preußen, wo dieses Gleichgewicht erst in der Mitte des 19. Jahrhunderts erreicht wurde und der Adel noch regierende Klasse blieb, als die Bourgeoisie schon die herrschende war, sei der Absolutismus aus den militärischen Gegebenheiten des 30jährigen Krieges entstanden. In den deutschen Kleinstaaten habe der Absolutismus eine zu schmale Ausgangsbasis gehabt und – im Unterschied zu anderen Ländern – der nationalstaatlichen Entwicklung im Wege gestanden. Die deutsche Einheit sei durch ›Revolution von oben‹ und militärische Aktion des stärksten Einzelstaates erfolgt.

2. Die Deutung des Spätabsolutismus oder Nachabsolutismus, d.h. derjenigen Phase, die durch das Fortbestehen des Absolutismus trotz voller Ausbildung kapitalistischer Wirtschaftsformen und trotz des Aufstiegs der Bourgeoisie zur ökonomisch ›herrschenden‹ Klasse bestimmt ist, birgt für die marxistische Forschung erhebliche theoretische Schwierigkeiten, obwohl über diese Phase zahlreiche Aussagen von Marx und Engels vorliegen. Unter der Voraussetzung grundsätzlicher, durch eherne ökonomisch-historische Gesetze festgelegter Gleichartigkeit des Geschichtsablaufs wird die Entwicklung in Mittel- und Osteuropa als verlangsamt bezeichnet. Die mannigfachen Gründe dafür werden im wesentlichen auf die politische Schwäche der Bourgeoisie zurückgeführt und diese wieder auf die im Vergleich mit England und Frankreich verzögerte Entwicklung von Handel und Industrie. Sie ist, wie schon Marx im Blick auf Deutschland feststellte, seit dem 16. Jahrhundert gehemmt und unterbrochen worden. So konnten sich starke Elemente der ›feudalen‹ Gesellschaft noch lange erhalten; der Kampf zwischen Bourgeoisie und Feudalismus wurde hier nicht ausgetragen und eine bürgerliche Monarchie nicht erreicht. Darum müsse, sagte Engels 1883, »das erste, unmittelbare Resultat« der angestrebten Revolution in Deutschland die »bürgerliche Republik« sein. In ihr erst könne der Klassenkampf zwischen Bourgeoisie und Proletariat ausgetragen werden, der in England und Frankreich in der bürgerlich-konstitutionellen Monarchie stattgefunden habe. Dabei charakterisiert er seine deutsche Gegenwart, das Bismarckreich, als »Mischmasch von Halbfeudalismus und Bonapartismus«.[22]

Die gegenwärtige marxistische Geschichtswissenschaft betont die grundsätzliche Richtigkeit dieser Analyse von Marx und Engels und versucht sie durch Einzelforschung und Materialerschließung zu belegen. Dabei trifft sie auf Schwierigkeiten der Periodisierung und der begrifflichen Bestimmung auf Grund der Abweichungen und Aufstauungen der deutschen Entwicklung gegenüber Westeuropa und der Widersprüche im Verhältnis des ökonomisch-sozialen zum politischen Prozeß, wie sie in der Fortdauer des ›feudal-absolutistischen Systems‹ trotz des Niedergangs des Feudalismus, trotz des – freilich verspäteten – Aufstiegs des bürgerlichen Kapitalismus und trotz des Übergangs zum Konstitutionalismus manifest sind. Den Höhepunkt solcher Widersprüche (zwischen »noch herrschender« Feudalklasse und noch »politisch beherrschter«, aber wirtschaftlich erstarkter Bourgeoisie, zwischen Bauern und Feudaladel, zwischen industrieller Bourgeoisie und Proletariat) sieht Obermann in den vierziger Jahren des 19. Jahrhunderts erreicht; doch löste dann die Revolution nicht die beiden deutschen Hauptprobleme:

die »Zerschlagung des preußischen absolutistischen Junker- und Militärstaates sowie des reaktionären österreichischen Vielvölkerstaates als den beiden wichtigsten Stützen der feudal-absolutistischen Reaktion« und die »Herstellung der nationalen Einheit Deutschlands auf demokratischer Grundlage«.[23]

Der ›Feudalismus‹ wurde nicht völlig beseitigt, die antidemokratische ›militaristische Konterrevolution‹ nicht verhindert, weil die liberale Bourgeoisie sich mit oktroyierter Verfassung, geringen politischen Rechten, aber ›ökonomischer Herrschaft‹ zufriedengab und die Chance der politischen Herrschaft vertat. Von nun an war sie keine Kraft des politischen Fortschritts und nicht mehr der revolutionäre Repräsentant der Nation. Reaktion, Scheinkonstitutionalismus, Wiederherstellung feudaler Machtpositionen, beibehaltener ›bürokratischer Absolutismus‹ in Preußen waren die Folge, dann ›Revolution von oben› in bonapartistischer Manier anstelle einer bürgerlichen Revolution: zwar objektiv ein Fortschritt, aber ein undemokratischer und von dem reaktionären Preußen bewirkter. Die Bourgeoisie wurde zur herrschenden, die Junker blieben die regierende Klasse;[24] aus Furcht vor dem Proletariat verbündeten sich beide. – Zustimmend wird noch immer Marx zitiert: das Reich sei »ein mit parlamentarischen Formen verbrämter, mit feudalem Beisatz vermischter, schon von der Bourgeoisie beeinflußter, bürokratisch gezimmerter, polizeilich geschützter Militärdespotismus« gewesen.

## Die ›bürgerliche‹ Interpretation des Absolutismus

### *Die ältere Lehre vom Absolutismus*

Auch in der ›bürgerlichen‹ (nichtmarxistischen) Geschichtswissenschaft ist die Erforschung des Absolutismus von zeitgebundenen Fragestellungen und Ideologien mitgeleitet worden. Lange herrschte in ihr das Interesse am Aufstieg des modernen zentralisierten, nationalen oder pränationalen Machtstaates vor, der, mit Ausnahme Englands, seine entscheidende Ausgestaltung durch den monarchischen Absolutismus erfahren hat. Dieser Prozeß wurde einerseits, begünstigt durch die Quellenlage, vor allem als Heeres- und Verwaltungsausbau im Innern und als Machtbehauptung und -expansion nach außen verstanden, andererseits, in mehr ideengeschichtlicher Betrachtung, unter dem Aspekt der Durchsetzung der fürstlichen Souveränität und der Staatsräson gesehen. Auch in der nichtmarxistischen Forschung erhielt die Entwicklung der absoluten Monarchie den Charakter historischer Notwendigkeit; auch von ihr wurden Ausbau der Staatsgewalt, Unterdrückung der zentrifugalen Selbständigkeitstendenzen der großen Adelsfamilien, Überwindung des religiösen Bürgerkrieges, Förderung von Handel und Manufaktur, Vereinheitlichung der Verwaltung, Ausschaltung des politischen Einflusses der ihre *iura et libertates* vertretenden Landstände als Fortschritt betrachtet.

Die – oft zu Verfrühungen führende – Frage nach den Anfängen des ›modernen‹ Staates ließ die fortdauernde Macht der älteren politischen Kräfte weithin unterbewertet und verschloß lange den Blick für die historische Wirklichkeit der ständisch-regional bestimmten älteren europäischen Welt. So konnte denn ein einseitiges Bild der viel zu konsequent und schlüssig vorgestellten Ausbildung der absoluten Monarchie entstehen, die vom 16. bis zum 18. Jahrhundert die entscheidende, das Tempo der politischen Entwicklung angebende Kraft der europäischen Geschichte gewesen sei. Dabei hat die nationalbezogene und individualisierende ›bürgerliche‹ Geschichtswissenschaft neben allgemeinen europäischen Bedingungen und Voraussetzungen des Absolutismus immer auch stark die Besonderheiten seines Auftretens in den verschiedenen europäischen Ländern betont, eine Fülle von speziellen Ursachen für ihn angenommen und jede monokausale Erklärung abgelehnt. Gleichwohl hat die ältere Forschung den Absolutismus als allgemeines, die europäische Geschichte zwischen dem Westfälischen Frieden und der Französischen Revolution bestimmendes Phänomen betrachtet.

Die Ansetzung eines Zeitalters des Absolutismus für die europäische Geschichte erscheint jedoch fragwürdig. Anfang, Höhepunkt und Ende des Absolutismus in den verschiedenen Ländern von England bis Rußland lassen sich nicht synchronisieren. Als er in Frankreich während der Selbstregierung Ludwigs XIV. seine volle Entfaltung erreicht, befindet er sich in Spanien längst im Abstieg. In England fällt bereits 1640 die erste, 1688 die endgültige Entscheidung gegen ihn; in Dänemark setzt sich mit der *Lex Regia* von 1665 die absolute Monarchie durch, in Schweden 1682 mit der Souveränitätserklärung Karls XI., doch gewinnen nach 1718 die Stände im Reichstag ihren Einfluß zurück, den sie bis zum Staatsstreich von 1772 behaupten können. In Deutschland wird mit dem Abschluß der Glaubenskämpfe und der reichsrechtlichen Freisetzung der Reichsstände im Westfälischen Frieden der Weg frei zum Ausbau der monarchischen Gewalt; zu einem ausgebildeten absolutistischen System kommt es jedoch nur in wenigen Ländern, und nur in den großen ist dieser mit dem Absolutismus westeuropäischer Staaten vergleichbar. In Deutschland ist die absolute Monarchie nicht durch die Französische Revolution beseitigt worden; sie hat vielmehr in einigen Rheinbundstaaten eine späte Fortsetzung erfahren und sich in Preußen und Österreich in wesentlichen Elementen bis 1848 erhalten. Wenn man Rußland überhaupt den absoluten Monarchien zurechnen darf, müßte man sie bis 1858/61, richtiger noch bis 1904/05 datieren.

Auch abgesehen von der Schwierigkeit, den Absolutismus als einheitliche geschichtliche Phase zu deuten, bedarf die ältere Auffassung vom Absolutismus, die bis in die Schulbücher, die populäre Geschichtserzählung und die historisch-politische Journalistik herab gängig geworden ist, kritischer Überprüfung. Was ›Absolutismus‹ sei, ob, wann, in welcher Erstreckung es ein ›Zeitalter des Absolutismus‹ gegeben hat, erscheint heute fragwürdiger denn je. Die Gründe dafür sind mannigfaltig und ebenso durch geschichtliche

Erfahrungen wie durch den Prozeß der historischen Forschung bedingt. Die Entartung des Machtstaates zum ›Totalitarismus‹ hat die frühe Ausprägung des Machtstaates im Zeichen des Absolutismus mit kritischerem Blick sehen lassen – nicht nur in den angelsächsischen Ländern, wo man dem absolutistischen Staat als spezifisch kontinentaleuropäischer Erscheinung stets distanziert gegenübergestanden hat, sondern auch in Deutschland, wo geistige Haltungen und administrativ-militärische Formen des absoluten Staates noch bis ins 20. Jahrhundert hinein bestanden haben. Die durch die politische Katastrophe von 1945 unumgänglich gewordene Überprüfung der Traditionsbestände und des Geschichtsbildes in Deutschland betrifft auch – nicht zuletzt durch die Beseitigung Preußens, des deutschen Modellfalls für den absoluten Staat, – den Absolutismus und seine historische Bewertung. Ebenso drängt sich angesichts der deutschen Entwicklung die Frage auf nach den geschichtlichen Bedingungen und dem Ausbildungsprozeß repräsentativer und parlamentarischer Vertretungen, nach der Konzipierung und Sicherung von Freiheitsrechten von Korporationen und Individuen, nach den »historischen Vorbelastungen des deutschen Parlamentarismus«.[25]

*Ergebnisse und Fragestellungen der neueren Absolutismus-Forschung*

Von der Geschichtswissenschaft ist seit dem Ende der zwanziger Jahre zunächst die Erforschung des Absolutismus, vor allem auch die des sogenannten ›aufgeklärten Absolutismus‹, auf internationaler Ebene und in vergleichender Betrachtung intensiv in Angriff genommen worden.[26] Hinzugetreten ist die Erforschung der ständischen und parlamentarischen Institutionen, die durch den fürstlichen Absolutismus keineswegs überall beseitigt oder erstickt worden sind, in manchen Fällen bloß überformt wurden, in anderen für die absolute Gewalt eine unübersteigbare Schranke blieben und in vielfältiger Weise zur Vorgeschichte des Konstitutionalismus und Parlamentarismus des 19. Jahrhunderts gehören.

Gerade auf diesem Gebiet ist noch vieles im Fluß, wie die Arbeiten von Lousse, Marongiu, Carsten, Gerhard, Palmer u. a.[27] beweisen. Forschungen von Bloch, Ganshof, Brunner und anderen[28] über das Lehnswesen und den Feudalismus, die Aufsätze zur vergleichenden Verfassungsgeschichte,[29] sozialgeschichtliche Untersuchungen über die Ausbildung der europäischen Stadt und des Bürgertums, wirtschaftsgeschichtliche Forschungen über die Entwicklung des Kapitalismus sind für die Analyse des Absolutismus als historisches Phänomen heranzuziehen.

Der bisher bedeutendste Versuch einer international vergleichenden Untersuchung, die von Lhéritier 1928 inaugurierte Diskussion um den ›aufgeklärten‹ Absolutismus hat kein gesichertes Urteil über ihn als besondere Phase des Absolutismus und als Übergang zum liberalen Konstitutionalismus des 19. Jahrhunderts erbracht.[30] Alle Bestrebungen, generelle Phasen in der Entwicklung der absoluten Monarchie zu unterscheiden, sind unbefriedigend geblieben, da es ihre volle Ausbildung wie ihre ›aufgeklärte‹ Version nur in wenigen Fällen gegeben hat. Ausgangssituation, Bedingungen des Verlaufs, Durchsetzungsgrad, Dauer, Niedergang, Auflösung oder Umsturz des Absolutismus in den einzelnen Ländern sind außerordentlich verschiedenartig gewesen; man müßte auf sehr allgemeine Bestimmungselemente zurückgreifen, um die Vielfalt der Erscheinungen phasengerecht darunter subsumieren zu können, wobei der Ertrag an historischer Erkenntnis gering bliebe.

Richtiger erscheint es, wesentliche Strukturelemente und Erscheinungsformen des Absolutismus herauszuarbeiten, die, mehr oder weniger ausgeprägt, überall vorhanden waren, wo sich die absolute Monarchie ausgebildet hat. Daß dabei dem französischen und dem brandenburgisch-preußischen Absolutismus eine gewisse Modellbedeutung zugesprochen wird, ist angesichts der erreichten weitgehenden Ausformung, aber auch der prägenden Wirkung für andere Länder gerechtfertigt. Zwischen beiden als westlichem und östlichem Typus des Absolutismus zu unterscheiden (Mousnier), wird von Hartung mit dem Hinweis auf die starke Orientierung des preußischen am französischen Absolutismus abgelehnt. Wenn man jedoch neben fürstlichem Selbstverständnis, Herrscherstil, Behörden- und Heeresorganisation, Wirtschaftspolitik und Finanzverfassung die sozialen Grundlagen des Absolutismus in den Blick faßt, kann dieser Unterscheidung eine gewisse Berechtigung nicht abgesprochen werden.

Auch die wirtschaftspolitischen, jurisdiktionellen und selbst die militärpolitischen Maßnahmen des Absolutismus weisen in den einzelnen Staaten so erhebliche Unterschiede auf, daß seine weltgeschichtliche Verortung als Gesamtphänomen in Gestalt der Zuordnung zu einer bestimmten Phase der ökonomisch-sozialen Entwicklung von der gegenwärtigen Absolutismusforschung als bloß schematisch und wenig erhellend abgelehnt worden ist. Dennoch wird die große Bedeutung wirtschaftlicher und sozialer Faktoren für Entstehung und Wandlungen des Absolutismus nicht geleugnet; wenn heute intensiver danach gefragt wird (z. B. in Frankreich von Labrousse), so hat die marxistische Geschichtsinterpretation zweifellos mit dazu herausgefordert.

Mousnier hat bei der Absolutismus-Diskussion des Internationalen Historikerkongresses 1955 das marxistische Schema als Hypothese anerkannt, zugleich aber betont, daß damit Begriffe und Vorstellungen angewandt werden, die in der bisherigen Kenntnis jener Epoche keine Bestätigung finden (z. B. die horizontale Klassenschichtung), und daß die Definition der Monarchie als Instrument einer herrschenden Klasse zur Unterdrückung einer anderen die »projection d'une philosophie sur les faits historiques« sei.[31] Auch mit der Zurechnung der absoluten Monarchie zum Feudalismus stifte man Verwirrung. Solche Kritik wie auch die entgegengesetzte, daß die bürgerliche Absolutismusforschung bloß ›formal-juristisch‹, ›formal-mystisch‹, oberflächlich, zu wenig wissenschaftlich, weil nicht genügend auf die Erfassung ›objektiver‹ Sachverhalte gerichtet sei,[32] schließt jedoch Übereinstimmungen in Einzelheiten wie in der grundsätzlichen Beurteilung von konstitutiven Elementen des Absolutismus nicht aus. So trifft es sicher zu – und ist seit langem anerkannt –, daß das Bürgertum (der Begriff Bourgeoisie ist zumindest im Sprachgebrauch und im Blick auf die deutsche Geschichte problematisch) durch den Aufstieg der absoluten Monarchie in seiner wirtschaftlichen und sozialen Entwicklung gefördert und daß umgekehrt dieser Aufstieg durch bürgerliche Räte und Beamte, aber auch durch bürgerliches Kapital wie überhaupt durch frühkapitalistische Wirtschaft (die allerdings nicht ohne weiteres als ›bürgerlich‹ bezeichnet werden kann) ermöglicht worden ist.

Richtig ist auch, den Absolutismus nicht nur als Feind der ›ständischen‹ Gewalten zu sehen, sondern zu betonen, daß er, nach der politischen Entmachtung der Landstände, die ständische Gesellschaftsordnung verteidigt hat und damit, in unterschiedlichem Ausmaß, zum Hemmnis für die Entfaltung politischer Selbständigkeit des Bürgertums geworden ist. Schließlich trifft es grundsätzlich zu, daß langsamere kapitalistisch-industrielle Entwicklung, längerer Fortbestand der adeligen Grundherrschaft vor allem in Gestalt der Gutsherrschaft östlich der Elbe und längere Geltung von Elementen des Absolutismus in Mittel- und Osteuropa in unmittelbarem Zusammenhang stehen. Doch läßt sich all dies nicht monokausal aus der Enwicklung der Produktivkräfte und Produktionsverhältnisse und ihrem Verhältnis zueinander als ›eigentlichen‹ Ursachen erklären.

## *Das Bild des Absolutismus in der gegenwärtigen Forschung*

In der gegenwärtigen nichtmarxistischen Geschichtswissenschaft, die weit stärker als die marxistische Einzeluntersuchungen hervorbringt, aber auch von übergreifenden, komparativen und strukturgeschichtlichen Fragestellungen ausgeht, zeichnet sich – aufs Ganze gesehen – folgendes Bild des Absolutismus ab:

1. Der Absolutismus ist eine spezifisch europäische, vor allem kontinentale Erscheinung.

In England läßt sich nur bedingt von Absolutismus z. Zt. der Tudor-Könige und von absolutistischen Herrschaftspraktiken z. Zt. der Stuarts sprechen. Dabei trifft hier nicht zu, was allgemein als Kennzeichen des Absolutismus angesehen wird, daß nämlich die monarchische Regierung in der Ausübung ihrer Gewalt an keine Mitwirkung oder Zustimmung einer Landesvertretung oder anderer autonomer Körperschaften gebunden ist (F. Hartung). Absolutismus hat hier (vor allem unter Heinrich VIII. und Elisabeth I.) die Form angenommen, daß das Parlament die Krone in ihrem Streben nach souveräner Gewalt nach außen wie im Innern unterstützte, weil die politischen Interessen beider zeitweilig zusammenfielen. Die Selbstherrschaft der Zaren in Rußland war geschichtlich eigenständig; sie kann nicht als monarchischer Absolutismus bezeichnet werden, so sehr sie sich mit der Modernisierung ihrer Formen und der Rationalisierung ihrer Herrschaftspraxis dem europäischen Absolutismus näherte (R. Wittram). Es fehlten in Rußland wesentliche historische Voraussetzungen, die für den Absolutismus in West- und Mitteleuropa konstitutiv gewesen sind. Dies gilt verstärkt für die Länder Asiens. Damit ist nicht gesagt, daß es hier keine mit dem europäischen Absolutismus formal vergleichbaren Herrschaftsstrukturen gegeben hat, die stärker als bisher Gegenstand vergleichender Forschung (in der Weiterentwicklung von Ansätzen, wie sie bei O. Hintze vorliegen) sein könnten. In Europa selbst ist in der Ausbildung des Absolutismus eine zeitliche und sachliche Abstufung zwischen Westeuropa einerseits, Mittel- und Südeuropa andererseits zu beobachten.

2. Generell setzt die absolute Monarchie den Ständestaat geschichtlich voraus; sie ist selber »une sorte de monarchie des états, d'où les distinctions d'ordres n'ont pas été bannies, mais dans laquelle les représentants des ordres ne sont plus consultés«.[33] Der Aufstieg des Absolutismus hat sich vollzogen in dem Heraustreten der fürstlichen Gewalt aus der Beschränkung durch eigenberechtigte Herren, die das ›Land‹ nicht im modernen Sinne repräsentierten, sondern es selber waren.[34] Wo der Monarch dies erreichte und wirklich ›absolut‹ regierte, übte er keineswegs ›despotische‹, oder totalitäre Herrschaft aus. Es galt als selbstverständlich, daß der Monarch die Staatsform, das dynastische Erbrecht und die überlieferten privat- und öffentlich-rechtlichen Verhältnisse im Lande nicht aufheben könne, daß er Eigentum und Freiheiten der einzelnen wie vor allem der Korporationen zu achten habe, nicht frei über den ›Staat‹ verfügen könne und sich an die Gebote der christlichen Lehre halte, also den vorgegebenen Zustand der sozialen, rechtlichen und ›staatlichen‹ Verfassung erhalte.

Diese Auffassung von der Bindung des Monarchen an das göttliche und natürliche (das heißt in diesem Falle weithin das historische) Recht – eine Auffassung, die auch von den Monarchen selber vertreten wurde – hat ihren theoretischen Ausdruck in der Souveränitätslehre Bodins gefunden, wonach der Fürst, der die alleinige Gewalt besitzt, Gesetze zu geben und zu brechen, selber über den Gesetzen steht *(legibus solutus)*, aber den göttlichen und natürlichen Gesetzen unterworfen ist, ohne freilich eine Kontrollinstanz über oder neben sich oder das Recht des Widerstandes der Untertanen gegen sich zu haben. In der politischen Praxis (denn ständisch-regionale und korporativ-lokale Selbstverwaltung verschwand keineswegs überall) wie auf Grund seiner begrenzten materiellen Möglichkeiten war der absolute Monarch also keineswegs völlig ›unbeschränkt‹. Die moderne ständegeschichtliche Forschung, die bisher im Bereich des Marxismus keine Parallele hat, konnte nachweisen, daß unter der ›staatlichen‹ Suprastruktur des Absolutismus der Bereich des Ständischen weit lebendiger und machtvoller geblieben ist als man meist angenommen hat, und daß es lange eine breite Überlappungszone fürstlicher und ständischer Kompetenzen gab (Ämterbesetzung, Steuererhebung, Gerichtswesen). Bei der Beurteilung dieses Befundes kann die marxistische These von der ›Abhängigkeit‹ der absoluten Monarchie von der ›Feudalklasse‹ erhellend sein.

3. Wesentlich für die Ausbildung von Theorie und Praxis des Absolutismus sind die jeweiligen tatsächlichen politisch-sozialen Zustände gewesen. Bodin, Henri IV. und Richelieu standen unter dem Eindruck der Gefährdung Frankreichs durch den religiösen Bürgerkrieg und die spanische Intervention, Kurfürst Friedrich Wilhelm unter dem der Ohnmacht seines zersplitterten Landes, dem Gegner wie Bundesgenossen lebensgefährlich waren. Das Haus Habsburg hatte im 30jährigen Krieg und im Türkenkrieg seine Macht steigern können; die Niederlage im Kampf mit Preußen verursachte die Staatsreform von 1749 und die radikalen Reformmaßnahmen Josephs II. Die Mittel zur Steigerung der monarchischen Gewalt waren Ausschaltung der politischen Macht der Stände, Zentralisierung der Herrschaftsfunktionen, Aufbau einer permanenten, nur vom Monarchen abhängigen politischen Militär- und Finanzverwaltung, Hebung des Wohlstandes und der Zahl der Bevölkerung im Interesse der Steigerung der Steuereinkünfte.

4. Die Steigerung der monarchischen Gewalt bedeutete zugleich Festigung (oder Herstellung) der staatlichen Einheit – freilich noch immer in vergleichsweise engen Grenzen. In Ländern wie England und Frankreich entsprach die staatliche Einheit dem nationalen Bewußtsein in der Bevölkerung und fand deshalb Unterstützung durch das Parlament bzw. das Pariser Parlement; wo dagegen Staat und Nation sich nicht deckten (Preußen), war Staatsbewußtsein erst das Resultat des Staatsausbaus, der ›Verstaatlichung‹ des dynastischen Verbandes, der Überwindung der Stände und der Disziplinierung der Bevölkerung durch die Krone, ihre Diener und Institutionen.[35] In beiden Fällen konnte der absolute Monarch zum Garanten von Sicherheit und Ordnung, zum Ziel von sozialen Erwartungen, zum Repräsentanten von nationalen bzw. staatspatriotischen Prestigewünschen, zur Inkarnation des nationalen Selbstverständnisses werden.

5. Wichtig für die Ausbildung der absoluten Monarchie war auch – von den Marxisten völlig unterschätzt und abgewertet – das Selbstverständnis der Fürsten. In ihm ist eine Reihe von Traditionselementen und Lehren zeitgenössischer Philosophie zusammengeflossen. Grundsätzlich unterscheiden lassen sich die ältere Auffassung vom göttlichen Recht der Krone und die jüngere Auffassung vom aufgeklärten Herrschertum. Von beiden gingen starke Antriebe für das monarchische Handeln aus. Die erstere gehört in den Kulturzusammenhang des europäischen Barock. Politisches Denken und Kunst gemeinsam hoben den Monarchen als irdisches Ebenbild Gottes, als Zentralperson, Inhaber aller Gewalt und Antrieb der komplizierten Maschine ›Staat‹ hervor; umgekehrt lieferte die Selbststilisierung der Herrscher den Poeten, Malern, politischen Schriftstellern den Gegenstand: sie wurden zu Propagandisten der absoluten Monarchie. Auch theologische Lehren von der Notwendigkeit souveräner Fürstengewalt unterstützten die absolute Monarchie. Im Zuge der europäischen Aufklärung wandelten sich Herr-

scherselbstverständnis und Herrscherbild: der Sakralcharakter der Krone ging prinzipiell verloren, der Staat wurde entpersonalisiert und zur abstrakten Anstalt, der Fürst auf der theoretischen Grundlage des Gesellschaftsvertrages ein Organ der Gesellschaft bzw. des Staates. Als aufgeklärter Mann nutzt er die ihm zu Gebote stehende absolute Gewalt zur Reform der staatlichen Verhältnisse, im Sinne der Aufklärung zum Wohle der Untertanen, auch gegen ihren unaufgeklärten Willen. – Durchgehendes Element des Absolutismus war der Geist der Rationalität, der in alle Bereiche des Staatsbetriebs eindringen, sie nach gleichen Prinzipien einrichten und aufeinander abstimmen will wie einen kunstvollen Mechanismus. Er war nicht nur Theorie in Herrscher- und Verwaltungslehren, sondern auch Element der administrativen Praxis.

6. Einer der hauptsächlichen Antriebe aller absolutistischen Politik war die Deckung des erhöhten staatlichen Finanzbedarfs für Hofhaltung, Heer und Beamtenschaft. Das Geflecht der Ursachen und Wirkungen ist hier besonders vielfältig und in manchen Einzelheiten noch aufzudecken. Wenn in der marxistischen Interpretation der Nachweis, daß die kapitalistischen Interessen der Bourgeoisie den Aufstieg der absoluten Monarchie ermöglicht haben, zur Zwangsvorstellung geworden ist, so wird doch auch in der ›bürgerlichen‹ Forschung die Tatsache nicht bestritten, daß das Vorhandensein von kapitalkräftigen Kaufleuten und Unternehmern, die gegen Bergregale, Zoll- und Steuererhebungsrechte usw. ihr Geld den Fürsten mit großen, allerdings unsicheren Gewinnchancen zur Verfügung stellten oder Titel und Ämter kauften, eine Voraussetzung für den Aufstieg des Absolutismus war und daß die wohlhabende und gebildete Bourgeoisie ihr materielles, damit aber auch ihr politisches Interesse in Verbindung mit dem Monarchen zur Geltung zu bringen hoffte. Es war dies eine Gruppe, die aus dem ständischen Gefüge und dem Zunftsystem herausgetreten war bzw. neben ihm aufwuchs, vom Monarchen Begünstigung, Privileg und Nobilitierung erhoffte, nicht selten allerdings dann Landbesitz erwarb, aristokratischen Lebensstil annahm und unter Umständen ganz aus Handel und Gewerbe ausschied.

In Deutschland hat es eine solche potente Bourgeoisie seit dem 17. Jahrhundert kaum mehr gegeben, vor allem nicht in den östlichen Gebieten. Finanzbeschaffung durch Hofjuden, durch Subsidienbezug und Soldatenverkauf reichten allenfalls für Duodezhofhaltung und Soldatenspielerei. Um so mehr mußten die Fürsten versuchen, ihren Finanzbedarf aus dem Lande zu decken; zunächst durch Steigerung der Einkünfte aus dem z. T. beträchtlichen Domänenbesitz, darüber hinaus mit Hilfe der Stände oder im Kampf mit ihnen, wobei die Unterstellung der Städte unter die Steuerhoheit des Staates leichter gelang als die des Landes. Am weitesten ist diese Entwicklung in Preußen getrieben worden, wo bei unterschiedlicher Besteuerung von Stadt und Land (der Adel blieb steuerfrei) ein Optimum an Einkünften erzielt wurde. In vielen anderen deutschen Staaten haben die Finanzforderungen den Fürsten, sofern er nicht auf politische Aktivität verzichtete, immer mehr von den Landständen abhängig gemacht, da diese sich die Übernahme seiner Schulden oder die Gewährung von neuen Steuern oder einmaligen Zahlungen mit politischen Rechten honorieren ließen (Württemberg). Die finanziellen Bedürfnisse weckten das staatliche Interesse an kapitalistischen Unternehmungen im eigenen Lande durch Private, mit Hilfe des Staates (Aufträge, Arbeiterbeschaffung) oder ganz in eigener Regie. Große Erträge haben sie nicht erbracht, wie auch die Wirkungen des staatswirtschaftlichen Merkantilismus nicht überschätzt werden dürfen. Doch sind durch ihn, vor allem in Mitteleuropa, wesentliche Vorbereitungen und Hilfestellungen für die Industrialisierung erbracht worden. Von einer Wendung gegen den Kapitalismus in der Spätzeit des Absolutismus kann keine Rede sein.

7. Zu den schwierigsten Fragen der Absolutismus-Forschung gehört diejenige nach den sozialgeschichtlichen Voraussetzungen und Wirkungen des Absolutismus. Die marxistische Klassenkampfthese ist praktisch wenig brauchbar. Die absolute Monarchie war nicht notwendig abhängig von der Existenz einer kräftigen Bourgeoisie (s. Preußen); sie war andererseits noch weniger ein williges Instrument im Dienste des grundbesitzenden Adels. Richtig ist, daß die absolute Monarchie in einer Zeit aufstieg, als die älteren Ordnungskräfte (Reich, Lehnssystem, Ständestaat) nicht mehr in der Lage waren, territoriale und soziale Desintegration zu verhindern und äußere Sicherheit zu garantieren. Ihr Verhältnis zum grundbesitzenden Adel war nicht nur durch Finanzforderungen und Kampf gegen Mitregierungsansprüche bestimmt; der Adel selbst hatte ein Interesse am Schutz durch den Monarchen gegen unruhige Bauern und Bürger sowie an Titeln, Ämtern und Pensionen, auf die er um so mehr reflektierte, wenn seine wirtschaftliche Existenzgrundlage infolge Krieg, sinkender Agrarpreise, Verschuldung usw. immer weniger ausreichte, gewerbliche Tätigkeit ihm jedoch als nicht standesgemäß weithin verschlossen blieb (anders in England!). Als (politischen) ›Stand‹ hat die absolute Monarchie den Adel bekämpft, nicht als ›Klasse‹. Der Monarch blieb die Spitze der Adelsgesellschaft und sicherte ihre soziale Vorrangstellung als etwas Selbstverständliches, wenn er auch andererseits durch Nobilitierung die Exklusivität des Geburtsadels auflockerte.

Als ›Klasse‹ förderte die absolute Monarchie aber auch die ›Bürgerlichen‹, d.h. die kapitalkräftige Bourgeoisie wie – was stärker betont zu werden verdient – die Gruppe der Staatsdiener. Für die europäische Sozialgeschichte ist die Entstehung einer fürstlichen Beamtenschaft vorwiegend nichtadeliger Herkunft, in der jedoch unter ›bürgerlichen‹ Berufsanforderungen Bürgerliche und Adelige in nähere Berührung kamen, von kaum zu überschätzender Bedeutung gewesen. Das gilt besonders für Deutschland, wo bei weitgehendem Fehlen einer selbstbewußten und zu politischer Mitwirkung drängenden, wirtschaftlich potenten Bourgeoisie das Bildungsbürgertum in Verbindung mit Teilen des Adels im späteren 18. Jahrhundert das ›fortschrittliche‹ Element der Gesellschaft darstellte, von dem ein hoher Anteil im fürstlichen und Staatsdienst stand. Es wurde zum wichtigsten Instrument der Politik des sogenannten ›aufgeklärten‹ Absolutismus, der für Länder mit relativ schwacher wirtschaftlicher Entfaltung des Bürgertums spezifisch ist.

In Preußen ist der grundbesitzende Adel nach der politischen Ausschaltung der Stände und nach seiner Integration in den absolutistisch regierten Staat von Friedrich II. stark begünstigt und als ›Stand im Staate‹ mit besonderen Funktionen (Offiziersdienst) und Privilegien anerkannt worden. Er behielt seine soziale Vorrangstellung, die nun allerdings staatlich umfunktionalisiert wurde. Für Bürger- und Bauerntum bedeutete die analoge Bestimmung als Stand im Staate die Beschränkung auf ökonomisch wichtige, aber sozial und politisch mindere Rollen. Zu schwach, diese staatlich-gesellschaftliche Ordnung revolutionär umzustürzen, hat das Bürgertum hier versucht, sie durch den Staat (d.h. durch die Beamtenschaft) im Einvernehmen mit dem König und unter dem Druck der öffentlichen Meinung in aufgeklärt-liberalem Sinne zu reformieren. In Frankreich dagegen steigerte sich im 18. Jahrhundert der Widerstand des Adels gegen den Absolutismus und den vor allem durch die Schwäche des Adels begünstigten wirtschaftlichen und gesellschaftlichen Aufstieg der Bourgeoisie zur offenen Opposition gegen die Krone und zum Versuch einer ›feudalen‹ Reaktion. Das aber löste die bürgerliche Revolution aus, die folgerichtig mit dem ganzen System der ständischen Gesellschaft, ihren Privilegien und Herrenrechten auch die absolute Monarchie vernichtete und damit – von der negativen Seite her – die Zusammengehörigkeit beider bestätigte.

8. Die historische Bedeutung des aufgeklärten Absolutismus wird auch in der ›bürgerlichen‹ Geschichtswissenschaft nicht einheitlich beurteilt. Weder ist es möglich, eine klare Verbindung zwischen den physiokratischen Theoretikern des despotisme éclairé und den Praktikern (aufgeklärten Fürsten und Ministern) herzustellen, noch läßt sich jegliche Reformtätigkeit absoluter Fürsten als ›aufgeklärter‹ Absolutismus bezeichnen. Herrscher wie Friedrich II., Joseph II., Katharina II. gingen in der Anwendung ihrer ›absoluten‹ Gewalt, mit dem selbstgewissen und staatspädagogischen Ziel, ihre Untertanen zu beglücken, eher noch weiter als ihre Vorgänger. Doch läßt sich bei ihnen ein verändertes Selbstverständnis, eine veränderte Rechtfertigung ihres Tuns und in diesem Tun eine spezifische Zielsetzung erkennen, die von den Gedanken der Aufklärung beeinflußt ist. Der ›aufgeklärte‹ Absolutismus hat die Konsequenzen der Ideen, die er umschloß, nicht gezogen. Man kann sagen, daß er die späteste Erscheinungsform des Absolutismus gewesen ist, nicht die höchste und ausgeprägteste, denn theoretisch und auch schon praktisch wirkte er selber mit, das Ansehen der absoluten Monarchie zu erschüttern und sogar von oben her zu »revolutionieren« (Joseph II.). Für das Bewußtsein vieler Menschen jedoch ist die – oft freilich überschätzte – Bereitschaft der Monarchen zur Reform und zum Eingehen auf die Ideen der Zeit, die die ältere Staats- und Gesellschaftsordnung infrage stellten, von hoher Bedeutung gewesen: sie vertrauten, mehr oder weniger sicher und lange, auf die Möglichkeit politischen Fortschritts ohne Revolution.

# *Aufklärung als Lernprozeß*

## I

»Education and Enlightenment« – diese Themenformulierung läßt sich ohne Inhaltsverlust variieren. So könnte die Konjunktion »und« ersetzt und von der Erziehung *durch* Aufklärung oder umgekehrt von der Aufklärung *durch* Erziehung, von der Erziehung *als* Aufklärung oder umgekehrt von der Aufklärung *als* Erziehung gesprochen werden. Ließe sich nicht sogar Aufklärung – zumindest weitgehend – mit Erziehung gleichsetzen? Hat man doch, natürlich vereinfachend, das 18. Jahrhundert sowohl das »Jahrhundert der Aufklärung« als auch das »pädagogische Jahrhundert« genannt. Offensichtlich gibt es eine starke Affinität von Erziehung und Aufklärung, und zwar in dreifacher Hinsicht. Jede Erziehung bewirkt in einem allgemeinen Sinn »Aufklärung« über vorher Unbekanntes oder unverstanden Gebliebenes; sie macht Zusammenhänge sichtbar, beseitigt Vorurteile und Aberglauben, schafft klare Begriffe. Das hatte die historische Aufklärung zum grundlegenden Bestandteil ihres Programms gemacht und bis zum Überdruß verkündet. In einem zweiten, spezifischeren Sinn hat die historische Aufklärung die Erziehung des Einzelnen wie der Menschheit als Emanzipation verstanden, als Heraustreten aus der Finsternis der Unwissenheit ins Licht der vernünftigen Erkenntnis, aus der Gängelung durch unverstandene Autoritäten in die Selbstbestimmung. Als Drittes ist die Tatsache zu nennen, daß die Aufklärung erstmals Erziehung zur Sache der öffentlichen Diskussion, zum hauptsächlichen Mittel der Verbesserung der moralischen, sozialen und politischen Verhältnisse und zu einer der wichtigsten Aufgaben der Gesellschaft und des Staates erhoben hat. Wer über die Aufklärung als historische Epoche, als intellektuelle und politisch-soziale Reformbewegung spricht, muß deshalb ihren Bildungsglauben und ihren Erziehungsoptimismus, ihre pädagogischen Ideen und Programme, ihre Schulgründungen und Schulordnungen, ihre Standeserziehungsvorstellungen und Nationalerziehungspläne diskutieren. Und wer die Geschichte der Pädagogik, des Schul- und Bildungswesens im 18. Jahrhundert schreibt, muß Idee und Wirklichkeit der Aufklärung behandeln.

Selbstverständlich soll damit nicht behauptet werden, das 18. Jahrhundert sei von der Aufklärung beherrscht worden. Gestützt auf theologische Orthodoxie, auf feudal-aristokratische Herrschaftsverhältnisse und den vorherrschenden Traditionalismus der Lebensformen der großen Mehrheit der Bevölkerung haben ältere Ideen und Leitvorstellungen noch lange Geltung behalten. Überdies wirkten neben der Aufklärung Kräfte, die ihr nicht angehörten, allerdings auch nicht im Widerspruch zu ihr standen: als europäische Erscheinung die sogenannte Empfindsamkeit und in Deutschland, als besondere protestantische, in ihren Auswirkungen jedoch auch den Katholizismus erreichende Erscheinung, der Pietismus. Denn die Emanzipation des Empfindens entsprach der Emanzipation des Denkens, die Bildung des Gefühls, des »Herzens« der Bildung des Verstandes. Schließlich dürfen die irrationalistischen radikal-pietistischen und hermetischen Tendenzen nicht übersehen werden, die nicht nur bei sektiererischen Randgruppen anzutreffen waren, sondern auf verschlungenen Wegen auch die Gebildeten und Schriftsteller erreichten. Im letzten Drittel des Jahrhunderts traten dann mit weitreichender Wirkung intellektuelle und künstlerische Bewegungen in Erscheinung, die die Aufklärung voraussetzten, aber über sie hinausdrängten und sich zum Teil gegen sie wandten.

Ist es also ungenau, das 18. Jahrhundert allgemein als »Jahrhundert der Aufklärung« zu bezeichnen, und läßt sich auch in seinem Verlauf kein »Zeitalter der Aufklärung« stricto sensu ausmachen, so hat es doch Sinn und historisches Recht, diese Epochenbezeichnung zu verwenden. Mit zeitlichen Verzögerungen und Unterschieden der Intensität in den europäischen Ländern war es die Aufklärung, die der politischen, sozialen und kulturellen Entwicklung ihre Dynamik verlieh. Sie trieb Prozesse voran, die sie selber nicht initiiert hatte, wie zum Beispiel die zunehmende Rationalisierung der Staatsverwaltung, der Kriegführung und des Strafvollzugs, die Ausbildung eines öffentlichen Schulwesens. Sie gab ihnen – und anderen Prozessen – ein gemeinsames und praktisches Ziel und verlieh ihnen Schubkraft. Mochte das Erreichte oft weit hinter dem Ziel zurückbleiben, mochte die Aufklärung verflachen und die von ihr zur intellektuellen Selbständigkeit aufgerufene Generation über sie hinausdrängen – sie hat einen umfassenden Bewußtseinswandel in Gang gesetzt, der die Voraussetzung für den institutionellen Wandel bildete, wie er sich seither – mehr oder weniger schnell – überall in den entwickelten Ländern vollzogen hat.

Stärkster Antrieb dazu war und ist die Überzeugung von der Gestaltbarkeit der Welt des Menschen, anders gesagt: von der Fähigkeit und Bestimmung des Menschen, sein individuelles und das gesellschaftliche Leben nach vernünftigen Grundsätzen zu ordnen. Nicht also nur Gefahren abzuwenden, Mängel zu beseitigen, eine für ursprünglich gut und ewig gültig angesehene, durch die Menschen verdorbene Ordnung wiederherzustellen, sondern bessere Verhältnisse zu schaffen und sich vollkommenen anzunähern. Diese Überzeugung hatte ihre Grundlage nicht allein in den theoretischen Konzeptionen des Rationalismus und Empirismus, sondern auch in den praktischen Erfolgen der modernen Naturwissenschaften, wie sie durch Newton und Franklin beispielhaft repräsentiert wurden; sie war indes keineswegs euphorisch. Beurteilten doch die meisten Aufklärer die Bereitschaft und Fähigkeit der großen Mehrheit der Menschen zur Vervollkommnung überwiegend skeptisch. Oft verknüpfte sich bei ihnen die christliche Überzeugung von der Sündhaftigkeit der Menschen mit der Geringschätzung der Philosophen und Gebildeten für das ungebildete Volk; der Begriff des Fortschritts der Menschheit als ganzer blieb abstrakt und antizipatorisch. Als Bedingung der Möglichkeit solchen Fortschritts aber galt allen das allmähliche Mündig-Werden und Mündig-Machen der einzelnen durch Erziehung.

## II

Zu keiner Zeit ist der Begriff der Erziehung so extensiv ausgelegt worden wie im Zeitalter der Aufklärung. Er umfaßte die Erziehung des einzelnen und des ganzen Menschengeschlechts, die Selbsterziehung und Fremderziehung, die Erziehung der Kinder durch Eltern und Lehrer und die der Erwachsenen durch Lektüre, Predigt und »Policey«, die Erziehung als Anregung und Lenkung der Wißbegier und des Erkenntniswillens der einzelnen und die Erziehung als Zwang durch Gesetzgebung und Verwaltung, schließlich die Erziehung durch die Geschichte, also durch Generationen übergreifende Erfahrung. Ausgehend von der Annahme einer natürlichen Bildsamkeit und Erziehungsfähigkeit des Menschen, unterschieden sich die Erziehungsvorstellungen und -theorien nicht zuletzt darin, wie weit der Erziehungsprozeß als eigene Leistung des Individuums, als Resultat planmäßiger Ausbildung oder als Ergebnis äußerer Sozialisation angesehen wurde. Lange spielte die institutionalisierte schulische Erziehung nur eine geringe Rolle, wenngleich in Deutschland die allgemeine Schule eine Forderung seit der Reformation und ihre Verwirklichung eine vom Staat prinzipiell in Anspruch genommene Aufgabe seit der Mitte des 17. Jahrhunderts war, die er freilich erst im 19. Jahrhundert voll einzulösen vermochte.

Daß der erziehungsfähige Mensch auch erziehungsbedürftig sei, galt den Aufklärern als selbstverständlich. Ob er gut oder schlecht, nützlich oder unnütz war, schrieben sie ganz überwiegend seiner guten oder mangelhaften Erziehung zu, die damit für die Entwicklung der Gesellschaft grundlegende Bedeutung erhielt. Willen und Verstand, so waren sie überzeugt, diese beiden wesentlichen Kräfte des Menschen, müssen durch Erziehung so entwikkelt und gelenkt werden, daß der Wille durch vernünftige Erkenntnis und Einsicht zum tugendhaften Wollen wird. Dieses soll sich auf nützliches Handeln richten; deshalb soll nicht der Erwerb enzyklopädischen Wissens das Ziel der Erziehung sein, sondern der Erwerb nützlicher Kenntnisse und Fertigkeiten. Dieses pädagogische Konzept John Lockes hat zwar nicht schlechthin für die Aufklärung Verbindlichkeit gewonnen; dennoch trifft Ernst Christian Trapps Bemerkung von 1782 im wesentlichen zu, Lockes »Some Thoughts on Education« von 1693 seien »die Urquelle alles dessen, was in neuern Zeiten darüber gesagt ist«. Verstand sich doch die Aufklärung als Reformbewegung in praktischer Absicht, deren Ziel weder eine universale und harmonistische Welterklärung noch der radikale Umsturz war, sondern die Ermächtigung des Menschen, von seinem Verstand Gebrauch zu machen, um tradierte Welterklärung kritisch zu prüfen, das Handeln nach vernünftigen Grundsätzen auszurichten und Nützliches zu bewirken. Obwohl sie von einer allgemeinen Menschennatur ausging, war die Aufklärung in der Praxis nicht egalitär. Sie folgte weitgehend Lockes Forderung, daß die individuellen Ausprägungen der menschlichen Natur psychologisch zu verstehen und pädagogisch zu berücksichtigen seien und ebenso der empirische Unterschied der Stände. Dies blieb eine wesentliche Komponente im pädagogischen Denken der Aufklärung – im empiristischen Psychologismus der Philantropisten wie in der Orientierung am Ideal der Brauchbarkeit und Nützlichkeit des Wissens und Handelns im Gefüge der ständisch gegliederten Gesellschaft.

Hier wird einer der Widersprüche der Aufklärung faßbar, die zu ihrer Wirklichkeit gehören und im Rückblick krasser erscheinen, als sie im 18. Jahrhundert empfunden wurden. In immer neuen Ansätzen hat sie versucht, die »Natur« des Menschen zu bestimmen, und von ihr her die Prinzipien der gesellschaftlichen Ordnung konstruiert, in der die »droits naturels, inaliénable et sacrés« aller Menschen bewahrt und gesichert sind. Sie hat, von der Bestimmung »des« Menschen ausgehend, allgemeine Forderungen für sein moralisches und soziales Handeln formuliert. Dabei hat sie die Ungleichheit der Menschen nach Stand und Bildung stets in Rechnung gestellt, sie allerdings nicht mehr als eine solche von Natur, sondern als eine durch ökonomische und soziale Notwendigkeiten erforderte verstanden. Zweifellos entsprach diese Denk- und Argumentationsweise der sozialen Position der gebildeten bürgerlichen Wortführer der Aufklärung, die auf der einen Seite den unverdienten Vorrang der Geburt kritisierten und die Qualifikation der auf Bildung und Können beruhenden Leistung dagegenstellten, andererseits jedoch in betonter Distanz zur breiten Masse des ungebildeten Volkes, erst recht zu den unterbäuerlichen und unterbürgerlichen Schichten des »Pöbels« verblieben. Auch ihre betonte Hinwendung zum »Volk« und zum Werk seiner Aufklärung beließ dieses in der Rolle des Beglückungs- und Erziehungsobjekts. Seine oft beschriebene und beklagte Unwissenheit, durch die es in Aberglauben und Mißtrauen gegenüber allen Neuerungen festgehalten werde, diente ihnen zur Rechtfertigung für pädagogische Eingriffe in seine traditionsgeprägte Lebenswelt und für erziehungspolitischen Dirigismus, der auch das Maß der dem Volke zuträglichen Aufklärung festsetzte.

Ein wichtiger Grund für die Diskrepanz zwischen Programm und Realität der Aufklärung, zwischen ihren Intentionen und Mitteln, ihren Zielen und dem, was sie erreichte, ist in dem antizipatorischen Charakter ihres Denkens und ihrer Argumentation zu finden. Die Aufklärungstheoretiker formulierten Grundsätze, deren schnelle Umsetzung in die Praxis noch nicht möglich war, zum Teil von ihnen selbst noch nicht für opportun gehalten wurde. Und zwar nicht allein deshalb, weil die Kirche, die Monarchie und die traditionellen classes règnantes noch zu mächtig waren, sondern auch, weil die ökonomischen Verhältnisse vor der Industrialisierung größere soziale Mobilität noch nicht zuließen und die große Mehrheit nach Bildungsstand und Bewußtseinslage für die Theorien der Aufklärer noch nicht ansprechbar war oder doch – wie die Aufklärer meinten – nicht den Gebrauch davon zu machen verstand, den sie für den allein vernunftgemäßen und nützlichen hielten. Denn sie wollten keinen Umsturz, weder in den Wissenschaften noch in der Umgangsmoral, schon gar nicht in der Politik und der gesellschaftlichen Ordnung. Selbst die radikalen Kritiker unter ihnen setzten nicht auf radikalen Wandel, sondern auf evolutionären Prozeß. Mußte doch ein revolutionärer Umsturz, durch den irrationale Massenaktionen ausgelöst würden, jeden vernünftigen Fortschritt gefährden. Erst Enttäuschungen über das Nicht-Vorankommen des erwarteten kulturellen Wandels und der erhofften modernisierenden Politik ließen einzelne Vertreter der Aufklärung zu Bejahern der politischen Revolution werden.

Ihr Verlauf aber enttäusche sie aufs neue. In Deutschland, wo sie die ersten Erfolge der Revolution als Ergebnisse der Aufklärung hatten sehen wollen, verstummten sie erschrocken oder wandten sich von eigenen früheren Leitvorstellungen ab. Soweit sie nicht unter Hinweis auf konterrevolutionäre Gefahren die vorübergehende Anwendung des Terrors rechtfertigten oder die ›dérapage‹ der Revolution, die mit vernünftigen Grundsätzen begonnen habe, aus Fehlern und Umständen zu erklären versuchten, erblickten sie in ihrem Ablauf den Beweis, daß nur allmählicher, kontinuierlicher Fortschritt in der Form eines langfristigen Lernprozesses zu stabilen Verbesserungen führe. Für sie war die Revolution keine notwendige Folge der Aufklärung, sondern umgekehrt eine Konsequenz der Behinderung der aufgeklärten Ansprüche der Menschen auf eine ihrer moralischen Kultur entsprechende politische Verfassung. So argumentierte 1795 Adam Bergk in der »Deutschen Monatsschrift«: Jedem produktiven und weiterführenden Wandel müsse die moralische Aufklärung der Nation vorausgehen, die diese in die Lage versetzt, nach allgemeinen Gesetzen über Recht und Unrecht zu urteilen. Nur wenn dann die Herrschenden weiterhin die »Menschenrechte« mißachten, sei eine Revolution unausbleiblich. »Sie kann [...] vermieden werden, wenn die Verfassung mit der moralischen Aufklärung gleichen Schritt hält, die Regierung immer auf den allgemeinen Willen der Nation achtet und ihn vollzieht, nicht frech und unbesonnen in Beleidigungen gegen das Recht fortfährt, sondern den Geist der Zeit kennt, ihn zu regieren und zu gebrauchen weiß.«

Ein anderer Vorgang, den die deutschen Aufklärer mit hohen Erwartungen begleiteten, bis sie ihn scheitern sehen mußten, waren die Reformen Josephs II. in den habsburgischen Ländern. Eine Erklärung dafür, daß sie stekkenblieben und in Ungarn und Belgien offenen Widerstand fanden, obwohl sie notwendig und vernünftig waren, suchten die Aufklärer in der unzureichenden Vorbereitung der Bevölkerung und im überstürzten Vorgehen des Monarchen. Als Johann Heinrich Tieftrunk 1794 »Über den Einfluß der

Aufklärung auf Revolutionen« nachdachte, zog er die Konsequenz, daß eine Regierung sich »nur allmählich, aber unablässig, dem Ideal einer vollkommenen Staatsverfassung und Gesetzgebung nähern« solle. Und er stellte fest, wovon alle Aufklärer überzeugt waren: »Aufklärung zeigt dem Regenten den einzig möglichen Weg, auf dem gewaltsamen Revolutionen vorgebeugt werden kann.«

## III

Noch einmal ist darauf hinzuweisen, daß die Aufklärung zu keiner Zeit zur vollen Herrschaft über das Denken und Handeln der Menschen gelangt ist – gewiß nicht des »Volkes«, aber auch nicht der »classes régnantes«, nicht der »middle classes«, allenfalls der »Gebildeten« unter ihnen, die zwar erheblichen meinungsbildenden, jedoch keinen entscheidenden politischen Einfluß besaßen. Ihre allgemeinste Wirkung haben die politischen und sozialen Ideen der Aufklärung überhaupt erst nach der Revolution in Frankreich und nach den Staatsreformen in deutschen Ländern entfaltet – also zu einer Zeit, als das intellektuelle Programm der Aufklärung bereits weithin als überholt galt. Ebenso ist zu betonen, daß sie zu keiner Zeit ein homogenes und eindeutiges Erscheinungsbild aufwies. Gewiß läßt sich ein Kern von Begriffen und Grundgedanken benennen, der dazu berechtigt, von einer Bewegung und einem »Zeitalter der Aufklärung« zu sprechen; es ist indes charakteristisch, daß die Frage, was denn eigentlich Aufklärung sei, nicht nur von ihren Gegnern gestellt, sondern auch von ihren Protagonisten aufgeworfen und unterschiedlich beantwortet worden ist. Vermutlich konnten sie alle der Antwort Immanuel Kants von 1783 zustimmen, Aufklärung sei »der Ausgang des Menschen aus seiner selbstverschuldeten Unmündigkeit«, ebenso seinem »Wahlspruch der Aufklärung«: »Habe Mut, dich deines Verstandes zu bedienen« – und zwar ohne Leitung eines anderen. Aber schon bei der Frage, wie Mündigkeit erreicht werden könne und wozu sie gebraucht werden solle, gingen die Meinungen auseinander. Kant meinte, zur Aufklärung als »wahrer Reform der Denkungsart« bedürfe es nur der unschädlichsten aller Freiheiten – der Freiheit, »von seiner Vernunft in allen Stücken öffentlichen Gebrauch zu machen«. Durch solchen Gebrauch, den er von einem legitimerweise eingeschränkten Gebrauch im bürgerlichen Amte unterschied, werde mit der Zeit allgemeine Aufklärung zustande gebracht. Auf sie verzichten, sie aufhalten oder bekämpfen zu wollen, hieße die heiligsten Rechte der Menschheit verletzen und sei überdies politisch unklug. Mit zunehmender Aufklärung werde und müsse jede Regierung einsehen, daß es zuträglich für sie sei, den Menschen »seiner Würde gemäß zu behandeln«.

Kants Vertrauen auf den Fortgang des Prozesses der Aufklärung fand sich durch Beobachtungen in der eigenen Zeit bestätigt. Zwar sei ein aufgeklärtes Zeitalter noch weit entfernt, doch lebe man bereits in einem Zeitalter der

Aufklärung. »Daß die Menschen, wie die Sachen jetzt stehen, im Ganzen genommen, schon im Stande wären, oder auch nur gesetzt werden könnten, in Religionsdingen sich ihres eigenen Verstandes ohne Leitung eines andern sicher und gut zu bedienen, daran fehlt noch sehr viel. Allein, daß jetzt ihnen doch das Feld geöffnet wird, sich dahin frei zu bearbeiten, und die Hindernisse der allgemeinen Aufklärung, oder des Ausgangs aus der selbstverschuldeten Unmündigkeit, allmählich weniger werden, davon haben wir doch deutliche Anzeige.« Verglichen mit den großen Erwartungen und den zahlreichen Erfolgsmeldungen, wie weit die Aufklärung schon fortgeschritten sei, verglichen auch mit den beredten Verkündigungen der Macht der öffentlichen Meinung, der allgemeinen »Publizität«, die der Keil im Nacken der Tyrannen sei, klingt Kants Definition kühl und reserviert. Gerade das aber gibt ihr Gewicht als Charakterisierung des friderizianischen Preußen, in dem der öffentlichen Diskussion zwar kein unbegrenzter, aber doch vergleichsweise weiter Raum gegeben war und die Regierung die Gewähr zu bieten schien, daß sie den Prozeß der Aufklärung nicht bremsen oder gar abbrechen werde. Umso schockierender mußte es deshalb auf Kant und andere preußische Aufklärer wirken, daß nach Friedrichs Tod durch das Woellnersche Religions- und Zensuredikt von 1788 eine restriktive Politik gerade dort einsetzte, wo nach der Überzeugung der deutschen Aufklärer die freie und kritische Diskussion die Voraussetzung aller weitergehenden Aufklärung war – in den »Religionsdingen«.

Im übrigen war die späte Aufklärung, wie sie Kant und Lessing repräsentierten, skeptisch im Hinblick auf die Veränderbarkeit der Welt und der Menschen. Sie nahm an, daß sich die regulative Macht der Vernunft allmählich im historischen Prozeß entfalten und erst unter den zeitlichen und sozialen Bedingungen eines wirklichen Zeitalters der Aufklärung siegreich sein werde. Und sie war realistisch im Hinblick auf die unaufhebbare Differenz zwischen dem, was die Menschen nach ihrer Bestimmung tun sollen, und dem, was sie wirklich tun und erreichen. Kant verstand Aufklärung als das, was sie allein konkret und historisch sein konnte und war: als einen Lernprozeß der Menschen, der Regierenden und der Regierten, in dem es Tonangebende und Folgende, Vorandrängende und Zögernde gibt, solche, die zum »Selbstdenken« fähig sind und andere, die noch an die Hand genommen werden müssen. Das Vertrauen der späten Aufklärung auf die Macht der Vernunft war also weder realitätsblind noch leichtfertig; sie verachtete oberflächlich bleibende, rechthaberische Kritik an der Vergangenheit und platte Verständigkeit, die die große Idee der Vernunft in kleiner Münze auszahlten. Geblieben aber war ihr der pädagogische Optimismus.

## IV

Als eine europäische Bewegung, die von England und den Niederlanden ihren Ausgang nahm, auf Frankreich übergriff und von dort – nicht zuletzt infolge der Dominanz der französischen Sprache – weiter ausstrahlte, hat die Aufklärung in den verschiedenen konfessionellen und nationalen Kontexten unterschiedliche Ausprägungen gefunden. Sie waren nicht von bloß marginaler Bedeutung, sondern haben den Prozeß der Aufklärung und ihre Wirkungen wesentlich mitbestimmt. So war die dominierend empiristische Prägung der englischen Aufklärung durch die Ergebnisse der »Glorious Revolution«, durch den säkularisierten Anglikanismus, durch die zwar spannungsreichen, aber doch partiell durchlässigen Beziehungen zwischen Aristokratie, Gentry und bürgerlichen middle classes, schließlich durch die zunehmende kommerziell-kapitalistische Orientierung der Wirtschaft einer Handelsmacht mitbestimmt. Anders die schottische Aufklärung: ihre moralistisch-utilitaristische Prägung erklärt sich aus dem Kalvinismus, der ökonomischen Rückständigkeit und dem Bildungs- und Aufstiegswillen mittelloser bürgerlicher Gebildeten bei weitgehendem Fehlen einer Wirtschaftsbourgeoisie.

In Frankreich haben die vom Jansenismus beeinflußten Tendenzen einer spezifisch katholischen Aufklärung nur eine geringe Rolle gespielt; größere Bedeutung muß dem Antiklerikalismus und Antijesuitismus, dem Renaissance-Humanismus der noblesse de robe und magistrature und dem esprit classique deutlich nationaler Prägung, schließlich im 18. Jahrhundert der anti-absolutistischen Kritik und der entstehenden Welt- und Lebensanschauung der aufstiegswilligen und besitzenden Bourgeoisie zugeschrieben werden. In Deutschland faßte die Aufklärung zuerst in protestantischen Ländern Fuß und trug dazu bei, daß diese – in ihrem Selbstverständnis, aber auch in der Einschätzung anderer – einen kulturellen und politischen Vorsprung vor den katholischen gewannen. Hier drang sie auch tief in die Theologie und die Geistlichkeit ein, und zwar nicht als feindliches, säkularistisches Element, sondern als Reformbewegung mit dem Ziel vernünftiger Aneignung der geoffenbarten christlichen Wahrheit. Wenn auch nicht ohne Konflikte, konnte sie sich in der Praxis mit dem aktiv-reformistischen und stark erzieherisch wirkenden Halleschen Pietismus verbinden; von dieser Kombination sind starke Impulse für die Entwicklung der Pädagogik und des Realschulwesens ausgegangen.

Charakteristisch für Deutschland war, daß die Aufklärung zum einen an den Universitäten – vor allem in Halle und Göttingen – zur Geltung kam, dort einen stark wissenschaftlichen Charakter erhielt und sich insbesondere unter bürgerlichen Gebildeten verbreitete, welche Ämter in der Kirche, in der staatlichen und städtischen Verwaltung und in der Justiz anstrebten. Zum anderen bekannten sich nicht wenige Fürsten, Minister und hohe Beamte offen zu Grundgedanken der Aufklärung und verstanden es, sie als Instrument der modernisierenden Reform »von oben« zu benutzen. Unter den Bedingungen ökonomischer und sozialer Unterentwicklung konnte der sogenannte aufgeklärte Absolutismus als optimale Chance der Durchsetzung aufgeklärter Reformen gelten. Allerdings hat gerade er den in der Konsequenz der Aufklärung liegenden Schritt, sich selber zu begrenzen, nicht getan. Als weiteres Charakteristikum der Aufklärung in Deutschland ist die Tatsache zu nennen, daß sie ältere Lehren der guten Hauswirtschaft, der gerechten »Policey« und Regierung und der Staatsökonomie aufnahm und einerseits zu einer aufgeklärten »bürgerlichen« Tugendlehre, andererseits zur umfassenden Staatswissenschaft weiterentwickelte, und daß sie in die Rechtswissenschaft und das Rechtsdenken eindrang, indem sie dem vernünftigen Naturrecht im Rahmen der bestehenden Sozial-, Staats- und Rechtsverfassung normative Geltung verschaffte – am ausdrücklichsten in den großen preußischen und österreichischen Kodifikationen. Innerhalb dieser Entwicklung dürfen die eigenständigen Elemente der katholischen Aufklärung, insbesondere in Bayern und Österreich, nicht unterschätzt werden. Es sei nur an die Neugründungen und Reformen katholischer Universitäten im späten 18. Jahrhundert, an die gelehrte Arbeit in manchen großen Benediktinerabteien, an Reformen in der Seelsorge und im niederen Schulwesen erinnert.

Zwar ist auch die Aufklärung – und gerade sie – nicht davor bewahrt geblieben, doktrinär zu erstarren und räsonierend zu verflachen. Ihrem Wesen nach aber war sie kein starres Gedankensystem, sondern eine Bewegung, die vorhandene Ideen und Institutionen veränderte und sich dabei selbst wandelte. Es ist also eine doppelte Perspektive, in der man die Aufklärung als einen Lernprozeß sehen muß. In der ersten erscheint sie als eine Entwicklung, in der individuelle und kollektive Lernprozesse in Bewegung gesetzt werden mit dem Ziel, die Menschen zu selbständigem Denken und Handeln zu befähigen. Der Weg dahin wird verstanden als Selbst- und Fremderziehung. Bei weitem nicht alle Aufklärer hielten die öffentliche Schule für das beste Mittel der Erziehung; viele gaben der Individual- und der familiären Erziehung den Vorzug, vorausgesetzt, daß die Eltern oder doch die Hauslehrer selbst aufgeklärt waren. Kennzeichnend dafür ist die Umdeutung der Familie von einer subsistenzsichernden Wirtschaftsgemeinschaft in eine Erziehungsgemeinschaft, wie Gottsched sie vornahm. Hauptsächlich im Hinblick auf die sozialen Unterschichten und gestützt auf die reformatorische Forderung, daß Schule für alle sein solle, ist dann dem allgemeinen Schulwesen in deutschen Staaten die Bedeutung eines vordringlich wichtigen Gegenstandes guter Regierung beigelegt worden. Daß die Regierungen die Schule zugleich als Instrument der disziplinierenden Heranbildung guter Untertanen zu nutzen gedachten, ist von ihnen oft bezeugt worden und als wesentliche Zielangabe in die zahlreichen Schulordnungen eingegangen, aber auf die Dauer zum Hemmnis des Erziehungsprogramms der Aufklärung geworden.

Neben der Schule sollte die Lektüre als Mittel der Erziehung dienen. Die Poeten und Schriftsteller, die Verfasser von Hand- und Hausbüchern, die Herausgeber von »Moralischen Wochenschriften«, von »gelehrten« und Bildungszeitschriften wollten nach eigener Aussage unterhalten und belehren, erziehen und bilden. Dies war auch der Zweck von »literarischen Gesellschaften«, philosophischen »Akademien«, Lesegesellschaften und Freimaurerlogen. Schließlich Kirche und Staat als Erziehungseinrichtungen: Aufgeklärte Pfarrer verstanden sich als Lehrer und Erzieher ihrer Gemeinden, und mancher aufgeklärte Fürst sah sich als väterlicher Erzieher seiner Untertanen, wie denn überhaupt der erzieherische Patriarchalismus durch die Aufklärung eine neue Hochschätzung fand. Wortführer dieser Ausweitung und Übersteigerung des Erziehungsgedankens, der die gesamte Verwaltung, vor allem die Wohlfahrtspolitik, in den Dienst einer umfassenden Erziehung stellte – eine Ausweitung, die für Länder mit unterentwickelter Wirtschafts- und Sozialverfassung charakteristisch ist –, waren gebildete und schreibende Pfarrer, Lehrer, Beamte. Sie übertrugen die Erfahrung des eigenen Bildungsprozesses und die eigenen Bildungserwartungen auf die Gesellschaft und schrieben sich eine entscheidende Funktion im gesellschaftlichen Lernprozeß zu.

Inhalt und Ziel dieses Prozesses konnte nach Meinung der Aufklärer nur die Aufklärung sein; er sollte zu einer Gesellschaft führen, in der Theorie und Praxis zur Übereinstimmung gekommen sind: ein Fernziel, eine reale Utopie, die für die kleinen Schritte praktischer Annäherung starke motivierende Kraft besaß. Der mit ihr verknüpfte Optimismus fand sich indes immer wieder durch Mißerfolge, Rückschläge, vor allem durch die Tatsache in Frage gestellt, daß die Menschen und Institutionen sich nicht in der erhofften Weise verbessern ließen und daß zumal der Prozeß der Erziehung sehr viel mühsamer, in seinen Erfolgen begrenzter war. Um das angestrebte Ziel zu erreichen, hätte sich das gesamte gesellschaftliche Gefüge wandeln müssen – eine Veränderung, die nach der Vorstellung der Aufklärer erst aus einem vorausgehenden Bewußtseinswandel resultieren konnte.

So mußte die Aufklärung notwendig zu einem Lernprozeß im zweiten Sinne des Sich-Selbst-Aufklärens werden. Sie mußte ihre eigenen Entwürfe einholen und sie stärker in der Realität »festmachen«. Die Kritik, die eines ihrer Instrumente der Auseinandersetzung mit der Tradition war, mußte sie auf sich selbst anwenden. Deshalb wurde die Frage »Was ist Aufklärung?« nicht erst von ihren Gegnern provoziert, sondern aus ihren eigenen Reihen aufgeworfen.

## V

Die Diskrepanz zwischen allgemeiner Zielsetzung und praktischer Begrenzung tritt besonders augenfällig in dem Erziehungsprogramm der Volksaufklärung in Erscheinung. Als vernunftbegabte Wesen sollten grundsätzlich alle Menschen in den Prozeß der Aufklärung einbezogen werden. Sollte aber jeder dasselbe Maß an Aufklärung erfahren und vertragen? Mußte aufgeklärte Erziehung in den verschiedenen sozialen Schichten und Berufsständen nicht ganz unterschiedlich ansetzen und unterschiedliche Ziele anstreben, nämlich eine Aufklärung, die den gebildeten Bürger, den Handwerker, den Bauern und auch den Armen befähigt, in seinem »Stande« tugendhafter und vernünftiger, geschickter und erfolgreicher zu handeln, dadurch der Gesellschaft nützlicher, selbst glücklicher zu werden?

In seinem viel gelesenen »Versuch über die Aufklärung des Landmannes« betonte Rudolf Zacharias Becker 1785, daß die unbegrenzte Vermehrung von Kenntnissen aller Art und die Verfeinerung der Sitten keine wahre Aufklärung bewirke. Vielmehr bestehe das »Wesen der Aufklärung« bei dem einzelnen Menschen in der »richtigen Kenntnis seines persönlichen Wirkungskreises in der Verbindung mit dem Ganzen, dessen Teil er ist«. Solche Aufklärung sei dann vorhanden, wenn sich der einzelne sage: »Du sollst das Gute und das Schöne in der Welt Gottes [...] vermehren; darum mußt Du [...] das Feld aufs beste bauen, Deine Profession immer geschickter treiben, Deinem Hauswesen immer sorgfältiger vorstehen; Deine Bürgerpflicht immer gewissenhafter erfüllen und gegen alle Menschen stets redlich und wohltätig sein.« Für die aufgeklärten Pädagogen Gedike, Villaume, Campe war es selbstverständlich, daß »Aufklärung ihre Grade haben muß. Gleichheit der Aufklärung würde schädlich, ja unmöglich sein« (Gedike). Realitätssinn und sozialer Konservatismus greifen hier vor dem Hintergrund preußischer und braunschweigischer Reformpolitik ineinander. Campe, der unter dem Eindruck des in Paris miterlebten Revolutionsausbruches in dem »Licht der Aufklärung« den ersten der Gründe für den Sieg der Menschenrechte sah, hielt eine ebensolche Revolution in seinem Heimatland nicht für erforderlich, weil er hier, in Braunschweig, die Aufklärung auf dem Vormarsch glaubte; und ebenso dachten die Berliner Aufklärer der »Mittwochgesellschaft«. Der Franzose Condorcet dagegen gab während der Revolution noch einmal dem utopischen Optimismus der Aufklärung Ausdruck, indem er die Beseitigung der Ungleichheit zwischen den Nationen und innerhalb der Nationen und die »wirkliche Vervollkommnung des Menschen« in der Zukunft für möglich und erreichbar erklärte. Das wichtigste Mittel dazu war für ihn ebenfalls ein gut geleiteter, aber doch einheitlicher Unterricht, der die natürliche Ungleichheit der Anlagen ausgleicht. Wie fast alle Aufklärer zweifelte auch er nicht an dem Recht der Regierung, die Masse der Regierten zu dieser Vervollkommnung zu nötigen.

## VI

Die Aufklärung hat das Problem der Erziehung expliziter als jede andere intellektuelle Bewegung vor ihr formuliert und zur öffentlichen Sache gemacht. Die Lösungen, die sie dafür fand, waren – selbstverständlich – zeitbedingt und blieben schließlich hinter ihren eigenen Leitideen zurück. Der Prozeß der Erziehung und Bildung aber drängte weiter und überwand à la longue die rationalistischen Einseitigkeiten, dirigistischen Tendenzen und sozialen Engen, die für das Zeitalter der Aufklärung charakteristisch waren. Der viel diskutierte Wandel von der Pädagogik des Philanthropismus und des aufgeklärten Absolutismus zum Menschenbildungskonzept des Idealismus und Neuhumanismus in Deutschland erfolgte nicht als abrupter Umschlag, sondern in prozeßhafter Kontinuität – und zwar im Zusammenhang eines gesellschaftlichen Lernprozesses, in dem die Aufklärung sich selbst verwandelte.

# »*Patriotismus*« – *Begriff und Realität einer moralisch-politischen Haltung*

## I

Vieles spricht dafür, daß die Übersteigerungen und Unsicherheiten, Ausbrüche und Resignationen des Nationalismus in Deutschland mit einem Mangel an »Patriotismus in weltbürgerlicher Absicht« zusammenhängen,[1] den Christian Graf Krockow festgestellt hat. Eben solcher Patriotismus ist schon zwei Jahrhunderte früher in Deutschland gefordert und propagiert worden. Und es hat damals nicht nur ein Bewußtsein dafür gegeben, worin er bestehen solle und wozu er nötig sei, es hat ihn wirklich gegeben, wenn auch mit spezifischen Inhalten und Zielsetzungen, die nicht ohne weiteres mehr die unseren sind. Im 19. Jahrhundert aber ist er zunehmend von den Identifikationsanforderungen eines verspäteten und deshalb forcierten Nationalismus überlagert und aufgesogen worden.

In Deutschland ist die Rede von der Vaterlandsliebe, die patriotische Propaganda, der Formulierung eines betonten Nationalbewußtseins vorausgegangen. Die Begriffe »Vaterland« und »Nation« sind daher oft synonym gebraucht, meist aber nicht auf die deutsche Nation als ganze bezogen worden. Patriotismus konnte sich auf die Heimatstadt, auf den Staat, in dem der »Patriot« lebte, auf das Reich und auf die Menschheit richten, allerdings auch auf die »deutsche Nation«, die es zwar nicht in staatlicher Einheit, aber doch als Substrat des Reiches und als sprachlich-kulturelle Einheit gab. Dieselben Menschen, die sich als Patrioten ihrer Heimatstadt fühlten, hatten keine Schwierigkeit, »national« zu empfinden. Als das Nationalgefühl unter dem Eindruck der napoleonischen Herausforderung emotionalisiert wurde und in eine zu lange erfolglos bleibende politische Einheitsbewegung einmündete, ist der Patriotismus diesen Weg mitgegangen, aber doch lange nicht in ihm untergegangen. Es bedarf sorgfältiger begriffs- und ideengeschichtlicher Analysen, um »Patriotismus« und »Nationalismus« auseinanderzuhalten. In sie muß einerseits der Kosmopolitismus, andererseits der Traditionalismus, also die Bindung an gewohnte lokale und regionale Institutionen, einbezogen werden. Eine Untersuchung der politisch-sozialen Denkweisen und Verhaltensformen seit dem 18. Jahrhundert wäre unter dem Aspekt allein der Ausbildung des nationalen Bewußtseins zu eng angesetzt.

Damit ist auch gesagt, daß die Entwicklung des politischen Bewußtseins kein Vorgang ist, der sich nur auf der Ebene der vollen Bewußtheit von Individuen vollzieht und an deutlich formulierten Ideen, Lehren und Willenserklärungen verfolgt werden kann. Vielmehr handelt es sich um den komplizierten Prozeß der Verarbeitung von Erfahrungen, des Lernens und Weitergebens, der Sensibilisierung für vorher als selbstverständlich Angesehenes oder nicht Bemerktes, des Erkennens von Widersprüchen, des Ansprechbarwerdens und -machens für Meinungen und der Formulierung von Zielen. Er vollzieht sich im Zusammenhang allgemeinerer intellektueller und mentalitärer Veränderungen, die ihrerseits untrennbar in den konkreten sozio-kulturellen und sozio-ökonomischen Wandel eingelassen sind. Das ist zu beachten, wenn man behauptet, daß für die Entwicklung des politischen Bewußtseins in Deutschland das späte 18. und frühe 19. Jahrhundert in besonderer Weise wichtig gewesen sind. Eine Untersuchung des Patriotismus dürfte zur Erklärung dafür beitragen, wobei sichtbar wird, daß damals in Deutschland die Situation für die Entwicklung des politischen Bewußtseins offener gewesen ist als später und daß im Patriotismus der Aufklärung und des Idealismus Ansätze für die Entfaltung einer politischen Kultur lagen, die später allenfalls auf einer als untergeordnet geltenden Ebene wirksam geblieben sind.[2]

## II

Jedem Kenner der schriftlichen Produktion der zweiten Hälfte des 18. Jahrhunderts fällt der zunehmende und bald ausufernde Gebrauch der Wörter »Patriot«, »patriotisch«, »Patriotismus« und ihrer Verdeutschungen »Vaterlandsfreund«, »vaterlandsliebend«, »Vaterlandsliebe« (bzw. in der lateinischen Genetivkonstruktion: »Liebe des Vaterlandes«) auf. In der Sprache der Gebildeten waren diese Wörter nicht neu. »Patriota« (auf griechischen Ursprung zurückgehend) war im mittelalterlichen Latein bekannt; im Deutschen kam »Patriot« seit dem späten 16. Jahrhundert vor, blieb aber vereinzelt und bedeutete einen Landesangehörigen, einen Landsmann.[3] Zedlers Universallexikon ging 1740 einen Schritt weiter und bezeichnete den Patrioten als »ein[en] rechtschaffenen Landes-Freund, ein[en] Mann, der Land und Leuten treu und redlich vorstehet und sich die allgemeine Wohlfahrt zu Herzen gehen lässet«.[4] Daneben verzeichnet Zedler das Wort als »Titel Moralischer und Satyrischer Abhandlungen«, die seit 1724 in Hamburg wöchentlich erschienen. Hinter dieser Zeitschrift stand eine »Patriotische Gesellschaft«, die sich den Namen gab, um damit eine »Geflissenheit für's Vaterland« anzudeuten, zu der nicht nur das Eintreten für »das Beste« des Vaterlands, der »redliche« Dienst für das »gemeine Wesen« gehöre, sondern auch das Bemühen, andere zu Patrioten zu machen.[5] So liegt von Anfang an eine moralische Emphase in diesem Wort – eine Betonung der Rechtschaffenheit, der redlichen Absicht und des Interesses an der allgemeinen Wohlfahrt. Diese praktischen Tugenden, die hier noch im wesentlichen denen zugeschrieben wurden, die anderen »vorstehen«, sind – zu allgemeinen Bürgertugenden für

Regierende und Regierte erweitert – Bestandteil des Patriotismus geblieben. »Ein wahrer Patriot«, so heißt es 1761 in Friedrich Carl v. Mosers »Beherzigungen«, »ist derjenige gottselige, redliche, standhafte, gedultige, beherzte und weise Mann, welcher mit einer gründlichen Kenntnis der Gesetze und Verfassung, der Quellen der Wohlfahrt und der Gebrechen seines Vaterlandes den aufrichtigen Willen verbindet, die sicherste Rettungs-, gelindeste Hülfs- und dauerhafteste Verbesserungs-Mittel ausfindig zu machen, und von wahrer Menschenliebe entzündet, ohne Ansehen einer Parthie oder Person, und mit Verläugnung seines eigenen Nutzens oder Schadens sie bekannt und nach aller Möglichkeit geltend zu machen sucht.«[6] Und ähnlich der in Ulm erscheinende »Alte Deutsche« (1775): Ein Patriot ist ein Mann, »der sein Vatterland liebt, das Land, worinnen er geboren und erzogen, oder in welchem Land er aufgenommen ist, und gleiches Vorrecht mit den Eingebohrnen des Landes genießt. Dem Patriot liegt das Wohl seiner Mitbürger am Herzen, der, um sich her die Glückseligkeit blühend, und alle, die mit ihm leben, vergnügt sehen möchte.« Als eine mittlere, durch Altruismus, Wohlwollen, Einsicht und Rechtschaffenheit bestimmte Tugend, die sich in den bestehenden Verhältnissen entfalten will, ist solcher Patriotismus verstanden worden, nicht primär als eine Kraft der Veränderung. Ausdrücklich fährt der »Alte Deutsche« fort, der gerechte, wohltätige und hilfsbereite Patriot kenne die Stärke und Schwäche seines Vaterlandes und suche »voll redlicher Treue gegen seine Obrigkeit und Vorgesetzte [...] ihre Ehre und Sicherheit zu erhalten.« Ihrerseits herrsche patriotische Obrigkeit »durch Gesetze« in den Herzen der Untertanen.[7] Und noch in Goethes Charakterisierung Gleims – in den *Tag- und Jahresheften* 1805 – tritt diese Vorstellung vom Patrioten geradezu beispielhaft hervor: »Suchte man [...] in einen Begriff zusammenzufassen, was uns von dem edlen Manne vorschwebt, so könnte man sagen: ein leidenschaftliches Wohlwollen lag seinem Charakter zugrunde, das er durch Wort und Tat wirksam zu machen suchte. Durch Rede und Schrift aufmunternd, ein allgemeines rein menschliches Gefühl zu verbreiten bemüht, zeigte er sich, als Freund von jedermann, hülfreich dem Darbenden, armer Jugend aber besonders förderlich. Ihm, als gutem Haushalter, scheint Wohltätigkeit die einzige Liebhaberei gewesen zu sein, auf die er seinen Überschuß verwendet [...] Alles jedoch zusammengenommen, muß man ihm den eigentlichsten Bürgersinn in jedem Betracht zugestehen; er ruht als Mensch auf sich selbst, verwaltet ein bedeutendes öffentliches Amt und beweist sich übrigens gegen Stadt und Provinz und Königreich als Patriot, gegen deutsches Vaterland und Welt als echten Liberalen. Alles Revolutionäre dagegen [...] ist ihm höchlich verhaßt, so wie alles, was früher Preußens großem Könige und seinem Reiche sich feindselig entgegenstellt.«[8]

Neben solchen auf Harmonie abgestellten, das Maßhalten im Denken und das Solide im Handeln betonenden positiven Definitionen gibt es andere – nüchternere und enthusiastischere. Die Tradition des späthumanistischen Stoizismus wie die resignierende Einsicht in die Zufälligkeiten und Unvollkommenheiten der Existenz des patriotisch gesinnten Mannes im Fürstenstaat klingen an, wenn Helferich Peter Sturz den »seltenen Namen« des Patrioten nur dem zuerkennen will, der »Neigungen, Leidenschaften, alle Wünsche seines Herzens, dem größern Wohl aufopfert, wenn er sich vergißt, und nur immer lebhaft das Verhältniß denkt, in welches er eingeschaltet ist, wenn er unerschroken in den Abgrund blikt, an welchen ihn die Vorsehung stellt, und gelassen ins Gewitter, das über seinem Haupte droht.«[9] Auf der anderen Seite das Vaterlandspathos Klopstocks, das aus dem Gemeinschaftsgefühl und dem sprachlichen Emotionalismus des Pietismus, aus dem Bedürfnis nach neuer Mythologie und aus historisierendem Nationalstolz hervorging:

»O, schone mein – dir ist dein Haupt umkränzt
mit tausendjährigem Ruhm; du hebst den Tritt der Unsterblichen,
und gehest hoch vor vielen Landen her –
O, schone mein! Ich liebe dich, mein Vaterland!«[10]

War die Rede vom Patriotismus einerseits mit der Klage verknüpft, daß es in Deutschland viele Patriotismen, aber wenig wahren Patriotismus gebe, oder daß patriotischer Sinn überhaupt fehle, so gab es andererseits schon früh auch die Abwehr patriotischer Ansprüche. Friedrich Carl v. Moser spottete 1761 über Patrioten »nach der Mode«, über die Vielzahl der »Vaterländer« und der Gattungen von Patrioten in Deutschland, die so zahlreich seien, »als vielerley Münzen wir haben«,[11] und er vermißte, wenige Jahre später, bei dem »gemeinen Deutschen eine solche national-Denkungsart, eine allgemeine Vaterlandsliebe [...], wie man sie bey einem Britten, Eydgenossen, Niederländer, oder Schweden etc. antrifft«.[12] Etliche Jahre zuvor (1758) schon hatte sich Lessing in einem Brief an Gleim verwahrt: »Vielleicht ist auch der Patriot bei mir nicht ganz erstickt, obgleich das Lob eines eifrigen Patrioten, nach meiner Denkungsart, das allerletzte ist, wornach ich geizen würde; des Patrioten nehmlich, der mich vergessen lehrte, daß ich ein Weltbürger sein sollte.«[13] Friedrich Gabriel Resewitz, der den Mangel an Kenntnis der Geschichte seines Vaterlandes dafür verantwortlich machte, »daß man heut zu Tage so wenig Liebe zum Vaterland antrifft«, warnte zugleich vor dem Versuch, sie durch solche Kenntnis zur Leidenschaft zu steigern. Denn »eine bürgerliche Tugend, die zur Leidenschaft wird, gränzet nahe an moralische Laster, oder artet gar darinn aus [...]: Genung, wenn zu dem natürlichen Hange, den man für die Gegend empfindet, wo man Freunde, Verwandte, häusliche Verbindungen hat, und wo man die Eindrücke der Jugend [...] empfangen hat, noch Gründe hinzukommen, welche die Neigung für das Geburtsland verstärken und das innige Wohlwollen zu demselben rechtfertigen«.[14] Ähnlich Goethe, der in »Dichtung und Wahrheit« beim Rückblick auf Klopstocks »Hermannsschlacht« den Patriotismus in Friedenszeiten eine Alltagstugend nannte, die nur darin bestehe, daß jeder vor seiner Tür kehre, seines Amts warte, auch seine Lektion lerne, damit es wohl im Hause stehe«. Die intendierte patriotische Wirkung der »Hermannsschlacht« habe deshalb keinen Gegenstand gefunden, an dem sie sich hätte erweisen können.[15]

Die Zitate ließen sich vervielfachen und könnten eine breite Skala der Nuancen und Qualitäten belegen. Goethe nannte Frankfurt,[16] Möser Osnabrück sein »Vaterland«;[17] Friedrich Nicolai verzeichnete in der Beschreibung seiner Reise durch Oberdeutschland »nürnbergische« und »bairische« Patrioten und fand unter den guten Eigenschaften der »bairischen Nation« besonders »die Vaterlandsliebe«, weshalb er meinte, wer »ihren Patriotismus« anfeuern könne, würde viel bei ihr ausrichten.[18] Den Anspruch, als Patrioten zu schreiben, erhoben zahlreiche Schriftsteller, und sie waren schnell bereit, anderen patriotische Absichten zu unterstellen. Monarchen betonten, daß sie aus Vaterlandsliebe handelten, und der Appell an die Vaterlandsliebe der Untertanen – dafür eignete sich offenbar das deutsche Wort besser als »Patriotismus« – gehörte zur Selbstdarstellung und zur politischen Pädagogik aufgeklärter Fürsten wie auch solcher, die gern dafür angesehen zu werden wünschten. In manchen Fällen war ihr Patriotismus nicht viel anderes als Paternalismus, der die Vaterlandsliebe der Untertanen wie die Kindesliebe in Anspruch nahm und nach Kants Definition eigentlich despotisch war:[19] so in rabiater Weise bei Karl Eugen von Württemberg oder Bischof August Ludwig von Speyer, gelassen und wohlwollend bei Karl Friedrich von Baden. In anderen Fällen war es eine am römischen Vorbild gebildete, durch die Aufklärungsphilosophie geformte und von der Staatsräson geleitete Gesinnung wie bei Friedrich II. von Preußen. Daß dieser ihn in zahlreichen Schriften bekundete – etwa im »Dialog über die Moral« (1770) und in den »Briefen über Vaterlandsliebe« (1779)[20] –, hat ihm nicht nur Zustimmung bei den Gebildeten in Deutschland eingetragen, sondern auch auf den Stil preußischer hoher Beamter, Pfarrer und Pädagogen Einfluß gehabt. Völlig davon geprägt sind z.B. die Berliner Akademieabhandlungen des Ministers Graf Hertzberg.[21] Und als Karl Theodor von Dalberg nach seiner Mainzer Koadjutorwahl Joseph II. bekannte, daß er über die Mittel nachdenke, seinem »Vaterlande nützlich zu werden«, erhielt er vom Kaiser die Antwort, daß auch er an »das allgemeine Wohl Deutschlands, unseres gemeinschaftlichen Vaterlandes« denke, »das ich gern so nenne, weil ich es liebe, und stolz darauf bin, ein Deutscher zu sein.«[22]

Bei patriotischen Aussagen der Regierenden darf die Absicht unterstellt werden, sich einer publikumswirksamen Sprache zu bedienen, deren positiver Resonanz sie sicher sein konnten. Indem sie die patriotische Zielsetzung ihrer Politik betonten, verlangten sie zugleich Zustimmung, ja Hingabe der Untertanen, nicht mehr nur passives Gehorchen, sondern Bereitschaft zu Dienst und Opfer für das »Vaterland«. Zugleich aber geschah mit dieser staatspädagogischen patriotischen Propaganda doch noch etwas anderes. Die Regierenden bedienten sich einer Begrifflichkeit, die ihnen aus der Literatur und Publizistik der Zeit entgegenkam; sie erklärten sich von einer Gesinnung bestimmt, die auch von den Regierten geteilt werden sollte: einer Gesinnung nicht der Herrschaft, sondern der Solidarität. Sie beriefen sich auf staatsbürgerliche Tugenden und erkannten ein gemeinsames Interesse der Regierenden und Regierten an, so wenig sie auch daran dachten, sich ein solches Interesse aufdrängen zu lassen. Eben dies aber war ein Ziel der patriotischen Literatur. Sie wollte ein »Klima« schaffen, in dem auch die Regierenden sich um den Ruf bemühen mußten, patriotisch zu handeln und an einer Überzeugung teilzuhaben, die Ch. C. L. Hirschfeld 1770 überschwenglich so beschrieben hat: »Also eine lebhafte und unwandelbare Empfindlichkeit der Seele gegen alles, was das Vaterland angeht, genährt aus richtigen Grundsätzen; ein feuriger Eifer, ausgebreitet über die Erhaltung seiner Gesetze, seiner Ordnung, seiner Sicherheit, über die Vermehrung seines Wohlstandes, seines Ruhmes, seines Ansehens bei anderen Staaten; eine immer gleiche Bereitwilligkeit, ihm in jeder Verlegenheit mit Einsichten, mit Erfahrung, mit Mühe, mit Nachtwachen, selbst mit den liebsten Gütern beizustehen, es gegen alle Anfälle gern zu schützen, gerne zu seiner erforderten Verteidigung Blut und Leben aufzuopfern, und dies alles aus herzlicher Liebe des Vaterlandes, ohne Rücksicht auf persönliche Befriedigung, dies ist Patriotismus.«[23]

## III

Obwohl den zahlreichen, oft mit penetranter Rechtschaffenheitsgebärde und pädagogischem Zeigefinger vorgebrachten Beschreibungen, Definitionen und Bekundungen des Patriotismus für heutige Ohren etwas Beflissenes, Harmloses und Spießiges anhaftet, darf man ihre Bedeutung für die Entwicklung des politischen Bewußtseins in Deutschland nicht unterschätzen. Patriotismus ist nicht zu allen Zeiten dasselbe; seine Funktion hängt von den sozialen und politischen Verhältnissen ab, unter denen er auftritt. In Deutschland artikulierte er im 18. Jahrhundert zweifellos die Empfindung eines Mangels an gemeinsam erfahrenem politischen Schicksal, an Ansehen sowohl des einzelnen Bürgers als auch der gesamten Nation. Diejenigen, die sich intellektuell als Staatsbürger zu verstehen gelernt hatten, drückten in ihm das Verlangen aus, ihre private und Untertanenexistenz zu überwinden und aktiv am gemeinen Wesen Anteil zu nehmen, dem sie nur als passive Mitglieder angehörten.

Hier tritt ein wichtiges sozialpsychologisches Motiv des bürgerlichen Patriotismus in Erscheinung: das der Eigenliebe und des Verlangens nach Bestätigung des Selbstwertgefühls. Wer anderen helfen, sie belehren und für das Gemeinwesen wirken will, muß sein Tun wichtignehmen können und die Gewißheit haben, daß es nützlich, wert- und verdienstvoll ist. Blieb die erhoffte öffentliche Anerkennung aus, so vertraute der Patriot doch im allgemeinen darauf, daß die einzelnen Bürger durch intellektuelle und emotionale »Teilnahme« an den »öffentlichen« Dingen und durch praktisches Handeln in ihrer sozialen Umwelt zunehmend Raum zur Entfaltung finden und ihre

Überzeugungen allgemein zur Geltung bringen könnten. Die bürgerlichen Gebildeten, die eigentlichen Vertreter dieses Patriotismus, hofften, diesen Raum vor allem im fürstlichen, kirchlichen, städtischen oder grundherrlichen Dienst, als Lehrer und Schriftsteller zu finden, und je mehr sie ihn tatsächlich dort fanden, um so mehr stellte sich ihnen Patriotismus als administratives und erzieherisches Tun – und als Ergebnis solchen Tuns dar. »Wo denn anders kann der erstorbene Patriotismus wieder aufleben als in den Schulen und Akademien?« fragte Basedow 1768.[24] Die Sorge für öffentliche Schulen wurde deshalb als eine überragend wichtige, eine »patriotische« Aufgabe der Regierungen bezeichnet.

Es lag also im spezifischen Interesse der Gebildeten, die Tugendlehre des Patriotismus zu verkünden und patriotische Gesinnung bei Regierenden und Regierten zu verlangen. Die weitgehende Kongruenz des Begriffs des Patrioten mit dem des Staatsbürgers liegt offen zutage. Die Tugenden des Patrioten wurden als Bürgertugenden angesehen, die von jedermann verlangt, aber nur von denen tatsächlich ausgeübt werden können, die als Staatsbürger handeln dürfen. Dieser Patriotismus hat noch nicht die »klassenlose« und irrationale Emotionalität des Nationalismus späterer Zeit; er ist eine Gesinnung aus Anhänglichkeit an Heimat und überkommene Institutionen, aus Einsicht und gemeinnützigem Willen. Er ist keine Haltung für Ausnahmefälle, sondern soll sich an jeder Stelle und zu jeder Zeit bewähren: eine praktische Tugend, zu der der Mensch in Elternhaus, Schule und Gemeinde erzogen werden soll. »Früh werde der Jüngling daran erinnert, daß er dem Staate angehöre; ein Teil dieses Ganzen sei; an den Vorzügen dieser Verfassung teilnehme; zu der Vervollkommnung desselben, es sei in welchen Verhältnissen es wolle, einst mitwirken könne.«[25] So Christian Daniel Voß 1799. Deshalb wird dem rechtschaffenen Schullehrer von Johannes Stuve zur obersten Aufgabe gemacht, »allen seinen Schülern insonderheit denen, die zu öffentlichen Personen bestimmt sind, einen gewissen öffentlichen und Gemeingeist, ein herrschendes Bestreben, allgemeine Ordnung, Gerechtigkeit und Glückseligkeit zu befördern, einzuflößen.«[26]

Das ist die Sprache und Argumentation der im Einzelfall vom Pietismus beeinflußten, deutschen aufgeklärten Moralistik und Politik. Deshalb läßt sich die Charakteristik des Patrioten über den Bürger hinweg noch erweitern. Er ist – oder soll sein – ein aufgeklärter Mann, der bewußt handelt, also Gründe für sein Tun vorzubringen weiß, der aber auch andere über die Maximen ihres Handelns aufklärt. Aufklären durch Belehren und Erziehen, durch Anleiten und Helfen ist patriotisches Handeln in höchster und wirksamster Form. Patrioten sollen deshalb vor allem die Hausväter, die Lehrer, die Verwaltenden und Regierenden sein. Die noch unmündige Masse soll zwar auch von patriotischer Gesinnung ergriffen werden; aber sie erscheint eher als Objekt des Patriotismus.

Es entsprach der Überzeugung der patriotischen Schriftsteller von der Reformierbarkeit der Verhältnisse durch Administration und Bildung, aber auch ihrer politischen Ohnmacht, daß sie einerseits über die öffentliche Meinung einen wohlmeinenden Druck auf die Regierungen ausüben wollten – einen Druck, der als ein »patriotischer« gar nicht in den Verdacht der Aufsässigkeit kommen könne –, daß sie andererseits dem Staat das Recht zugestanden, von seinen Bürgern Patriotismus zu fordern, sie zum patriotischen Verhalten anzuhalten, ja zu nötigen. »Der Bürger«, so schrieb Zacharias Becker, »muß das gemeine Beste seines Landes möglichst befördern und dasselbe in keinem Fall beeinträchtigen [...]. Da die Absicht der bürgerlichen Gesellschaft ist, daß ihre Mitglieder in derselben leichter und schneller auf der Bahn der Vervollkommnung fortschreiten sollen: so fordert die Wohlthätigkeit vom Staatsbürger, daß er sich angelegen sein lasse, alle Verfügungen, welche der Staat für die öffentliche Sicherheit des Lebens und der Gesundheit gegeben, zu unterstützen und der Polizei darin auch unverlangt an die Hand zu gehen [...]. Er sieht die Nahrungswege und bürgerliche Gewerbe und jede auf den Landeswohlstand abzweckende Unternehmung, wo er kann, zu befördern und das gemeine Wesen vor allem Schaden zu behüten.« Der Bürger soll einheimische den fremden »Produkten der Natur und Kunst« vorziehen, seine »Kasse« den Bedürfnissen des Staates offenhalten, für den »Fortgang seines Vaterlandes in nützlichen Wissenschaften« Sorge tragen. »Er macht sich's zur Pflicht, die von ihm entdeckten Mängel und Gebrechen der Verfassung und Regierung denjenigen Personen, welche deren Abstellung bewirken können, freimütig und bescheiden zu eröffnen, und rechnet sich's zur Ehre, allezeit unter den ersten Bürgern zu sein, welche die von seiten der Obern veranlaßten Fortschritte der Aufklärung und Vernunft annehmen und begünstigen«. Ihm liegt die Ehre seines Volkes und Landes, der Gesetze und Regierungen am Herzen; er verteidigt sie, gegebenenfalls mit Einsatz seines Lebens, gegen Feinde von außen und Empörer von innen. »So denkt und handelt der wahre Patriot gegen sein Vaterland, ohne Hinsicht auf Lohn und Ruhm.« Indem aber der Bürger die »Vorteile der gesellschaftlichen Verbindung« genießt, steht er »mit dem Staate in einem Vertrage, zufolge dessen er seinerseits den Gesetzen gehorchen, den Befehlen der rechtmäßigen Obrigkeit Folge leisten und sich in alle die zur Sicherheit und zum Wohl der Gesellschaft gemachten Anordnungen fügen muß. Jede Übertretung ist eine Verletzung des Rechts, das der Staat auf den Bürger hat: er darf und muß ihn durch Strafen zum Gehorsam zwingen.«[27]

Daß diese Sätze sich in »Vorlesungen über die Pflichten und Rechte des Menschen« finden, die 1791/92 in Gotha erschienen, verweist auf die Menschenrechtsdiskussion, die auch in Deutschland nicht erst durch die Französische Revolution provoziert, allerdings im pro et contra verstärkt wurde; es wird jedoch auch deutlich, wie stark diese Konzeption des patriotischen Bürgers am Staatsbild des aufgeklärten Absolutismus orientiert ist. Der Staatsbürger ist nicht deshalb Staatsbürger, weil er in einem Staate lebt, dessen Verfassung und Regierung auf dem Gemeinwillen der Bürger beruht, sondern weil er sich bewußt für den Staat engagiert, der ihm vorgegeben ist und dessen

Regierung wohl für die Bürger arbeitet, aber nicht durch sie kontrolliert wird. Dabei wird vorausgesetzt, daß die Regierung eine aufgeklärte ist, so daß der Patriotismus des Bürgers mit den wohltätigen Absichten der Regierung übereinstimmt – eine Annahme, die nicht bloß naivem Wunschdenken entsprang, sondern sich auf die kulturelle Entfaltung Deutschlands im letzten Drittel des 18. Jahrhunderts und die Entstehung einer öffentlichen Diskussion über soziale und politische Probleme, überdies auf die reformpolitischen Aktivitäten aufgeklärter Regierungen stützte. Ohne wirtschaftliche und politische Macht und ohne breite Resonanz im Volke, das sie kaum anzusprechen wußten, hofften die Gebildeten in Deutschland auf die Einsicht der Regierenden und die Macht der öffentlichen Meinung. Deshalb konnte Kant sagen, daß »die Freiheit der Feder [...] das einzige Palladium der Volksrechte« sei.[28] Mußte nicht ein zur Sache der öffentlichen Meinung gemachter Patriotismus ein besonders wirksames, weil unanfechtbares Mittel sein, das politische Bewußtsein der Deutschen zu entfalten?

## IV

Rechnet man den Patriotismus in Deutschland in der 2. Hälfte des 18. Jahrhunderts ausschließlich der Aufklärung zu, wie es bisher hier geschehen ist, so wird die moralisch-didaktische Komponente einseitig überbewertet und die stärker historisch orientierte, mehr auf traditionale Bindungen setzende und an Gefühlskräfte appellierende, konservative unterschätzt. Als Gegensätze darf man beide freilich nicht verstehen, so sehr auch der aufgeklärte preußische Patriotismus von Thomas Abbt bis zu Hertzberg und Gedike sich vom Reichspatriotismus Friedrich Carl v. Mosers, vom konkret-praktischen Patriotismus Mösers oder von der Vaterlandsschwärmerei Johannes Müllers unterschied.

Alle politischen Schriftsteller der 2. Hälfte des 18. Jahrhunderts waren mehr oder weniger von der Aufklärung geprägt, die keine ahistorische, keine nur intellektualistische Bewegung gewesen ist. Alle deutschen patriotischen Schriftsteller stellten in ihrer Gegenwart ein Defizit an Gemeingeist, an Interesse für die Verbesserung des sozialen und politischen Lebens, an Gefühl für die Bedürfnisse der Mitmenschen fest. Sie alle empfanden mit geschärftem Bewußtsein die Diskrepanz zwischen intellektuell-kultureller Entwicklung einerseits, gesellschaftlicher und politischer andererseits, und sie alle waren überzeugt, daß Deutschland in der letzteren – schon angesichts seiner großen Vergangenheit – nicht hinter anderen europäischen Nationen zurückstehen dürfe. Oft verband sich die Rede vom Patriotismus mit der Klage oder dem scharfen Vorwurf, daß es in Deutschland zu wenig Patriotismus gebe; und mit der Frage nach den geschichtlichen Gründen dafür ist auch die andere nach den Bedingungen aufgeworfen worden, unter denen eine patriotische Gesinnung sich entfalten könne. Die Antworten allerdings unterschieden sich wesentlich voneinander, ebenso die Vorschläge zur Behebung des Mangels, die Formen und Ziele des patriotischen Appells. Das Nebeneinander von zwei Konzeptionen der Beurteilung der politischen Situation Deutschlands im späten 18. Jahrhundert und der notwendigen politischen Reform spiegelt sich auch in der Patriotismus-Diskussion dieser Zeit.

Vereinfacht lassen sie sich als die aufgeklärt-gesetzesstaatliche und die historisch-ständische definieren. Die Vertreter der ersteren erwarteten Fortschritt, Reform, Anerkennung und Sicherung der Menschen- und Bürgerrechte von aufgeklärten Regierungen, von einer freien öffentlichen Meinung, von öffentlicher Erziehung, von einer Gesetzgebung, die den Ideen der Zeit entspricht und deshalb zustimmungsfähig für die Staatsbürger ist. Sie akzeptierten die souveräne Gewalt des Monarchen, der sie zu einer aufgeklärt-reformierenden Gesetzgebung im Interesse des Staates und seiner Bürger nutzen und sich jeder Willkür enthalten soll, so daß allein das Recht, keine Person über die Bürger herrscht. Die andere Konzeption ging davon aus, daß in Deutschland die Reichs- und Landstände einst Freiheit und Recht garantiert hatten und noch immer die historisch begründete deutsche »Verfassung« ausmachten. Deshalb sei nur von einer das Wesen dieser Verfassung wieder freilegenden Reform des Reiches und der landständischen Vertretungen, von der Erhaltung und Reaktivierung tradierter Rechte in zeitgemäßer Form Verbesserung zu erwarten. Zwischen beiden Konzeptionen, die hier idealtypisch beschrieben sind, hat es zahlreiche Berührungen gegeben.

In beiden nahm der Patriotismus einen weithin analogen Platz ein. 1761 betonte Thomas Abbt in seiner aufsehenerregenden Schrift »Vom Tod fürs Vaterland« unter dem Eindruck der militärischen Erfolge Friedrichs II. und der im Siebenjährigen Krieg bewiesenen Widerstandskraft Preußens, daß nicht nur in Republiken, sondern auch in »gut eingerichteten Monarchien« Vaterlandsliebe möglich sei. »Wenn mich die Geburt, oder meine freye Entschließung mit einem Staate vereinigen, dessen heilsamen Gesetzen ich mich unterwerfe; Gesetzen, die mir nicht mehr von meiner Freiheit entziehen, als zum Besten des ganzen Staats nöthig ist: alsdann nenne ich diesen Staat mein Vaterland.«[29] Unüberhörbar ist hier die Ablehnung eines willkürlichen Absolutismus und die Forderung nach Gesetzen, die sich nur auf Notwendigkeit gründen. Friedrich Carl Moser hingegen stellte in seiner berühmten Schrift »Von dem Deutschen national-Geist« (1765) fest, der Siebenjährige Krieg habe die Zerrüttung der deutschen Verfassung schonungslos offenbart. Man spreche nicht mehr von der »herzrührenden Lehre von der Liebe des Vaterlandes«, von dem »allgemeinen Interesse aller Stände« an der Erhaltung der deutschen Gesetze und dem Schutz, den sie jedem Glied des Reiches gewähren. Für den Niedergang des Reichssystems und des deutschen Nationalgeistes machte Moser das Aufkommen des »militärischen Staatsrechts«, also den auf stehende Heere gegründeten Absolutismus verantwortlich.[30] Indem er in Anknüpfung an Montesquieu das Reich als historisch gewordene und angemessene deutsche Verfassung verstand und für ihre Erneuerung

»Gesinnungen« verlangte, »welche den Häuptern und Vätern unseres Vaterlands, allen ihren Gehülfen, Rathgebern und Dienern, allen Patrioten und ächten Söhnen Germaniens eigen seyn sollten«, einen »deutschen Nationalgeist«, der der »politische Glaube« des ganzen Volkes sein müßte, verurteilte er einzelstaatliche Patriotismen aufs schärfste.[31] Vom Reichspatriotismus allein erwartete er eine Besserung der deutschen politischen Verhältnisse an Haupt und Gliedern.

Patriotismus also als Engagement für die Wiederherstellung, für die Erneuerung der geschichtlichen deutschen Verfassung im Sinne der in ihr liegenden Möglichkeiten und um der Kontinuität der deutschen Staatsentwicklung, aber nicht der politischen Macht Deutschlands wegen, sondern aus politisch-moralischen Gründen. Wie Moser den Verfall der politischen Kultur in Deutschland, den Niedergang des Freiheits- und Rechtsgefühls, die Geringschätzung der Ehre der Bürger aus der Machtusurpation der Fürsten und der Korruption ihrer Diener hervorgehen sah, so fand er keine wirksamere Voraussetzung für das »allgemeine Beste«, als daß jeder die Rechte und Freiheiten ohne Einschränkung genieße, die ihm nach den Gesetzen zustehen – nicht nach abstrakten, allgemeinen Gesetzen, sondern nach konkreten, historischen Vereinbarungen, die auch den geringsten Untertanen noch an der »deutschen Freiheit« teilnehmen lassen. Noch sah Moser die Chancen dafür gegeben, da die Reichsinstitutionen noch existierten; alles kam nach seiner Meinung auf die Weckung des Nationalgeistes an, eines tätigen, erhaltenden Patriotismus, der alte Institutionen zu neuem Leben erwecke.

Über politischen Moralismus hinaus kam bei Moser, der manchen Grund hatte, Einsicht und guten Willen der Fürsten skeptisch zu beurteilen, das politische Selbsterhaltungsinteresse kleiner Reichsstände zum Ausdruck, die im Kaiser und den Reichsinstitutionen ihren Rückhalt gegen mächtige Fürsten sahen. In dem Maße freilich, in dem Kaiser Joseph II. mit seinen Ländertauschplänen die Verfassung des Reiches in Frage stellte, löste sich der Reichspatriotismus von der Person des Kaisers und richtete sich auf die Institutionen. Analog dazu engagierte sich konservativer Patriotismus in den Einzelstaaten für die Erhaltung und Erneuerung der Landstände als Garanten überlieferter Freiheiten. Landständische Institutionen hier – aufgeklärte Gesetzgebung dort; Erhaltung der historischen Verfassung durch Wiederbelebung hier – Reform der Verfassung durch aufgeklärte Regierung dort. In beiden Konzepten und dem jeweils geforderten Patriotismus lag ein kritisches Potential im Hinblick sowohl auf die bestehenden sozialen Verhältnisse als auch auf die politische Kultur in Deutschland. »Frey muß der Staat seyn, jeder Bürger sich Theil des Staats fühlen, wo Patrioten möglich sind«, so hatte der Schwager Goethes und badische Amtmann Johann Georg Schlosser in den 70er Jahren geschrieben.[32] Mancher Patriot war überzeugt, daß schon die öffentliche Verbreitung solcher Aussagen, vor allem die kritische Diskussion über die sozialen und politischen Verhältnisse ein Zeichen für zunehmende Freiheit, für wachsenden Mut der Schreibenden und um sich greifende Resonanz im Publikum sei. Die rapide steigende Zahl von Zeitschriften und Büchern, die Gründung »gemeinnütziger« und »patriotischer« Gesellschaften, das wachsende Interesse an Fragen der Erziehung bestätigten die Meinung, daß patriotische Gesinnung sich verbreite.

Es fehlte jedoch auch die Skepsis nicht angesichts der sozialen und politischen Enge deutscher Kleinstaaterei und der administrativen Praxis des Absolutismus, die oft in so krassem Gegensatz zum Ausgreifen der Ideen, zur Dynamik des philosophischen und literarischen Schaffens standen. Aus diesem Zweifel konnten Abkehr von der Realität der bestehenden politischen Welt und Suche nach ideellen Identifikationsmöglichkeiten in einem Weltbürgerbewußtsein hervorgehen. In ihren Motiven und Intentionen waren Staats-, Nationalpatrioten und Kosmopoliten dennoch nicht weit voneinander entfernt. Sie alle verlangten nach einem politischen Engagement, durch das sie sich in ihrem Selbstwertgefühl bestätigt fanden und die Entwicklung der Gesellschaft weiterzubringen gedachten. Staatsbürgerliche und weltbürgerliche Orientierung trafen sich im »Bürgerlichen«, in der Verpflichtung zu gemeinnütziger Tätigkeit. In dem Maße aber, wie solches Engagement nicht gelang oder nicht angenommen wurde, konnte es in Resignation münden, in Radikalismus umschlagen oder sich spiritualisieren.

## V

Unter dem Eindruck der Revolution in Frankreich hat sich die Kritik an den deutschen Verhältnissen verschärft. Man erkannte, daß die Deutschen zu einem nationalen Handeln wie die Franzosen, zu einer analogen Bekundung des nationalen Wollens und zu einem so entschiedenen Schritt der Modernisierung noch nicht in der Lage waren und nun im Vergleich mit der politischen Entwicklung im Nachbarland abgeschlagen erscheinen mußten. Die Reaktionen deutscher Regierungen verschärften dieses Gefühl, das dann zwar von dem Schrecken über die Radikalisierung der Revolution vielfach überlagert, aber doch nicht völlig verdrängt wurde und schließlich unter dem Eindruck der napoleonischen Herrschaft teilweise in der ersten Welle eines politisierten Nationalismus aufgegangen ist, der sich nach 1815 freilich erneut enttäuscht sah. In diesem Prozeß ist die Diskussion um einen politischen, staatsbürgerlichen Patriotismus weitergegangen und haben Bürger nach patriotischem Engagement gesucht.

Die 1796 anonym erschienenen »Untersuchungen aus dem Natur-, Staats- und Völkerrechte« von Johann Adam Bergk bezogen ihre Aktualität zwar aus der Beobachtung des revolutionären Frankreich, stellten jedoch auch eine konsequente Fortsetzung der deutschen politischen Diskussion im Zeichen der Aufklärung dar.[33] Für Bergk war es ausgemacht, daß die »jetzige Beschaffenheit der politischen Verhältnisse Deutschlands« keinen Patriotismus entstehen lassen konnte. Nicht das Geburtsland bringe ihn schon hervor;

kein Fürst könne ihn schaffen und keine Gewalt ihn herbeizwingen; »nur durch eine Angelegenheit, die alle Bewohner durch ihre Würde, Wichtigkeit und Größe interessirt«, könne er erweckt werden. Denn Patriotismus sei »eine innige Liebe und unveränderliche Anhänglichkeit am äußern Rechte, das durch eine Konstitution organisiert ist. Mit Achtung gehorchen wir einer Verfassung, die unsere Menschenrechte schützet und die unsere Freyheit für ihre Pflicht hält. Er erzeugt eine lebhafte und fortdauernde Hochachtung gegen das Gute, das allen, die mit uns unter einem Gesetze stehn, zu Theil wird. Wir sehen uns als ein Mitglied einer Familie an, die durch Recht und Gewalt ihre Vereinigung erhält, und die eine gemeinschaftliche Angelegenheit zu besorgen hat. Die ganze Nation beseelt ein moralischer Geist und treibt sie, am allgemeinen Besten zu arbeiten, und das Leben dem Dienste der Menschheit zu weihen [...]. Man kennt nichts Erhabeneres als die Rechte der Menschheit durch Erhaltung des Staats zu ehren.« Der auf der Basis des Natur- und Vernunftrechts beruhende Verfassungsstaat ist hier das Vaterland, das Patriotismus ermöglicht. Hat eine Verfassung »in ihrer Organisation die rechtlichen Formen, die die praktische Vernunft jedem ihrer Geschöpfe aufdrückt, aufzuweisen, so darf man versichert seyn, daß das Interesse, das das Recht erzeugt, und unterhält, allgemein, fortdauernd und lebendig seyn werde. Der Mensch fühlt in einem Freystaate sich stark auf seine Sicherheit, wird muthig durch seine Selbständigkeit, und mächtig durch seine Gleichheit [...]. Eine freye Verfassung erzieht den Menschen zur Moralität, die ihm Selbstachtung einflößt.« Der Patriotismus, der durch diesen Staat geweckt wird, dient im Wirken für den eigenen Staat der Menschheit; er ist Patriotismus in weltbürgerlicher Absicht.

Wie stark diese Vorstellungen Kant verpflichtet sind, liegt offen zutage, wenngleich dieser nie eine geschriebene Konstitution gefordert und die Republik, den gesetzlich begründeten Freistaat, an keine bestimmte Regierungsform gebunden hat. Aber er setzte voraus, daß eine Regierung, die das dem Menschen zukommende Recht der Freiheit achtet, eine patriotische sein müsse.

Dieses Verständnis von Patriotismus als eine auf das Gemeinwesen bezogene moralisch-politische Gesinnung, die das jeweils eigene Vaterland als gesetzlich gesicherte Stätte menschenwürdiger Existenz einrichten und erhalten will, enthielt wesentliche Elemente einer politischen Kultur, die vom Nationalismus des 19. Jahrhunderts überlagert und durch dessen Ansprüche auf irrationale Hingabe, auf außerordentliche Leistung für das eigene Volk, der Geringschätzung verfallen oder auf die Ebene lokaler, wohlgemeinter, nützlicher, aber politisch letztlich irrelevanter Aktivitäten abgedrängt worden ist. Auf dieser Ebene hat er in zahlreichen vaterländischen Vereinen und Aktionen Ausdruck gesucht. Auch nach dem Abklingen der Welle der »Nationalerziehungspläne« haben Pädagogen ihre Arbeit und vor allem, oft mit zunehmender Verengung, den Geschichts- und Literaturunterricht in »vaterländischem« Sinne verstanden. »Die Monumenta Germaniae Historica«

sollten nach dem Willen des Freiherrn vom Stein dazu dienen, das Interesse an der »vaterländischen Geschichte« zu wecken, und die zu ihrer Herausgabe gegründete Gesellschaft gab sich die Devise »Sanctus amor patriae dat animum«.[34] Demselben Zweck dienten die Gründungen historischer Vereine, historischer Museen; bei den letzten vor allem kam die nützlich-praktische und didaktische Tendenz des alten Patriotismus darin zur Geltung, daß man die Kunst- und Kulturgüter der Vergangenheit sammelte, um einen Eindruck vom schaffenden Leben des Volkes in Stadt und Land zu vermitteln. Gerade nicht das Außerordentliche, sondern das Normale und Alltägliche sollte sichtbar werden, um in einer sich wandelnden Zeit mit erschütterten Traditionen den Sinn für Heimat und Vaterland zu erhalten und zu erneuern.

Dabei überwog oft die Absicht musealer Bewahrung; nicht selten nahmen »vaterländische« Bemühungen Züge spießiger Geschäftigkeit und lokaler Enge an; überdies gerieten sie zunehmend in den Sog zum einen des machtstaatlichen Nationalismus, zum anderen des politischen Konservatismus. Dabei verlor jener Patriotismus an politischer Bedeutung, von dem Hegel in seiner »Rechtsphilosophie« gesagt hatte, er sei nicht die »Aufgelegtheit zu außerordentlichen Aufopferungen und Handlungen«, sondern »die Gesinnung, welche in dem gewöhnlichen Zustande und Lebensverhältnisse das Gemeinwesen für die substantielle Grundlage und Zweck zu wissen gewohnt ist. Dieses bei dem gewöhnlichen Lebensgange sich in allen Verhältnissen bewährende Bewußtsein ist es dann, aus dem sich auch die Aufgelegtheit zu außergewöhnlicher Anstrengung begründet. Wie aber die Menschen häufig lieber großmütig als rechtlich sind, so überreden sie sich leicht, jenen außerordentlichen Patriotismus zu besitzen, um sich diese wahrhafte Gesinnung zu ersparen oder ihren Mangel zu entschuldigen.«[35]

Solche »wahrhafte« patriotische Gesinnung für »gewöhnliche« Zustände und Lebensverhältnisse – die sozusagen »normale« Bereitschaft zur praktischen Gemeinnützigkeit aus moralischen Gründen – erschien in Deutschland im Laufe des 19. Jahrhunderts, vor allem in seiner zweiten Hälfte, vielen als zu wenig. Und zwar als Folge der Wendung zur sog. »Realpolitik«, der zunehmenden Abkoppelung der Politik von der Moral und der Überordnung des nationalen Machtstaates über andere politische Zwecke.

# *Aufklärung und Freimaurerei in Deutschland*

## I

In einer 1795 erschienenen Schrift »Nachrichten von einem großen, aber unsichtbaren Bunde gegen die christliche Religion und die monarchischen Staaten« heißt es u. a.: »Unmöglich kann diese Übereinstimmung so vieler Menschen, Schriftsteller, Journalisten, Rezensenten und Buchhändler aus so manchen Provinzen von Deutschland durch die Jahre her ein bloßes Ungefähr sein.« Der anonyme Verfasser wird dann genauer: »Es ist hier die Rede nicht, weder von allen Illuminaten noch von den Illuminaten allein, obgleich der vor ihnen schon vorhandene Bund beträchtlich durch sie verstärkt worden ist. Es ist die Rede vom Aufklärerbund überhaupt.«[1]

Schon 1791 hatte der ehemalige Illuminat Karl v. Eckartshausen eine Schrift veröffentlicht unter dem Titel »Über die Gefahr, die den Thronen, den Staaten, und dem Christenthume den gänzlich Verfall droht, durch das System der heutigen Aufklärung und die Anmaßungen sogenannter Philosophen, geheimer Gesellschaften und Sekten«. In der »Wiener Zeitschrift« las man im folgenden Jahr: »Ein Jakobiner ist nichts mehr und nichts weniger als ein praktischer Illuminat.«[2] Und Leopold Aloys Hoffmann setzte 1796 nicht nur den Illuminatenorden, sondern die ganze Freimaurerei mit der Revolution in Verbindung: »Die Freymaurerei ist der Grund aller Revolutionen, die bisher vorgegangen sind und noch bevorstehen.«[3]

Es geht im folgenden nicht um die These von einer Verschwörung der Illuminaten oder der Freimaurerei insgesamt als Ursache der Französischen Revolution, also um die Behauptung, daß die Revolution von einer Minderheit im Untergrund von langer Hand und mit dem Ziel des Umsturzes der bestehenden staatlichen und kirchlichen Verhältnisse vorbereitet worden sei.[4] Diese antirevolutionär-konservative These – sie lebt bis heute in Nachklängen und sublimiert fort – diente dem Zweck, eine Erklärung für das in vieler Hinsicht inkommensurable Ereignis der Revolution zu liefern, ihre Verursacher zu bestimmen, ihre geschichtliche Notwendigkeit hinwegzudiskutieren, damit das vorher bestehende System zu entlasten und Restauration zu legitimieren. Hier soll vielmehr der Frage nachgegangen werden, was Anlaß für die häufige Identifizierung von Freimaurern und Aufklärern gegeben hat.

Ist diese Gleichsetzung erst unter dem Eindruck der Französischen Revolution erfolgt und nur von seiten ihrer Gegner vorgenommen worden? Oder hat sie Grundlagen auch in den Ansprüchen und dem artikulierten Selbstverständnis beider Gruppen? Bezieht sie sich auf feststellbare und damals schon bekannte personelle Identitäten und auf eine Parallelität der sozialen Funktion von Aufklärung und Freimaurerei? Ist also mit jener Gleichsetzung – auch wenn sie von der Gegenseite in polemischer Absicht, ja direkt mit dem Zweck der Verketzerung vorgebracht wurde – ein an sich richtiger Tatbestand angesprochen worden: daß nämlich Aufklärung und Freimaurerei in mehr als bloß zufälliger und äußerlicher Weise zusammengehören?

## II

Die Geschichte der Freimaurerei in Deutschland begann 1737 mit der Loge »Absalon« in Hamburg.[5] Sie war eine Gründung auf englische Anregung hin und nach englischem Vorbild, nicht zufällig in einer Stadt mit engen Beziehungen nach England und mit einem wohlhabenden, selbstbewußten protestantischen Bürgertum. Oft haben Handelsbeziehungen, Reiseerfahrungen, Besuche von Ortsfremden, gelegentlich auch die Anwesenheit von Besatzungstruppen Veranlassung für die Gründung von Logen gegeben. 1740 wurde in Berlin die Loge »Zu den drei Weltkugeln« eröffnet, die 1744 zur Großloge erhoben wurde. Standen die Anfänge im Zeichen des relativ einfachen englischen Systems mit den drei Graden des Lehrlings, Gesellen und Meisters, so drangen um die Mitte des 18. Jahrhunderts von Frankreich her kompliziertere Formen mit ausgedehnten Ritualen und zahlreichen Hochgraden ein, überdies kam eine konstruierte und mystifizierte Tempelritterorden-Tradition zur Wirkung. Die »strikte Observanz« wurde 1761 »ordensmäßig« unter dem Herzog Ferdinand von Braunschweig als Hochmeister überregional zusammengefaßt. Der für die deutsche Freimaurerei zentral wichtige Ordenskonvent von 1782 in Wilhelmsbad bezeichnet das Ende der Vorherrschaft der strikten Observanz. Im folgenden Jahr bildete sich in Frankfurt und Wetzlar der »Eklektische Bund«, der die Hochgrade und »unbekannten Oberen« abschaffte, zu den drei einfachen Graden zurückkehrte, Mysterien und Esoterik abbaute. Viele der westdeutschen Logen schlossen sich dem Bund an, der sich seinerseits an die Großloge in London anlehnte.

Daneben sind zwei weitere Erscheinungen, sozusagen auf den Flügeln der Gesamtbewegung, zu nennen. Einmal der 1776 in Ingolstadt von dem Professor der Rechte Adam Weishaupt begründete Illuminatenorden: ein zunächst unter Studierenden und Professoren im katholischen Bayern sich ausbreitender Zusammenschluß, dem die Absicht zugrunde lag, den auch nach seiner offiziellen Aufhebung einflußreichen und noch immer für mächtig gehaltenen Jesuitenorden zu bekämpfen.[6] Mit der Freimaurerei in Verbindung gebracht wurde der Illuminatenorden durch den aus der zerfallenden strikten Observanz herkommenden Adolph Freiherrn von Knigge. Er war es auch, der dem Orden Verbreitung in Norddeutschland verschaffte. 1785 wurde der Orden vom Kurfürsten Karl Theodor in Bayern zugleich mit der gesamten Freimaurerei verboten und mit allen Mitteln unterdrückt, die dem Staat und der Kirche zu Gebote standen; 1792 folgte das Verbot in Österreich. – Auf dem anderen Flügel stand der »Rosenkreuzerorden«. Mit seinen Hochgraden und den geheimnisvollen Oberen der strikten Observanz verwandt, aber nicht an die Tempelrittertradition, sondern an naturphilosophische, pansophische und mystische Überlieferungen des 17. Jahrhunderts anknüpfend, verbreitete sich dieser zwischen Pseudoreligiosität, Spiritismus und Kabbalistik changierende Orden vor allem im protestantischen Deutschland, wo er in Berlin zur Regierungszeit Friedrich Wilhelms II. zu politischem Einfluß gelangte.[7] Er wurde 1793 in Österreich, 1800 in Preußen verboten.

So wenig dieser knappe Überblick einen Eindruck von der tatsächlichen Vielfalt der Freimaurerei im Deutschland des 18. Jahrhunderts zu geben vermag, so schließt er doch die beiden Annahmen aus, die Freimaurerei sei eine eindeutige Erscheinung und sie sei eine quantité négligeable gewesen. Es sei nur darauf hingewiesen, daß die Logen über Nationen und Staatsgrenzen, sogar über Konfessionsgrenzen hinweg in enger Verbindung standen. Die beiden päpstlichen Bullen von 1738 und 1751, die sich allgemein gegen die Freimaurerei wandten, haben deren Ausgreifen ins katholische Deutschland nicht verhindern können.[8] Auch hier entstanden Logen, und unter ihren Mitgliedern befanden sich nicht wenige Geistliche. Im protestantischen Deutschland machten Pfarrer und Theologen ohnehin einen nicht unbeträchtlichen Prozentsatz der Mitglieder aus. – Die Freimaurerei überschritt schließlich auch Standesgrenzen. Bekannt ist, daß der preußische Kronprinz Friedrich sich ihr schon 1738 anschloß; es folgten zahlreiche andere deutsche Fürsten. Adelige und Bürgerliche trafen sich in den Logen, wobei unter den Bürgerlichen die akademisch Gebildeten die wichtigste Gruppe ausmachten. Es hing jedoch vom sozialen Gefüge einer Stadt ab, in welchem Verhältnis Beamte, Offiziere, Gelehrte, Juristen, Kaufleute in den Logen vertreten waren.

Dieses Überschreiten von territorialen, konfessionellen und sozialen Grenzen stellt ein entscheidendes Element im humanitären und gesellschaftlichen Selbstverständnis der Freimaurerei dar. Am 15. Januar 1787 hieß es in der »Freimaurerzeitung«, die in Neuwied, einem Zentrum des Illuminatismus und der Freimaurerei, erschien: »1) Wie empörend für das Herz des Menschenfreundes ist es nicht, zu sehen, wie ganze Nationen einander hassen [...]. Gesegnet sei der Orden, der seinen Schüler lehrt, das Wohlwollen seines Herzens nicht auf die Grenzen seines Landes einzuschränken, sondern in jedem menschlichen Geschöpfe Gottes, lebte es auch im fernsten Winkel der Erde, seinen Nächsten, seinen Blutsverwandten, den geliebten Sohn des liebevollsten Schöpfers zu erblicken! 2) Das Herz des Menschenfreundes blutet, wenn er überdenkt, wie die Religion [...], deren Wesen Liebe ist, unter den betörten Menschenkindern gegenseitiges Mißtrauen und einen Haß erzeugen konnte, der die entsetzlichsten Auftritte veranlaßt hat [...]. Heil also dem Orden, der diesen Feind aller menschlichen Glückseligkeit (den Religionshaß) zu vertilgen sucht, der das Wesen der Religion nicht in gewisse theoretische Lehrsätze setzt [...], sondern darin, daß wir bei aller Verschiedenheit unserer Meinungen den Erhabenen und alle seine Geschöpfe lieben und ihnen ein heiliges, für Tugend allein warmes Herz zum Opfer bringen! [...] 3) So notwendig und unvermeidlich die Verschiedenheit der Stände bei der Einrichtung unserer Erde ist, so ist es doch ein trauriger Anblick, wenn man sieht, welchen schändlichen Mißbrauch viele von den so äußerst zufälligen Vorzügen ihrer Geburt und ihres Standes machen, mit welch unverschämter Verachtung sie auf diejenigen herabsehen, die das Schicksal ihnen untergeordnet hat, mit wie unmenschlicher Härte der edle aber arme Tugendhafte von dem glänzenden Bösewicht leider nur allzu oft mißhandelt wird [...]. Gepriesen sei also ein Orden, welcher den wahren Wert des Menschen nach seinem inneren Adel abmißt, dessen Gebräuche und Gesetze dem Mächtigen täglich die so heilsame Wahrheit predigen, daß wir alle Brüder sind, daß in den Augen unsers Schöpfers nur derjenige ein König ist, der ein höheres Maß von Weisheit und Tugend besitzt, und der ein niedriger Sklave, der sich von verächtlichen Leidenschaften beherrschen läßt.«[9]

Wie diese Äußerung als programmatisch für die Freimaurerei verstanden werden muß, so kann sie auch als typische Manifestation aufgeklärten Denkens gelesen werden. Ablehnung der exklusiven Inanspruchnahme des Menschen für eine Nation, einen Staat, eine Religion und einen Stand; Betonung der prinzipiellen Überordnung der moralischen Persönlichkeit über die Zugehörigkeit zu Staat, Konfession, Stand; Glaube an ein Gemeinsames aller Menschen vor ihrer Partikularisierung im praktischen Leben; Aufruf zur Menschenfreundlichkeit, zur Achtung der Tugend, zur religiösen Toleranz: das gehörte zum Programm auch der Aufklärung und ist in zahllosen Variationen immer wieder vorgetragen worden, und nicht selten waren es dieselben Personen, die als Aufklärer und als Freimaurer sprachen. Sie richteten sich weitgehend an dasselbe Publikum und sie meinten, dieselben Gegner zu haben. »Freiheit zu denken und nach seiner besten Überzeugung zu glauben, ist der Geist unserer königlichen Kunst; und sie haßt allen Zwang in Sachen des Kopfes und des Herzens, verabscheut die Intrigen, wodurch man uns das edelste Vorrecht der Menschheit rauben will, und verschließt den Feinden gesunder Vernunft und wahrer Aufklärung ihr Heiligtum.«[10]

Der Consensus von Anschauungen, den man als europäische Aufklärung bezeichnen kann[11] und dessen Träger sich mit hohem Anspruch selbst zu Aufklärern ernannt haben, war in seinen Ansätzen älter und breiter als die Freimaurerei. Er führte nicht notwendig zur Begründung von Freimaurerlogen wie umgekehrt diese, ganz unaufklärerisch, durch esoterische Tendenzen oder Vereinsmeierei bedroht waren. Aufklärung war die – weniger auf gemeinsamen philosophischen Grundlagen als auf einer gewissen Einheitlichkeit der intellektuellen Haltung beruhende – Antwort auf ein Zeitalter religiöser Bürgerkriege und konfessioneller Orthodoxie, übersteigerter monarchischer Gewalt und einseitig herrschender Adelskultur; und sie war Artikulation des Selbstbewußtseins von sozialen Kräften, die durch den Anstieg von Wohlstand und Bildung ein zunehmendes Gefühl von Selbständigkeit entwickelten und einen wachsenden Anspruch auf intellektuelle Selbstbestimmung, auf »Selbstdenken« und auch auf Mitwirkung am öffentlichen Leben erhoben.

Dieser Anspruch richtete sich zunächst gegen die das gesamte Erziehungs-, Moral- und Wertesystem prägende und mit den herrschenden politisch-gesellschaftlichen Kräften aufs engste verknüpfte ausschließliche Lehrautorität der Kirchen. Allein mittels des ihr innewohnenden lumen naturale erkenne die Vernunft das wahre Wesen Gottes, der Welt und des Menschen; sie bedürfe dazu weder der kirchlichen Verkündigung noch der Vermittlung der Theologie und der Priester. Mit erheblichen Unterschieden im einzelnen konstituierte sich aufgeklärtes Denken als Religionskritik und Absage an das Lehrmonopol der Kirchen und als Autonomie der Vernunft, die vor allem in der naturwissenschaftlichen Erkenntnis sich bestätigt fand. Das freigesetzte rationale Denken ordnete das Wissen systematisch als Wissenschaft neu und entwickelte eine rationale Lehre der Lebensführung, der Gesellschaft und der Politik.

Dieser grundlegende Wandel des Denkens, des ganzen Bewußtseins der Menschen, der am Beginn der Ausbildung der sogenannten modernen Welt steht, läßt sich in seinen Anfängen weit zurückverfolgen; er kam bei Descartes, Hobbes, Newton, Bayle im 17. Jahrhundert zu entscheidenden Durchbrüchen und entfaltete sich voll im 18. Jahrhundert in einer breiten populärwissenschaftlichen und moralisch-politischen Literatur, zeigte aber auch schon die beiden Entartungen aufgeklärten Denkens: Intoleranz und Vulgarität. Im 18. Jahrhundert entstand eine Schicht der Schreibenden und Lesenden, bestehend aus den »Schriftstellern« und ihrem »Publikum«, in der jener erwähnte Consensus aufgeklärter Vorstellungen, Meinungen, Urteile sich ausbildete, eine Schicht – kein Stand, keine Klasse –, die Adelige und Bürgerliche umfaßte, allerdings die Ungebildeten – und das hieß faktisch die sozialen Unterschichten – ausschloß.

Es war dies eine Entwicklung, die sich, zumal auf dem Kontinent, noch im äußeren Rahmen der ständischen Gesellschaftsordnung und der mehr oder weniger absoluten Monarchie vollzog. Nicht schon eine tatsächliche Veränderung der Welt fand statt, sondern ihre neue Interpretation, die als solche jedoch bewußte Kritik am Bestehenden war und auf praktische Veränderung, auf Reform an Haupt und Gliedern drängte. Gewiß – diese Kritik war, »friderizianisch« formuliert, das Raisonnement derjenigen, die dennoch parierten. Aber sie war doch auch mehr, insofern sie die Regierenden unter Meinungsdruck setzte und den Regierten ein Bewußtsein von Wichtigkeit, von Teilhabe am öffentlichen Wesen – und sei es auch nur in der Diskussion darüber – vermittelte. Es hieße überdies die soziale Wirklichkeit Deutschlands im 18. Jahrhundert verfehlen, sähe man nicht zwei aufeinander bezogene Sachverhalte.[12] Auf der einen Seite den, aufs Ganze gesehen, relativ unentwickelten Zustand der wirtschaftlichen Kräfte. Nach dem Niedergang des Fernhandels und Geldgeschäfts, die im frühen 16. Jahrhundert in deutschen

Städten ihre Blüte erreicht hatten, und nach den schweren Bevölkerungsverlusten und Zerstörungen des Dreißigjährigen Krieges gab es mit Ausnahme einiger See- und Messestädte kein materiell potentes Bürgertum; in den Städten verhinderten Zunftschranken und die scharfe rechtliche Scheidung vom Land den breiten Übergang zu gewerblicher Großproduktion. Der rentenverzehrende Grundadel war oft nicht wohlhabend genug und durch Tradition und rechtliche Barrieren daran gehindert, in Handel und Gewerbe einzutreten, und der selbstwirtschaftende ostdeutsche Gutsadel lebte oft in noch beengteren Verhältnissen. So blieb das Interesse großer Teile des Adels auf die Behauptung materieller, sozialer und politischer Besitzstände gerichtet. Von ihnen ging ebensowenig wirtschaftliche und soziale Dynamik aus wie von der Mehrheit des Stadtbürgertums, vor allem von dessen rechtlich privilegierten Teilen.

Intellektuell dynamisches Element in der sozialen Welt des späteren 18. Jahrhunderts – und damit ist der zweite hier wichtige Sachverhalt angesprochen – waren in Deutschland die adelig-bürgerlichen Gruppen, die im weiteren Sinne als »Aufklärungsgesellschaft« bezeichnet werden können – also die Träger und Mitträger des ideellen Konzeptes der Aufklärung. Es waren in Deutschland vor allem solche Personen, die in öffentlichen, d. h. landesherrlichen, landständischen, grundherrlichen, kirchlichen, städtischen Ämtern standen – also Juristen, Verwaltungsbeamte, Pfarrer, Professoren usw.: Männer, die sehr oft nicht den Gruppen der von Geburt an Privilegierten angehörten. Sozial befriedigende Positionen fanden sie für sich und ihre Kinder fast ausschließlich in abhängigen, mit öffentlichen Funktionen ausgestatteten Stellen. Da in Deutschland im späteren 18. Jahrhundert eine nicht unbeträchtliche Zahl von Fürsten, Ministern und Räten Aufklärungsgedanken aufgenommen hatten und Reformen in der inneren Verwaltung, im Finanzwesen, im Rechtswesen, im Strafvollzug einleiteten, die Wirtschaft im merkantilistischen Sinne förderten, den Landesausbau vorantrieben, Bauernschutzmaßnahmen durchführten, das Armen- und Bildungswesen ausbauten, kurzum: an vielen Stellen, wenn auch oft nur mit sehr begrenztem Erfolg, Maßnahmen der Modernisierung in Gang brachten, fand sich die Annahme bestätigt, die auf Grund der allgemeinen ökonomischen, sozialen und politischen Lage nahelag, daß nämlich Reform und Fortschritt »von oben«, durch die Regierenden, bewirkt werden müsse und auch könne. Anders gesagt: Der aufgeklärte Absolutismus und das soziale Interesse derjenigen Gruppe, die man als »Gebildete« bezeichnen kann, wirkten dahin zusammen, daß die potentiell mobile, für die politisch-soziale Bewußtseinsentwicklung in Deutschland wichtigste Gruppe sich nicht gegen die Regierungen stellte, sondern mit ihren Reformvorstellungen in den Dienst des Staates drängten, um in ihm zu wirken und von dorther nicht gegen, sondern mit den Regierenden die gesellschaftliche und staatliche Ordnung zu verbessern. Als wichtigste Mittel dazu galten ihnen: Pressefreiheit, Erziehung, Entwicklung einer öffentlichen Meinung und eines überlokalen politischen

Interesses, aufgeklärt-humanitäre Gesetzgebung, soziale und erzieherische Verwaltung, Rechtsgleichheit. Und die an vielen Stellen zu beobachtende Aktivität aufgeklärter Regierungen, oder auch nur ihre Absichtserklärungen, schienen die Erwartung der Gebildeten zu rechtfertigen, daß auf diesem Wege voranzukommen sei.

Die Realität sah allerdings noch immer erheblich anders aus. Nach wie vor waren konfessionelle und soziale Schranken im öffentlichen Leben wirksam. Auch im offiziell toleranten friderizianischen Preußen standen die Chancen der Katholiken im öffentlichen Leben weit hinter denen der Protestanten zurück, und wenn die Berliner Juden im späten 18. Jahrhundert wirtschaftliche Förderung erfuhren und mit Moses Mendelssohn in die Gelehrtenrepublik vorstießen, so blieben sie doch als Schutzjuden außerhalb der Gesellschaft. Zwar fand Joseph II., der Revolutionär auf dem Thron, mit seinem Toleranzpatent enthusiastische Zustimmung des aufgeklärten Publikums in Deutschland und Europa; faktisch aber war damit in den habsburgischen Ländern noch längst keine Gleichstellung der Protestanten erreicht. In der Reichsstadt Köln verhinderten die Zünfte trotz kaiserlicher Intervention noch 1789, daß der kleinen protestantischen Minderheit, die freilich die wohlhabendsten Bürger umfaßte, ein stilles Bethaus (ohne Glocken und ohne Eingang zur Straße) zugestanden wurde. Vor der Umwälzung der deutschen Staatenwelt und der Zerschlagung des sie umgreifenden Reiches durch Napoleon verschwand keine Territorialgrenze. Die Deutschen lebten in einer Unzahl mittlerer, kleinerer und kleinster Staaten oder staatlicher Gebilde. Für die große Mehrzahl der Menschen vollzog sich das Leben in engen lokalen und regionalen Räumen und in dem sozialen Stand, in den sie hineingeboren waren. Sozialer Aufstieg, auch Nobilitierung, kam zwar stets vor, blieb jedoch Ausnahme.

Über dieses Gefüge ständisch-regionaler Begrenzungen und Unterschiede griff die aufgeklärte Bildung hinaus und negierte es, weil es sich nicht als vernünftig und natürlich rechtfertigen ließ. Ohne egalitär zu sein, verkündete sie die Anerkennung jedes Menschen als moralische Persönlichkeit und den Vorrang der Leistung vor der Geburt. Sie griff nach den Bildungsgütern der ganzen Menschheit, übersprang dabei die Schranken der kirchlichen und staatlichen Bücherzensur, unterwarf Gesetze, Gebote, Lehrinhalte, Traditionen, Moralkodices, Meinungen einer umfassenden rationalen Kritik. So entstand ein Zusammenhang der Diskussion, in die zunehmend auch die gesellschaftliche und staatliche Ordnung hineingezogen wurde.[13]

Geführt wurde diese Diskussion in Zeitschriften und Büchern, in ausgedehnten Briefwechseln und in einem breit entfalteten Rezensionswesen. Ihren imaginären sozialen Rahmen stellte die république des lettres dar, in der – wie der Begriff der Republik signalisiert – Unterschiede der Geburt und des Glaubens prinzipiell keine Geltung mehr hatten. Daneben suchten die vom Geist der Aufklärung Erfaßten nach anderen konkret-personellen Möglichkeiten des Gesprächs, der Meinungsbildung und der Meinungsbeeinflussung und fanden sie in kleineren »Gesellschaften«, d. h. in Clubs, Salons, in Lesekabinetts und Lesegesellschaften, in sogenannten »patriotischen«, gemeinnützigen Gesellschaften und in Freimaurerlogen.[14]

Es ist schwer zu unterscheiden, was im konkreten Fall zeitlich und sachlich früher war: das Kontaktinteresse aufgeklärter Gebildeter, die sich zu einer Loge zusammenschlossen, oder das Vorhandensein einer Loge als Ort der Zusammenkunft gleichgesinnter Männer, in die das Aufklärungsdenken seinen Einzug hielt. Zu einer Identität von Freimaurern und aufgeklärtem Publikum ist es dabei nicht gekommen. Die Logenmitgliedschaft konnte sozial breiter gestreut sein und auch solche Personen umfassen, die nicht im beruflichen Sinne zu den »Gebildeten« zählten. Und wenn die Freimaurer in der Regel durch den Geist der Ablehnung kirchlicher Orthodoxie, durch allgemeine Menschenfreundlichkeit und starkes Interesse an moralischen Fragen gekennzeichnet waren, so brauchte das doch keineswegs Zustimmung zum Programm der Aufklärung, vor allem zu ihrem durchgehenden kritischen Habitus und ihren politischen Vorstellungen zu bedeuten. Sehr viel stärker als im Aufklärungsdiskurs, der das öffentliche Leben einbezog, wurde von den Freimaurern der Rückzug aus der Öffentlichkeit in einen Freiraum betont, der nach außen durch besondere Aufnahmebedingungen, durch eine hierarchische Binnenorganisation und durch das Logengeheimnis abgeschottet war. Dieser Rückzug wurde unterstrichen durch die stets wiederholte Versicherung, daß man nicht gegen die bestehenden Religionen, Staaten, Stände arbeite, sondern sie nur intern aufhebe, und daß man sich überhaupt nicht mit politischen, sondern mit moralischen Fragen beschäftige.

In der Tat wollten die meisten Freimaurer im 18. Jahrhundert nichts anderes als musterhafte Bürger sein; die Loge bedeutete für sie ein Element der Geselligkeit und der moralischen Selbstbestätigung. Im Bewußtsein der Mitwirkung an der stillen Veredelung der Menschheit und der Zugehörigkeit zu einem Freundschaftsbund fanden sie sich hier über die eigene Partikularität zeitweilig hinausgehoben und konnten diese deshalb gelassener ertragen. Man kultivierte eine humanitäre Moral, die zwar den einzelnen auch im öffentlichen Leben bestimmen, hier aber nicht primär als kritisches Element, sondern als moralisches Ferment wirken sollte. Dieser äußere Quietismus verstärkte sich dort, wo pseudoreligiös-sektenhafte Elemente Raum gewannen und man in der Entgegensetzung zum Rationalismus der Aufklärung dem Glauben an übernatürliche Einsicht durch schrittweise Einweihung in ein Mysterium verfiel. In dieser Erscheinung wie in dem Hochgradsystem kamen zweifellos Spieltrieb und verbandsinternes Prestigebedürfnis zur Geltung, aber doch auch unerfüllte religiöse und soziale Bedürfnisse. Gewisse Erscheinungen der strikten Observanz und des Rosenkreuzertums sind dann, verbunden mit dem Martinismus, mit neoplatonischen Ideen, mit Auswirkungen des französischen Quietismus des frühen 18. Jahrhunderts und des deutschen Pietismus in die Wende von der Aufklärung zur Romantik eingemündet.

Angesichts dieses Sachverhaltes wird man sicher nicht davon sprechen können, daß die Abkehr von der Aufklärung eo ipso auch eine Wendung gegen die Freimaurerei gewesen sei. Im 19. und 20. Jahrhundert hat sich die Freimaurerei als eine soziale Erscheinung behauptet, die prinzipiell an keine bestimmte Gesellschafts- und Staatsform gebunden ist. Wohl aber scheint sie unvereinbar zu sein mit Systemen, in denen politische und weltanschauliche Totalitätsansprüche erhoben und mit Machtmitteln durchgesetzt werden – unvereinbarer noch als die Aufklärung, der eine Neigung zur Erziehungsdiktatur und zum Totalanspruch der »Vernunft« innewohnte.

## III

Die Frage nach den sozialen Ursachen für die Affinität von Aufklärung und Freimaurerei muß über die bisher gemachten Andeutungen hinaus weitergeführt werden. Beide sind zeitlich und räumlich gemeinsam mit der modernen »bürgerlichen Gesellschaft« entstanden und haben deren Krisen geteilt. Ihrer Idee nach ist diese eine soziale Ordnung auf der Basis der vertragsartigen Konsensbildung. In ihr wird politische Herrschaft als Funktion der Gesellschaft ausgeübt, bleiben den Menschen bestimmte unveräußerliche Grundrechte erhalten und kommen ihnen als Bürgern bestimmte, prinzipiell gleiche Rechte zu. Standesunterschiede können sich nur aus verschiedenen gesellschaftlichen Funktionen der Bürger legitimieren. Als Gegenbild gegen die feudal-ständische Gesellschaft und die divine-right-Monarchie entwickelt, ging diese Auffassung auch in das Konzept der aufgeklärten Monarchie ein, die, mit den Mitteln des Absolutismus, den Versuch unternahm, die ständische Gesellschaft in eine staatsbürgerliche umzuwandeln.[15]

Das emanzipatorische Selbstverständnis aufgeklärter bürgerlicher Schriftsteller und das Bild des aufgeklärten Absolutismus vom Untertanen-Bürger waren weit davon entfernt, kongruent zu sein. Sie deckten sich jedoch, wenigstens anscheinend, insofern, als grundsätzlich anerkannt war, daß der Staat um seiner Bürger willen existiere. So diffus im einzelnen die Vorstellungen von einer »bürgerlichen Gesellschaft« und gar die Erscheinungen ihrer Wirklichkeit waren, immer gehörte – als Voraussetzung wie als Ergebnis – dazu eine größere Selbständigkeit der mittleren, gebildeten und gewerblichen »bürgerlichen« Schichten, die sich selber als Träger einer nichtständischen, menschheitlichen Kulturentwicklung verstanden.

Gleichsam ein Modell bürgerlicher Gesellschaft, und zwar ein solches, das die Privatheit des geselligen Lebens betonte, war die Freimaurerei. Sie war als private Vereinigung organisiert, die die Kollision mit dem Staat zu vermeiden suchte, und dazu sollten Geheimnis und Geheimhaltung als Mittel dienen. In dieser so abgesetzten, exklusiven Gesellschaft sollte die Lehre bürgerlicher Moral verwirklicht werden, und zwar gerade deshalb, weil die politischen Verhältnisse es öffentlich noch nicht zuließen. Diese Privatheit ist dennoch so »unpolitisch« nicht gewesen, wie sie von manchen gemeint und gegen Angriffe behauptet worden ist. Die Trennung von Moral und Politik[16] war tatsächlich nur eine Fiktion um der moralischen Selbstvergewisserung willen. Sie eröffnete die Möglichkeit, über Fragen der zwischenmenschlichen Ordnung zu sprechen, Grundsätze dessen zu formulieren, was sein sollte, dadurch zugleich die Mängel der Wirklichkeit zu zeigen und die gegenwärtigen gesellschaftlichen und staatlichen Verhältnisse moralisch zu verurteilen. Das aber war indirekt eminent politisch, bedeutete es doch eine – nur vorgeblich bloß private – Infragestellung des Bestehenden von einer Position aus, die mit starkem Selbstbewußtsein und dem elitären Anspruch überlegener Humanität eingenommen wurde. Dabei konnte in einem Prozeß der Selbstmystifikation der Glaube an eine intellektuell-moralische Herrschaft jenseits der Staaten entstehen – ein Glaube, der mit der Verbreitung der Freimaurerei wuchs und ihrer Verdächtigung und Verleumdung kräftig Vorschub leistete.

Hier ist auf einen anscheinend evidenten Widerspruch zwischen Freimaurerei und Aufklärung hinzuweisen. Die Aufklärer vertraten die gleiche bürgerliche Morallehre, und die Gelehrtenrepublik war in gewisser Weise auch ein Orden, eine große Loge, aber ohne Geheimnis und Geheimhaltung, vielmehr mit dem Willen, in der Öffentlichkeit für alle zu wirken. Deshalb die immer wieder vorgebrachte und ganz in den Vordergrund gestellte Forderung allgemeiner »Publizität«. In der Praxis ist dieser Widerspruch allerdings vielfach verwischt worden – sei es durch die Dienste, die die Freimaurerlogen als soziale Institute für die Verbreitung aufgeklärter Vorstellungen leisteten, sei es durch die Zugehörigkeit vieler Aufklärer zur Freimaurerei, aber auch durch Unterdrückungsmaßnahmen wie das Verbot des Illuminatenordens, das eindeutig auf die radikale Aufklärung zielte, die zwar keineswegs mit dem Illuminatismus gleichgesetzt werden darf, aber doch in diesem Orden einen Agitationsraum gefunden hat, wobei ihr der scharfe, hysterische Züge tragende Antijesuitismus der Illuminaten entgegenkam. Konsequente Aufklärung im katholischen Raum tendierte durch die ihr entgegenstehenden Widerstände in besonderer Weise zur Radikalität.[17]

Im übrigen läßt sich trotz mancher Gegensätze nicht nur auf Berührungen und Überschneidungen, sondern auch auf Parallelen hinweisen. Obwohl auf die Entstehung von Öffentlichkeit und öffentliche Meinungsbildung hinarbeitend, verstanden sich die Aufklärer durchaus als die kleine Elite der Wissenden. Sie hatten das Bewußtsein, gleichsam der unsichtbaren Loge der Wohlmeinenden und der vernünftig denkenden Bürger und wahren Patrioten anzugehören, der sanior pars, die über die rechte Einsicht verfügt und das Arkanum der Politik kennt, das für sie nichts Geheimnisvolles, sondern etwas prinzipiell Allgemeines, aber eben nur den Gebildeten Zugängliches und Begreifbares war.

Zugehörigkeitsbewußtsein hier wie dort also auf der Grundlage gemeinsamer Überzeugungen, Verhaltensregeln und Praxisorientierung. Während jedoch Aufklärung als intellektuelle Mentalitätsstruktur, als bestimmte Sicht der Welt, als praktische Philosophie in Erscheinung trat, waren die Freimaurerlogen gesellschaftliche Einrichtungen, organisierte Gruppen. Freimaurer war man nur als Angehöriger einer solchen Gruppe, Aufklärer konnte man dagegen ohne derartige Mitgliedschaft, nämlich in der virtuellen Solidarität Gleichgesinnter sein. Das bedeutet, daß Aufklärer die Freimaurerlogen als Möglichkeit des lokalen Zusammenkommens nutzen konnten, daß umgekehrt aber die Logen nicht auf die Aufklärung als Inhalt angewiesen waren. So sind denn auch ganz andere als Aufklärungsgedanken in sie eingeströmt, auch direkt anti-aufklärerische.[18] Begünstigt wurde dieser Einstrom durch diejenige Tendenz der Freimaurerei, die neben dem Versinken in bloße Honoratiorengeselligkeit ihre größte Gefahr ausmacht: die Anfälligkeit für Esoterik, Pseudomystik und Geheimnistuerei als Ausdruck einer selbst beigelegten, nach außen nicht rechtfertigungsbedürftigen Bedeutsamkeit. Man kann diese Erscheinung in Parallele zur Degradation der Aufklärung zu banaler Besserwisserei und vulgärer Pietätlosigkeit »verständiger Männer« sehen. Begibt man sich jedoch nicht in solche Niederungen, so bleibt ein Bestand von Grundauffassungen bei Aufklärern und Freimaurern, der ebenso auf die Gemeinsamkeit der zeitlichen und sozialen Ursprungssituation verweist wie auf gemeinsame Erfahrungen und Ziele, die man am allgemeinsten mit den Begriffen Humanität, Toleranz und Bürgermoral umschreiben kann. »Es mögen immer Grade im Orden bleiben«, kritisierte der hochangesehene Hamburger Bürger und Freimaurer Georg Heinrich Sieveking 1787 die mystisch-hierarchischen Auswüchse des Ordens; »der höchste Grad sei Bund der Aufgeklärten.«[19]

## IV

Wurde von Freimaurern selber die enge Verbundenheit zwischen ihnen und der Aufklärung betont, so kann es nicht verwundern, daß beide von ihren Gegnern in eine gemeinsame Front gerückt und gleichzeitig beschuldigt und diffamiert wurden. Das geschah, als die Radikalisierung der Revolution in Frankreich die Suche nach Ursachen und Verursachern entfesselte. Für den eingangs erwähnten Eckartshausen stand fest, es müsse eine »philosophische Conjuration« geben, die auch in den »geheimen Gesellschaften« am Werke sei. Und daß Illuminaten und Jakobiner in einen Topf gehörten, galt vielen Gegnern der Revolution als ausgemacht. In Wirklichkeit ist, abgesehen von einzelnen ihrer Vertreter, weder die Aufklärung noch die Freimaurerei in Deutschland politisch radikal gewesen; selbst von den Illuminaten wird man das nicht pauschal behaupten können. Was die Aufklärer, manchmal mit verbalem Radikalismus, anstrebten, war die Befreiung des Denkens und Fühlens von überkommenen Schranken, war das Mündigwerden des Menschen: eine »Revolution im Geiste«[20] – ob sie nun, wie die allermeisten erwarteten, eine Revolution der Tat überflüssig machte oder sie, wie andere hofften, vorbereitete. Denn daß eine Revolutionierung des Bewußtseins der Menschen zu Auswirkungen in der Praxis führen müsse, war feste Überzeugung der Aufklärer. Und wenn die Regierenden, ihre Helfer und das an der Öffentlichkeit interessierte Publikum, wenn Lehrer, Beamte, Pfarrer von den Ideen der Aufklärung, der Humanität und der Reform erfaßt seien, könne die Reform von Gesellschaft und Staat nicht ausbleiben. Deshalb galt ihnen die Erhellung des Bewußtseins der Menschen von ihrer Würde, ihren natürlichen Rechten, der Kraft ihrer Vernunft als entscheidendes politisches Tun und als Ausdruck bürgerlicher Tugend. Wollten die Aufklärer dies vor allem durch das geschriebene Wort und die Erziehung öffentlich und für alle praktizieren, so gingen die Freimaurer den Weg über die selbstbestätigende private Gruppenbildung.

Von denjenigen, die dazugehörten, wurde solcher Gruppenbildung eine für die Gesamtgesellschaft wesentliche Funktion zugeschrieben, so auch von Lessing, in dem die deutsche Aufklärung und die Auffassung von Freimaurerei ihre schönste Ausprägung erreichte. Dieser freieste Kopf, der je in Deutschland geschrieben hat, bekämpfte nicht nur kirchliche Orthodoxie und staatlichen Absolutismus, sondern auch Harmonisierungen und Anpassungen, Trivialisierungen und intolerante Besserwisserei, die sich mit dem Anspruch der Verständigkeit auf dem Markt literarischer Eitelkeit als »Aufklärung« anboten. Selber an kritische Überprüfung alles dessen gewöhnt, was Autorität beanspruchte, verachtete er die Kritik der flachen Köpfe, die das, was sie kritisierten, nicht einmal genau kannten, geschweige denn seine geschichtliche Bedeutung zu würdigen verstanden und sich in risikolosem Raisonnement fortschrittlich vorkamen. Von der »Berlinischen Freiheit zu denken und zu schreiben« hielt er längst nicht so viel wie ihre selbstbewußten Protagonisten, die durchaus zu seinem näheren Bekanntenkreis gehörten. Denn diese Freiheit reduziere sich »einzig und allein auf die Freiheit, gegen die Religion so viel Sottisen zu Markte zu bringen, als man will«. Wer dagegen dem »Hofpöbel« die Wahrheit zu sagen beabsichtige oder für die Rechte der Untertanen »gegen Aussaugung und Despotismus« eintreten wolle, der werde schnell erfahren, »welches Land bis auf den heutigen Tag das sklavischste Land von Europa ist«.[21] Die Abhängigkeit des Schriftstellers in fürstlichen Diensten, auch wenn diese so liberal gehandhabt wurden, wie Lessing es in Braunschweig erlebte, die Distanz zwischen seiner und der Welt des Hofes, die materielle Enge der äußeren Verhältnisse, auch wenn sie für den Bibliothekar in Wolfenbüttel vergleichsweise nicht schlecht waren, erfuhr er durchaus, und er war viel zu wenig ein weltfremder, versponnener Gelehrter oder Musensohn, um sich nicht daran zu stoßen. Die selbstgerechte enge Welt des Kleinbürgertums widerstrebte ihm ebenso wie die des Hofes; in beiden fand er die Menschlichkeit verkümmert, um deren Erhaltung und Einsetzung in ihr Erstgeburtsrecht es ihm bei allem ging, was er schrieb.[22] Zur Menschlichkeit aber gehörte für ihn die Einhaltung des Maßes: in der Herrschaft wie im Gehorsam, im Anspruch auf Wahrheit wie in der wahrheitssuchenden Kritik. »Denn nicht der Irrthum, sondern der sektirische Irrthum, ja sogar die sektirische Wahrheit, machen das Unglück der Menschen; oder würden es machen, wenn die Wahrheit eine Sekte stiften wollte.«[23]

Obwohl diese Worte nicht speziell auf die Freimaurerei gemünzt waren, kann man sie mit Recht auf diese beziehen. Dazu bieten die Aussagen des Freimaurers Lessing über die Freimaurerei die Möglichkeit. In »Ernst und Falk«, den »Gesprächen für Freimäurer«, die 1778 als eines der letzten seiner Werke erschienen, werden Geheimniskrämerei, Hochgradwesen, Tempelherrentradition als im Grunde unwichtige Begleiterscheinungen beiseite getan und die Freimaurerei als notwendig zur »bürgerlichen Gesellschaft« gehörende Verbindung der wohlmeinenden, um die Humanität besorgten Menschen dargestellt. »Auf dem gemeinschaftlichen Gefühl sympathisierender Geister«,[24] also eben nicht wesentlich auf äußerlichen Formen der Verbindung beruhend, aber durchaus unter den Bedingungen der jeweiligen Gestalt der »bürgerlichen Gesellschaft« stehend und sich an sie anpassend, hat die Freimaurerei die Aufgabe, »jene Trennungen, wodurch die Menschen einander so fremd werden, so eng als möglich wieder zusammenzuziehen«.[25] Wer für die Überwindung dieser in der »bürgerlichen Gesellschaft« notwendig noch bestehenden, sie eigentlich ausmachenden Trennungen in verschiedene Völker, Religionen und Stände eintrete, brauche nicht Freimaurer zu heißen; er sei es auch ohne Ordenszugehörigkeit. In diesem Sinne habe es die Freimaurerei immer gegeben. »Grundsatz« der Freimaurer, aus dem sie nie ein Geheimnis gemacht haben, sei es »jeden würdigen Mann von gehöriger Anlage, ohne Unterschied des Vaterlandes, ohne Unterschied der Religion, ohne Unterschied seines bürgerlichen Standes, in ihren Orden aufzunehmen«.[26]

Soziale und konfessionelle Unvoreingenommenheit im Interesse des Engagements für die Menschheit und die Menschlichkeit und Vertrauen in eine höhere Solidarität, die gleichwohl die konkreten Loyalitäten des einzelnen nicht außer Kraft setzt, sondern sie übergreift und läutert, gehörten zum Selbstverständnis auch der Aufklärer. Sie nahmen wie selbstverständlich an, was Lessing über die Freimaurer gesagt hatte: daß ihr humanitäres und kosmopolitisches Denken und Tun »ohne Nachteil« für den Staat sei.[27] In der »Berlinischen Monatsschrift« klang es 1787, obwohl der Verfasser sich streckenweise fast wörtlich an Lessing anschloß, anders, positiver und auch beflissener: »Wer dem Staat und dem König nicht treu und redlich dient, wer die heiligsten Pflichten als Mensch, als Bürger, als Gatte, als Vater, mit Füßen tritt [...], ist ein unwürdiger Maurer.«[28] Das war, in einer »Maurerrede« vorgebracht, nicht bloß eine Schutzbehauptung, sondern Ausdruck einer Überzeugung, die auch bei vielen Aufklärern galt. Sie glaubten oder wollten glauben, daß ihre wohlmeinende Kritik den Intentionen vernünftiger Politik gar nicht entgegenstehen könne, und in den Reformen wie dem intellektuellen Habitus aufgeklärter Fürsten, Minister und Räte sahen sie sich bestätigt.

Da nicht wenige der als »aufgeklärt« geltenden Fürsten und Minister auch Freimaurer waren, schien Aufklärern wie Freimaurern die Hoffnung auf eine Politik berechtigt, die ihren Ideen entsprach. Damit aber konnten sie sich selbst in die Verursachung solcher Politik einbeziehen; sie konnten zu dem Glauben kommen, die bessere Zukunft werde durch ihr Wirken, also durch das Wirken einer kleinen Gruppe von Männern zustandekommen, die sich zum gemeinsamen Werk der Menschheitsverbesserung vereinigt hatten und deren lautere Absichten nur von Bösewichtern oder Dummköpfen verkannt werden konnten.

Es ist leicht, den Anteil von Naivität und Arroganz in solchen Vorstellungen aufzuweisen; damit aber träfe man nicht das Wesentliche: den Prozeß des wachsenden Selbstbewußtseins und der sich ausbildenden »öffentlichen Meinung« in einem wichtigen Teil der »bürgerlichen Gesellschaft«. Seine Auswirkung am Maßstab der Französischen Revolution zu messen, so als könne man ihm nur dann Bedeutung zugestehen, wenn sich Analogien zur Entwicklung in Frankreich feststellen lassen, ist schon deshalb ungerechtfertigt, weil auch die Revolution sich nicht als Folge einer bürgerlichen, vorwiegend intellektuellen Emanzipationsbewegung hinreichend erklären läßt – von Unterschieden in den sozialen und staatlichen Verhältnissen beider Länder ganz zu schweigen. Eben diese Verhältnisse sind es gewesen, nicht die Motive und Leitideen dieses Prozesses, die die Grenzen seiner Auswirkungen bestimmt haben. Mehr als anderes können die vielfach zu beobachtende Degeneration der Aufklärung zur Platitüde und das Absinken der Freimaurerei in Mystizismus den Entwicklungsstand des öffentlichen Lebens, d.h. die noch immer geringe Selbständigkeit der Gesellschaft in Deutschland demonstrieren. Hier hatte die »Weltentfremdung des modernen Individuums« (Hannah Arendt) einerseits besonders enge Züge angenommen, andererseits war hier, vor allem im Bereich des Protestantismus, die Tendenz zur Verlegung der Lösung auch der sozialen und politischen Probleme in die Innerlichkeit, in die Veränderung des Bewußtseins des Menschen, stark ausgeprägt.

Um diese Verhältnisse nicht radikal umzuwälzen, sondern sie aufzulokkern und auf lange Sicht zu verwandeln, suchten Aufklärer und Freimaurer das Gespräch und die Freundschaft. Während jene das Gespräch öffentlich, d.h. literarisch und in Korrespondenzen (die damals selber zur literarischen Gattung wurden) führten, institutionalisierten diese es in der Bruderschaft der Loge. Über die Bindekräfte des Dialogs und der menschlichen Geselligkeit hinaus wurden sie durch das Logengeheimnis zusammengehalten – durch ein Element, das nach Lessings Meinung nur dann einen Sinn hatte, wenn es von höchster Allgemeinheit, also eben kein Geheimnis war. Freimaurer, wie er sie sich vorstellte, waren eben keine Geheimbündler und Konventikler, sondern Weltbürger und Menschenfreunde, die praktisch und mit Augenmaß für die Menschlichkeit eintraten. Dieses Bild war freilich auch als Gegenbild zur freimaurerischen Wirklichkeit gemeint, die davon weit abstach. Für den »Selbstdenker« Lessing waren wohl die wahren Freimaurer, nicht aber die Erscheinungen der organisierten Freimaurerei eine notwendige soziale Bedingung für den Prozeß der Aufklärung, wie er ihn verstand. Hinter diesem Verständnis blieben allerdings auch die meisten »Aufklärer« zurück!

## V

Es kann nicht darauf verzichtet werden, abschließend das Verhältnis zwischen Aufklärern und Freimaurerei auf ihren jeweiligen »linken« Flügeln noch etwas näher zu betrachten, zumal die Äußerungen von politischem und sozialem Radikalismus im Deutschland des späten 18. Jahrhunderts in der Forschung zunehmende Aufmerksamkeit finden.[29] In der Tat gibt es kaum eine kritische Position, keine reformistische oder revolutionäre politische Forderung in der europäischen Diskussion dieser Zeit, die nicht auch in Deutschland bekannt gewesen und vertreten worden ist. Über ihre Häufigkeit lassen sich heute noch keine sicheren Aussagen machen; man darf jedoch vermuten, daß sie nicht gering war. Das anscheinend Gleiche ist unter anderen Bedingungen dennoch nicht das Gleiche. Deshalb ist es auch nur dann sinnvoll, von deutschen »Jakobinern« zu sprechen, wenn über Selbst- und Fremdbenennung hinaus entweder eine direkte Übernahme des Programms und der Aktionsformen der französischen jacobins festgestellt oder nachgewiesen werden kann, daß auf der deutschen politischen Skala eine analoge, also demokratisch-republikanische Position eingenommen wurde.

Unter denen, die zu Recht oder Unrecht »deutsche Jakobiner« genannt worden sind, gehörten etliche vorher dem Illuminatenorden an. Dieser nachweisbare Zusammenhang erlaubt jedoch nicht, von einer generellen Fortsetzung des Illuminatismus im »Jakobinismus« zu sprechen. Der Illuminatenorden war trotz seines strikten organisatorischen Aufbaus keineswegs eine revolutionäre Kadertruppe oder auch nur eine einheitlich denkende Gruppe mit festen Operationszielen. Wohl verfolgte er, in Nachahmung des Jesuitenordens, eine bewußte Personalpolitik, um Ordensmitglieder in politisch einflußreiche Stellen zu bringen. Im Grunde sind erst durch das Verbot und den Zerfall des Ordens – ein Vorgang, der eine Flut von publizistischen Anklagen, Anschwärzungen, Lügen und Rechtfertigungen auslöste! – radikale Tendenzen freigesetzt worden. Und auch dann nicht in nur einer Richtung, sondern vollkommen disparat – einerseits zu Reaktion, Rosenkreuzertum und Romantik, andererseits zu demokratischen Forderungen und zur Bejahung der revolutionären Eskalation in Frankreich.[30]

Deutsche »Jakobiner« mußten keineswegs Illuminaten gewesen sein wie z. B. einige Mainzer »Klubisten«;[31] Verfechter der Ideen emanzipatorischer Aufklärung, die in das öffentliche Leben hinein und auf die Regierung wirken sollte, waren sie jedoch alle, sofern uns Zeugnisse ihrer Ansichten bekannt sind. In der Regel kamen sie erst dann zu radikalen Forderungen, wenn sie auf keinen fortschreitenden Prozeß der Befreiung und Partizipation mehr hofften, statt dessen Zeichen der Reaktion an vielen Stellen beobachteten. Das war nicht erst nach 1789 der Fall, sondern bereits früher – in Preußen eindeutig seit dem Woellnerschen Religionsedikt von 1788.[32] Unter solchen Eindrücken gewannen die vielen Erfahrungen der Unwandelbarkeit der Verhältnisse oder der Stagnation nach unzulänglichen Reformansätzen, die im staatlich zersplitterten Deutschland anzutreffen waren, verstärktes Gewicht. Daß zwischen Reformankündigungen und Praxis ein sich kaum verringernder Abstand klaffte, den die kritisierenden Intellektuellen im Unterschied zu den meisten ihrer Zeitgenossen mit wachsender Empörung empfanden, ließ viele von ihnen an der Möglichkeit und den Chancen reformierender Verbesserungen zweifeln. Sie verspürten das volle Gewicht der Diskrepanz zwischen dem Fortschritt der intellektuellen und literarischen Entwicklung, die in der zweiten Hälfte des 18. Jahrhunderts ein für Deutschland seit mindestens zweieinhalb Jahrhunderten ungewohntes Tempo angenommen hatte, und dem langsamen und offenbar nur oberflächlichen Wandel des gesellschaftlichen und staatlichen Lebens. Darum hofften sie, auch wenn sie nicht an einfache Nachahmung dachten, daß von der Französischen Revolution ein vorantreibender Impuls ausgehen werde. Je mehr dieser in demokratische Richtung gehen sollte – und nur, wo dies gewollt wurde, läßt sich von politischem Radikalismus sprechen –, um so weiter entfernte sich diese Erwartung von Freimaurergesinnung, die bei allem Glauben an die Einheit der Menschlichkeit und an eine Menschheitsreligion doch exklusiv blieb. Radikale Aufklärung konnte unter der Drohung der Verfolgung zur revolutionären Parteigängerschaft und in politische Geheimbünde hinein führen; Freimaurer dagegen insistierten auf der Exklusivität und der Esoterik eines Bundes, der grundsätzlich nicht »parteiisch« und zumal seit Illuminatenverbot, Revolution und Verschwörungsvorwurf auch nicht »politisch« sein wollte.

In Verbindung mit der Aufklärung ist die deutsche Freimaurerei ein politischer Faktor gewesen wie später nicht wieder. Die Funktion der Logen, Vereinigungsort Gleichgesinnter jenseits von Stand, Konfession und Staatsangehörigkeit zu sein, verlor im selben Maße an Bedeutung wie die Gesellschaftsstruktur sich wandelte, der bürgerliche Emanzipationsprozeß voranging, schließlich politische Vereine und Parteien sich bildeten. Freimaurerei wurde damit erst recht Privatsache, während die Aufklärung in Deutschland einerseits mit dem Liberalismus verflachte, andererseits der intellektuellen Diskriminierung oder Verharmlosung verfiel.

## *Lichtenberg und seine Zeit*

### I

»Bemühe dich, nicht unter deiner Zeit zu sein.« Dieser Aphorismus Lichtenbergs[1] klingt so viel nüchterner und skeptischer als die Selbstaussagen derer, die sich ihrer Zeit voraus glauben, und so viel ehrlicher als die Bekundungen anderer, die beflissen »mit der Zeit« gehen wollen. Und doch ist er hoch anspruchsvoll, denn Zeitgenossenschaft ist ein komplexer Sachverhalt. Jeder Mensch steht in jedem Augenblick in vielfältigen zeitlichen Bezügen, die er nie völlig überblickt. Er hat eine Vergangenheit hinter sich, die über ihn selbst zurückführt, eine Zukunft vor sich, die er nicht kennt; sein Wissen, seine Vorstellungen, die Orientierungen seines Tuns resultieren nur zum Teil aus der eigenen Erfahrung, zum anderen gehören sie der Überlieferung an. In der Welt, in der er lebt, sind verschiedene Zeitschichten gegenwärtig; die Menschen mit denen er zu tun hat, gehören unterschiedlichen Generationen und Erfahrungswelten an. Von seiner Zeit nimmt er nur Ausschnitte wahr, deren Grenzen von seinem Schicksal, seiner Bildung und seinen Interessen abgesteckt sind – Ausschnitte seiner »Welt«, denn Zeit und Raum fallen zusammen, wenn wir von ihnen als Lebenswirklichkeit sprechen.

»Lichtenberg und seine Zeit« – das meint, ihn in der Welt zu sehen, der er in seinem Denken und Tun angehörte, die ihn mitprägte, die er beobachtete und beurteilte, die auch er nur zu einem Teil wahrnahm. So hat das Thema einen zweifachen Aspekt: zum einen geht es um das Verständnis, das Lichtenberg von seiner Zeit hatte, zum anderen um Dimensionen und Inhalte der Zeit, von denen her die Schärfe und der Umfang seines Zeitverständnisses erst beurteilbar sind.

### II

Lichtenberg war ein Mensch der zweiten Hälfte des 18. Jahrhunderts, einer Zeit intellektueller und politischer Dynamik.[2] Man braucht nur Stichworte zu nennen: Aufklärung, Klassik und anhebende Romantik; Rationalismus, Pietismus, Empfindsamkeit und Idealismus; Weltbürgertum und nationales Bewußtsein, Anglophilie und Griechenbegeisterung, Enthusiasmus für Erziehung und Bildung. Oder: Aufstieg Preußens, aufgeklärter Absolutismus, Reformansätze im Rechtswesen, in der Wirtschaftspolitik, im Schulwesen, wachsende Publizität, wachsende Kritik; schließlich die Revolution in

Nordamerika, die auf dem europäischen Kontinent fasziniert verfolgt, und diejenige in Frankreich, die sofort als eines der großen weltgeschichtlichen Ereignisse verstanden wurde. In dieser Zeit formierten sich die Voraussetzungen für das, was man die »Moderne Welt« genannt hat: Dabei entwickelte sich ein sensibles, oft widersprüchliches Zeitgefühl. Es konnte sich euphorisch äußern, war aber nicht frei von nervösen, verklemmten und gebrochenen Zügen; es war von Enttäuschungen bedroht, weil die Protagonisten eines wirklichkeitsverändernden Denkens die Resistenz politischer und sozialer Verhältnisse unterschätzten. Die Diskrepanz zwischen neuen Bestimmungen des Menschen und seiner Aufgaben und den Entwürfen einer besseren Wirklichkeit einerseits, den faktischen Zuständen andererseits, erklärt viele Erscheinungen jener Zeit – so den angestrengten Stoizismus mancher Aufklärer, den pietistischen Rückzug in die Innerlichkeit, die romantische Wendung zur Ironie oder zur ästhetischen Überwindung der schlechten Realität. Alles dies im Einzelfall intellektuelle und moralische Leistungen, aber zugleich Beweise für die Rückständigkeit deutscher Verhältnisse, die durch eine von den Gebildeten tief empfundene Disparität zwischen politischem und intellektuellem Leben gekennzeichnet waren.

So differieren denn auch die Aussagen der Zeitgenossen erheblich, die sich wertend auf die eigene Zeit beziehen. Gemeinsam ist das ihnen zugrunde liegende epochale Bewußtsein. Nicht nur graduell, so wurde angenommen, sondern grundsätzlich unterscheide sich ihre Gegenwart von der Vergangenheit; sie habe einen besonderen »Beruf«, eine eigene Signatur. Viele Beispiele könnten dafür genannt werden. Überwältigung durch das Gefühl, an der Schwelle des Neuen zu stehen, und durch die Fülle der Aufgaben, die an der Zeit sind, spricht aus Herders Reisejournal von 1769; Angst, Hoffnung und Begeisterung knüpften sich bei Johannes Müller an die erste polnische Teilung, an die Unabhängigkeit der nordamerikanischen Kolonien und an den deutschen Fürstenbund von 1785; Kant definierte seine Zeit als »Zeitalter der Aufklärung [...] oder Jahrhundert Friedrichs« (1784), während Novalis 1799 aus dem Rückblick auf »schöne, glänzende Zeiten« und aus der Anarchie der Gegenwart die Vision eines durch die Religion neu erweckten zukünftigen Europa gewann. Aufklärung, Revolution, Erneuerung, aber auch Bewahrung und Anknüpfung an die nationale Vergangenheit waren Schlagworte einer Zeit, deren Menschen unter dem Eindruck nicht allein politischer Ereignisse, sondern einer stürmischen literarischen Entwicklung standen.

1742, das Geburtsjahr Lichtenbergs, war literarisch noch von Gottsched und seinen Schülern beherrscht; Händel komponierte den »Messias« und Balthasar Neumann baute noch an der Würzburger Residenz. Der erste Schlesische Krieg endete mit dem Sieg Brandenburg-Preußens, dessen junger Monarch Friedrich mit einem Schlage die Aufmerksamkeit Europas auf sich zog und sie zeit seines Lebens beschäftigte; es begann der österreichisch-preußische Dualismus, der die Verfassung des Reiches gelähmt und das politische Schicksal Mitteleuropas entscheidend mitbestimmt hat. Als Lichtenberg 1763 zum Studium nach Göttingen kam, schloß eine siebenjährige Kriegsära, in deren Verlauf sich mit der endgültigen Etablierung Preußens als Großmacht, mit der kriegsentscheidenden Rolle Rußlands, mit dem Sieg Englands über Frankreich in Nordamerika, mit der Ausmanövrierung Frankreichs in Ostmitteleuropa und auch mit der inneren Regeneration Österreichs eine neue politische Konstellation formierte. Sie bestätigte und bestärkte auch das wachsende kulturelle Selbstbewußtsein der Deutschen. Wieland hatte gerade seine Shakespeare-Übersetzung begonnen, Hamann seine »Kreuzzüge eines Philologen« vorgelegt; Lessing schrieb »Minna von Barnhelm«, 1764 veröffentlichte Winckelmann seine Geschichte der Kunst des Altertums; Rousseaus »Nouvelle Héloïse« (1761), sein »Emile« und der »Contrat social« (1762) waren erschienen und wurden bald in ganz Europa und Nordamerika bekannt, Montesquieus »Esprit des lois« lag seit 1753 in einer (schlechten) deutschen Übersetzung vor, für die Lichtenbergs älterer Göttinger Kollege Abraham Gotthelf Kästner verantwortlich zeichnete, und von der »Encyclopédie« Diderots und d'Alemberts gab es bereits eine ganze Reihe von Bänden. Das Jahr 1770, in dem Lichtenberg zum Professor ernannt wurde, war auch das Jahr des Zusammentreffens Herders mit Goethe in Straßburg und der Übersiedlung Lessings nach Wolfenbüttel, dessen »Hamburgische Dramaturgie« abgeschlossen vorlag, – überdies das Geburtsjahr Hölderlins, Hegels und Beethovens; wenig später sammelte sich der Göttinger Dichterbund in der Begeisterung für Klopstock. Als Lichtenberg Ende 1775 aus England zurückkam, um Göttingen nicht mehr zu verlassen, lag Herders »Auch eine Philosophie der Geschichte zur Bildung der Menschheit« soeben vor, ebenfalls der erste Teil von Lavaters »Physiognomischen Fragmenten«. Der Sturm und Drang trat in seine kurze, Weimar in die lange Phase seiner Blüte. 1776, im Jahr der amerikanischen Unabhängigkeitserklärung, eröffnete Schlözer in Göttingen mit dem »Briefwechsel meist historischen und politischen Inhalts« seine außerordentlich erfolgreiche publizistische Tätigkeit. Als 1784 im Göttinger Taschenkalender Lichtenbergs erste Hogarth-Erläuterungen erschienen, veröffentlichte Herder den ersten Teil seiner »Ideen zur Philosophie der Geschichte der Menschheit«; Kants »Kritik der reinen Vernunft« und die »Prolegomena« lagen schon vor, Mozart stand in der ersten großen Phase seines Schaffens. Wien und Joseph II. mit seinem Versuch der »Revolution von oben« zogen nun die Aufmerksamkeit mehr auf sich als Potsdam und Friedrich, der 1786 starb. Das letzte Lebensjahrzehnt Lichtenbergs hob an mit dem Ausbruch der großen Revolution in Frankreich und schloß mit dem Staatsstreich Napoleons am 18. Brumaire; die Revolution hatte das Nachbarland tief verwandelt, aber auch Europa erschüttert und mit seinen Ausstrahlungen selbst Göttingen zeitweilig erreicht. Als Lichtenberg 1799 starb, stand Goethe auf der Höhe seines Ruhms, schloß Schiller die Wallenstein-Trilogie ab und zog nach Weimar, legte Hölderlin den zweiten Band des »Hyperion« vor, erreichte die frühe Romantik ihren Höhepunkt, erschienen Friedrich Schlegels »Lucinde« und

Schleiermachers Reden »Über die Religion, an die Gebildeten unter ihren Verächtern« und arbeitete Jean Paul, Lichtenbergs letzte literarische Entdekkung, an seinem »Titan«. Nur wenige Jahre später endete auch in Deutschland das ancien régime – allerdings durch die Intervention Napoleons und ohne daß das deutsche Volk die Chance fand und fähig gewesen wäre, den Bewußtseinsprozeß des vergangenen halben Jahrhunderts in politische Selbständigkeit umzusetzen.

Wohin im Panorama dieser Zeit gehört Lichtenberg?[3] Er war gleichaltrig mit dem Breslauer Popularphilosophen Christian Garve, dessen Verstummen als Schriftsteller er einen ebenso großen Schaden für die deutsche Literatur genannt hat wie das Anfangen des wenige Monate jüngeren Johann Kaspar Lavater.[4] Zu den zwischen 1740 und 1746 geborenen gehören auch Matthias Claudius, Johann Heinrich Jung-Stilling, die Brüder Jacobi, Heinrich Christian Boie, Johann Gottfried Herder, Johann Heinrich Pestalozzi und Wilhelm Heinse. Es ist die Generation zwischen Lessing, Kant, Wieland, Möser und Haydn einerseits, Goethe, Schiller, Karl Philipp Moritz, Brandes und Rehberg andererseits; ihre entscheidenden Bildungseindrücke erfolgten früher als diejenigen der Dichter der Klassik und der Philosophen des Idealismus. Allein schon das Beispiel Herders kann jedoch davor bewahren, aus diesem Sachverhalt zuviel erklären zu wollen. Wesentlicher sind die Bedingungen und Erfahrungen des individuellen Lebenswegs und die allgemeinen Verhältnisse, in denen dieser verlief. Von den letzteren sprechen zu wollen, könnte angesichts der geschichtlich begründeten und auch im späten 18. Jahrhundert noch stark wirksamen Diversität in bezug auf politische Verfassung, Konfession, Rechtsordnung, lokale und regionale Prägungen des Verhaltens für unmöglich oder doch unergiebig gehalten werden. Demgegenüber kann nicht nur auf durchgehende Strukturen der Zeit verwiesen werden, sondern auch auf die eben damals erfolgende Ausbildung übergreifender Denkformen und Meinungselemente – die Ausbildung eines Consensus von leitenden Vorstellungen, deren Medium vor allem die Literatur (im breitesten Sinne) und deren Träger die »Schriftsteller« und ihr »Publikum«, die »Gebildeten« gewesen sind. Sie haben damals nicht nur eine außerordentlich hohe Einschätzung ihrer gesellschaftlichen Bedeutung artikuliert, sondern eine solche in gewisser Weise auch tatsächlich gehabt.

## III

Diese Behauptung bedarf der Prüfung und Differenzierung, weil auch Lichtenberg in sie einbezogen ist. Gehört er doch nach Tätigkeit und Mentalität, nach Wirkungswollen und Wirkungsweise zu den gelehrten Schriftstellern.[5] Die Bezeichnungen »Gelehrter« und »Schriftsteller« konnten – wofür Klopstocks »Gelehrtenrepublik« (1774) ein Beispiel ist – damals bis zur Identität zusammenfallen (und sich beide von dem aufkommenden Begriff des »Gebildeten« dadurch unterscheiden, daß sie stärker auf ein bestimmtes Tun abhoben). Während jedoch dem Begriff des Gelehrten noch lange eine Standes-, ja Zunftqualität anhaftete, war der des Schriftstellers frei von solcher Bindung. Er konnte von allen in Anspruch genommen werden – vom Dichter bis zum Zeitschriftenmitarbeiter –, die mit der Feder zur Information, Aufklärung, Bildung, zur moralisierenden Unterhaltung wie zur kritischen Diskussion, also auch zur Schaffung von Öffentlichkeit beitrugen – oder beizutragen glaubten. Lichtenberg hat diesen Glauben oft auf seine spitze Feder genommen; Gelehrte, Schriftsteller, Zeitungsschreiber und ihr Publikum waren bevorzugte Objekte seines Spottes, aber er hat doch als einer von ihnen an ihrer Selbsteinschätzung teilgehabt. »Mit der Feder in der Hand habe ich, mit gutem Erfolg, Schanzen erstiegen, von denen andere mit Schwert und Bannstrahl bewaffnet zurückgeschlagen worden sind.«[6] Auch er wollte nützlich unterhalten, belehren, verbessern, sei es als Herausgeber des nur mäßigen literarischen Ansprüchen genügenden »Göttingischen Taschenkalenders«, sei es als Erläuterer der Hogarthschen Stiche – jedenfalls weit über seine Tätigkeit als Professor der Physik und der Mathematik hinaus. »Allzeit: Wie kann dieses besser gemacht werden?«[7] – dieser knappe und spröde Satz meint dasselbe, was viele seiner Zeitgenossen, allerdings meist mit größerem Wortaufwand und wichtignehmerisch, gesagt und gewollt haben.

Man darf Lichtenberg in all seiner Besonderheit nicht in permanent kritische Distanz zu seiner Umwelt rücken oder ihn gar aus ihr herausheben. Ihr scharfer und manchmal böser Detailbeobachter konnte er deshalb sein, weil er tief in ihr steckte, ihre Enge und ihre Nöte wie ihre Hoffnungen und ihre Tröstungen kannte, an ihren Urteilen und Vorurteilen, ihren Verhaltensweisen und Moden partizipierte. Er war alles andere als ein Revolutionär im äußeren Leben; seinem privaten Dasein fehlten neben unkonventionellen auch starke kleinbürgerliche Züge nicht. Seinen Berufsweg durchmaß er erfolgreicher als viele seiner Kollegen. Eine andere Existenzform als diejenige des Gelehrten und Schriftstellers hätte er kaum ernsthaft wünschen können. So war denn auch seine Zeitkritik – insoweit sie sich auf den sozialen Umkreis bezieht, dem er angehörte – keine Kritik an der Gesellschaftsstruktur, sondern an der Moral der Gesellschaft, an ihrem Unaufgeklärtsein, ihren Streitigkeiten, daran, daß in ihr zu wenig selbständig gedacht und zu wenig praktisch verbessert wurde. Ein freier Kopf und fern aller Servilität, war er doch gehorsamer Untertan, was freilich im englisch-hannoverschen Göttingen keine große Überwindung erforderte, und ein friedlicher Bürger, was wiederum für einen Göttinger Universitätsprofessor zu jener Zeit relativ leicht sein mochte. Sicher war es ihm ernst, wenn er 1794 an Archenholtz schrieb, »Ich habe [...] das, wie ich glaube, in Deutschland seltene Glück, unter einer Regierung zu leben, der ich das größte Vertrauen schuldig bin. Ich verlange schlechterdings in politischer Rücksicht nicht anders zu leben, als ich jetzt lebe, und es kümmert mich wenig, wie viel von dieser glücklichen Lage auf

Rechnung der Regierung oder meine eigene zu stehen kommt. Denn man muß nicht immer verlangen, daß jene alles tun soll, ohne erst auf seiner Seite alles getan zu haben. Aufopferungen sind von beiden Seiten nötig. Einseitiges Bestehen auf sogenannten Gerechtsamen befördert die gute Sache natürlich nicht [...]«.[8]

Es erhöht das Gewicht dieser Sätze, daß sie sich an die Absage Lichtenbergs anschließen, seinem Freunde Georg Forster »ein kleines Ehrendenkmal zu errichten«. Man darf sie nicht als Bekenntnis eines angepaßten und ängstlichen Spießbürgers mißverstehen; sie entsprach einer politischen Einstellung, die unter den sozialen und politischen Verhältnissen Deutschlands in der zweiten Hälfte des 18. Jahrhunderts verbreitet war.

Bis tief ins 18. Jahrhundert hinein erreichten, aufs Ganze gesehen, die Städte und das städtische Bürgertum nicht wieder die Stellung, die sie im 16. Jahrhundert eingenommen hatten. Den Landesherren mit ihren Regierungen und Beamtenschaften war vor allem dort, wo sie nach dem 30jährigen Krieg das Werk des Retablissements und des Landesausbaus konsequent in die Hand genommen hatten, merkantilistische Gewerbeförderung trieben und die Landstände politisch entmächtigen konnten, die entscheidende Position zugefallen, so daß der Entwicklungsstand eines Landes wesentlich von ihrer Aktivität abhing – immer von Ausnahmefällen wie z. B. Württemberg und Sachsen und einigen großen, weitgehend unabhängigen Handels- und Gewerbestädten wie Hamburg, Frankfurt, Leipzig abgesehen. Während die meisten alten Stadtrepubliken bei verkrusteter Verfassung wirtschaftlich stagnierten, gewannen viele Residenzstädte an Bedeutung; andere verdankten ihren bescheidenen Wohlstand der Tatsache, daß in ihren Mauern landesherrliche Behörden, Garnisonen oder – so in Göttingen – Hochschulen existierten.

Hier begegnet man jener neuen Schicht von »Bürgerlichen«, die nicht mit dem lokal geprägten älteren Stadtbürgertum identisch war, allerdings mit ihm verwandtschaftlich in Verbindung stehen konnte. Sie war nicht durch innerstädtische Rechtsstellung definiert, sondern durch Ausbildung, Beruf, Funktion: kein »Stand« älterer Art, deshalb eigentlich im Widerspruch zur Ständegesellschaft stehend, wenngleich oft bemüht, sich in ihr ständisch zu etablieren. Voraussetzung ihrer Existenz war der Bedarf an qualifiziertem und leistungswilligem Personal für die Erfüllung bestimmter Funktionen – also das Vorhandensein von Stellen und Ämtern, deren Wahrnehmung Einkünfte brachte und bei deren Besetzung nicht Geburt und Gnade den Ausschlag gaben. Sie fanden sich in der Kirche, im Bereich der Erziehung und Ausbildung, bei Gerichten und zunehmend, gerade in Deutschland mit seiner Vielzahl von Staaten und staatsähnlichen Gebilden, im landesherrlichen Dienst.

Infolge der ganz überwiegend agrarischen Wirtschaftsstruktur Deutschlands, seiner vergleichsweise geringen Teilnahme am Welthandel und des daraus resultierenden Mangels an Kapital, infolge auch des vielfach behinderten Binnenmarktes in diesem Lande der Grenzen, der Zollstellen, ohne Hauptstadt und Zentrallandschaft, wo das lokale Zunftwesen ein Hindernis für Verbesserungen und unternehmerische Initiative darstellte, blieb der Bereich gewerblicher oder kaufmännischer Tätigkeit eng und wenig aufnahmefähig für neue Kräfte. Hinzu kam, daß mit dem rigiden Beschäftigungssystem ein ständisches soziales Geltungssystem verknüpft war, das z.B. den Söhnen des Adels gewerbliche Tätigkeit verbot, den Weg zum Meister im wesentlichen für Meistersöhne reservierte und die bäuerliche Bevölkerung in ihrer Masse noch immer an den Boden band. Unter solchen Umständen mußten die Söhne bürgerlicher gebildeter Amtsinhaber danach streben, es ihren Vätern nachzutun, und den nichterbenden Söhnen von Kaufleuten, Handwerkern und Bauern, erst recht aus unterbürgerlichen Schichten, mußte der Eintritt in derartige Ämter als erstrebenswerter Aufstieg erscheinen. Zunehmend drängten auch nachgeborene Söhne des Schwert- und Briefadels in bestimmte Bereiche des landesherrlichen Dienstes, in dem sie, selbst bei prinzipiell gleichen Ausbildungs- und Leistungsvoraussetzungen, noch immer Standesvorzüge zur Geltung zu bringen vermochten. In der Schicht der bürgerlichen Gebildeten seinen Platz zu finden, war für den Pfarrersohn Lichtenberg um so selbstverständlicher, als schon der Vater es bis zum Darmstädtischen Superintendenten gebracht, als Dichter und Architekt lokale Verdienste erworben hatte und überdies starke mathematische und naturkundliche Interessen pflegte. Daß von Georg Christophs drei am Leben gebliebenen Brüdern der eine hessen-darmstädtischer Amtmann, der andere geheimer Obertribunalrat in Darmstadt, der dritte sachsen-gothaischer Legationsrat wurde, rundet den – für Pfarrhäuser des 18. Jahrhunderts keineswegs exzeptionellen – sozialen Befund ebenso ab wie die Tatsache, daß die Mutter eine Pfarrerstochter war und eine Schwester des Vaters die Frau des darmstädtischen Hofkapellmeisters. Bürgerliches Erfolgsstreben im Rahmen der deutschen kleinstaatlichen Welt hat also für die Familie Lichtenberg eine Erfüllung gefunden, die die Wirksamkeit über den privaten Bereich hinaus mit einschloß – im Falle Georg Christophs nicht nur in seinem Beruf als Professor, sondern auch in der Rolle des unterhaltend-belehrenden Aufklärungsschriftstellers.

Damit gehört er einem zeitspezifisch und sozialgeschichtlich bedeutsamen Typus an. So sehr er in der großen Schar deutscher Schriftsteller jener Zeit – zuverlässig seien es mehr, so notiert er für sich, »als alle vier Weltteile überhaupt zu ihrer Wohlfahrt nötig haben«[9] – eine rara avis gewesen ist, man erkennt auch bei ihm viele der Züge, die den Aufklärungsschriftsteller charakterisieren: die Verbindung von Moralismus und pädagogischer Absicht, das Interesse an Information, die Hochschätzung von nützlichen Kenntnissen, die Neugier für menschliche Verhaltensweisen und deren Motive, das Bestreben, die Dinge – auch die unfeinen, peinlichen – ungescheut beim Namen zu nennen. Wie so viele dieser Schriftsteller hat auch er die Grenze zur Trivialität oft überschritten und war im Detail und in der Kritik stärker als im schöpferischen Entwurf und in der großen Darstellung. (Bezeichnend, daß sein einziges umfangreiches Werk bei der Erklärung von vorgegebenen Bildern entstand!) Auch Lichtenberg hat, wie so viele dieser Schriftsteller, für Geld geschrieben und ständig über das Schreiben, über die Schriftsteller und ihr Publikum reflektiert; wie ihnen war ihm die Autorenempfindlichkeit nicht fremd, die aus der Verärgerung über andere Schriftsteller spricht, welche anders schreiben und damit erfolgreicher sind. Kurzum: er gehörte zu den vielen, denen das Schreiben und Publizieren das ihnen gemäße und zugänglichste Mittel war, ihre Einkünfte zu mehren, vor allem sich in ihrem Selbstbewußtsein zu bestätigen und mit ihren Vorstellungen in die »Öffentlichkeit« zu gelangen.

Allerdings trumpfte er damit nicht so auf wie sein Göttinger Kollege August Ludwig Schlözer, einer der erfolgreichsten Zeitschriftenherausgeber jener Jahre, der sich unmittelbare politische Wirkung von der »Publizität« versprach,[10] oder Friedrich Gedike und Johann Erich Biester, die Herausgeber der »Berlinischen Monatsschrift«, die sich als Kämpfer gegen alle Arten von »Aberglauben« verstanden,[11] oder Ludwig Wekhrlin, der in jedem Schriftsteller einen »geborenen Advokaten der Menschlichkeit« sah.[12] Lichtenberg hat über solche enthusiastischen Äußerungen seinen Spott ergossen; aufklären, belehren wollte gewiß auch er, aber doch nur durch Verbreitung nützlichen Wissens und auf unterhaltende Weise, nicht durch Verkündigung neuer Wahrheiten oder durch Vorschriften, was zu denken sei. Skeptiker, der er war, glaubte er nicht an die Veränderbarkeit der sozialen und politischen Verhältnisse durch Gedrucktes; und wenn er auch überzeugt war, daß sich vieles in der Welt der Menschen verbessern lasse, so glaubte er, wie alle echten Moralisten, nicht an eine grundlegende Verbesserung der Menschen. Als Geistesverwandter der großen französischen Moralisten von La Rochefoucauld bis Rivarol, freilich ohne deren gesellschaftliche Position, Publikum und selbstverständlichen Bezug auf das Politische, ging es Lichtenberg, der wie jene Gegner philosophischer Systeme war[13] und wie sie die treffendste und dichteste Form seiner Aussage im Aphorismus erreichte, um die Bloßlegung der menschlichen Natur, auch ihrer schwachen Seiten und parties honteuses (wenn er dies ausführlich tat, wie in den Hogarth-Erklärungen, manchmal recht derb und vom Witz in die Witzelei gleitend). Dabei erwies er sich in vielen Fällen als eindringlicher Psychologe, vor allem als scharfer Beobachter des Scheinhaften und der Selbsttäuschung. Mißtrauen in die Kräfte des Menschen schien ihm eine aufrichtigere Haltung zu sein als enthusiastisches Vertrauen in seine Fähigkeiten zum Guten.

Dabei waren Zeit- und Lebenserfahrungen ebenso im Spiel wie persönliche Eigenarten. Die letzteren lassen sich schnell benennen: Körperliche Defizite bei lebhafter Sinnlichkeit, relative Mittellosigkeit, ein gewisser Mangel an Sicherheit (und Naivität) des Auftretens, eine Neigung zum Sich-Einrichten im Kleinen, verbunden mit der anderen Neigung, Idealen nicht zu trauen, ferner die Gewohnheit des Naturwissenschaftlers, genau zu beobachten und experimentell zu prüfen, Distanz zum christlichen Glauben, nur geringe Fähigkeit zur Bewunderung und zum Enthusiasmus. Aus all dem resultierte die Neigung zur Hypochondrie wie zur satirischen Beobachtung von Zeit und Umwelt; aber auch Zeiterfahrung hatte an ihr Anteil, insofern Lichtenberg die Diskrepanz zwischen der individuellen Fähigkeit, selbständig zu denken und die bestehenden sozialen und politischen Verhältnisse zu durchschauen, und der Enge der alltäglichen Existenz des gebildeten, aber besitz- und einflußlosen bürgerlichen Gelehrten schärfer als andere empfand, sie zugleich weniger aufbegehrend als andere hinnahm und, aufrichtiger als andere, nicht versuchte, in Gedanken und Gefühlen aus ihr auszubrechen. Deshalb wurde er nicht zum bitteren Ankläger der Verhältnisse – das wäre ihm zu affektiert, zu pathetisch gewesen –, sondern zum ironisch-sarkastischen Kommentator von Erscheinungen seiner Zeit: weniger scharf und mit kleinerer Zielscheibe als Swift, weniger welthaft als Fielding und Sterne, zugeschnitten auf die zopfige deutsche Realität, die zwar selbst in Göttingen eine relativ freie gelehrte Diskussion und vielleicht den Trugschluß zuließ, man habe hier viel Englisches angenommen, die aber nicht das selbstbewußte bürgerliche Leben, nicht den public spirit erzeugte, den Lichtenberg bei seinen Englandbesuchen zwischen 1770 und 1775 kennengelernt hatte.

Zweifellos war es ein Glücksfall, daß er, der nur sehr geringe Länderkenntnis in seinem Leben erworben hat, ausgerechnet in England sich längere Zeit aufhalten konnte – also in dem Land, das in der Entwicklung der Wirtschaft, der gesellschaftlichen Mobilität und des politischen Bewußtseins als das fortgeschrittenste der Zeit und dessen politische Verfassung seit Montesquieus Interpretation als Garantie politischer Freiheit galt. Er gelangte überdies zu einer Zeit dorthin, als England zwar auf der Höhe seiner Macht stand, die innenpolitische Lage jedoch durch Kritik am Parlament, Wahlrechtsreformverlangen und Differenzen über die Behandlung der amerikanischen Kolonien bestimmt war.[14] Ohne zum unkritischen Bewunderer zu werden, erkannte Lichtenberg wesentliche Unterschiede zwischen England und Deutschland. Dort mehr Welt und Weltkenntnis, mehr Freiheit, mehr Selbständigkeit und praktischer Sinn; hier Nachahmung, Enge, Ängstlichkeit, Bedrückung. »In England findet man mehr Original-Charaktere in Gesellschaften und unter dem gemeinen Volk als man aus ihren Schriften kennt. Wir hingegen haben eine Menge im Meß-Catalogo, wenig in Gesellschaft und dem gemeinen Leben, und unter dem Galgen gar keine«.[15] Die »Freiheit der Engländer« sei durch Gesetze gesichert, während die der hannoverschen Untertanen des englischen Königs von dessen »Gutherzigkeit« abhänge.[16] Aus solchen Vergleichen hat Lichtenberg ein Verständnis dafür gewonnen, daß es nicht natürliche Gegebenheiten, sondern politische Verhältnisse waren, die die Unterschiede hatten entstehen lassen. »Der Deutsche ist so frei als der Engländer, es ist bloß der Mißbrauch der Großen, der hier und da Untertanen zu Sklaven macht«.[17] Und ins Allgemeine gewendet: »Es ist ausgemacht, daß unsere gegenwärtige Glückseligkeit, zumal insofern sie von der

Güte der politischen Verfassung abhängt, nicht in dem Verhältnis gewachsen ist, in dem unsere Erkenntnis zugenommen hat. Woher rührt das? Von der Erziehung der Individuorum? Gewiß nicht allein.«[18]

Das hier angesprochene Problem der deutschen Rückständigkeit ist von Lichtenberg nach seiner Art nicht grundsätzlich erörtert, sondern bei bestimmten Gelegenheiten aufgegriffen worden. »Sie tun die Taten und wir übersetzen die Erzählungen davon ins Deutsche.«[19] Und an anderer Stelle: »Unsere Gelehrten verfallen in den Fehler der Krämer in den kleinen Städten, sie kaufen nicht an der Stelle, wo es wächst, sondern lassen sich es lieber erst von einem Engländer oder Franzosen vorsagen. Das ewige Unsern-Lands-Leuten-bekannt-Machen, warum suchen wir unsern Landsleuten nicht den Geist einzuprägen selbst zu versuchen, und immer auf das Bessermachen zu denken?«[20] Auch der von Lichtenberg mit besonderem Engagement aufs Korn genommene »lächerliche Eifer, Original zu sein«, galt ihm als Zeichen deutscher Unreife und als geeigneter Gegenstand der Aufmerksamkeit eines »satirischen Kopfs«.[21] Gerade wenn er »absolut Genie sein« wolle, sei der Deutsche »Nachahmer«.[22] Und ebenso der »Les-Geist« der Deutschen, der sie »sogar nicht einmal verläßt, wenn die Vernunft fort ist«![23] Zwar konzedierte Lichtenberg an anderer Stelle, daß es in Deutschland »sehr viele vernünftige Leser« gebe; derjenige Teil aber von ihnen, der seine Meinung öffentlich sage, sei »eben noch nicht der feinste«. So habe man »wenig Gelegenheit, die Stimme des Menschen zu hören. Denn unsere Assembleen sind abscheulich«.[24]

Den Lesern des »Göttingischen Taschenkalenders« trug Lichtenberg diese Meinung allerdings nicht so direkt vor. Er sprach die Wahrheiten, die er zu sagen hatte, nur in seinen »Sudelbüchern« offen aus; sonst umgab er sie mit anspielungsreichem Witz, verpackte sie auf eine Weise in Persiflage und Spott, die den Unernst bitter und den Ernst koboldig erscheinen ließ. Das war nicht nur intellektuelles Spiel, sondern auch Ausfluß der tiefen Abneigung gegen hohen Stil und Pathos. »Die Wahrheit hat tausend Hindernisse zu überwinden, um unbeschädigt zu Papier zu kommen, und von Papier wieder zu Kopf. Die Lügner sind ihre schwächsten Feinde. Der enthusiastische Schriftsteller, der von allen Dingen spricht und alle Dinge ansieht, wie andere ehrliche Leute, wenn sie einen Hieb haben, ferner der superfeine erkünstelte Menschenkenner, der in jeder Handlung eines Mannes, wie Engel in einer Monade, sein ganzes Leben sich abspiegeln sieht, und sehen will, der gute fromme Mann, der überall aus Respekt glaubt, nichts untersucht, was er vor dem 15. Lebensjahr gelernt hat, und sein bißchen Untersuchtes auf [un]untersuchten Grund baut, dieses sind Feinde der Wahrheit.«[25] Ironisch und aufrichtig zugleich eine andere Notiz Lichtenbergs: »Auch ich bin erwacht Freund, und zu dem Grad der philosophischen Besonnenheit gekommen, wo Liebe zur Wahrheit die einzige Führerin ist, wo ich allem was ich für Irrtum halte mit dem mir verliehenen Licht entgegengehe, ohne gerade laut zu sagen, das halte ich für Irrtum, und noch weniger, das ist Irrtum.«[26] Lichtenberg verfügte über andere Mittel, etwas als Irrtum darzustellen – feinere und gröbere, stets aber entlarvende. Denn nicht die Konfrontation mit der Wahrheit, sondern die Enthüllung des Scheins war sein Metier. Und dieses übte er meisterhaft aus, wo er hohles Pathos, leere Empfindsamkeit und Autoreneitelkeit der Lächerlichkeit preisgeben konnte.

Dazu fand er in seiner Zeit gerade in dem Umkreis, den er überblickte – nämlich dem der Gelehrsamkeit, der Philosophie und der Literatur – manche Gelegenheit. Hier zeigt sich allerdings auch am deutlichsten neben der Schärfe die Grenze seines Zeitverständnisses: Die deutschen Gelehrten erschienen ihm steril und dürr, »Gliedermänner, nach denen man zeichnen und die man herumzerren kann, wie man will.«[27] Der Nutzen selbst der besten deutschen Universitäten – Göttingen ist hier sicher mitgemeint – bestehe bisher darin, daß man zwar »wackere Advokaten, auch allenfalls wackere Richter und brave Amtsleute« habe. »Aber wo sind unsere erbaulichen Prediger, denen der Welt- und Menschenkenner mit Vergnügen zuhört? Wo sind unsere Publizisten? Und wo sind [...] unsre philosophischen Geschichtsschreiber? [...] Wo sind unsere Philosophen? Wo sind unsere Prosaisten? Noch zur Zeit nur ein einziger Lessing! Barden, Rezensenten, poetische Zitterer, Enthusiasten, die bei jedem Favorit-Vorfall ihr ganzes Feuerwerk abbrennen, haben wir zu Tausenden.«[28] »Von Franzwein oder von Kaffee erhitzt [könne] Deutschlands hoher Dichtergenius [...] im Wald unter einer Eiche oder im Kabinett unter einer Pfingst-Birke prophetische Schauder abwarten, und wenn sie kommen, halb Barde halb Bacchant heiligen Nebel sehen und metrisches Babel sprechen.«[29] Und ganz direkt: »Es gibt eine Art von leerem Geschwätz, dem man durch Neuigkeit des Ausdrucks, unerwartete Metaphern, das Ansehen von Fülle gibt. Klopstock und Lavater sind Meister darin. Im Scherz geht es an. Im Ernst ist es unverzeihlich.«[30] Gegen beide und ihre Jünger hat Lichtenberg die Register seines kritischen Spotts stärker als gegen andere Zeitgenossen gezogen. Bei ihnen fand er mehr Gefühl als Verstand, mehr schöne Worte als Sachkenntnis. Ernstzunehmende Leute lobten allenfalls Lavaters gutes Herz, notiert Lichtenberg, rühmten aber nicht seinen Stil.[31] Und gar Klopstock und der Hain! »Der Sturm am Berge, das Rauschen des Eichenwaldes und das Silber-Gewölke sind alles ganz gute Sachen, aber neue Bilder sind besser.«[32] Ein »Senfkorn von Sache« erschien Lichtenberg wichtiger als ein »ganzes Kapitel voll schöner Ausdrücke«.[33]

Es war nicht nur Sachbezogenheit, die hier sprach. Für Lichtenberg handelte es sich noch mehr um eine moralische und eine ästhetische Frage. Er glaubte zuviel Unkenntnis, zuviel Seichtigkeit, zuviel Phrase bei den Schriftstellern seiner Zeit zu erkennen. Sein Mißtrauen gegen den Geschmack seiner Zeit stieg auf eine von ihm selbst als »vielleicht tadelnswert« bezeichnete Höhe. »Täglich zu sehen wie Leute zum Namen Genie kommen, wie die Keller-Esel zum Namen Tausendfuß, nicht weil sie so viele Füße haben, sondern weil die meisten nicht bis auf 14 zählen wollen, hat gemacht, daß ich keinem mehr ohne Prüfung glaube.«[34] Es waren nicht nur die »enthusiastischen« jungen Dichter, die er nicht mochte; an einem so eitlen Pedanten wie dem hannöverschen Leibarzt J. G. Zimmermann vollzog er ein kritisches Scherbengericht,[35] Lavater befehdete er auch als Physiognomiker,[36] die »Zeitungsschreiber« als Gruppe verachtete er[37] wie die Rezensenten; ihre Wirkung auf Urteil und Geschmack schätzte er gering ein,[38] obwohl er selber in beiden Funktionen tätig gewesen ist. Für die Lesegesellschaften, diese typische Erscheinung der sich formierenden »bürgerlichen« Öffentlichkeit, hatte er nicht viel mehr als Spott übrig,[39] und »daß das Schreiben so zum Maßstab des Verdienstes gediehen ist«, hielt er für ein deutsches Vorurteil seines Jahrhunderts,[40] wie er in dem um sich greifenden Lesen eine Gefahr für das selbständige Denken erkannte. Skeptisch gegenüber den forcierten »Originalköpfen« verlangte er zwar nicht, daß jeder nur eigene Meinung hervorbringe, wohl aber, daß übernommene Meinung erst dann als eigene ausgegeben wird, wenn sie zuvor als »anpassend« befunden ist; im übrigen: »Meine lieber selbst«![41]

Das Leitbild der Aufklärung, der Selbstdenker, ist wie bei Kant, um alles Pathetische reduziert, auch bei Lichtenberg anzutreffen. »Wenn man die Menschen lehrt *wie* sie denken sollen und nicht ewig hin, *was* sie denken sollen: so wird auch dem Mißverständnis vorgebeugt. Es ist eine Art von Einweihung in die Mysteria der Menschheit.«[42] Gleichwohl plädierte gerade er nicht für einseitig intellektuelle Bildung. Denken und Empfinden waren für ihn keine Gegensätze, sondern gehörten untrennbar zusammen. Bei den Philosophen seiner Zeit glaubte er zu wenig Rücksicht auf die »Stimme der Empfindung«, zu wenig »Gefühl« festzustellen; sie gäben »bei jedem Vorfall in der Welt« an, was sie wissen, nicht aber, was sie dabei empfinden, »und das ist nichts wert, dadurch kommen wir der eigentlichen Philosophie keinen Schritt näher.«[43] Auch das ist Aufklärung at it's best, die ja nicht nur das selbsttätige Denken, sondern auch das selbständige und selbstbewußte Empfinden in sein Recht einsetzen wollte, dabei allerdings leicht die bornierte Selbstgefälligkeit der bloß Verständigen wie die Anfälligkeit für Rituale der Einweihung in angebliche Tiefen esoterischer Erkenntnis oder kleinbürgerliche Sentimentalität mobilisierte. Wenn Lichtenberg mit solchen Defizienzerscheinungen auch nicht in Verbindung gebracht werden kann, so haben doch Aufklärungsvorurteile seinen Blick auf die Zeit nicht nur geschärft, sondern auch verengt, und zwar vor allem, wenn sie durch seine Lebensumstände und -erfahrungen potenziert wurden.

Es war – abgesehen von seinen Englandreisen – eben doch ein sehr enger Winkel, aus dem Lichtenberg die Welt beobachtete. Soviel von ihr durch Professoren, Studenten und durchreisende Besucher nach Göttingen hineinreichte – im wesentlichen begegnete sie ihm doch nur literarisch. Und obwohl ein angesehenes Mitglied der Universität und der Akademie, lebte er in einer gesellschaftlichen Randposition, wie er sie auch in der republique de lettres einnahm: ein glänzender Prosaist, der ein literarisches Doppelleben als Kalenderschreiber und Aphoristiker führte und um sich herum eine Fülle von Werken aller Gattungen von tatsächlicher oder vermeintlicher Genialität entstehen sah, für die es ihm zunehmend an Verständnis mangelte. Darin war er kein Sonderfall; lag doch das deutsche Publikum den Dichtern des Sturm und Drang und der frühen Klassik durchaus nicht gleich zu Füßen! Bei Lichtenberg indes regte sich der Unwillen des Mannes, der die Schriftsteller bei der Aufgabe der Unterhaltung und Belehrung festhalten möchte, während diese sich – wie er meinte – in immer weiterem Abstand von der Realität der menschlichen Existenz bewegten, die er in der englischen Literatur so viel praller anzutreffen meinte. Gewiß kein Verächter der deutschen Literatur wie Friedrich II. von Preußen, mißbilligte er doch die Töne forcierter Berufung auf nationale Eigenart und überschwenglichen Selbstbewußtseins. Wieviel der philosophisch-literarische Aufschwung der zweiten Hälfte des 18. Jahrhunderts jedoch tatsächlich für die Ausbildung auch des politischen Bewußtseins der Deutschen bedeutet hat, ist Lichtenberg nicht bewußt geworden.

## IV

In welchem Maße hat er überhaupt die politische Entwicklung seiner Zeit mit Aufmerksamkeit verfolgt? Die Annahme, daß ein gebildeter Deutscher des späten 18. Jahrhunderts selbstverständlich politisches Interesse entwickelt und dieses ebenso selbstverständlich kritisch geäußert haben müsse, wäre zumindest vorschnell. Die großen Fragen des Verhältnisses von Herrschaft und individueller Freiheit, Gleichheit der Rechte und Mitwirkung der Regierten an der Regierung wurden zwar auch in der deutschen Öffentlichkeit zunehmend, aber überwiegend noch recht abstrakt diskutiert. Viele der in kleinen und kleinsten Staaten lebenden Deutschen waren überdies noch lange mit gelehrten Schulstreitigkeiten, mit religiösen, moralischen und ästhetischen Problemen der individuellen Bildung beschäftigt, durch die sie zwar implicite auf die Probleme der gesellschaftlichen und staatlichen Ordnung verwiesen wurden, ohne sie jedoch selbst zu thematisieren. Das war – trotz Englandkenntnis – auch bei Lichtenberg der Fall. Auffallend, wie wenig selbst in seinen Briefen aus England und in den Hogarth-Erklärungen ausdrücklich von Politik, von Verfassung und Institutionen gesprochen wird, obwohl er ein so genauer Beobachter des Lebens war – und das gerade in England! Beiläufige Bemerkungen beweisen, wie genau er erkannte, daß die Verhaltensweisen der Menschen und die Erscheinungsformen des öffentlichen Lebens mit dem politischen System zusammenhingen. Zum Tode einer deutschen Schauspielerin schrieb er aus London an Boie, nachdem er zuvor ausführlich über das Londoner Theater und die Kunst Garricks berichtet hatte, sie, die Mamsell Ackermann, habe gezeigt, was man in Deutschland immerhin ausrichten könne. »Wie wenn nun unsere Pflanzen erst gar die Sonne hätten, die sie in England haben.«[44] Vor allem seine Renzension von Archenholtz' Werk »England und Italien« zeigen ihn als genauen Kenner der politischen Szene. Ganz lichtenbergisch stehen aber auch hier allgemeine Aussagen in Nebensätzen und in Klammern, so wenn er der Feststellung Archenholtz', der englische Adel sei der aufgeklärteste in Europa hinzufügt, »so wie es auch gewiß das gemeine Volk ist.«[45] Lieber verweilt der Rezensent bei bezeichnenden Details des englischen Lebens, wofür u. a. der umstrittene Politiker Wilkes Gelegenheit bot, den er zu »deklariert« whiggistisch dargestellt findet und den er selber in wenigen Zeilen nicht so sehr politisch wie charakterlich bloßstellt.

Es entsprach dem auf das Konkrete gerichteten, verhaltens- und motivationspsychologischen Interesse des Moralisten und Naturforschers Lichtenberg, daß sich ihm auch das Politische im Detail, im praktischen Tun und Verhalten der Menschen erschloß. Deshalb knüpften seine politischen Bemerkungen – mehr sind sie nicht! – in der Regel an kleine Vorgänge an, zielten auf konkrete menschliche Verhaltensweisen und nahmen oft die Form moralischer Maximen an. Dann aber war ihre vorherrschende Tendenz skeptisch und bissig, und zwar gleichermaßen gegenüber bestehenden Verhältnissen wie gegenüber denjenigen, die sie verändern wollten. »Es kann nicht alles ganz richtig sein in dieser Welt weil die Menschen noch mit Betrügereien regiert werden müssen.«[46] Und in einer an Lessings böses Wort über die Freiheit in Preußen erinnernden Weise: »Geht hin und schreibt einmal eine Satyre auf den regierenden Kammerdiener, auf den natürlichen Sohn, oder des natürlichen Sohnes Bastard oder des Bastards Bankert. Ihr werdet des Henkers werden. Überhaupt wenn ihr in Deutschland auf vornehme Herrn Satyren machen wollt, so rate ich euch zwei Stücke, entweder wählt euch welche aus dem alten Testament, oder bewerbt euch zuvor um ein Dienstgen zwischen den Tropicis, und wenn euch das nicht ansteht, so halts Maul.«[47] Freiheit im politischen Leben, wo die Menschen sie so gern suchen, würde nur unglücklich machen; wichtiger sei es, den fürchterlichen »religiösen und System-Despotismus« zu überwinden.[48] »Wo Freiheit zu denken ist, da bewegt man sich mit einer Leichtigkeit in seinem Zirkel, wo Gedanken-Zwang ist, da kommen auch die erlaubten mit einer scheuen Miene heraus.«[49] Auch diese Aussage, die man ähnlich in jenen Jahren oft antreffen kann, ist nicht ohne ironische Einschränkung, geht ihr doch die Feststellung voraus, er verlasse zuweilen acht Tage lang freiwillig nicht das Haus und lebe sehr vergnügt dabei! Das war nicht sich selbst bescheidender Rückzug des ängstlich gewordenen oder resignierten gebildeten Bürgers ins Private; Lichtenberg konnte vielmehr noch keinen Raum für konkrete politische Freiheit erkennen. Deshalb erschienen ihm die Forderungen nach Freiheit und umfassender Reform praktisch irreal, außerdem von den falschen Leuten mit falschem Ziel gestellt. »Narren, die ihre Schwäche nicht kennen, wollen gewöhnlich die Nation reformieren, allein die größten Genies, unter den glücklichsten Zufällen in Wirksamkeit gesetzt, reformieren sie. Anstatt sich dem Strom eingewurzelter Vorurteile und Gebrechen einer Nation (Nachahmung z. E. bei den Deutschen) mit Torherzhaftigkeit entgegenzusetzen ist es schicklicher, und den Kräften mehrerer angemessen, sich jener Schwachheit zu bedienen die Menschen weiser und glücklicher zu machen.«[50] Eben dies sah Lichtenberg, der sich keine »zu künstliche Idee« vom Menschen machte und ihn »weder für zu gut noch zu böse« hielt,[51] überall zu kurz kommen.

Wenig beeindruckt von reformpolitischen Ansätzen des aufgeklärten Absolutismus, von der Intensivierung der politischen Diskussion seit den 1770er Jahren, selbst von der Französischen Revolution, hat Lichtenberg seine Meinungen über die Menschen nicht revidiert und die Ebene seiner Urteile nicht verlassen. Er konnte nicht anders als Ereignisse und Parolen, Zustände und ihre Deutungen auf schwache Stellen und ungewollte Folgen hin abzuklopfen. Mit den Jahren bestärkte sich seine Abneigung gegen allen Enthusiasmus, gegen den Anspruch auf durchgreifende und schnelle Verbesserung, wiewohl auch er die »oft unüberlegte Hochachtung gegen alte Gesetze, alte Gebräuche und alte Religion« für die Ursache allen Übels in der Welt ansah.[52] Um es zu beseitigen erschien ihm die Revolution jedoch nicht als das geeignete Mittel. Als er nach langer Krankheit, in einem Brief an Georg Forster Anfang 1790, die Französische Revolution zum ersten Mal erwähnt, spricht er ironisch von der »Freiheitsinfluenza«, die auch Göttingen – »doch nicht so heftig« – berührt habe. Man sehe doch immer daraus, fährt er fort – wie es wohl niemand sonst in jener Zeit getan hätte – »was der Mensch eigentlich ist, und lernt seinen Hut immer tiefer vor dem Galgen abziehen; er bleibt doch immer eines der nobelsten Instrumente [...], auf welches die Menschen verfallen sind, und ist dabei so simpel.«[53] Das Vorrücken der Revolutionsarmeen in Deutschland machte ihn besorgt, noch mehr das ihrer »principia«.[54] Für die Erklärungen der Revolution »aus tief angelegten Planen«, also für die Verschwörungsthese, hatte er nur Spott; seine eigene Erklärung allerdings, daß nämlich Frankreich wegen »verdorbener Säfte« und Verabreichung von Heilmitteln ohne genaue Untersuchung der Krankheit »toll« geworden sei,[55] führt in der Sache auch nicht weiter, verweist jedoch wieder auf die Struktur seines anthropologisch orientierten Denkens. In seine Urteile über die Franzosen sind allerdings auch nationale Vorurteile, Angst und Verdruß über die durch sie verursachte Unruhe eingeflossen.

Gegenüber Archenholtz begründete er 1794 seine Ablehnung, über Forster etwas zu schreiben, mit dem Hinweis auf unterschiedliche politische Grundsätze und mit seinem Zweifel an Forsters politischer Kompetenz. »Es ging ihm wie manchen großen Kalkulatoren, sie wissen die beste Form der Gewölbe nach Gesetzen der Schwere zu bestimmen, die in der Welt stattfinden, und selbst nach solchen, die in ihr stattfinden *könnten*, und sind nicht im Stand eine sichere Brücke über eine Gosse zu bauen.«[56] Gegenüber Sömmerring sprach er dagegen ein Jahr später von Rücksichten, die er als Familienvater zu nehmen habe. Das »wegen der Zukunft unbekümmerte, frei denkende und frei schreibende Wesen« von ehedem sei er nicht mehr. »Jetzt muß es beim frei *Denken* sein Bewenden haben. Sapienti sat!«[57] Über Göttingen schrieb er Anfang 1795, es gebe dort keinen Professor, der »Revolutions-Prinzipien« anhänge, und wenn es auf Taten ankomme, werde jeder sein Leben für die Regierung lassen.[58] Kaum zu glauben, daß hier kein Ton der Ironie mitschwingt – einer Ironie, die sich allerdings auch auf das eigene Verhalten bezieht; denn ausgenommen hatte er sich nicht!

Muß also Lichtenberg in seinen letzten Lebensjahren doch als einer der Erschrockenen und Angepaßten gesehen werden? Daß diese Frage mit einer gewissen vordergründigen Berechtigung gestellt werden kann, liegt einerseits in den deutschen Verhältnissen, andererseits in Lichtenberg selbst begründet. Noch einmal ist hier auf die Diskrepanz zwischen intellektueller Entwicklung und politischer Faktizität in Deutschland hinzuweisen. Sie vertiefte sich, als schon vor dem Ausbruch der Revolution in Frankreich einzelne deutsche Regierungen gegen radikale Tendenzen der Aufklärung vorgingen und dabei staatliche und kirchliche Reaktion ineinandergriffen. Sie vertiefte sich noch weiter, als die Revolution zunächst von deutschen Gebildeten weitgehend begrüßt wurde, an verschiedenen Stellen Unruhen ausbrachen und der Erwartung Ausdruck gegeben wurde, die Vorgänge in Paris möchten in Deutschland als warnendes Signal für die Durchführung notwendiger Reformen verstanden werden. Zwar war kaum eine der Forderungen der anhebenden Revolution nicht auch in Deutschland schon vorher diskutiert worden. Als sich nun jedoch die Frage ihrer Umsetzung in die Praxis in ganz neuer Dringlichkeit stellte, reagierten auch diejenigen Regierungen restriktiv, die im Rufe standen, aufgeklärt und reformfreudig zu sein. Diese Erfahrung hat schwere Enttäuschung und Resignation bei denen ausgelöst, die geglaubt hatten, daß in Deutschland durch Aufklärung, Bildung und praktische Reformen von seiten der Regierungen Fortschritt ohne Revolution erreicht werden könne. Nur wenige gingen den Schritt weiter zur Parteinahme auch für die jakobinische Wendung der Revolution und zum Eintritt in das Lager der Franzosen. Wenn man in Göttingen von dieser Enttäuschung weitgehend frei blieb, noch weniger »jakobinische« Neigungen zeigte, so deshalb, weil man hier wenig politischen Druck verspürt hatte und eine relativ freie aufgeklärt-kritische, aber nie radikale Diskussion gewohnt war. Zu revolutionären Ambitionen sah man hier kaum Anlaß.

Wie er an der Diskussion der vorhergehenden Jahre über das Wesen der Gesellschaft und die Reform der politischen Institutionen kaum teilgenommen hatte, so griff er nun noch weniger in sie ein. War doch sein Zweifel an der Vervollkommnung des Menschen, ohne die eine Vervollkommnung der sozialen und politischen Welt nicht möglich sei, noch gewachsen und durch zunehmenden Zweifel auch an der Erkenntnisfähigkeit der Menschen und an der Kraft der Vernunft vertieft. Hinzu trat die mit seinem schlechten gesundheitlichen Befinden wachsende Hypochondrie und Melancholie des letzten Lebensjahrzehnts, in dem er sich – pedantisch mit tatsächlichen und eingebildeten Krankheiten beschäftigt, nervlich höchst reizbar, in seinen Stimmungen extrem schwankend – noch mehr von aller Geselligkeit zurückzog und gleichzeitig unter der Isolierung litt: ein über sein wirkliches Alter hinaus alter Mann, der trotz äußerer Ehren und Anerkennungen mit sich, mit dem, was er bislang gedacht hatte, mit seiner Zeit entzweit war und in dem Gefühl lebte, nicht zu dem gelangt zu sein, was er hatte leisten wollen und auch nicht mehr dahin gelangen zu können. Das war nicht nur individuelles Schicksal; man wird vielmehr in der Hypochondrie Lichtenbergs auch einen Ausdruck der Krise des späten Rationalismus und der im einzelnen schwer bestimmbaren Frustration derjenigen sehen müssen, die die Enge der materiellen und sozialen Verhältnisse, in denen sie lebten, ohne sie verändern zu können, besonders stark empfanden. Alles dies schärfte Lichtenbergs Blick für Schwächen der Zeitgenossen, nicht jedoch in gleicher Weise für die allgemeinen Wandlungen seiner Zeit. Im Spiegel seines satirischen Temperaments stellten sich die Bemühungen der Menschen allzuleicht verzerrt dar. Aber: Enthusiasmus, Bewußtsein des Aufbruchs zu neuen Ufern, utopische Erwartungen gab es so viel in seiner Zeit, daß ein kritischer Kopf wie Lichtenberg, der keiner literarischen Richtung, keiner philosophischen Schule, keinem gelehrten System zugehörte, sich zur Rolle eines zwischen Spaß und Spott schillernden, weder denkerisches Risiko noch Trivialität scheuenden Kommentators herausgefordert fühlte. Und wo er Spaß machte, da lag zwar nicht immer, wie Goethe meinte, aber in vielen Fällen eben doch »ein Problem verborgen«.[59] Wer immer sich speziell mit der Zeit Lichtenbergs, allgemein mit dem Wesen der Menschen beschäftigt, sollte Lichtenberg lesen! Was er dabei gewinnt, sind weniger Kenntnisse als Einsichten, sind schärferer Blick und kritisches Urteil, ist Herausforderung zum Denken – also Aufklärung.

## *Christian Wilhelm Dohm – Ein politischer Schriftsteller der deutschen Aufklärung*

I

Die 1781 bei Friedrich Nicolai in Berlin erschienene Schrift »Über die bürgerliche Verbesserung der Juden« von Christian Wilhelm Dohm[1] hat die gesetzliche Emanzipation der Juden in Preußen und Deutschland nicht verursacht und auch nicht direkt eingeleitet. Dennoch hatte sie dafür insofern erhebliche Bedeutung, als sie das aufgeklärte Publikum unüberhörbar darauf hinwies, daß die rechtliche Lage der Juden mit der Vernunft und den Prinzipien aufgeklärter Politik nicht vereinbar sei. Zugleich machte sie deutlich, wie sehr die »bürgerliche Verbesserung« dieses Bevölkerungsteils staatswirtschaftlich nützlich und politisch-moralisch vorteilhaft sei. Die starke Wirkung von Dohms Schrift, die zeitlich zwischen Lessings »Nathan« (1779) und Mendelssohns »Jerusalem« (1783) steht, läßt sich gleichwohl nicht allein von ihrem Thema her erklären; es muß darüber hinaus die allgemeine politische und intellektuelle Situation berücksichtigt werden, in der sie erschien. Im folgenden geht es um das Zeittypische und Symptomatische dieser Schrift, um den Typus des »bürgerlichen Schriftstellers«, den ihr Verfasser repräsentierte, um die Gruppe der »Gebildeten«, der er angehörte und die im späten 18. Jahrhundert mit ihrem Wissen, ihrer Bildung, ihrem sozialen Aufstiegswillen und ihrer Bereitschaft zu patriotischem Engagement nach einem Wirkungsfeld in der Öffentlichkeit suchten, das sie unter den gegebenen Umständen nur als Lehrende, Schreibende, öffentliche Ämter Ausübende zu finden hoffen konnten. Stellten sie auf der einen Seite eine Gruppe ohne materielle Macht und Unabhängigkeit dar, so machten sie auf der anderen das bedeutendste emanzipatorische Potential in der deutschen Gesellschaft jener Zeit aus. Man muß die Konsequenzen dieser widersprüchlichen Situation erkennen, um den Entwicklungsstand der politischen Kultur in Deutschland am Vorabend der Französischen Revolution und der napoleonischen Intervention zu begreifen – einer Kultur, die durch weit ausgreifendes, ja utopisches Reformdenken bei weitgehender Anerkennung des bestehenden politischen Systems gekennzeichnet war.[2]

## II

Überblickt man Christian Wilhelm Dohms Biographie, so kann man sich veranlaßt fühlen, sie als beispielhaft für einen großen Teil der höheren aufgeklärten deutschen Beamtenschaft des späten 18. Jahrhunderts anzusehen.[3] 1751, fünf Jahre vor Ausbruch des Siebenjährigen Krieges, geboren und 1820, fünf Jahre nach dem Wiener Kongreß, gestorben, umspannt sein Leben einerseits noch die Schlußphase des alten Reiches, andererseits die Phase der von außen erzwungenen, aber auch aus inneren Entwicklungen hervorgegangenen politischen Umgestaltungen und noch die Anfangsjahre des Deutschen Bundes. Darin eingeschlossen sind die Jahrzehnte deutscher Kulturentfaltung von der Aufklärung bis zur Romantik und zum philosophischen Idealismus, aber auch die Zeit vielfältiger aufgeklärt-frühliberaler sozialer und politischer Reformen, welche – auch wenn sie ihr Ziel oft nicht erreichten – für die Vorstellungen derjenigen, die sie in Gang setzten und trugen, charakteristisch waren. Dohm war nicht nur ein Miterlebender dieser Jahrzehnte, sondern auch ein in ihr Handelnder und über sie Schreibender: kein überragender oder origineller Geist, kein Mann, von dessen Handeln Entscheidendes abhing, aber eben deshalb geeignet, in die Mitte einer sozialtypologischen Betrachtung gerückt zu werden.

Wie nicht wenige der höheren preußischen Beamten und Diplomaten um 1800 war Dohm kein geborener preußischer Untertan. Er stammte aus Lemgo in der Grafschaft Lippe, einem nordwestdeutschen Kleinstaat, dessen Landesherren dem westfälischen Reichsgrafenkollegium angehörten. Im Anfang des 18. Jahrhunderts hatten sie wie viele ihrer Standesgenossen den Versailler Stil absoluter Herrschaft zu kopieren versucht; unter Graf Simon August gewannen aufgeklärte Ideen einen bescheidenen Einfluß auf die Politik. In Lemgo lebte noch immer ein städtisches Selbstbewußtsein, das sich sowohl aus der älteren wirtschaftlichen Bedeutung der einstigen, dem Kölner Quartier zugehörigen Hansestadt nährte als auch aus der Tatsache, daß sich die Stadt der Überführung des Landes zum Calvinismus durch den Landesherrn, zuletzt (1609) sogar in offenem Aufstand, erfolgreich widersetzt hatte und lutherisch geblieben war. Mit dem Dreißigjährigen Krieg jedoch hatte Lemgo die Blüte seines Handels eingebüßt; die Stagnation und Verkrustung des ökonomischen und sozialen Lebens, welche in großen Teilen Deutschlands für mehr als ein Jahrhundert kennzeichnend wurde, ergriff auch diese Stadt, zumal sie nicht durch eine Residenz oder Garnison neuen Auftrieb erhielt. Reger blieb das intellektuelle Leben im 18. Jahrhundert. Dazu trug nicht unerheblich bei, daß das Gymnasium und die Verlagsbuchhandlung der Gebrüder Meyer überregionale Bedeutung besaßen. Die in den deutschen Klein- und Mittelstädten jener Zeit tonangebende Gruppe der Honoratioren wies hier ein starkes gelehrt-gebildetes Element auf.[4]

Aus ihr ging Christian Wilhelm Dohm hervor. Sein Vater war Prediger an der neustädtischen Marienkirche, sein Großvater väterlicherseits Rektor der

Lateinschule im schaumburg-lippischen Rinteln und Professor für Logik, Metaphysik und Poetik an der dortigen Universität. Dohms Mutter war die Tochter eines lippischen Regierungsrates. Da beide Eltern früh starben, wuchs Christian Wilhelm in verschiedenen Pfarrer-, Kantoren- und Lehrerfamilien heran – nicht in materieller Dürftigkeit, aber doch früh auf sich gestellt. Nach Herkunft und Umgebung war der Weg zum theologischen Studium wie selbstverständlich vorgezeichnet, und da Christian Wilhelm ein guter Schüler und intensiver Leser war, konnte er im Herbst 1769 gut vorbereitet die Leipziger Universität beziehen. Ein Entwicklungsgang, den vor, neben und nach ihm so viele junge Deutsche nahmen, die weder Grundbesitz zu erben noch in Handel und Gewerbe ihr Glück zu machen hoffen konnten, daß um 1780 bereits vor einem akademischen Proletariat gewarnt wurde. In der Tat erreichten viele der oft mittellosen – und schon deshalb das Theologiestudium einschlagenden – Kandidaten das erstrebte Pfarramt nicht oder erst nach langen Jahren oft drückend empfundener Hauslehrertätigkeit; andere wurden Lehrer an höheren Schulen. Nicht die berufliche Bedarfslage allein hat die häufige Abkehr von der Theologie schon während des Studiums bewirkt. Mit dem Aufstieg der philosophischen Fakultät gewannen – zuerst in Göttingen – Philosophie, Historie und Staatswissenschaft zunehmend an Bedeutung und Attraktivität, während sich Amt und Berufsbild des Pfarrers unter dem Eindruck aufgeklärter Vorstellungen dem des profanen Lehrers annäherten.[5]

Auch Dohm hat das Studium der Theologie früh aufgegeben. Offenbar wurde er von den undogmatischen Vorstellungen eines aufgeklärten Christentums angezogen und von dem Wunsch beherrscht, eine andere Form des tätigen Lebens zu finden als das Pfarramt. Er hörte zunächst juristische Vorlesungen, unterbrach dann aber das Studium, um bei dem philanthropinistischen Pädagogen Basedow zu leben und von ihm Weisung für seinen Lebensweg zu erhalten: ein bald scheiternder Versuch, durch den Dohm jedoch mit der aufgeklärten Erziehungsbewegung in Berührung gebracht wurde. Wichtiger noch ist ein anderer Einfluß gewesen, der seit seiner Rückkehr nach Leipzig persönlich und literarisch auf ihn wirkte. Er ist vor allem durch die Namen von Christian Garve, von Weiße, Engel und Zollikofer angedeutet. Oft hat man sie mit pejorativem Beiklang als Popularphilosophen bezeichnet, dabei aber unterschätzt, welche Bedeutung die von ihnen geübte Form der philosophischen Argumentation, ihre Weise, praktische, also moralische, ökonomische, ästhetische und politische Fragen zu reflektieren, gehabt haben. Frei vom Systemzwang und, bei aller Oberflächlichkeit, auf konkrete Lebensverhältnisse abgestellt, entwickelten sie neue Möglichkeiten philosophischer Schriftstellerei und ermutigten ihre Leser zu eigener Beschäftigung mit Problemen des individuellen und gesellschaftlichen Lebens. Die charakteristische Argumentationsstruktur, der zugleich unterhaltende und belehrende Sprachduktus, der praktische Moralismus dieser Schriften hat starke Zustimmung gefunden und stilprägend gewirkt. Durch die Popularphilosophen, aber auch durch Gleim in Halberstadt, der ihm, wie so vielen anderen jungen Leuten, seine Förderung zuteil werden ließ, und durch Gellert in Leipzig wurde Dohm auf die Schriftstellerei, auf das Schreiben als Handeln hingewiesen und dazu ermutigt. Garve machte ihn mit Locke und Hume, mit der englischen Moralphilosophie und politischen Ökonomie bekannt, und sein eigener Lesehunger führte ihn weiter in das Gebiet der praktischen Philosophie. Nicht die Institution der Universität, sondern in erster Linie der Umgang mit einzelnen Gelehrten und ihren Schriften hat Dohm in der Aufklärungsgesellschaft, die sich damals in Deutschland ausformte, seinen Platz finden lassen.

Als Garve 1772 seine außerordentliche Professur in Leipzig niederlegte, verließ auch Dohm die Stadt und ging zum erstenmal nach Berlin: der bedeutenden Männer wegen, die dort unter der Regierung Friedrichs anzutreffen seien. Daß er sogleich – wie er an Gleim schrieb – ein »Lesebuch der preußischen Geschichte, Geographie, Statistik [...] für die Schulen und die ungelehrten Stände« plante,[6] welches im Rahmen eines von Gleim projektierten literarischen Volksbildungsunternehmens erscheinen sollte, deutet die Richtung an, in der Dohm eine gemeinnützige Tätigkeit suchte. Zustande gekommen ist es nicht; wohl aber hat ihm schon das erste Jahr in der preußischen Hauptstadt die Bekanntschaft mit Sulzer, Nicolai, Spalding, Teller und vor allem Büsching eingebracht. Der Rat Büschings, Reisebeschreibungen zu übersetzen, führte zum Plan einer eigenen Beschreibung der Geschichte, Sitten, Religion, Gesetze und Literatur Indiens – einer Darstellung im Stile der Büschingischen Erdbeschreibung, die alle erreichbaren Informationen zu einem umfassend angelegten Tableau verarbeitet. Da Dohm jedoch zunächst keine feste Anstellung in Berlin fand, ging er zur Vervollständigung seiner Studien nach Göttingen, an die damals modernste deutsche Universität, die für sich in Anspruch nehmen konnte, das Zentrum modern aufgefaßter Staatswissenschaften zu sein. Hier studierte er vor allem Staatsrecht, Statistik und neuere Geschichte, hörte bei Schlözer, Pütter, Böhmer und Beckmann, bewunderte die Osnabrückische Geschichte Justus Mösers, deren erster Band 1768 erschienen war, und schwankte zwischen einer gelehrten akademischen Tätigkeit und einem aktiven Leben mit breiterer Wirksamkeit, da ihm, wie er an Gleim schrieb, »das akademische [Leben] wegen seiner Einförmigkeit, Cabalen und dergleichen immer weniger gefällt«.[7]

## III

Wo aber und wie konnte ein junger Gebildeter bürgerlicher Herkunft ein wirkendes und wirksames Leben im damaligen Deutschland erreichen? Als freier Schriftsteller allein von der Feder zu leben war trotz der starken Expansion des Buchmarktes und des Zeitschriftenwesens noch kaum möglich; außerdem war es nicht jene praktische »Tätigkeit für's gemeine Beste«,[8] die

Dohm anstrebte. Allerdings konnte literarische Produktion zur Empfehlung für den Eintritt in den fürstlichen Dienst werden. Suchten doch die Regierungen im späten 18. Jahrhundert mit Vorliebe solche Männer zu gewinnen, die sich dem Publikum bekannt gemacht hatten und fähig erschienen, für den Staat, dem sie dienten, werbend zu wirken.

Erstaunlich schnell ist Dohm während seiner Göttinger Jahre zum Schriftsteller, Journalisten und Herausgeber geworden. 1774 übernahm er die Redaktion des in Cleve erscheinenden »Encyclopädischen Journals«, dessen moralistischen Charakter er zu einem historisch-geographisch-statistischen veränderte. Von Anfang 1776 an gab er – gemeinsam mit Heinrich Christian Boje – das »Deutsche Museum« heraus, eine ungewöhnlich gut redigierte und erfolgreiche allgemeinbildende Zeitschrift. Gleichzeitig – im Jahr der amerikanischen Unabhängigkeitserklärung! – arbeitete er an einer »Geschichte der Engländer und Franzosen im östlichen Indien«, wozu ihm im hannoversch-englischen Göttingen und im Umkreis Schlözers neue Impulse zuflossen. Mit dieser Schrift wollte Dohm sich in Berlin für eine Professur der Kameralwissenschaft an der Universität Halle oder – noch lieber – eine Stelle beim Generaldirektorium oder bei einem der Minister empfehlen. Da sich dazu jedoch keine Möglichkeiten eröffneten, nahm er das Angebot einer Professur der Finanzwissenschaften und Statistik am Collegium Carolinum in Kassel an, wo er mit Jacob Mauvillon, Georg Forster und dem Mediziner Sömmerring bekannt wurde. Schon kurz nach seinem Eintreffen in Kassel schrieb er an Gleim, seine Situation sei vortrefflich, da sie ihm »soviel Unabhängigkeit und Muße [lasse], als man nur immer verlangen kann, wenn man seine Freiheit an einen Fürsten verkauft«. Gleichzeitig bekannte er, daß er »nach einer weiteren Sphäre, nach einer andern als bloß literarischen Tätigkeit« strebe,[9] und sie glaubte er nur in Preußen finden zu können. Aus seinen wiederholten Versicherungen, daß er diesem Staate und seinem großen König zu dienen wünsche, darf man beides herauslesen: die Erwartung, dort eine befriedigende berufliche Position zu finden, und die Überzeugung, daß dieser Staat die fortgeschrittenste aufgeklärte Regierung besitze, aufgeklärten Männern größere Wirkungschancen biete und auch für die zukünftige Entwicklung in Deutschland ausschlaggebend sei.

Wie ernst es Dohm mit dem Wunsche war, in preußische Dienste zu treten, zeigt sich auch darin, daß er das Angebot einer Professur für Geschichte in Erfurt durch den kurmainzischen Statthalter Karl v. Dalberg, der ihm auch eine praktische Tätigkeit in Aussicht stellte, ablehnte und – Ende 1779 – mit der relativ unbedeutenden, nicht besonders gut besoldeten Stelle eines Geheimen Archivars beim Staatsarchiv in Berlin mit dem Titel eines Kriegsrats zufrieden war. Allerdings konnte er sich der besonderen Gunst des Ministers Graf Hertzberg erfreuen und von ihm weitere Förderung erhoffen, die er auch – keineswegs uneigennützig von seiten des Ministers – erhielt. Durch ihn wurde er mit der preußischen Außenpolitik bekannt gemacht und veranlaßt, über den Bayerischen Erbfolgekrieg (1779),[10] später über den deutschen

Fürstenbund (1785)[11] zu schreiben. 1783 wechselte er ganz ins auswärtige Departement über und erhielt 1785 die freigewordene Stelle eines preußischen Gesandten beim niederrheinisch-westfälischen Kreis und beim kurkölnischen Hof. Es war für ihn die erwünschte Gelegenheit, sich aus der Rolle des jungen Mannes und Helfers Hertzbergs zu lösen.

Gibt Dohms berufliche Karriere ein Beispiel für die Attraktivität des friderizianischen Preußen, so auch für die große Bedeutung persönlicher Beziehungen gerade bei Schriftstellern – selbst in Preußen. Noch war auch in diesem Staat das System der Laufbahnen und Berechtigungen nicht fixiert, noch war die Zahl der wissenschaftlich gebildeten und literarisch-publizistisch gewandten, aktuell schreibenden Männer relativ gering, die sich mit den modernen, auf die Praxis gerichteten Wissenschaften – neben dem Staatsrecht und der neueren und »Zeitgeschichte« Kameralistik, Ökonomie, Geographie und Statistik – beschäftigt und einen pragmatischen Zugriff auf politisch-gesellschaftliche Probleme entwickelt hatten. Je mehr sie davon überzeugt waren, daß die entscheidenden Mittel des erstrebten Fortschritts im Sinne der Aufklärung Gesetzgebung, Verwaltung und Erziehung seien, um so mehr erhofften sie von vernünftig und wohlwollend handelnden Regierungen, um so mehr aber auch sahen sie sich selber als die geeigneten Instrumente dieses Fortschritts. Sie verstanden sich als die dynamische Kraft der gesellschaftlichen Entwicklung und als Träger der Entfaltung des öffentlichen Bewußtseins; sie waren zu patriotischem Engagement bereit und erwarteten, daß aufgeklärte Regierungen sich ihrer Dienste versicherten. Zugleich konnten sie die Tatsache ihrer materiellen Abhängigkeit von denjenigen, welche Positionen zu vergeben hatten oder Einfluß bei den Mächtigen besaßen, nicht übersehen; ja, sie mußten sie oft schmerzlich erfahren. So weist die soziale und politische Physiognomie dieser Gruppe der bürgerlichen Gebildeten widersprüchliche Züge auf, die im einzelnen unterschiedlich auftraten, aber doch in jedem individuellen Falle erkennbar sind. Hohe, z. T. übersteigerte Selbsteinschätzung, oft pathetisch betonter Patriotismus und starke Leistungsbereitschaft standen der Erfahrung gegenüber, sich dem bestehenden System anpassen zu müssen und seine Grenzen kaum erweitern zu können. Solche Diskrepanzen wurden dadurch noch verstärkt, daß trotz der relativ großen Zahl von Positionen infolge der Vielzahl von Regierungen, Verwaltungen und regionalen Institutionen, von Universitäten und gelehrten Schulen in Deutschland gegen Ende des 18. Jahrhunderts die Zahl der Bewerber bereits diejenige der Stellen überstieg. Wer sich jedoch einen Namen gemacht hatte – gerade auch durch seine Publikationen –, der hatte in Deutschland Chancen.

Nach seinem Übergang nach Preußen hat Dohm mit dem Gedanken gespielt, das Land wieder zu verlassen, als er eine Professur für Geschichte und Staatswissenschaft im habsburgischen Freiburg und eine Professur für Statistik, Ökonomie, Polizei-, Kameral- und Finanzwissenschaften im hessischen Marburg angeboten bekam.[12] Zweifellos hat dabei der gerade in Preußen nicht ausbleibende Verdruß über das Mechanische der Administration und des Dienstes eine Rolle gespielt. Seine Vermutung, daß der Dienst unter Joseph II. jugendfrischer sein werde, nicht nur Tätigkeit, sondern auch »Kopf« verlange, ist allerdings von dem nüchternen Johann Georg Schlosser ins rechte Maß gerückt worden. Schließlich hat die Ernennung zum Geheimen Kreisdirektorialrat und Gesandten Dohm im preußischen Dienst festgehalten.[13]

Daß er nach 1807 in den Dienst des napoleonischen Satellitenstaats Westphalen eingetreten ist, darf nicht unter dem Aspekt nationaler Solidaritätsforderung als Opportunismus verurteilt werden. Es widersprach keineswegs einem älteren Patriotismus, für das Wohl der bürgerlichen Gesellschaft unter verschiedenen Regierungen zu arbeiten. Dohm war vorher jahrelang als preußischer Kreisgesandter, als Organisationskommissar in der ehemaligen Reichsstadt Goslar, als Präsident der eichsfeldischen Kriegs- und Domänenkammer in Heiligenstadt tätig gewesen, also in Gebieten, die im Frieden von Tilsit von Preußen abgetrennt und dem neuen Königreich Jérome Bonapartes zugeschlagen wurden. Dohm blieb also, als der preußische Staat zu einer Macht dritten Grades degradiert und fast um die Hälfte verkleinert wurde und für viele seiner Beamten keine Verwendung mehr hatte, im Raum seines Wirkens, und die Kasseler Regierung nahm ihn wie so viele andere bereitwillig auf, da sie ohne den Rückgriff auf erfahrene Männer überhaupt nicht funktionsfähig gewesen wäre.

## IV

Als Dohm in den preußischen Dienst eintrat, war er bereits als Verfasser der Schrift über die bürgerliche Verbesserung der Juden weithin bekannt. Er hatte sie keineswegs als ausgewiesener Kenner des Judentums oder als besonderer Freund der Juden geschrieben. Moses Mendelssohn, der ihn als Mitglied des Berliner Aufklärerkreises kannte, hatte ihn gebeten, eine Denkschrift zu redigieren, welche die elsässischen Juden in Paris vorlegen wollten, um eine Verbesserung ihrer Lage zu erreichen.[14] Möglicherweise wußte er, daß Dohm schon früher beabsichtigt hatte, die Geschichte des jüdischen Volkes seit der Vertreibung zu studieren;[15] ganz sicher aber kannte er ihn als einen sachkundigen politischen Schriftsteller, der Daten und Informationen über Land und Leute, Verkehr und Handel, Geschichte, Gesetze und soziale Verhältnisse auf Grund einer pragmatischen Theorie geschichtlich-gesellschaftlicher Entwicklung methodisch zu sichten und zusammenzustellen vermochte. Angeregt durch Johann Anton Büsching hatte er Reisebeschreibungen, die er herausgab, um weiteres Material ergänzt und war im Sinne Büschings und Schlözers zum »Statistiker« geworden, der von 1776–78 eine Reihe von politisch-statistischen Abhandlungen im »Deutschen Museum« veröffentlichte. Von 1777 an gab er »Materialien für die Statistik und neuere

Staatsgeschichte« heraus:[16] vorwiegend Auszüge aus größeren unbekannten, auch ausländischen Werken, die auf aktuelles Interesse rechnen durften und an denen sich das politische Wissen und der politische Sinn der Deutschen entwickeln sollten. Wenn der auf dem Kontinent viel bewunderte public spirit der Engländer durch die freiere Verfassung ihres Landes ermöglicht worden sei, meinte Dohm, dann könne er in Deutschland nur durch die theoretisch-literarische Beschäftigung mit den Gegenständen des staatlich-gesellschaftlichen Lebens geweckt werden. Dafür wollte er Material liefern, wobei er sich strenge Unparteilichkeit zur Pflicht machte, um den Leser zu eigener Urteilsbildung anzuregen.

Wie alle politischen Schriftsteller der Aufklärung war Dohm davon überzeugt, daß bereits die freie, kommentarlose Information über wirtschaftliche, soziale und politische Tatsachen, die Mitteilung von Bevölkerungs- und Produktionszahlen, die Bekanntmachung von administrativen Maßnahmen und Gerichtsurteilen eine Politisierung der öffentlichen Meinung bewirken werde, die nicht ohne Rückwirkung auf die Praxis der Regierungen bleiben könne. Allerdings mußte auch er erkennen, daß es in Deutschland noch immer schwierig war, verläßliche Informationen zu erhalten. So mußten ihm nicht selten Nachrichten über englische und französische Wirtschaftspolitik dazu dienen, indirekt auf deutsche Defizite und Rückstände hinzuweisen oder Mitteilungen über Spanien, um die nachteiligen Folgen falscher Finanzpolitik zu zeigen. Damit sollte die Aufmerksamkeit der Leser auf die Zustände des eigenen Landes gelenkt, aber auch erreicht werden, daß die Regierenden à la longue in den Sog der allgemeinen Meinungsentwicklung hineingerieten. Waren doch für Dohm die wahren Interessen der Regierenden und der Regierten identisch. Beide darüber aufzuklären galt ihm als vornehmste Aufgabe der Schriftsteller und aller Lehrenden. Eine Aufgabe, die nur bei Erweiterung nützlichen, praktisch verwertbaren Wissens vorstellbar war.

In diesem Sinne benutzte er seine »Nacherinnerungen« zu einem Aufsatz des preußischen Ministers v. Zedlitz »Über die Einrichtung einer Volkslehre in einem eigentlich monarchischen Staat« zum Hinweis auf die Wichtigkeit von Kenntnissen der Naturgeschichte und der natürlichen Produkte des Vaterlandes[17] und wies auf die mangelhafte Nutzung des Bodens hin, die ihre Ursache in der verbreiteten Unwissenheit des Volkes habe. Gleichwohl war er weit davon entfernt, ein Anhänger des mit doktrinärem Anspruch auftretenden, in Frankreich entwickelten physiokratischen Systems zu sein. Seine exzellente kurze Darstellung dieses Systems von 1778[18] war zwar nicht, wie oft behauptet wird, eine Gegenschrift und Widerlegung, vielmehr die zu ihrer Zeit beste Information über die Physiokratie, die allerdings Zweifel an deren starren Grundsätzen und weitreichenden Versprechungen anmeldete. Daß die Ökonomie allgemeingültige Lehrsätze aufstellen könne, glaubte er ohnehin nicht. In seinen eigenen Anschauungen verknüpften sich starke merkantilistische Elemente mit prinzipiell wirtschaftsliberalen Ansätzen; vor allem aber ging es ihm ganz pragmatisch um die Steigerung der Produktivität

– in der Landwirtschaft durch bessere Nutzung des Bodens und Erschließung seiner Schätze, in Gewerbe und Handel durch Steigerung der Erzeugung und des Umsatzes. Zur Erreichung dieses Zieles sprach er sich für eine fortschreitende Aufteilung des Bodens, Aufteilung auch der Domänen und Bauerngüter, für Bauernbefreiung und freie Erwerbbarkeit des Bodens aus, ebenso für die Aufhebung der Zünfte, die Förderung von Manufakturen und die mögliche Vermeidung staatlicher Interventionen. Gleichzeitig hielt er am Ausgleich der Interessen durch den Staat fest und sprach diesem die Pflicht zu, durch Zölle, Einfuhr- und Ausfuhrregelung die eigene Wirtschaft zu unterstützen und durch Prämien Anreize zu geben. Letztlich allerdings blieb Dohm überzeugt, daß die volle Nutzung der naturalen Ressourcen eines Landes und der größte Wohlstand in der Gesellschaft nur bei »der nach allen Verhältnissen eines Landes größtmöglichen Zahl seiner Bewohner« erreicht werden könnte; »denn nur durch diese wird die vollkommenste Kultur des Bodens so wie des Geistes bewirkt, und die Gesellschaft in Stand gesetzt, alle ihre Zwecke von außen und innen zu erfüllen, Sicherheit, Wohlstand und überhaupt Glückseligkeit in möglichst höchstem Grade zu erreichen«.[19] Eine große Zahl von Menschen nötige zur Entwicklung aller Kräfte, zu höherem Fleiß, größerer Nahrungsmittel- und Warenproduktion, zu neuen Erfindungen. Zwar gebe es theoretisch eine Grenze, an der ein Land seine maximale Bevölkerungszahl erreiche; sie sei jedoch in keinem der europäischen Länder auch nur annähernd erreicht und schiebe sich durch die ständige Steigerung der Bedürfnisse und der Produktivität der Arbeit immer weiter hinaus.

Dohms ökonomische Vorstellungen blieben durchaus der vorkapitalistischen protoindustriellen Phase verhaftet. Er empfahl nicht den Ausbau der Fabrikproduktion, sondern die Intensivierung der Landwirtschaft und die Erweiterung der Heimindustrie, vor allem im Sinne eines dezentralisierten Manufakturwesens. Optimistisch glaubte er, daß eine Erhöhung des Wohlstands aller Menschen durch höhere Tätigkeit, aber ohne tiefgreifende Veränderungen des ökonomischen Systems, ohne Veränderung der grundlegenden Struktur der Gesellschaft möglich sei. Die Regierungen sollten diese Entwicklung begünstigen, sie jedoch nicht »machen« oder erzwingen wollen.

Die Naivität und der Utopismus dieser vor-malthusianischen und vorindustriellen Vorstellungen Dohms hingen aufs engste mit seinem Welt- und Menschenbild zusammen. Wie die meisten Aufklärer war er überzeugt von dem harmonischen Zusammenwirken der materiellen und intellektuellen Welt zum Zwecke der höchsten Vollkommenheit und Glückseligkeit aller Menschen. Das Streben nach dieser Vollkommenheit sei im Menschen angelegt; Verbesserung sei die menschlichste seiner Fähigkeiten; Aufgabe der Erziehung und Aufklärung müsse es sein, die vernünftige Einsicht des Menschen in seine Bestimmung zu fördern und ihn damit zu einem moralischen Wesen zu machen. Soweit im Laufe der Geschichte die positiven Religionen dazu beigetragen hätten, sei dies kraft der ihnen innewohnenden natürlichen und vernünftigen Religion geschehen. Daß diese immer mehr hervortrete und ihre Wahrheit zum Gegenstand der Erziehung und der zur Sittenlehre gewordenen Erbauung werde, erhoffte Dohm von der fortschreitenden Aufklärung seiner Zeit – damit auch die Überwindung konfessioneller Unterschiede, wachsende Toleranz und die Integration der Juden in eine aufgeklärte bürgerliche Gesellschaft.

Dohms utilitaristischer und rationalistischer Deismus entsprach den Überzeugungen vieler Berliner Aufklärer, mit denen er befreundet war und vertrug sich durchaus mit säkularisiertem Protestantismus wie auch mit dem naturrechtlichen Begriff des Staates als Zweckverband zur Erreichung von Wohlfahrt und Glückseligkeit. Als Anhänger der Lehre, daß der Staat aus einem Vertrag hervorgegangen sei und deshalb im Prinzip republikanisch sein müsse, konnte er 1781 an F. H. Jacobi schreiben, daß er kein Preuße geworden wäre, wenn er als Brite, Schweizer oder Reichsstädter geboren sei.[20] Er begrüßte den Unabhängigkeitskampf der englischen Kolonisten in Nordamerika und stimmte sogar den Prinzipien von Thomas Paines »Common Sense« zu – auch darin unter deutschen Schriftstellern im späten 18. Jahrhundert keine Ausnahme, ebensowenig wie in der Überzeugung, daß die bewunderte wirtschaftliche und politische Bewußtseinsentwicklung der Engländer wesentlich durch ihre Verfassung ermöglicht worden sei. Diese Verfassung hielt er im Prinzip für überlegen, weil sie durch Teilung der Gewalten die Regierung beschränke und der Bevölkerung eine Teilnahme an der Regierung garantiere. Daß er dennoch ein treuer Untertan und Beamter des »ersten monarchischen Staates in der Welt«[21] blieb, bedeutete – wie auch bei seinen Berliner Freunden – keineswegs einen Widerspruch. Unter den gegebenen deutschen Verhältnissen fand er in Preußen die geringste Ungerechtigkeit, die gleichmäßigste Beachtung der Gesetze, die fähigste Regierung.[22] Überdies glaubte er, daß die wesentlichen Elemente eines republikanischen Staatswesens, also vor allem Sicherheit der Person und des Eigentums, gesetzliche Garantie bürgerlicher Freiheiten, gerechte Justiz, auch in einem monarchischen Staat realisierbar seien, zumal in einem solchen, wo die Gewalt des Monarchen zwar keiner gesetzlichen und institutionellen Einschränkung unterliegt, jedoch wohlwollend-aufgeklärten Intentionen entspringt und sich in streng rechtlichen Formen äußert. Dieser Vorstellung vom friderizianischen aufgeklärten Absolutismus, wie sie Hertzberg, die Männer des Allgemeinen Landrechts, die Mitglieder der Mittwochsgesellschaft, viele Beamte und Schriftsteller, auch Dohm und Kant vertraten, wird man nur gerecht, wenn man die ihr zugrundeliegende Überzeugung ganz ernst nimmt, daß eine aufgeklärte, auf willkürliche Gewalt verzichtende monarchische Regierung mit den Mitteln vernünftiger Gesetzgebung und streng gesetzlich arbeitender Verwaltung eine fortschreitende Verbesserung der gesellschaftlichen Zustände bewirken, den Staat zu einer freien bürgerlichen Gesellschaft, zu einer res publica machen könne. Dazu bedürfe es allerdings einer langen Entwicklung und eines Lernprozesses, weil abrupte Verfassungsänderungen Unheil bringen und abstrakte Staatsmodelle nicht funktionieren.

Den dominierenden Vorstellungen in der Berliner Aufklärungsgesellschaft entsprach es auch, daß Dohm eine soziale Umschichtung der Gesellschaft nicht wünschte, sondern von der Notwendigkeit der Erhaltung und Abgrenzung der Stände überzeugt war. Zwar sollten alle Schichten der Bevölkerung durch Erziehung und die Lektüre bildender Schriften von der Aufklärung erfaßt werden; aber diese Bildung sollte nicht die Grenzen des dem jeweiligen Stande Angemessenen und Nützlichen überschreiten.[23] Die Menschen sollten dazu befähigt werden, die ihrem Stande entsprechenden Aufgaben in Gesellschaft und Staat möglichst effektiv wahrzunehmen und darin ihre Glückseligkeit zu finden. Das würde auch dem Gemeinwesen zum größten Vorteil gereichen. Diese sozialkonservative Anschauung gründete zum einen in der Überzeugung, daß die ständische Gliederung der Natur der Menschen entspreche, zum anderen in dem von der höheren preußischen Beamtenschaft vertretenen politisch-ökonomischen Konzept einer Gesellschaft, deren soziales Gefüge nicht mehr entscheidend durch Herkunft, sondern durch die im Staate zu erfüllenden Funktionen bestimmt ist. Diese funktionalistische Interpretation der Ständegesellschaft veränderte nicht ihre Realität, legitimierte sie jedoch anders und bereitete ihre tatsächliche Umgestaltung vor.

## V

In seinen Anschauungen und Leitvorstellungen, seinem Suchen nach Möglichkeiten einer in die Öffentlichkeit hineinwirkenden Tätigkeit, seiner schriftstellerischen Aktivität, die informieren, belehren und die Leser zur besseren Erkenntnis und zum richtigeren Handeln führen wollte, entsprach Dohm ganz dem Typus des »bürgerlichen«, der älteren Ständegesellschaft eigentlich nicht mehr angehörenden Gebildeten.[24] Dieser war im späten 18. Jahrhundert kein Radikaler und ist nur in den seltensten Fällen unter dem Einfluß der Französischen Revolution zum »Jakobiner« geworden. Er glaubte an die wirklichkeitsverändernde Kraft vernünftiger Kritik und Aufklärung; deshalb war es ihm in erster Linie darum zu tun, politisches Bewußtsein zu wecken, öffentliche Meinung zu erzeugen oder sie zu lenken, das Erziehungswesen zu verbessern, Wohlstand zu fördern. Der Gebildete identifizierte seine spezifischen Interessen mit den allgemeinen Interessen der Menschheit, zu deren Sprecher und Interpreten er sich machte. Er wollte in der Regel die bestehenden sozialen und politischen Institutionen nicht abgeschafft wissen, sondern drängte in sie hinein, um seine Vorstellungen in ihnen zur Geltung zu bringen und sie dadurch auf Dauer zu verbessern. Er verstand seine Tätigkeit als Schriftsteller und als Lehrender, als Beamter und als patriotisch wirkender Bürger optimistisch als politisches Handeln, das zum großen Werk des Fortschritts beitrage und deshalb in seinen vernünftigen Intentionen von vernünftigen Menschen gar nicht mißverstanden werden könne. Dohm hat durchaus gewußt, daß er mit seiner Schrift über die »bürgerliche Verbesserung der Juden« ein brisantes, ärgerniserregendes Thema aufnahm und Widerstand finden werde; aber er zweifelte nicht daran, daß sie als Beitrag zur allgemeinen Diskussion um moralisch notwendige, ökonomisch nützliche, politisch vernünftige Verbesserungen aufgenommen werden würde. War diese Schrift thematisch ungewöhnlich, so doch ideell und methodisch ein typisches Werk der zeitgenössischen politischen Publizistik.

In ihrem zweiten Teil, der 1783 erschien und ausführlich auf Zustimmung und Kritik einging, die der erste Teil gefunden hatte, bezeichnete Dohm es als die »Hauptabsicht« seiner Schrift, »nicht sowohl die Sache der unterdrückten Hebräer, sondern der Menschheit und der Staaten zu führen. Ich wollte nicht Mitleiden für jene erregen, nicht von diesen eine bessere Behandlung derselben erbitten, sondern zeigen, daß gesunde Vernunft und allgemeine Menschlichkeit so wie das Interesse der bürgerlichen Gesellschaft, diese bessere Behandlung fordern«.[25] Analoges hätte er von seiner gesamten literarischen Tätigkeit sagen können – so z.B. von seinem Aufsatz »Über Wichtigkeit und Einrichtungen von Volkskalendern und Volksschriften überhaupt« (1796) oder von den »Denkwürdigkeiten meiner Zeit« (1814ff.). In der Juden-Schrift hatte er nur eines der Themen behandelt, auf die er aufmerksam machen wollte. Nicht um das Besondere der jüdischen Religion und des geschichtlichen Schicksals des jüdischen Volkes ging es ihm, sondern um den Nachweis, daß die Juden, weil sie Menschen sind, an der Entwicklung der bürgerlichen Gesellschaft – wenn auch nur in einem langen, nachholenden Lernprozeß – teilnehmen und »durch eine bessere Behandlung wieder veredelt und zu guten und brauchbaren Gliedern der Gesellschaft erhoben« werden können.[26]

Die Schlagkraft dieser Argumentation lag in ihrer utilitaristischen, rationalistischen und humanitären Zwecksetzung und in ihrer generalisierenden Form. Für die Juden wurde nicht eine Ausnahmebehandlung, sondern die Möglichkeit zu normaler bürgerlicher Existenz verlangt; wenn sie gegeben sei, werde das, was sie von ihrer nichtjüdischen Umwelt unterscheide, zurücktreten und auf die Dauer verschwinden. Ihre Religion würde in die allgemeine Entwicklung zu einer undogmatischen Vernunftreligion einmünden. Damit würden Notwendigkeit und Berechtigung für einen Sonderstatus der Juden im Staate prinzipiell entfallen. Soweit Einschränkungen noch bestehenblieben und vielleicht erforderlich seien, dürften sie nur vorläufig und pragmatisch sein. Dohm hat die faktischen Hindernisse für die soziale Integration der Juden nicht verkleinert, ihnen jedoch Notwendigkeit und Unüberwindbarkeit abgesprochen. Er hat die Assimilation der Juden nicht verlangt, sondern sie als eine Folge ihrer Integration wie eine Selbstverständlichkeit erwartet, und zwar die Integration nicht in eine christliche oder nationale, sondern in die bürgerliche Gesellschaft. Im Grunde war für Dohm die

»bürgerliche Verbesserung« der Juden nur ein – allerdings ein besonders wichtiger und problematischer – Teil der Verbesserung der gesamten Gesellschaft. Das Ergebnis der Emanzipation der Juden werde nicht, so war er überzeugt, ihre anerkannte religiöse Eigenexistenz sein, sondern ihr Aufgehen in einer bürgerlichen Gesellschaft, in der religiöse Unterschiede zunehmend irrelevant werden. Sie würden voll an der Bildung der Zeit teilnehmen, und die gesamte Gesellschaft werde dabei gewinnen.

Wichtiger als die Kritik an Dohms mangelhafter Kenntnis und seinen Mißverständnissen des Judentums, an der Oberflächlichkeit seines Begriffs von Religion und der Naivität seines unhistorischen Fortschrittglaubens ist die Feststellung, daß er – wie andere aufgeklärte Schriftsteller – im Vertrauen auf die Möglichkeit von Verbesserung ein von tief verwurzelten Vorurteilen belastetes Problem der politisch-sozialen Entwicklung ins Gespräch brachte und seine Lösung als ebenso notwendig wie möglich darstellte. Tatsächlich sind in Deutschland schon vor der Französischen Revolution fast alle wesentlichen Probleme der modernen politischen Ideen- und Institutionsgeschichte angesprochen worden.[27] Setzten die einen dabei ihre Hoffnung auf aufgeklärte Regierungen, so die anderen auf die Erneuerung und Fortentwicklung der Institutionen des Reiches und der landständischen Vertretungen, alle jedoch auf Erziehung, fortschreitende Bildung, Publizität und das Wirken patriotischer und aufgeklärter Männer in den Verwaltungen. Betroffen von dem Widerspruch zwischen den politischen und sozialen Verhältnissen und der intellektuellen Entfaltung seit den 1760er Jahren, engagierten sie sich für umfassende Verbesserungen.

Zweifellos unterschätzten sie die Widerstandskraft der traditionellen Gewalten und überschätzten wie alle Intellektuellen die Macht abstrakter Ideen und vernünftiger Argumente. Sie mußten erkennen, daß die von ihnen in praktischer Absicht erstrebte Aufklärung die Praxis oft nicht erreichte oder sie nur partiell und langsam veränderte. Sie mußten Rückschläge einstecken und beobachten, wie die Mitläufer und Nachbeter die Aufklärung zum leeren Geschwätz vulgarisierten und diskreditierten. Und sie machten die Erfahrung, daß der Konsens der sozialen und politischen Grundanschauungen, der sich im Zeichen der Aufklärung auszubilden begonnen hatte, schon vor der Französischen Revolution lockerte. Es stellte sich heraus, daß ihre Vorstellungen von der »Verbesserung« zu abstrakt, ihr Verständnis der individuellen und sozialen Entwicklung zu mechanistisch, zu ungeschichtlich gewesen waren.

Schriftsteller wie Dohm wandten sich weder dem Radikalismus noch der Romantik zu. Sie stellten ihre Erwartungen auf längere Dauer ein und schenkten den konkreten historischen und politischen Bedingungen der Verbesserung ihre Aufmerksamkeit. Der Verlauf der Französischen Revolution bestärkte sie in der Ablehnung von völligem Neuaufbau. Das Konzept aufgeklärter Reform wurde nun zunehmend umgeformt zur Ideologie »gesetzmäßiger« geschichtlicher »Entwicklung«. Seiner Vorrede zu dem Entwurf einer »verbesserten Constitution der kaiserl. freyen Reichsstadt Aachen« hat Dohm das Motto vorangestellt: »Ubi ad optima emergere non possumus, inter meliores subsistere fas est«. Das war der präzise Ausdruck für die intellektuelle und politische Haltung von Menschen, die sich an den Gegensatz zwischen noch bestehender unbefriedigender Wirklichkeit und besserer Zukunft gewöhnt hatten.

Es hat der Intervention Napoleons in die deutschen Verhältnisse und ihrer Folgen bedurft, um der Verwirklichung mancher Reformen, die die aufgeklärten Schriftsteller propagiert hatten, näherzukommen. Unter dem Eindruck des Beispiels der französischen und westfälischen Gesetzgebung in Westdeutschland und im Zusammenhang des Programms der preußischen Reformer zur Herstellung rechtlicher Freiheit und Gleichheit aller Einwohner der Monarchie, konnte mit dem »Edikt betreffend die bürgerlichen Verhältnisse der Juden in dem preußischen Staate« vom 11. März 1812[28] das – allerdings noch immer mit gewissen Einschränkungen – erreicht werden, was Dohm vorgeschwebt hatte. Die Männer, die diese Reformpolitik betrieben, also der progressive Teil der höheren preußischen Beamtenschaft, knüpften an Traditionen aufgeklärter Regierungen an und gaben ihr neue Impulse. Ihre Argumente für die Verbesserung der »bürgerlichen Verhältnisse« der Juden waren weitgehend identisch mit denen Dohms!

# *Friedrich Nicolai und die Berliner Gesellschaft*

## I

Zur Silberhochzeit von Friedrich und Elisabeth Macaria Nicolai am 12. Dezember 1785 ließen Freunde einen Ehe- und Hauskalender drucken. Darin sind für jeden Montag »des Herrn Nicolai großer Club, und der Madame Gesellschaftszirkel« verzeichnet und für jeden Freitag »Liebhaber-Concert bey Corsica, von welchem Fr. Nicolai nicht nur Mitglied ist, sondern auch selbst mit seinem ältesten Herrn Sohne dabey auf der Violine accompagnirt«.[1] Das klingt für einen angesehenen, wohlhabenden und gebildeten Bürger Berlins jener Jahre recht normal. Sieht man jedoch den Montags-Club etwas näher an, dann werden Umrisse einer spezifischen, für den Buchhändler und Schriftsteller Nicolai ebenso wie für die preußische Hauptstadt im späten achtzehnten Jahrhundert charakteristischen sozialen Struktur sichtbar.

Dieser Club war 1749 von dem Schweizer Pfarrer Johann Georg Schultheiß gestiftet worden, der sich zu jener Zeit in Berlin aufhielt. Die Zahl der Mitglieder, die sich durch Ballotage ergänzten, war auf 24 begrenzt. Es konnten jedoch zu den Zusammenkünften, die jeden Montag in einem gemieteten Lokal stattfanden, Gäste mitgebracht werden, und von diesem Recht haben die Mitglieder offenbar reichlich Gebrauch gemacht. Man kam zwischen sechs und sieben Uhr zusammen, speiste um acht und trennte sich um zehn Uhr. Ein Programm scheint es nicht gegeben zu haben; der Club diente der gehobenen Geselligkeit, für die es kennzeichnend ist, daß der um sich greifenden Spielleidenschaft durch die alleinige Zulassung des Schachspiels ein Hindernis gesetzt war. Göckingk nannte 1820 an verstorbenen Mitgliedern, die nach seiner Meinung auch »dem auswärtigem Publikum« bekannt waren, u. a. Sulzer, Ramler, Quantz, Lessing, Abbt, Mylius, Engel, Reichardt, Bernoulli, Teller, Klein, Gedike, Biester.[2]

In dem Kalender zur Silberhochzeit finden sich unter den Freundesnamen neben denen vieler Nicht-Berliner diejenigen von Chodowiecki, Göckingk, Möhsen, Moses Mendelssohn, Resewitz, Spalding, Dohm u. a.[3] Mit einer ganzen Reihe von ihnen stand Nicolai insofern in geschäftlicher Beziehung, als sie seine Autoren waren oder für die »Allgemeine Deutsche Bibliothek« rezensierten. Doch hat er auch, beständig und engagiert, Freundschaft gepflegt. Er war nicht nur ein geschäftiger und geschäftstüchtiger, nicht nur ein gebildeter und breit belesener Mann, sondern auch ein geselliger, der den Umgang mit Gleichgesinnten suchte – mit solchen vor allem, die als Schreibende und Lesende am gebildeten Diskurs und als Beamte, Pfarrer, Lehrer etc. am öffentlichen Leben teilnahmen.

Selbstverständlich gehörte Nicolai, der über ein halbes Jahrhundert Mitglied, schließlich Senior des Montagsclubs war, auch einer Freimaurer-Loge an – allerdings nur bis zur Mitte der 1780er Jahre. Er war Mitglied der »Loge zu den drei Weltkugeln« und ist auch als Mitglied des Illuminatenordens geführt worden.[4] Schon bald aber wandte er sich gegen die Geheimnistuerei und das sogenannte Hochgradsystem der »strikten Observanz« und geriet in eine über seinen freiwilligen Austritt weit hinausreichende Auseinandersetzung mit der Freimaurerei. Seine Vorstellungen von öffentlich wirkender Aufklärung waren mit dem Logenwesen nicht vereinbar – schon gar nicht mit den esoterischen und neomystischen Richtungen darin.

Wesentlich wichtiger muß Nicolais Zugehörigkeit zur 1783 gegründeten Berliner Mittwochsgesellschaft genommen werden – einem geheimen und geheimgehaltenen Kreis Berliner Aufklärer, dessen philosophische und politische Bedeutung gerade erst voll sichtbar zu werden beginnt.[5] Von diesem Kreis, dessen eigentlicher Name »Gesellschaft von Freunden der Aufklärung« lautete, soll nach Aussagen eines seiner Mitglieder, L. F. G. v. Gökkingks, außer den Mitgliedern »niemand in Berlin das geringste erfahren haben«. Auch 1820 noch nannte Göckingk nur verstorbene Mitglieder, und zwar den Staatsminister v. Struensee, die Oberkonsistorialräte Dieterich, Teller, Zöllner und Gedike, den Leibarzt Möhsen, den Geheimen Oberjustizrat Svarez, den Geheimrat Selle, ferner Nicolai und Biester, den Sekretär der Gesellschaft. Diese Liste ist unvollständig; der Mittwochsgesellschaft haben auch angehört Dohm, Klein, Gebhard, Wlömer, Siebmann, v. Irwing, v. Beneke, ferner Moses Mendelssohn als Ehrenmitglied. Die Mitgliederzahl war zunächst auf zwölf, später auf die doppelte Anzahl begrenzt. Neue Mitglieder wurden nur mit Zustimmung aller anderen aufgenommen, und zwar unter der Bedingung strikter Geheimhaltung. Man traf sich bei jeweils einem Mitglied, das eine Abhandlung vorlas. Danach brachten alle anderen ihre Meinung dazu vor. Damit nicht genug, wurde die Abhandlung in einer verschlossenen Kapsel, wozu die Mitglieder einen Schlüssel besaßen, von dem Sekretär diesen ins Haus geschickt, damit sich jeder auch noch schriftlich dazu äußere; danach stellte der Sekretär dem Verfasser die Abhandlung wieder zu. Es galt als strikte Regel, daß »keinem Externo ein Aufsatz (oder dessen Inhalt, am wenigsten mit Nennung des Namens des Verfassers) mitgetheilt« werden dürfe.[6]

Daß sich unter den Mitgliedern der Mittwochsgesellschaft solche befanden, die auch dem Montagsclub angehörten, ist nicht weiter verwunderlich. Die aufgeklärten und den Umgang mit Gleichdenkenden suchenden Männer gehörten in der Regel mehreren Gesellschaften gleichzeitig oder nacheinander an. Interessanter ist die Tatsache, daß es enge personale Verbindungen zwischen der Mittwochsgesellschaft und der im gleichen Jahre gegründeten, von Gedike und Biester herausgegebenen »Berlinischen Monatsschrift« gab.

Nicht wenige Mitglieder der Gesellschaft haben in ihr publiziert; ja man möchte behaupten, daß die Gesellschaft hinter dieser Zeitschrift stand, die zweifellos eines der bedeutendsten Organe der deutschen Aufklärung gewesen ist.

Daß Friedrich Nicolai, der die Geheimnistuerei der Freimaurerei nicht mochte und die »Exjesuiten« des geheimen Zusammenhaltes und der Untergrundarbeit verdächtigte, die Geheimhaltung der Mittwochsgesellschaft mitgemacht hat, mag überraschen. Vermutlich aber war ihm der hier versammelte Kreis viel zu wichtig, als daß er die Mitarbeit hätte ablehnen wollen; entscheidend dürfte indes die Tatsache gewesen sein, daß es in diesem Kreise nicht um ein Geheimnis, sondern um die Ungestörtheit einer freien Diskussion unter Männern ging, die sich als Experten verstanden, deren Loyalität zur Krone und zum Staat nach ihrer eigenen Überzeugung über jeden Zweifel erhaben war, die sich gleichwohl darüber im klaren waren, daß sie eine Minderheit bildeten, deren Gesprächsthemen und Diskussionsstil von vielen ihrer Zeitgenossen, auch im politisch-sozialen Establishment, weder verstanden noch gebilligt werden würden. Diese Annahme hat ihre Bestätigung gefunden, als mit dem Regierungsantritt Friedrich Wilhelms II. ein Wandel des politischen Klimas in Berlin und Preußen einsetzte. Der neue Monarch gehörte dem Rosenkreuzerorden an, und Mitglieder dieser anti-aufklärerischen Gemeinschaft gewannen Einfluß auf die Regierung. Symptom der Veränderung war 1788 die Ersetzung des Kultusministers von Zedlitz durch Johann Christoph Wöllner. Dieser ehrgeizige und hochbegabte einstige Pfarrer hatte sich von der gemäßigten Freimaurerei den Rosenkreuzern zugewandt und die Aufmerksamkeit des Königs gefunden, der ihn (1786) nobilitierte und in seine Nähe zog. Durchaus für gemäßigte Reformen im Sinne der Aufklärung und für eine zeitgemäße Weiterentwicklung des erstarrten Systems friderizianischer Finanz- und Wirtschaftspolitik eintretend, hat er dennoch mit dem wenige Tage nach seiner Ernennung zum Minister erlassenen sog. »Wöllnerschen Religionsedikt« und dem fünf Monate später folgenden »Erneuerten Censur-Edikt für die Preußischen Staaten« den Prozeß der Aufklärung in Preußen an einer besonders empfindlichen Stelle blokkiert,[7] nämlich in der Freiheit der Diskussion über religiöse und kirchliche Fragen. Zwar enthielt das Edikt erstmals die offizielle Anerkennung der Toleranz gegenüber Katholiken und Juden; sein eigentlicher Zweck aber war die theologische und organisatorische Stärkung der lutherischen Landeskirche. 1791 wurde eine Immediat-Examinations-Kommission zur Überprüfung der Rechtgläubigkeit der Theologen und als Zensurinstanz eingesetzt. Eine Kabinettsorder vom 19. Oktober 1791 bezog auch die »Monats-, Zeit- und Gelegenheitsschriften« in ihre Überprüfung ein. Eine Folge davon war, daß die vorher bei Spener erscheinende »Berlinische Monatsschrift« ab 1792 in Jena, dann in Dessau gedruckt wurde. Auch Nicolais größtes Verlagsunternehmen, die »Allgemeine Deutsche Bibliothek«, wurde am 17. April 1794 durch kgl. Erlaß »als ein gefährliches Buch gegen die christliche Religion« in

Preußen verboten,[8] nachdem Nicolai sie schon 1792 nach außerhalb Preußens verkauft hatte. Zwar wurde das Verbot 1795 wieder aufgehoben, aber unter der Einschränkung, »daß künftig in keiner einzigen Abhandlung das Mindeste gegen die christliche Religion oder den Staat und die guten Sitten, weder direkte noch indirekte enthalten sein müsse«.[9]

Die Berliner Mittwochsgesellschaft hat die Ära Wöllner überdauert – gewiß nicht zuletzt wegen ihrer Geheimhaltung. Sie ging auseinander, als in Ausführung des »Allgemeinen Landrechts der preußischen Staaten«, das 1794 in Kraft getreten und wesentlich durch Männer konzipiert war, die der Mittwochsgesellschaft angehörten – vor allem Svarez und Klein –, ein königliches Edikt geheime Gesellschaften verbot. Wie Göckingk schreibt, hätten nur wenige Mitglieder für den Fortbestand der Gesellschaft ohne die nun notwendige Mitteilung an die Regierung votiert und gemeint, »es sey unnöthig, daß der Staat wisse, wer auf eine uneigennützige Art für ihn im Stillen arbeite, da ja nie durch diese Gesellschaft der geringste Nachtheil für ihn entstehen könne«. Die Mehrheit dagegen habe sich dafür ausgesprochen, den Buchstaben des Gesetzes zu befolgen, »da zwar die Gesellschaft selbst, nicht aber die Regierung, von der Reinheit ihrer Absichten überzeugt sey«. Sie habe sich aber auch nicht entschließen können, die Existenz und die Organisation der Gesellschaft dem ungeliebten Staatsminister von der Schulenburg »als Chef der geheimen Polizey« mitzuteilen und sich damit »einer Art von Controlle zu unterwerfen«.[10]

Dieses Ende der Mittwochsgesellschaft – durch Selbstauflösung auf Grund der Mehrheitsentscheidung ihrer Mitglieder – erscheint symptomatisch sowohl für die innenpolitische Situation Preußens als auch für diejenige der führenden Aufklärer, auch Nicolais, in diesem Staate um 1800, schließlich für diese Gesellschaft selbst, deren Mitglieder sich zusammengeschlossen hatten, um sich gebildet zu unterhalten und sich dabei selber weiter zu bilden, »aufzuklären«. »Die Absicht war bloß«, schrieb Nicolai später, »solche Materien, welche denkenden Köpfen wichtig sind, durch die Gegeneinanderstellung verschiedener Meinungen deutlicher zu denken und von allen Seiten zu betrachten«.[11] Freilich sollten bei diesen Männern die Gespräche mit der Absicht der Selbstaufklärung gewiß nicht folgenlos bleiben. Sie alle wollten als Administratoren, Pädagogen, Theologen, Geschäftsleute im Sinne der Aufklärung in der Öffentlichkeit wirken. Sie waren keine Männer des Untergrundes, keine Konspiranten und Umstürzler; sie wollten in der bestehenden Gesellschaft und im vorhandenen Staat reformierend wirken. Bei der Gemeinsamkeit dieses Zieles, das auf der Basis gemeinsamer Grundüberzeugungen ruhte, bestanden gleichwohl beträchtliche Meinungsdifferenzen z. B. über das Tempo des Aufklärungsprozesses, über die Mittel der Aufklärung und über die Beurteilung gegenwärtiger Vorgänge, u. a. der Französischen Revolution, aber auch preußischer Institutionen. Zwar sind bisher die in der Mittwochsgesellschaft geführten Gespräche noch kaum bekannt; man darf aber wohl in der Schrift von Ernst Ferdinand Klein über

»Freyheit und Eigenthum, abgehandelt in acht Gesprächen über die Beschlüsse der Französischen Nationalversammlung von 1790« ein fingiertes Beispiel für Diskussionen in der Mittwochsgesellschaft erkennen.

Wenn sie sich, obwohl ihr Fortbestand bei Aufgabe der Geheimhaltung kaum gefährdet gewesen wäre, im Mai 1800 dennoch auflöste, um einer Kontrolle durch staatliche Behörden, vermutlich auch der verdächtigenden Mißdeutung ihrer Intentionen zu entgehen, so wirft dieser Sachverhalt ein Schlaglicht auf die Entfremdung zwischen Regierung und reformgesinnten Gebildeten – auch in der hohen Beamtenschaft. Die schleichende Staatskrise, in der sich Preußen befand und die wenige Jahre später offen hervortrat, war zu einem erheblichen Teil eine Führungskrise. Auch die großen Gewinne aus der zweiten und dritten polnischen Teilung und die im Frieden zu Basel 1795 erreichte norddeutsche Neutralität konnten nicht darüber hinwegtäuschen, daß das Preußen Friedrichs des Großen gegenüber dem revolutionären Frankreich in Rückstand geraten war. Die innere Kritik nahm zu – auf der einen Seite die der altgewordenen Aufklärer, auf der anderen die einer jüngeren Generation, die sich der Romantik zuwandte. [12]

## II

Wir haben weit voraus gegriffen. Im Jahre 1800 wurde Friedrich Nicolai 67 Jahre alt; auch die anderen Mitglieder der Mittwochsgesellschaft waren bereits gestandene Männer, die ihre entscheidende intellektuelle Prägung in den Jahren der sich entfaltenden Aufklärung am Ende des zweiten und am Anfang des letzten Drittels des achtzehnten Jahrhunderts empfangen hatten. Sie alle waren Friderizianer; mehr oder weniger teilten sie alle den Stolz auf den Aufstieg dieses Staates, auf das europäische Ansehen des Monarchen und den Ruf Berlins, ein Hauptort der Aufklärung zu sein. Nach 1786 hielten sie – obwohl keineswegs unkritisch gegenüber dem Stillstand während des letzten Lebensjahrzehnts Friedrichs – am Konzept des aufgeklärten Absolutismus und dessen Weiterentwicklung zum aufgeklärt-liberalen Gesetzesstaat fest. Viele von ihnen, vor allem Nicolai selbst, hatten das Wachstum der preußischen Hauptstadt miterlebt, die um die Mitte des achtzehnten Jahrhunderts die Zahl von 100000, am Ausgang des Jahrhunderts von 170000 Einwohnern überschritt.

Gewiß war Berlin kein Ort, dem kultivierte Geselligkeit nachgerühmt wurde. Seit dem Siebenjährigen Kriege reduzierte sich auch das höfische Leben auf ein Minimum; wohlhabende Adelsfamilien, die in Berlin ein großes Haus führten, gab es fast nicht, ebenso wenig wirklich reiche Bürgerfamilien, mit der Ausnahme einiger jüdischer Münzentrepreneurs und einiger Unternehmerkaufleute. [13] Trotz vielgepriesener repräsentativer Bauten und breiter Straßen blieb Berlin auch nach der Überwindung der Folgen des Siebenjährigen Krieges und reger Neubautätigkeit eine Stadt mit sehr vielen Armen und oft engen Wohnverhältnissen, ganz wenigen größeren Gasthöfen und Hotels eine Stadt der Textilmanufaktur, der Kasernen, der Kleinbürger und der Beamten. Es war aber auch eine Stadt des freien Geistes und der Bildung, des Raisonnements und der Publizität geworden. Darin, wie schon in ihrer Größe, ihrer Geschäftigkeit, unterschied sich die preußische Hauptstadt von den vielen deutschen Residenzstädten, abgesehen von Wien. Sie repräsentierte einen großen, aber nüchternen Staat; ihre Bewohner waren in ihrer Mehrzahl, durch alle Schichten hindurch, zugleich selbstbewußt, provinziell und prosaisch. Germaine de Staël fand, daß Berlin eine moderne und schöne Stadt sei, aber »keinen wirklich bedeutenden Eindruck« mache. »Weltmännische Bildung« fände man in Wien mehr als in Berlin; aber »dessen ungeachtet machten die Freiheit der Presse, die Menge geistreicher Männer und die Kenntnis der Literatur und der deutschen Sprache, die sich in der letzten Zeit allgemein verbreitet hatte, Berlin zur wahren Hauptstadt des neuen Deutschlands, des Deutschlands der Aufklärung«.[14]

Alles dieses verdankte Berlin, nach Frau de Staëls Meinung, einem Mann, dem Heros Friedrich, und auch für die Berliner und weithin für die preußische Bevölkerung begann Preußens Aufstieg mit diesem König. »In Friedrichs des Großen Regierung fielen die glücklichen Jahre meiner Jugend und die Blüthe meines männlichen Alters«, schrieb Nicolai 1788. »Was ich an Bildung des Geistes und der Welterkenntnis besitzen mag, erhielt ich in dieser Zeit, durch den Einfluß der freymüthigen unbefangenen Denkungsart, welche dieser große König begünstigte, und die sich hauptsächlich von seinen Landen aus [...] in das übrige Deutschland ausbreitete«.[15] Friedrichs Politik und seine aufgeklärte Geistigkeit bildeten die Voraussetzung dafür, daß Berlin das Ansehen gewann, eine Hochburg der Aufklärung, Kritiker sagten auch der »Freigeisterei« zu sein. Vor allem aber sind es Lessing, Mendelssohn und Nicolai gewesen, die dieses Ansehen begründet haben. Mit der gemeinsamen Herausgabe der »Bibliothek der schönen Wissenschaften und der freien Künste« (1757–59) etablierten sie sozusagen Berlin in der Topographie der deutschen Literatur und Literaturkritik.

## III

Als Nicolai 1752 nach dreijähriger Buchhandelslehre in Frankfurt/Oder nach Berlin zurückkam, waren wesentliche Elemente seines Wesens schon angelegt, die dann sein soziales Verhalten bestimmt und seine bemerkenswerte gesellschaftliche Position in Berlin ermöglicht haben. Als Schüler des Joachimsthalschen Gymnasiums in Berlin, der Latein-Schule des Franckeschen Waisenhauses in Halle und der Heckerschen Realschule in Berlin war er sowohl auf die klassischen Sprachen als auf die »Realien« verwiesen worden. Als Buchhandelslehrling in Frankfurt hatte er seine »gelehrte Bildung« im Selbststudium fortgesetzt, aber auch Bekanntschaften und Freundschaften mit Studenten und anderen dem Universitätsleben näherstehenden Personen geschlossen. Durch unermüdliches Selbststudium und durch das Gespräch mit Freunden hat sich Nicolai, der nie eine Universität besucht hatte, aber über unbegrenzten Wissensdurst und polyhistorische Interessen verfügte, eine breite Gelehrsamkeit angeeignet, die er stets gern mit moralisch-pädagogischem Eifer und unter Herausstreichung ihrer Nützlichkeit darstellte, denn die praktische Anwendung des Wissens und praktische Tätigkeit machten den anderen, ebenfalls prononciert herausgekehrten Grundzug seines Wesens aus. Im Beruf des Buchhändlers konnte er beides miteinander verbinden: mit Gelehrten verkehrte er als Gelehrter, mit Schriftstellern als Schriftsteller, denn er schrieb selber viel; als Geschäftsmann war er sich seiner Überlegenheit in praktischen Dingen und in Weltkenntnis jenen gegenüber bewußt. Es fehlte ihm ebenso die Enge des Autodidakten wie die Ängstlichkeit gegenüber Autoritäten; im Gegenteil führte ihn sein Selbstbewußtsein, je älter er wurde, zu präzeptorialer Rechthaberei und Selbstüberschätzung, die ihm den Spott der Jüngeren eintrug.

Die Jahre zwischen seiner Rückkehr nach Berlin und der Übernahme der Leitung der väterlichen Buchhandlung nach dem Tode des älteren Bruders (1758) sind offenbar für Friedrich Nicolai besonders wichtig gewesen. Die 1755 beginnende Freundschaft mit Lessing und Mendelssohn brachte ihm intellektuelle Anstöße weit über seinen vorherigen Erfahrungskreis hinaus, weitete seinen Blick auf die Philosophie, die Theologie und die Literatur aus. In ihren Gesprächen und ihrer Zusammenarbeit bildete sich die für Nicolai charakteristisch bleibende Tätigkeits- und Wirkungsform aus: schreiben und rezensieren, edieren und publizieren in praktischer Absicht im Dienste der Aufklärung.

Das erste erfolgreiche verlegerische Unternehmen, das dieser Absicht entsprach, waren die gemeinsam mit den beiden Freunden herausgegebenen »Briefe, die neueste Literatur betreffend« (1759–65), die einen neuen Ton in der deutschen literarischen Diskussion anschlugen und über den Streit zwischen Leipzig und Zürich theoretisch und stilistisch hinausführten. An sie schloß sich dann die »Allgemeine Deutsche Bibliothek« an. In beiden Fällen war Nicolai mehr als ein Verleger: ein ungemein fleißiger und gewissenhafter, das Programm und die geistige Physiognomie der Zeitschriften wesentlich bestimmender Herausgeber. Dazu befähigte ihn auch sein Geschick, Beziehungen mit bedeutenden Männern anzuknüpfen, sie zu erhalten und zu Freundschaften zu entwickeln. Und zwar nicht nur auf dem Wege des brieflichen Verkehrs, sondern auch im persönlichen Umgang. Nicht wenige seiner Freunde und Rezensenten waren wie er Mitglieder des Berliner Montagsclubs und des 1755 in Berlin gegründeten Gelehrten Kaffeekränzchens.[16]

Göckingk, der ihn sehr nah kennenlernte, nennt Nicolai einen »frohen, unterhaltenden Gesellschafter« und einen Menschen, der »wirklich alle zur wahren Freundschaft erforderlichen Eigenschaften« besessen habe.[17] Und diese Freundschaft sei eine tätige, praktische gewesen. »Sein Beutel, sein

Tisch, seine Bibliothek, seine Verwendung bey Männern von Einfluß, Mittheilung seiner Kenntnisse, Benutzung seiner auswärtigen Bekanntschaften, Besorgung von Aufträgen hier und in Leipzig: auf alles dieses konnten seine Freunde Anspruch machen. Wenn sie es thaten, so war der Gewinn mehr auf seiner Seite, denn sie vermehrten dadurch sein Vergnügen; aber gegen einen Dritten sprach er nie davon.«[18] Mit diesen – hier vielleicht ausgeschmückten – Tugenden, mit seiner editorischen und verlegerischen Effizienz hat Nicolai, vor allem als Herausgeber der »Allgemeinen Deutschen Bibliothek« für fast drei Jahrzehnte »als Organisator, Propagandist und Popularisator der Aufklärung«[19] eine einzigartige Stellung in Deutschland eingenommen.

In Berlin blieb er – geschäftlich und gesellschaftlich erfolgreich – bis zuletzt ein angesehener Mann. 1760 hatte er Elisabeth Macaria Schaarschmidt, Tochter eines ehemaligen kgl. Leibarztes und Professors geheiratet; sein ältester Sohn heiratete die Tochter des späteren Geheimen Obertribunalrates Ernst Ferdinand Klein, Mitglied der Mittwochsgesellschaft und wichtiger Mitarbeiter am »Allgemeinen Landrecht«; sein dritter Sohn, zuletzt Direktor der Kriegs- und Domänenkammer in Kalisch, schloß die Ehe mit einer Tochter des Geheimen Oberfinanzrats Eichmann; die älteste Tochter Wilhelmine ehelichte den bei der obersten Finanzbehörde tätigen Hofrat Parthey. Auch diese Ehen demonstrieren deutlich die Zugehörigkeit Nicolais mehr zur Schicht der gebildeten höheren Beamten als zur Geschäftswelt. In der preußischen Hauptstadt aber spielte jene, vom Adel trotz vielen dienstlichen Verkehrs und gelegentlicher gesellschaftlicher Kontakte streng abgehobene Schicht eine größere Rolle als in anderen deutschen Städten der Zeit. Aus ihr rekrutierte sich die Mittwochsgesellschaft; ihr Mitglied gewesen zu sein, kennzeichnet Nicolais soziale und intellektuelle Position: die der praktischen Aufklärung.

## IV

Friedrich Nicolai hat – geistig-literarisch und gesellschaftlich – sich und seine Epoche gleichsam überlebt. Daß die »Allgemeine Deutsche Bibliothek« ihre fast monopolartige Stellung nicht auf Dauer unangefochten beibehielt, ist selbstverständlich. Gerade ihr Erfolg hat andere Unternehmungen angeregt – so die »Allgemeine Literaturzeitung«, die 1785 in Jena zu erscheinen begann. Es waren jedoch Signale für den Wandel der Zeit, daß 1774, im Streit Hamanns mit Mendelssohn und Nicolai, dem letzteren der Vorwurf gemacht wurde, er werfe sich zum literarischen Richter auf und vertrete einen aufgeklärten Dogmatismus; daß Herder die Mitarbeit an der ADB absagte und Friedrich Heinrich Jacobi zum Widerstand gegen Nicolai aufrief.[20] Seine Kritik am Sturm und Drang, an Lavater, Bürger, Voß, auch am frühen Goethe, so verständlich und partiell berechtigt sie sein mochte, ging von einem älteren Kunstideal und von einem Verständnis der Literatur aus, das vor allem ihre Bildungs- und gesellschaftliche Nützlichkeitsfunktion betonte. Als unverdrossener Aufklärer, der theologisch der Neologie nahestand, bekämpfte Nicolai Schwärmerei und Mystizismus; seit seiner süddeutschen Reise im Jahre 1781 – die ihren weitschweifigen, pedantischen und rechthaberischen, aber doch auch erstaunlich informativen Niederschlag in einer zwölfbändigen Reisebeschreibung gefunden hat[21] – kritisierte er verstärkt den Katholizismus als Hindernis der Aufklärung, insbesondere aber den Jesuitismus. Seine Gradlinigkeit und die Beständigkeit seiner Urteilskriterien haben etwas Beeindruckendes; sie haben es jedoch seinen Gegnern leicht gemacht, ihn zu verspotten oder zu bekämpfen, zumal er ohne hinreichende Selbsteinschätzung sich nicht nur auf das mißglückte Unternehmen einer Werther-Parodie einließ und Schillers »Horen« kritisierte, sondern sich mit Kant und schließlich mit Fichte philosophisch anlegte, was zu scharfen Gegenangriffen führte. So rückte Nicolai in der literarischen und philosophischen Bewegung an den Rand; die jungen Talente der Klassik, Romantik und des philosophischen Idealismus fanden nicht mehr zu ihm, sondern stempelten ihn – nur bedingt zu Recht! – zum Repräsentanten einer unproduktiv, räsonierend und vulgär gewordenen Aufklärung.

Nicolai, der sonst jedermann kannte und mit vielen in Kontakt trat, auch mit dem jüdischen Arzt und Kantverehrer Markus Herz, hatte keine oder keine nähere Verbindung mit den Salons der Henriette Herz und der Rahel Levin, auch nicht mit den begabten, kritischen Köpfen Friedrich Gentz, Wilhelm von Humboldt, Gustav von Brinckmann und nicht mit den jungen »Romantikern«, den beiden Schlegels, Tieck, Wackenroder, Schleiermacher, die sich zumindest zeitweilig in Berlin aufhielten. Gewiß spielte hier der Generationsunterschied eine wesentliche Rolle; als Friedrich Schlegel in Berlin 1797 seine Attacken gegen ihn begann, war Nicolai bereits ein Mittsechziger, dessen gesellschaftlicher Umgang sich nach dem Tode seiner Frau reduzierte. Überhaupt hielten sich in Berlin die verschiedenen gesellschaftlichen Kreise streng voneinander getrennt – und zwar in den 1790er Jahren mehr als zuvor, da Zensur, Aufsicht und Bespitzelung dichter geworden waren. Das Berliner Zeitschriftenwesen lag darnieder; eine freie und gute Bühne gab es nicht.

Mit dem Thronwechsel von 1797 wurde Berlin zum Vorort der sich nicht nur gegen die Aufklärung, sondern auch gegen die klassische Dichtung wendenden Frühromantik; ein neuer Stil der Kritik und neue gesellschaftliche Verbindungen – so zwischen altpreußischem Adel und bürgerlichen Literaten in jüdischen Salons – entstanden, die in Nicolais älterem Vorstellungshorizont unseriös und unordentlich erscheinen mußten.

Zwischen den altgewordenen Aufklärern und den jungen Poeten und Intellektuellen gab es keine Brücken, so sehr diese sich der sprachlichen Kommunikationsmittel, der Kritik und literarischen Diskussionsformen bedienten, die jene geschaffen hatten. Sie setzten voraus, was durch jene erst in Gang gekommen war: einen leistungsfähigen Buchmarkt, ein Publikum mit breitem Interessenspektrum, ein bereits artikuliertes Selbstbewußtsein der

Schriftsteller, die sich selber zur führenden Elite im Prozeß der Bewußtseinsentwicklung gemacht hatten. Sie taten sich leicht in der arroganten Abwertung alles Vorausgehenden – so August Wilhelm Schlegel in seinen Berliner Vorlesungen von 1802 »Allgemeine Übersicht des gegenwärtigen Zustandes der deutschen Literatur« –; dennoch lebten sie weit mehr als sie wahrhaben wollten von dem, was vor ihnen getan worden war. Ein Mann wie Nicolai mußte sich von ihnen ungerecht behandelt fühlen; aber er hat es den Kritikern mit der Selbstgerechtigkeit seiner Urteile, mit dem Festhalten an älterem Geschmack und seiner pedantischen Lehrhaftigkeit doch auch leicht gemacht.

Daß ihn als überzeugten Preußen der jämmerliche Zusammenbruch von 1806/07 und die französische Besatzung der Hauptstadt bedrückt haben, darf angenommen werden. Auch nachdem die Franzosen 1808 abgezogen waren, schrieb Nicolai: »Wir leben hier immer noch in ziemlichem Druck und haben wenig Hoffnung zur Erleichterung und Besserung. Ich habe nie geklagt und klage noch nicht, aber der müßte kein Patriot sein, welcher sein einst von vielen anderen Ländern so sehr glückliches Vaterland hinschwinden sieht, ohne Hoffnung, zu erleben, daß es sich erhole, und dem nicht oft Tränen in die Augen treten. Ich ziehe mich in mich selbst zurück, und die Wissenschaften sind mein Trost.«[22]

# *Umrisse einer Sozialgeschichte der Gebildeten in Deutschland*

## I

»So erheben sich gläserne Mauern von allen Seiten, durchsichtig und unübersteiglich, und jenseits liegt Freiheit, Selbstbestimmung, Wohlstand und Macht. Die Schlüssel des verbotenen Landes aber heißen Bildung und Vermögen, und beide sind erblich«. Walter Rathenau, der noch 1917 in seinem Buche »Von kommenden Dingen« diese Sätze schrieb,[1] wußte, wovon er sprach. Hochgebildeter Sohn eines erfolgreich aufgestiegenen jüdischen Großunternehmers, gehörte er zur Spitzengruppe der Geld- und Bildungsaristokratie des wilhelminischen Deutschland, die zwar den sozialen Status der Geburtsaristokratie nicht erreichte, sich jedoch ihres steigenden Einflusses, ihrer wirtschaftlichen und indirekten politischen Macht bewußt war. Gerade in jüdischen Familien gab es die Erfahrung, daß Besitz und Bildung Freiheit und Macht eintrugen. Wer sie erlangt hatte, konnte sie vererben; wer sie bereits erbte, verfügte über einen Vorzug, der von anderen, zumindest in der ersten Generation, kaum aufgeholt werden konnte.

Es lohnt sich, der Aussage Rathenaus etwas weiter nachzugehen. Nicht aristokratische Geburt ist als »Schlüssel« zu Selbstbestimmung und Einfluß genannt, sondern Bildung und Vermögen – beides prinzipiell erwerbbare, und, wie adelige Geburt, privilegierende, sozial heraushebende, exklusive Chancen gewährende Auszeichnungen. Der Aufstieg in den Kreis der Gebildeten und Besitzenden war möglich, und er erfolgte im Zuge der wirtschaftlichen Entwicklung wie des steigenden Bedarfs an akademisch ausgebildeten Personen in der 2. Hälfte des 19. Jahrhunderts häufig. Dennoch blieb dieser Kreis gerade in Deutschland scharf begrenzt und deutlich abgehoben. Die Distanz zwischen den Dazugehörigen und den anderen – also zwischen den »Gebildeten« und denen, die nicht als solche galten, zwischen den Besitzenden und den Besitzlosen – hatte sich dabei gegenüber der ersten Jahrhunderthälfte noch vertieft. Schul- und berufliches Laufbahnsystem, militärische Rekrutierung, Klassenwahlrecht, die partei- und richtungspolitische Differenzierung, auf deren Flügeln sich die sog. nationalen, staatstragenden Schichten »von Besitz und Bildung« und die als national unzuverlässig geltenden sozialistischen »Massen« scharf gegenüberstanden, schließlich verbandsmäßig sich abstützende Gruppeninteressen ließen diesen Unterschied zu einer sozialen Institution werden.

Gewiß ist die Kluft zwischen der Minorität der Besitzenden und Gebildeten und der Majorität derjenigen, die nicht dazugehören, in allen fortgeschrittenen bürgerlich-kapitalistischen Industriegesellschaften eine der entscheidenden Tatsachen ihrer sozialen Struktur. In Deutschland aber war sie, zumindest vor dem ersten Weltkrieg, besonders scharf ausgeprägt. Die Gründe sind sehr komplex und in der Diskrepanz zwischen administrativer, ökonomisch-technischer und wissenschaftlicher Entwicklung einerseits, Erhaltung älterer Verfassungs- und Sozialstrukturen andererseits, ferner in der Eigenart des öffentlichen Bildungswesens zu suchen. Ihnen soll hier nicht in voller Breite nachgegangen werden. Im Folgenden geht es allein um die Gebildeten, also um die Gruppe derjenigen, die durch eine bestimmte intellektuelle Schulung und wissenschaftlich begründete Ausbildung wie durch die dadurch ermöglichte Berufstätigkeit eine bestimmte Funktion in der Gesamtgesellschaft ausüben, ein bestimmtes Ansehen genießen, eine bestimmte Selbsteinschätzung und soziale Verhaltensweise entwickeln.

In der älteren ständisch strukturieren Gesellschaft kein »Stand« im eigentlichen Sinne, in der bürgerlich-kapitalistischen Klassengesellschaft keine eigene Klasse, sondern eine Schicht mit eher ständischen Verhaltensweisen, haben die Gebildeten hier wie dort einen Sonderstatus beansprucht und tatsächlich eingenommen. Die Kriterien, nach denen sie sich von anderen unterschieden, sind zum Teil von ihnen selbst formuliert, zum Teil von den Institutionen gesetzt worden, die der Gebildeten bedurften – also von Staat, Kirche, Selbstverwaltungskörperschaften etc., und die Gesamtgesellschaft hat sie weitgehend akzeptiert. Sozialhistorische Beschäftigung mit den Gebildeten muß deshalb sowohl begriffsgeschichtlich vorgehen, also fragen, was »Bildung«, »gebildet«, »Gebildeter« in verschiedenen Zeiten bedeutet haben, als auch institutionsgeschichtlich und schließlich verhaltens- und mentalitätsgeschichtlich arbeiten. Denn weder die Analyse des Selbstverständnisses der Gebildeten allein genügt, um sie als soziale Gruppe zu identifizieren, noch allein die Feststellung ihrer Qualifikations- und Funktionsmerkmale.[2]

## II

Wäre die Absicht der folgenden Darlegungen, die sich auf Deutschland und die Zeit seit dem 17. Jahrhundert beschränken, eine vornehmlich begriffsgeschichtliche,[3] so könnten sie auch »Vom Gelehrten zum Gebildeten« überschrieben werden. Der Begriff des »Gebildeten« kam erst in der 2. Hälfte des 18. Jahrhunderts stärker in Gebrauch, löste aber den des »Gelehrten« nicht einfach ab, wie auch der Begriff der »Gelehrsamkeit«, der den der »Bildung« umschlossen hatte, mit ihm verknüpft blieb. Lange wurden beide nebeneinander, allerdings meist mit unterschiedlicher Bedeutungsnuancierung gebraucht. So in den Bezeichnungen »gelehrte Bildung« und »gelehrter Unterricht« bis ins 20. Jahrhundert hinein für die Gymnasial- und Universitätsausbildung, also für einen Unterricht auf wissenschaftlicher Grundlage. Der Begriff des »Gelehrten« war übrigens im 18. Jahrhundert noch nicht so eindeutig an wissenschaftliche Schulung und Tätigkeit gebunden, wie man annehmen möchte, jedenfalls nicht in dem Sinne moderner Wissenschaft. Zedlers »Universallexikon« definierte (1735) »Gelehrsamkeit« als »fertige Geschicklichkeit, diejenigen zum Nutzen des menschlichen Lebens nötigen Wahrheiten, die nicht unmittelbar in die Sinne fallen, sondern nur durch künstliches Nachdenken sich erforschen lassen, scharfsinnig und aus dem Grunde zu erkennen, zu Beförderung wahrer Weisheit unter den Menschen und folglich zu Erlangung wahrer Glückseligkeit«.[4] Christian Gottlieb Jöcher verzeichnete, von 1750 ab, in seinem »allgemeinen Gelehrten-Lexikon« »Gelehrte aller Stände«, welche »sich der gelehrten Welt bekannt gemacht«, nämlich »in Schriften hervorgetan« haben.[5] Johann Christoph Adelung, der das Lexikon von 1784 an fortführte, ersetzte im Untertitel das Wort »Gelehrte« gleich durch »Schriftsteller«.[6] In der »Vorrede« unterschied er drei »große Klassen von Schriftstellern«. Zur ersten gehören diejenigen, »welche um eine gelehrte Kunst oder Wissenschaft wesentliche Verdienste haben«; es sind die »Gelehrten im engsten und würdigsten Verstande«. Zur zweiten zählen die »gewöhnlichen Gelehrten«, welche die Gelehrsamkeit gemeiniglich nur als ein Erwerbsmittel ansehen und »nichts Neues hinzutun«, zur dritten schließlich die »blossen Liebhaber und Dilettanten«, die, wenn sie die »Miene der Gelehrsamkeit« annehmen, als »Halbgelehrte« bezeichnet werden.

Diese Gleichsetzung von Gelehrten und Schriftstellern überwand den älteren Gelehrtenbegriff, der sowohl den homo doctus, den schriftkundigen Geistlichen, den des römischen Rechts kundigen Juristen und den der antiken Lehren kundigen Arzt als auch den mit den alten Sprachen und der Literatur der Antike vertrauten Humanisten umfaßte. Sie waren durch ihr Amt, ihren Beruf herausgehoben; die Doktoren beider Rechte, oft Patriziersöhne und als fürstliche Räte, landständische und reichsständische Syndici tätig, wurden dem Adel gleichgeachtet; wie ihre Gelehrsamkeit so betonten sie ihren sozialen Status im Auftreten, Sprachstil und vor allem in dem Interesse, ihn zu vererben. Unter den evangelischen Theologen, den Ärzten und Juristen lassen sich zahlreiche gelehrte Dynastien ausmachen. Gelehrte dieses Typs, vor allem, wenn sie angesehenen Institutionen angehörten – also Universitäten, Akademien, Gerichtshöfen – entwickelten oft eine professionell-zünftische Mentalität. Sie bemühten sich, bestimmte Ausbildungsgänge und akademische Grade als Voraussetzung für bestimmte Ämter durchzusetzen, suchten Konkurrenz auszuschalten, waren hoch prestigeempfindlich und begriffen sich als besonderen »Stand«, dem für die Gesellschaft entscheidende Bedeutung zukomme und deshalb besondere Anerkennung und Förderung der Herrschenden zustehe.[7]

Daß diese die Gelehrsamkeit hoch schätzten, ja selber als Gelehrte galten oder gelten wollten, ist durchaus nicht die Ausnahme gewesen. Die standesgemäße Bildung von Söhnen und auch Töchtern fürstlicher und wohlhabender Adelsfamilien im 16. und 17. Jahrhundert besaß ein mehr oder weniger gelehrtes Gepräge; sie umfaßte die lateinische Sprache und konnte in dem einen Falle stärker theologisch, im anderen mehr humanistisch orientiert sein. Das gilt sowohl dort, wo sie vorwiegend in jesuitischen Händen lag, als auch dort, wo sie den Anleitungen Melanchthons folgte. Manche Höfe galten zeitweilig als gelehrt-fromm wie z.B. derjenige in Gotha unter Ernst dem Frommen, oder als gelehrt-literarisch und kunstliebend wie derjenige in Wolfenbüttel unter den Herzögen August und Anton Ulrich. Im 16. Jahrhundert nahmen der Adel und das wohlhabende selbstbewußte Bürgertum an derselben Bildung teil, besuchten dieselben gelehrten Schulen; gelehrte Juristen stiegen zu entscheidenden Beratern der Fürsten auf und organisierten das landesherrliche Rechts-, Verwaltungs- und Finanzwesen. Im Laufe des 17. Jahrhunderts dagegen traten mit dem Niedergang der Städte, mit der zunehmenden Konzentrierung des öffentlichen Lebens an den Höfen und mit der stärkeren Betonung ständischer Unterschiede bürgerliche gelehrte und aristokratische höfische Bildung auseinander. Die Söhne des Adels zogen sich mehr und mehr von den älteren Lateinschulen zurück und besuchten auch die Universitäten weniger und nur vorübergehend, die ganz zu landesherrlichen Einrichtungen zum Zwecke der Ausbildung von Staatsdienern und Pfarrern wurden. Stattdessen erfuhren sie durch Hofmeister oder an den neu errichteten Ritterakademien eine standesgemäße Bildung, in deren Mitte französische Sprache, höfisches Auftreten und höfisch-weltmännische Moral standen.[8] Gleichzeitig verengten sich bürgerliche Gelehrsamkeit und bürgerliches Gelehrtenverhalten. Mangel an konkreter Weltkenntnis bei enzyklopädischem Wissen, Uneleganz einer pedantischen und unpraktischen Rhetorik, Servilität infolge materieller Abhängigkeit von Amts- und Auftraggebern waren vielgebrauchte Charakterisierungen für den »Gelehrtenstand«, dessen Mitglieder ihren sozialen Ort zwischen dem in seiner Masse gedrückten Bürgertum und dem Adel hatten. Das neue Bildungsideal des ritterlich-höfischen galant-homme löste das ältere des christlich-humanistischen Gelehrten ab. Wo die Zentren sozialer Geltung wirklich lagen, zeigt sich u. a. in dem literarischen Bemühen Christian Weises um eine Synthese von humanistischer Gelehrsamkeit und praktisch-politischem Wissen, um den bürgerlichen Gelehrten für das praktische Leben, vor allem für den Dienst in landesherrlichen Ämtern und an Höfen brauchbar zu machen.[9] Benötigte der monarchische Staat die Gelehrten in zunehmendem Maße als Geistliche, »Regimentspersonen« und Lehrende, so sahen diese sich gezwungen, sich in Sprache, Verhalten und in der Orientierung ihres Wissens dem höfisch-aristokratischen Stil anzupassen, wenn sie sich jenen Zentren nähern wollten.

Der Bürgerliche ohne eigenes Vermögen, aber mit gelehrter Bildung ist seit dem späten 17. Jahrhundert eine sehr eigentümliche Erscheinung der europäischen, speziell der deutschen Sozialgeschichte, weil in Deutschland infolge wirtschaftlicher Stagnation, sozialer Verkrustung und politischer Zersplitterung die Möglichkeiten für erfolgreiche Tätigkeit im Wirtschaftsleben sehr beschränkt waren, während umgekehrt in den zahlreichen Staaten der landesherrliche, grundherrliche, städtische und kirchliche Dienst relativ viele Chancen bot.[10] Das hat dazu geführt, daß die bürgerlichen Gelehrten, die am stärksten aufstiegsmotivierte und leistungsbereite Gruppe in der deutschen Gesellschaft, ganz überwiegend Positionen in diesem Dienst anstrebten. Da verbindliche Ausbildungsanforderungen für die Immatrikulation fehlten, drängten über Freitische und Stipendien vielfach Söhne mittelloser Eltern, auch aus klein- und sogar unterbürgerlichen Schichten, zur Universität, vor allem in die theologischen Fakultäten hinein. Bereits im 18. Jahrhundert konnten nicht mehr alle Absolventen bald oder überhaupt die erwünschte Stelle finden; deshalb mußten vor allem junge Theologen oft lange Jahre sozial unbefriedigender Hauslehrer- und Hofmeisterexistenz verbringen. Gegen Ende des Jahrhunderts wurde der später immer wieder artikulierten Sorge vor einem Überschuß an gebildeten Personen, also einem akademischen Proletariat, vielfach Ausdruck gegeben.[11]

Öffentlich diskutiert wurden um diese Zeit ebenfalls schon die ökonomischen und sozialen Probleme der Gelehrten: die hohen Kosten der Ausbildung, ihre häufige Verschuldung, ihre oft unzureichende Bezahlung, der angeblich oder tatsächlich notwendige Lebensaufwand, ihr unsicheres soziales Ansehen auf Grund ihrer materiellen Situation. Skeptisch sprach der Verfasser des Artikels »Gelehrte« in Krünitz' »Ökonomisch-technologischer Encyclopädie« 1787 von dem immer weitergehenden Verfall des gelehrten Standes in der bürgerlichen Gesellschaft,[12] eine Klage, die, pro domo formuliert, ebenso zur Selbstdarstellung der Gelehrten gehört wie die hohe Selbsteinschätzung ihrer Wichtigkeit für Gesellschaft und Staat. Sie wurde gerade zu dieser Zeit verstärkt durch die neue Konzeption allgemein-menschlicher Bildung, die mehr und anderes als Gelehrsamkeit war, aber im »Gelehrten« und »Schriftsteller« ihre Repräsentanz finden sollte.

## III

Es war die Aufklärung, die mit ihrer Forderung nach Mündigkeit, Selbstdenken, nach Herrschaft von Vernunft und Recht der Kritik, nach öffentlicher Erziehung und freier Presse, nach patriotischem Tun und menschheitlicher Gesinnung Erziehung und Bildung zum entscheidenden Mittel machte, um die Menschen zur Erfüllung ihrer Aufgabe und zum Fortschritt zu befähigen.[13] Daneben wirkten Pietismus und Empfindsamkeit, die das Recht auf eigenes Gefühl neben das Recht auf Gebrauch der eigenen Vernunft stellten. Aus beiden Wurzeln ist, unter Aufnahme von Einflüssen Rousseaus und Pestalozzis, die deutsche »Bildungsbewegung« hervorgegangen, die der Bildung eine über alle standes- und berufsbezogene Zwecksetzung hinausgehobene Bedeutung und Funktion gab.[14] Herder verstand »Bildung« als den eigentümlichen »individuellen« Entwicklungsprozeß von Einzelnen und Völkern zur Verwirklichung ihres höchsten Zweckes, der Humanität. Nach W. v. Humboldts Überzeugung sollten Erziehung und Bildung allgemeine Menschenbildung sein, der die Berufsbildung unter- und nachgeordnet ist. Inhalt des »neuhumanistischen« Bildungskonzepts war die Entfaltung der intellektuellen, moralischen und ästhetischen Fähigkeit des Individuums in der Beschäftigung mit dafür geeigneten Bildungsgütern und mit dem Ziel seiner Selbständigkeit und Selbstbestimmung. Der so Gebildete werde auch, so wurde angenommen, der beste Bürger, der beste Patriot sein. Wie schon das aufgeklärte Bildungskonzept, so konnte auch das neuhumanistische in Nationalerziehungspläne eingebracht werden, deren Ziel eine allgemeine Verbesserung der Gesellschaft, eine Anhebung ihrer moralischen und politischen Kultur und als Folge davon ein lebendiges, produktives Nationalgefühl sein sollte.[15] Der »Gelehrte« wurde jetzt verstanden als der wissenschaftlich Gebildete, dessen Bildungsprozeß ihn befähigt und verpflichtet, Lehrer und Erzieher der Menschheit zu sein. Ihm ist – so hat Fichte es formuliert – das, was der letzte Zweck jedes einzelnen Menschen wie der ganzen Gesellschaft ist, zur Aufgabe gestellt, nämlich »die sittliche Veredelung des ganzen Menschen«.[16]

Nach diesem Bildungsverständnis ist der »Gebildete« nicht durch Stand und Beruf, auch nicht durch einen festgelegten Ausbildungsweg und eine fachspezifische Kompetenz definiert, sondern durch Humanität, aus der heraus er Bürger und Menschenfreund ist und seinen konkreten Aufgaben und Pflichten aus Einsicht nachkommt. Diese aber entfaltet sich am besten in der Begegnung des Lernenden mit der Wissenschaft als höchster Hervorbringung des menschlichen Denkens. Weil die volle Entfaltung des Menschseins die Bestimmung des Menschen ist und weil Gesellschaft und Staat von den so gebildeten Menschen den größten Nutzen haben, ist es Pflicht und rechtverstandenes Interesse des Staates, durch geeignete Unterrichtsanstalten für die allgemeine Menschenbildung Sorge zu tragen. So argumentierten die preußischen Bildungsreformer, und sie waren überzeugt, daß damit die letztlich entscheidende Voraussetzung zum Wiederaufstieg des preußischen Staates und der deutschen Nation geschaffen werde. Gehörte es doch zu den fundamentalen politischen Auffassungen der Aufklärer des 18. wie der neuhumanistischen und liberalen Gebildeten des 19. Jahrhunderts, daß neben Gesetzgebung und Verwaltung die Erziehung das entscheidende Mittel des Fortschritts, der Modernisierung, der sozialen und politischen Reform sei – einer Reform, die Revolution überflüssig macht, wirksamer ist und dauerndere Folgen hat als diese.[17]

Alles in allem eine gewaltige Steigerung der philosophischen, pädagogischen und politischen Bedeutung des Bildungsbegriffs wie auch des sozialen Geltungsanspruchs der Gebildeten – und zwar durch die Gebildeten selbst. Denn sie waren es – Dichter und Philosophen, Pädagogen, Pfarrer und Beamte –, die in Büchern, Abhandlungen und Zeitschriften, in Vorlesungen und Reden, Denkschriften und Gesetzentwürfen die Sache der Bildung mit größtem Erfolg zur wichtigsten machten. Denn wenngleich diese Gebildeten materiell und politisch keine Macht besaßen, so doch wachsenden Einfluß auf die sich seit dem späten 18. Jahrhundert entfaltende öffentliche Meinung und auf die Administration.[18] Als diejenigen, die den rapide sich ausweitenden Bücher- und Zeitschriftenmarkt versorgten und zunehmend gesellschaftliche und staatliche Verhältnisse zum Gegenstand der Diskussion, d.h. auch der rationalen Kritik machten, als höhere Beamte in einer expandierenden, das öffentliche Leben zunehmend regulierenden Verwaltung haben die Gebildeten ihrer sozialen Mentalität, ihrer hohen Bewertung von Bildung und ihrem Interesse an der sozialen Privilegierung von Bildung erhebliche, wenn auch schwer abschätzbare Wirkung zu geben vermocht. Das allerdings war nur möglich, weil der aufgeklärt-absolutistische wie der bürokratisch-konstitutionelle Staat einen wachsenden Bedarf an qualifizierten Kräften entwickelte, überdies in der Krise der napoleonischen Ära moralische Stärkung durch das politische Engagement der Gebildeten dringend benötigte.

Zweifellos ist die höhere, akademisch gebildete Beamtenschaft – weit über die Mitte des 19. Jahrhunderts hinaus – die praktisch einflußreichste Gruppe in der deutschen Gesellschaft gewesen.[19] Nicht wenige ihrer bürgerlichen Mitglieder erreichten die zwar dienstlich nicht notwendige, aber prestigesteigernde und den gesellschaftlichen Verkehr in den »höheren Kreisen« erleichternde Nobilitierung. Es gehörten der Beamtenschaft aber auch Adelige aus alten Familien an. Ihre Standesvorteile schlugen zwar noch immer durch, in ihren dienstlichen Funktionen jedoch waren sie mit den Beamten bürgerlicher Herkunft weitgehend gleichgestellt. Wenn irgendwo in der deutschen Gesellschaft jener Zeit, so hat in der hohen Beamtenschaft eine Annäherung von Bürgerlichen und Adeligen stattgefunden; in der 2. Hälfte des 19. Jahrhunderts machte dann der wirtschaftliche Aufschwung diese Annäherung zunehmend auch wohlhabenden Wirtschaftsbürgern möglich. Die höhere Beamtenschaft – die »beamtete Intelligenz«, wie sie um die Jahrhundertmitte gelegentlich genannt wurde – machte indes nur einen Teil der Schicht der Studierten aus. Zu ihr gehörten auch die Juristen in nicht-staatlichen Positionen, die Professoren, Gymnasiallehrer, Pastoren und Schriftsteller, schließlich auch die wenigen, die auf Grund von Vermögen oder Grundbesitz keinen Beruf zu ergreifen brauchten, aber über dieselben oder vergleichbare Bildungsvoraussetzungen geboten. Auf der Basis gemeinsamer Bildung war eine Verständigung zwischen den Verwaltenden und der Bildungsoberschicht der Verwalteten, also z.B. zwischen Hochschulen und Kultusverwaltung, Pfarrern und staatlichen Konsistorien, Juristen auf seiten der Regierung und anderen in nichtstaatlichen Behörden und Funktionen möglich.[20] Man sprach dieselbe Sprache und teilte gleiche Grundansichten, die allerdings Gegensätze in Politik und Ideologie nicht ausschlossen. In den zweiten Kammern deutscher Landtage des Vormärz saßen in den Reihen der liberalen Opposition nicht wenige Beamte, wie denn überhaupt Männer derselben

Bildungsschicht sowohl auf der Seite der Verteidiger des Bestehenden als auch in der sog. »Partei der Bewegung« anzutreffen waren. In der Mehrheit bekannten sich die deutschen Gebildeten dieser Zeit zum gemäßigten, evolutionären Liberalismus. Ihr soziales Leitbild war die »bürgerliche Gesellschaft«; die Gesellschaft von Bürgern mit unterschiedlichen sozialen Funktionen in einem Staate, der ihre individuelle Freiheit und ihre Rechte gesetzlich sichert und Gerichte zu ihrem Schutze bereitstellt – im »Rechtsstaat«.[21]

Die Leitvorstellung des »Rechtsstaates« erscheint in besonderer Weise charakteristisch für die deutsche Bildungselite. Sie betont zunächst den Gegensatz zum »Polizeistaat«; im Prinzip geht sie nicht von der Volkssouveränität aus, sondern von der Idee eines allgemeinen Rechts, das der Staat zu verwirklichen habe, indem er Rechtsgesetze erläßt, denen er sich selbst unterwirft. Durch sie sichert er die Freiheit und gesetzliche Gleichheit der Bürger. Diese Idee, die am klarsten von Kant formuliert wurde, steht in Spannung zum Machtcharakter des Staates, insofern sie auch die Sicherheit gegenüber der Staatsgewalt einschließt. Die Staatsgewalt bleibt sozusagen vorgegeben; sie geht nach dieser Auffassung nicht aus der Gesellschaft hervor, sondern steht ihr gegenüber. Um der Sicherung des Rechts willen muß sie in ihrer Ausübung geteilt werden; der Eingriff der Staatsgewalt in die Sphäre der Bürger muß an deren Mitsprache und gesetzlich an Verfahren gebunden sein. Der Bürger muß die Möglichkeit haben, sein Recht unter Berufung auf geltende Gesetze einklagen zu können. Bei solcher Auffassung bleibt der Staat eine von der Gesellschaft unterschiedene Instanz über Klassen und Parteien, die in Regierung und Behörden präsent ist; die Volksvertretung ist mitwirkende und kontrollierende Gewalt, nicht eine solche, aus der Regierung hervorgeht.

Dieser Rechtsstaatgedanke des gemäßigten Liberalismus hielt sich im Rahmen einer Monarchie, die »konstitutionell«, also durch eine Verfassung beschränkt ist, in der die Krone jedoch eine unabhängige Gewalt behält. Man kann in ihm einen Ausdruck der Unfähigkeit der Liberalen sehen, den monarchischen Obrigkeitsstaat zu beseitigen; dagegen aber muß betont werden, daß die Anerkennung der rechtsstaatlichen konstitutionellen Monarchie ihrer Ablehnung der Demokratie, ihrer Sorge vor Revolution und Despotie und ihrer Überzeugung entsprach, politische Mitwirkung komme nur den Besitzenden und vor allem den Gebildeten zu, die ungebildete Masse dagegen müsse erst einen langen Erziehungsprozeß durchlaufen. Deshalb auch lehnten sie das allgemeine Wahlrecht ab. Den Gebildeten erschienen Freiheit der Meinung, der Rede, der Presse wichtiger als das Wahlrecht, glaubten sie doch, daß der Prozeß der Freiheit mit dem Bewußtsein von Freiheit beginnen müsse. Weil überdies gerade sie in dem System der beschränkten Monarchie Möglichkeiten zum sozialen Aufstieg und auch zu politischer Tätigkeit vor sich sahen, wollten sie den Staat nicht revolutionieren, sondern in ihm, in seinen Behörden und Institutionen ihre liberalen Vorstellungen zur Geltung bringen, ihn also von innen her reformieren. Sie wollten ihn zu einer Sicherheits- und Rechtsanstalt für die bürgerliche Gesellschaft und auch zu einer großen Bildungsanstalt machen. Denn für die Erziehung und Bildung der Bevölkerung Sorge zu tragen, galt ihnen wie den Aufklärern als eine der vornehmsten Aufgaben des Staates.[22]

Kennzeichnend für die Dialektik der Aufklärung und die innere Widersprüchlichkeit des gemäßigten bürgerlichen Liberalismus, daß dabei ein gewisser Bildungszwang berechtigt erschien. Vielen der Gebildeten lag der Gedanke nicht fern, daß die Masse der Bevölkerung auch ohne ihr Zutun und ihre Zustimmung durch obligatorische öffentliche Erziehung »verbessert«, also zur Nutzung ihrer Fähigkeiten angeleitet und sittlich gehoben werden müsse und dürfe. Dadurch werde der einzelne nur zu dem genötigt, was in seinem eigenen wie im allgemeinen Interesse liege, worauf er ein Recht habe und was seiner Bestimmung als Mensch entspreche. In der Konsequenz dieser Vorstellungen mußte der Anteil an Bildung über die sozialen Chancen wie über die Zuerkennung der politischen Mündigkeit entscheiden.

## IV

Nicht daß die Wortführer der bürgerlichen Emanzipation der Bildung eine so zentrale Bedeutung für die gesellschaftliche Entwicklung zuwiesen, ist das Bemerkenswerte, sondern zum einen der Erfolg, den sie damit gehabt haben, zum anderen die spezifische inhaltliche Orientierung und die institutionelle Gestalt, die die Bildung in Deutschland annahm. Gewiß darf man die tatsächlichen Fortschritte in der Durchsetzung der allgemeinen Schulpflicht und in der praktischen Förderung des Schulwesens durch die Regierungen seit dem späten 18. Jahrhundert für lange Zeit nicht zu hoch veranschlagen. Aus der wirksamer werdenden staatlichen Kontrolle der Schulen und der Lehrerausbildung, für die eigene Einrichtungen und Vorschriften geschaffen wurden, aus der Regelung von Schulabschlüssen und Studienzulassungen, aus Prüfungsordnungen, Berufseintrittsregelungen und Laufbahnvorschriften, schließlich aus Besoldungsordnungen und speziellen Privilegien für Gebildete – vor allem die kürzere Militärdienstzeit für Absolventen höherer Schulen – ist jedoch insgesamt ein wachsender, zugleich fördernder und dirigierender staatlicher Druck auf Einrichtungen und Inhalte des Bildungswesens hervorgegangen.[23] Er reichte weit über den engeren Bereich des staatlichen Eigeninteresses, also der Rekrutierung von Staatsdienern, hinaus, insofern staatliche Anforderungsstandards und Ausbildungsvorschriften, staatliche Belohnungen und Ansehensgarantien für Bildung – praktisch für bestimmte Examina – normierend in den freiberuflichen, à la longue selbst in den Bereich der Wirtschaft hineingewirkt haben. Der höhere Staatsdienst, der ein akademisches Studium voraussetzte, das nur über das staatlich kontrollierte Abitur zu erreichen war, wurde beispielgebend für die erfolgreiche Berufskarriere bürgerlicher Gebildeter. Sie partizipierten am Ansehen dieses Dienstes, welches durch die hohen Ausbildungsanforderungen und den zweifellos beträchtlichen Bildungs- und Leistungsstand seiner Angehörigen im 19. Jahrhundert weiter anstieg.

Entscheidende Engstelle im Bildungsgang, der für »höhere« Stellen und gesellschaftliches Ansehen qualifizierte, wurde im 19. Jahrhundert das Abitur.[24] Über die Reifeprüfung wirkte der Staat sowohl auf das Gymnasium als auch auf die Universität und verteilte damit soziale Chancen. Das war nicht die ursprüngliche Absicht bei der Einführung des Abiturs; und ganz sicher entsprach es nicht den Intentionen der preußischen Bildungsreformer um Wilhelm von Humboldt, daß Gymnasium und Universität immer mehr die Funktion laufbahneröffnender Ausbildungsinstitutionen erhielten, in denen die philosophische Konzeption der Allgemeinbildung sich allmählich verdünnte, und daß der Begriff des Gebildeten sich praktisch auf die Absolventen dieser Institutionen einengte. Diese Entwicklung kann nicht allein den Regierungen und ihrem Interesse an fungiblen Staatsdienern angelastet werden; sie resultierte ebenso aus dem Interesse der arrivierten Gebildeten selber, sich durch deutliche, institutionell abgesicherte Merkmale abzuheben, gleichsam einen besonderen Stand mit dem Monopolanspruch auf bestimmte qualifizierte Positionen und dem Privileg bestimmter Vorzüge zu formieren. Einen Stand überdies, der bei prinzipieller Offenheit für Neueintretende starke Selbstrekrutierungstendenzen entwickelte. Sie ergaben sich schon dadurch, daß die häusliche Bildungswelt für das erfolgreiche Durchlaufen des humanistischen Gymnasiums und das Universitätsstudium eine erhebliche Erleichterung bedeuten konnte.[25]

Hinzu kam die Tatsache der im 19. Jahrhundert ansteigenden Kosten der höheren gymnasialen und akademischen Bildung. Den Nationalerziehungsplänen des späten 18. und frühen 19. Jahrhunderts wie auch dem neuhumanistischen Bildungskonzept lag – in unterschiedlicher Ausprägung – der Gedanke zugrunde, daß Bildung allen offenstehen müsse und der Staat für die Bildung aller Kinder zu sorgen verpflichtet sei. Daß jedoch die höhere, längere Zeit beanspruchende Gymnasial- und Universitätsbildung – auch aus finanziellen Gründen – nicht jedermann zugänglich sein könne, wurde dabei realistisch vorausgesetzt. Die Finanzkraft der deutschen Staaten wies enge Grenzen auf, und Bildungsausgaben rangierten – wie in allen anderen Ländern der Zeit – weit hinten. Für sie blieben weitgehend Kirchen, private Förderer, vor allem die Familien verantwortlich. Noch in den 60er und 70er Jahren des 19. Jahrhunderts wurde fast die Hälfte des Gesamtaufwandes für die höhere Schule aus privatem Schulgeld bestritten. Dieses aber machte nur einen geringen Teil der notwendigen privaten Ausgaben für den höheren Schüler aus. Nur eine kleine Zahl von Familien konnte die Aufwendungen für eine höhere Schulbildung der Kinder erbringen. Wenn der private Anteil an den Kosten der staatlich subventionierten Universitäten demgegenüber gering blieb, so stiegen doch die Lebenshaltungskosten für die Studienzeit. In seinem Buch »Der Kostenwert des Menschen«, stellte Ernst Engel 1883 mit

Recht fest, es sei »hauptsächlich der Besitz, welcher die Menschen schichtet und in Klassen teilt. Prüft man diese Erscheinung näher, so entdeckt man bald, daß die Besitzklassen zwar keineswegs vollständig, doch mehr oder weniger identisch mit Bildungsklassen sind«.[26]

## V

Damit ist die eingangs zitierte Aussage von Walther Rathenau wieder aufgenommen und bestätigt. Bildung und Besitz gehörten um 1900 enger zusammen als ein Jahrhundert früher; Bildung war selbst zu einem »Besitz« geworden. Man »erwarb« und »hatte« Bildung; sie war eine Investition mit hoher Aussicht auf Honorierung im bestehenden politischen und sozialen System. Die Erhaltung des Besitzstandes entsprach dem sozialen Interesse der großen Mehrheit der Gebildeten so elementar, daß sie nach der politischen Niederlage des bürgerlichen Liberalismus im preußischen Verfassungskonflikt und nach seinem Zerfall im Zuge der konservativen Wende der deutschen Innenpolitik 1878 unter dem Eindruck wirtschaftlicher Depression und aus Sorge vor der sozialen Revolution zunehmend konservativer und staatsloyaler wurden. Der nationalliberal-konservative Kompromiß der »staatsbejahenden« Schichten von »Besitz und Bildung« im ausgehenden 19. Jahrhundert kennzeichnet den Anpassungsweg einer sozialen Gruppe, die einst, trotz materieller Abhängigkeit, kraft ihrer kulturellen Führungsrolle und der Bereitschaft ihrer Mitglieder zu patriotischem Engagement Verkünderin und Trägerin politischer Reformen und bürgerlicher Emanzipation gewesen war. Sie hatte die öffentliche Meinung beherrschen, Einheits- und Freiheitsforderungen artikulieren, Kritik üben, zwar nicht das bestehende politische System völlig verändern, aber für seine Reform arbeiten können. Als sich die traditionellen Kräfte dieses Systems im Konflikt als stärker erwiesen, später die Kleinbürger- und Arbeitermassen das liberale Bildungs- und Besitzbürgertum unter Druck zu setzen begannen, offenbarte sich die politische Schwäche gerade der Gebildeten.[27]

Massenresonanz hatten sie weder gesucht noch gefunden; die Kluft zwischen Gebildeten und Nicht-Gebildeten war nicht überbrückt, sondern im Laufe des 19. Jahrhunderts tiefer geworden. Dazu trug nicht zuletzt die dominierende Stellung des humanistischen Gymnasiums mit der von ihm strikt verteidigten hohen Geltung der alten Sprachen bei. Unter Berufung auf die klassisch-neuhumanistische Bildungsidee haben die humanistisch Gebildeten gegenüber denen, die eine »nur« praktische Berufstätigkeit im Bereich von Wirtschaft und Technik anstrebten, nicht nur ihr kulturelles Prestige behauptet, sondern Exklusivansprüche für eine beträchtliche Reihe von attraktiven Karrieren aufrechterhalten können, auch noch als die Regierungen schulische Differenzierung durchsetzten. Im Streit zwischen humanistischer und »realistischer« Bildung, um Schultypendifferenzierung, Gleichberechtigung der Technischen Hochschulen mit den Universitäten hat sich mehr als ein Kampf um Bildungskonzeptionen und pädagogische Weltanschauungen abgespielt, nämlich ein sozialer Grabenkampf, dessen Auswirkungen weit in die Gesamtgesellschaft hineinreichten, insofern sie die Gestalt des Sekundarschulbereichs prägten. Fiel doch mit der Entscheidung der Eltern für den einen oder anderen Schultyp nicht nur zugleich eine folgenreiche Entscheidung über künftige Berufsaussichten der Kinder, sondern auch darüber, in welchem Grade diese später als »Voll«- oder nur »Halbgebildete« angesehen werden würden. Kein Wunder, daß auch im Wirtschaftsbürgertum viele Eltern, ohne daß Familientradition und kulturelles Interesse es nahelegten, ihre Kinder aufs Gymnasium schickten. Gymnasialbildung war zum Statussymbol und zur Einlaßberechtigung in die »classes dirigeantes« geworden. »Nichts« – um eine Formulierung von Lenore O'Boyle zu gebrauchen – »zeigt den Zusammenhang zwischen Sozialprestige und klassischer Bildung deutlicher als der hartnäckige Widerstand eines beträchtlichen Teils der Mittelklasse, etwas Geringeres als eine vollständige klassische Bildung für ihre Kinder zu akzeptieren.[28] Jede andere galt als minderwertig und als mögliche Behinderung späteren Erfolges. Das aber bedeutete zugleich die Abqualifizierung nicht- und halbklassischer Bildung, damit auch des Schultyps des »Realgymnasiums«. Gewiß ist eine analoge Tendenz im späteren 19. Jahrhundert auch in Frankreich und England zu erkennen. Sie hat dort jedoch nicht dieselbe Wirkung hervorgebracht wie innerhalb der rigideren Klassenstruktur der deutschen Gesellschaft und in dem spezifisch deutschen System von Berechtigungen und Laufbahnen.

Man muß die zähe und erfolgreiche Verteidigung des Vorrangs der »klassischen« Bildung im Zusammenhang sowohl mit dem Drang kleinbürgerlicher Schichten sehen, an dieser Bildung teilzuhaben, als auch mit der tatsächlichen oder befürchteten Überproduktion von Abiturienten und Akademikern. Von der hohen Selbstrekrutierungsrate der Gebildeten wurde bereits gesprochen. In den 1840er Jahren stammten ungefähr 60 % der Absolventen württembergischer Gymnasien, die die Tübinger Universität bezogen, aus Akademikerfamilien. Ungefähr 40 % der Schüler bayerischer Gymnasien und Realgymnasien hatten 1869–71 höhere Beamte zu Vätern.[29] Doch änderten sich die Verhältnisse gegen Ende des 19. Jahrhunderts. An den preußischen Universitäten machten die Söhne von Vätern mit akademischer Bildung 1899/1900 nur noch 27 %, drei Jahre später 25,7 % aus. Darunter waren die höheren Beamten und Anwälte stark überrepräsentiert, deren Söhne ganz überwiegend wiederum Rechtswissenschaft studierten. Unter den evangelischen Theologiestudenten waren immerhin 1900 noch 40 % Akademikersöhne. Im Wintersemester 1902/03, als die Akademikersöhne 23,3 % aller Studierenden ausmachten, waren zwei Gruppen des mittleren und des Kleinbürgertums bereits stärker vertreten, einerseits die Söhne unabhängiger Kaufleute, Ladenbesitzer, Händler, Gastwirte und Handwerker mit 26,3 %, andererseits die Söhne von Lehrern ohne Universitätsausbildung, von mittleren und unteren Beamten und von Unteroffizieren mit 22,6 %. (Daneben spielten die Söhne von Großgrundbesitzern und unabhängigen Bauern [mit knapp 12 %] wie auch die Söhne von Unternehmern und Angestellten [mit ebenfalls rund 12 %] eine untergeordnete Rolle.) Vor allem die Söhne von Lehrern, mittleren und unteren Beamten, also ebenfalls von Staatsbediensteten, drängten nach und strebten, stark aufstiegsmotiviert und mit erheblichen Anstrengungen der Eltern, gerade in denjenigen Berufsbereich, der von den klassisch Gebildeten eingenommen war. Gewiß hat mancher Sohn eines Lehrers oder mittleren Beamten den Weg durch das humanistische Gymnasium und die Universität nur unter unverhältnismäßigen Entbehrungen und sozialen Rücksetzungserfahrungen durchlaufen; später teilte er in der Regel forciert das Elitebewußtsein der klassisch gebildeten Akademiker.

Obwohl sie sich betont und mit viel Rückhalt als die vornehmste darstellte, ging die Bedeutung der klassisch-humanistischen Bildung quantitativ zurück. Um 1900 war auch der Absolvent der Technischen Hochschule, der oft nicht durch die »humanistische« Ausbildung gegangen war, als Akademiker anerkannt, allerdings nachdem die TH vieles, im Äußeren fast alles von der Universität übernommen hatte. Über Ausbildungsunterschiede und Rangdifferenzen hinweg traten »die Akademiker«, wie nun zunehmend gesagt wurde, als eine durch Bildung und Beruf konstituierte Oberschichte des Mittelstandes mit dem sozialen Habitus einer Geisteselite und eines besonderen »Standes« auf, der sich schärfer nach »unten« als nach »oben« abzuheben bemühte und sich überdies bewußt war, daß auch großer Wohlstand, etwa eines Unternehmers, die Geltung »akademischer« Bildung nicht völlig aufwog. In der Tat bedeuteten die Unterschiede in der allgemeinen, an Examina erkennbaren Bildung noch immer viel. 1917, im gleichen Jahr wie Rathenau, stellte einer der schärfsten Analytiker der deutschen Gesellschaft des Kaiserreichs, Max Weber, fest: »Unterschiede der ›Bildung‹ sind heute, gegenüber dem klassenbildenden Element der Besitz- und ökonomischen Funktionsgliederung, zweifellos der wichtigste eigentlich ständebildende Unterschied«. Und weiter: »Unterschiede der ›Bildung‹ sind [...] eine der allerstärksten rein innerlich wirkenden sozialen Schranken. Vor allem in Deutschland, wo fast die sämtlichen privilegierten Stellungen innerhalb und außerhalb des Staatsdienstes nicht nur an eine Qualifikation von Fachwissen, sondern außerdem von ›allgemeiner Bildung‹ geknüpft [sind] und das ganze Schul- und Hochschulsystem in deren Dienst gestellt ist. Alle unsere Examensdiplome verbriefen auch und vor allem diesen ständisch wichtigen Besitz«.[30]

Kurz muß noch das Problem des Überschusses an Gebildeten berührt werden. Zweifellos beruhten die zahlreichen besorgten Aussagen über eine zu große Zahl an gymnasial und universitär Gebildeten nicht nur auf subjektiven Annahmen oder ideologischen Abneigungen. Nach der Reduzierung der älteren Universitäten und der Neugestaltung des akademischen Studiums zu Beginn des 19. Jahrhunderts war die Zahl der Studenten, die den Weg in den höheren Staatsdienst suchten, in den 1820er Jahren bald wieder weit über den Bedarf hinaus angestiegen. In den 30er Jahren ging der Universitätsbesuch deutlich zurück, aber das blieb eine vorübergehende Erscheinung und erleichterte die Situation kaum. Denn der Staats- und Kirchendienst weitete sich nicht in dem Maße aus, wie Anwärter dafür bereitstanden, wofür schon in der Mitte des Jahrhunderts Kostengründe geltend gemacht wurden. Daß enttäuschte, auf adäquate Beschäftigung wartende und sie nicht erreichende, hochausgebildete junge Männer in der Revolution von 1848 eine bedeutende Rolle spielten und ein besonderes Problem in der deutschen Gesellschaft darstellten, ist nicht bloß von konservativer Seite behauptet worden. Trotz des steigenden Bedarfs ist der Akademikerüberschuß auch in der zweiten Jahrhunderthälfte ein Problem geblieben – vermutlich ein unvermeidliches in allen modernen, sich schnell entwickelnden Ländern.[31]

## VI

Die hier skizzierte Entwicklung macht deutlich, daß die Gebildeten, einst Träger aufgeklärt-liberaler Bewußtseinsentwicklung und politischer Reformgesinnung, mehr und mehr das Verhalten und die Mentalität des gesellschaftlichen establishments annahmen. Dazu haben nicht nur ihre hohe Staatsabhängigkeit und ihre Bejahung des nationalen Machtstaates beigetragen, sondern ebenso ihre außerordentliche Leistung für den Ausbau des institutionellen Systems der deutschen Gesellschaft und ihr sozialer Erfolg. Es muß abschließend jedoch betont werden, daß nicht alle »Gebildeten« und »Akademiker« denselben politischen Weg gegangen sind und daß die sensibelste Kritik an dem übergroßen Gewicht des gebildeten höheren Beamtentums, an der übersteigerten Einschätzung klassischer Bildung, am politischen Utopismus der Gebildeten, der leicht in Opportunismus umschlug, und an ihrer tatsächlichen Machtlosigkeit von Menschen derselben Bildung, z.T. auch derselben sozialen Herkunft vorgetragen worden ist. Abgesehen von den Unterschieden in den philosophisch-politischen Überzeugungen zwischen gemäßigten und radikalen Aufklärern, zwischen romantisch-restaurativen Konservativen, gemäßigten und radikalen Liberalen, abgesehen von den Unterschieden des individuellen Temperaments spielte es eine erhebliche Rolle, ob sie als arrivierte Hochschullehrer, Beamte oder Geistliche sich mit den Institutionen, denen sie angehörten, identifizierten und sozusagen Besitzstände verteidigten, oder ob sie als Schriftsteller, freiberuflich Tätige, materiell Unabhängige oder beruflich ungesicherte Privatdozenten, Amtskandidaten und Privatlehrer über ihre Zeit und Umwelt nachdachten.

Aus ihren Reihen ist im 19. Jahrhundert ein neuer Typus des Gebildeten hervorgegangen, der seine intellektuellen Fähigkeiten und seinen Wirkungswillen ganz in den Dienst der öffentlichen Kritik stellte. Nicht zufällig sind ihm – von Börne bis Maximilian Harden – zahlreiche Juden zuzurechnen, denen Bildung die höheren Positionen, vor allem des Staatsdienstes, doch nur sehr bedingt erreichbar machte, solange sie nicht konvertierten. Politisch traten die Vertreter dieses Typs meist für den demokratischen Liberalismus, einige auch für die Sozialdemokratie ein, wobei sie sich oft dem Mißtrauen ausgesetzt sahen, klassenfremd zu sein und zu bleiben. Ob unter ihnen der Anteil derjenigen höher lag, die kleinbürgerlicher Herkunft waren, müßte geprüft werden; Einzelbeispiele, die eine solche Annahme nahelegen, genügen nicht für eine allgemeine Aussage.

Für diesen Typus erscheint der Begriff des »Gebildeten« blaß, der des »Intellektuellen« geeigneter.[32] Er ruft weniger die Annahme eines bestimmten Bildungsganges und der Zugehörigkeit zu einer sozialen Schicht hervor, sondern spricht stärker eine bestimmte Aktivität und eine spezifische Geisteshaltung an, die als theoriegeleitet, rational, kritisch und formal beschrieben werden kann. Intellektuelle in diesem Sinne bilden »die Intelligenz«, in der stärker philosophisch-historisch-sozialwissenschaftlich, stärker naturwissenschaftlich-technisch und mehr wirtschaftlich-organisatorisch orientierte und geschulte Gruppen unterschieden werden können.

Mit der Auflösung der ständischen wie der Klassenstruktur der bürgerlichen Gesellschaft, die in Deutschland seit dem Ende des 1. Weltkriegs rapide vorangeschritten ist, erscheint es kaum noch sinnvoll, von »den« Gebildeten als identifizierbare soziale Schicht zu sprechen. Mit den Begriffen »die Intellektuellen« und »die Intelligenz« aber kann nur eine enger gefaßte Gruppe in der wachsenden Zahl von Menschen mit weiterführender Bildung bezeichnet werden; sie ist überdies sozial entschieden weniger homogen als es die »Gebildeten« oder die »Akademiker« einst waren.

Zwar wird heute vom Bürgerrecht auf Bildung gesprochen und versucht, die Voraussetzungen zu schaffen, die es jedem erlauben, dieses Recht wahrzunehmen; dennoch kann weder vom Bildungsinhalt noch von der sozialen Position her genau gesagt werden, was ein »Gebildeter« ist. Mehr Menschen als je zuvor erfahren heute mehr Ausbildung; aber diese hat weniger als zuvor ein einheitliches Bildungsziel. Je breiter sie sozial gestreut ist, um so weniger führt sie zur Heraushebung einer identifizierbaren Schicht der Gebildeten; aber die sozial differenzierende Kraft von Bildung ist, auf die Gesamtgesellschaft ausgeweitet, heute sicher nicht geringer als früher – im Gegenteil! Auch heute umschließen die Wörter »Bildung« und »Gebildete« einen Anspruch, der trotz der populistischen Diskriminierung, er sei Ausdruck »elitären« Denkens, breite Zustimmung findet – zumindest in dem Verlangen, an Ansehen, Chancen und Vorzügen, die Bildung einträgt, teilzuhaben. Mit dem Schlagwort vom »Bürgerrecht auf Bildung« ist indes – über die Ausbildung hinaus, die es jedem ermöglichen soll, seine Lebenschancen nach dem Maße seiner Fähigkeiten zu nutzen, – die Ermöglichung des Umgangs mit den Werken und Gütern vergangener und gegenwärtiger Kultur gemeint, um dadurch die »Qualität« des individuellen wie des gesellschaftlichen Lebens zu erhöhen. Scheint sich doch heute ein vertieftes Bewußtsein dafür auszubilden, daß, wenn die zukünftige Welt noch menschenwürdig bleiben soll, es entscheidend darauf ankommt, wissenschaftlich-technische, moralisch-politische und philosophisch-ästhetische Bildung gleichermaßen zu intensivieren und auszuweiten.

So kann behauptet werden, Bildung sei heute wichtiger denn je. Dem entspricht das verstärkte Interesse der Forschung an der sozial- und kulturanthropologischen Struktur von Bildung, an ihrer politischen und sozialen Bedeutung, an der Geschichte ihrer Leitideen, ihrer Institutionen und ihrer Auswirkungen für die gesamtgesellschaftliche Entwicklung.[33] Es ist darüber hinaus Teil einer neuen Aufmerksamkeit für die komplexe Wirklichkeit der Kultur, also jener vielgestaltigen, geschichtlich-gesellschaftlichen Symbolwelt, die als Ergebnis menschlichen Denkens und Handelns Ausdruck ihres Weltverständnisses und produktive Gestaltung ihrer Umwelt ist. In der Geschichtswissenschaft ist die Hinwendung zu einer modern aufgefaßten, sozialwissenschaftlich und anthropologisch fundierten Kulturhistorie unverkennbar. Die vorstehenden Überlegungen stehen in diesem Zusammenhang.

# *Politisches Bewußtsein in Deutschland vor 1789*

## I

Welche Wirkungen die große Französische Revolution auf Deutschland gehabt hat, was sie und die von ihr in Bewegung gesetzten Ereignisse für den Gang unserer Geschichte bedeutet haben – das sind Fragen, die nicht nur die historische Forschung, sondern auch die politisch engagierten Interpreten der deutschen politischen und sozialen Wirklichkeit im 19. und 20. Jahrhundert immer wieder auf das stärkste beschäftigt haben. Sind – um nur einige Probleme anzudeuten – die Deutschen durch die Revolution, die nicht die eigene war, und noch mehr durch den Erben der Revolution, Napoleon, in ihre moderne Geschichte hineingestoßen worden, wozu sie selber die Kraft nicht aufgebracht hätten? Oder: ist damals eine eigenständige Möglichkeit ihrer politischen Entwicklung abgeknickt worden? Oder: sind sie im Zusammenstoß mit der westeuropäischen Revolution und Napoleon erst zu eigenständigem politischem Bewußtsein gekommen? Oder: haben sie, d. h. ihre geistig und sozial potenten Schichten, damals – und später immer wieder – versagt, indem sie sich den revolutionären, fortschrittlichen Ideen ängstlich verschlossen und damit für die ganze Nation die Chance verpaßten, den Anschluß an die westeuropäische Entwicklung zu gewinnen?

Die Antwort auf solche Fragen hängt nicht unwesentlich ab von der Beurteilung der ökonomischen, sozialen, politischen und geistigen Situation, in der sich die Deutschen befanden, als sie, indirekt und dann direkt, von den Ausstrahlungen der Revolution im Nachbarland erreicht wurden. Es empfiehlt sich, zunächst das Urteil derjenigen zu hören, die die Erschütterungen Europas zwischen 1789 und 1815 miterlebt hatten und die Bilanz des Geschehenen zu ziehen versuchten. Einer von ihnen, August Wilhelm Rehberg, stellte im Rückblick auf die Zeit zwischen dem Ende des Siebenjährigen Krieges und dem Ausbruch der Revolution in Paris fest, daß Deutschland »zu einer Veränderung seiner staatsrechtlichen Verfassung durch die innere Disharmonie ihrer Elemente wohl vorbereitet«,[1] gewesen sei. Er spricht von einer »dumpfen Unzufriedenheit mit den mannigfaltigen Mißverhältnissen des bürgerlichen Lebens« seit der Mitte des Jahrhunderts, von der wachsenden, durch die Literatur – vor allem Reisebeschreibungen, politische Zeitschriften und staatsrechtliche Kontroversen –, aber auch durch das steigende Interesse an dem »öffentlichen Leben der Engländer« und die »auflodernde Teilnahme an Nordamerika«[2] impulsierten Aufmerksamkeit für »bürgerliche Verhältnisse«[3] und »Empfänglichkeit für neue Ideen über das Staatsrecht«,[4] von einem »unbestimmten Streben nach Verbesserung, oft nur Veränderung des Bestehenden«.[5] Dieses Streben, das den »beherrschenden Charakter der Zeit« ausmachte, habe dann durch die Französische Revolution eine entschiedene Richtung auf die ganze »bürgerliche Gesellschaft« erhalten. Allerdings denkt Rehberg sehr gering über den Tiefgang, den politischen Ernst und die Zielstrebigkeit der deutschen Unzufriedenheit, der »Gärung der Gemüter«. Da es den deutschen Untertanen an rechtmäßigen Wegen gemangelt habe, ihre Unzufriedenheit zu äußern, sei diese in »vollkommene Gleichgültigkeit gegen die bestehende Ordnung« umgeschlagen; denn zu gewaltsamen Umsturzversuchen sei man selbst mit dem Beispiel der Franzosen vor Augen, »weder geneigt noch geschickt« gewesen.[6] Friedrich Gentz dagegen hat 1801 in seinem Buch »Von dem politischen Zustande Europas vor und nach der Französischen Revolution« nicht nur für ganz Europa die Revolution als eine Unterbrechung in der Vervollkommnung der politischen und gesellschaftlichen Verhältnisse bezeichnet,[7] sondern auch betont, daß Deutschland in den Jahrzehnten zwischen 1763 und 1789 »außerordentliche Fortschritte in allen Zweigen der öffentlichen Wohlfahrt« gemacht habe und zumal der preußische Staat zum Modell für Ordnung, fruchtbare Tätigkeit, innere Energie, »bewunderungswürdige Kultur und wahre bürgerliche Freiheit« geworden sei.[8]

Solche Urteile stehen unmittelbar unter dem Eindruck der Ereignisse und sind von politischer Stellungnahme und Gegenwartskritik mitbestimmt, die mit verschiedenartigen Vorzeichen in die Geschichte zurückprojiziert wurden. Die Wirklichkeit der Verhältnisse vor 1789 ist damit nicht zutreffend beschrieben, vor allem nicht das Denken und Wollen, das politische und soziale Bewußtsein von Menschen, die die Tatsache der Revolution noch nicht kannten, sie nicht erwarteten und bei allem Verlangen nach Veränderung solche Umwälzungen nicht gewollt haben, wie sie dann in Frankreich und in ganz anderer Weise, weit mehr von außen her erzwungen als von innen her betrieben, in Deutschland eingetreten sind. Bewußtseinskonstellationen können der politischen und sozialen Faktizität vorauseilen, aber auch hinter ihr zurückbleiben; die Diskrepanz zwischen beiden kann ein charakteristisches Moment der Zeit und Ursache wie Beweis einer Krise sein.

## II

Man kann nicht sagen, daß in den Jahrzehnten zwischen 1763 und 1789 in Deutschland besonders schwierige ökonomische Verhältnisse bestanden haben. Ebensowenig haben sich in dieser Zeit die sozialen Verhältnisse verschlechtert; eher wird man vom Gegenteil sprechen können. Die politische Situation war wohl dadurch belastet, daß der nun gesicherte Aufstieg Preußens die Funktionsfähigkeit des Reiches stark behinderte; andererseits hatte die europäische Mitte durch die anerkannte Existenz zweier Großmächte eine erhebliche Kräftigung erfahren. Außenpolitisch ist gerade die Spanne zwischen Siebenjährigem Krieg und den Revolutionskriegen eine solche des Friedens und der relativen Ungestörtheit gewesen. Wenn sich in diesen Jahrzehnten eine der bedeutendsten geistig-literarischen Entwicklungen Europas auf deutschem Boden anbahnte und erste Höhepunkte erreichte, so keineswegs als Kompensation für äußerlich unbefriedigende nationale Zustände. Wohl hat dagegen das wachsende kulturelle Selbstbewußtsein die Unzufriedenheit mit manchen sozialen und politischen Verhältnissen befördert und in vielen Fällen überhaupt erst erzeugt, indem nun, im Vergleich des Erstrebten mit dem Tatsächlichen, der in Anspruch genommenen geistigen Bewegungsfreiheit mit der politisch-sozialen Gebundenheit, im gelehrten Vergleich auch der deutschen Zustände mit denen anderer Nationen (vor allem Englands und der Schweiz) Diskrepanzen des deutschen Lebens voll bewußt wurden. Militärische Erfolge Preußens, administrative Reformen in Preußen, Österreich, Baden und in vielen anderen Staaten trugen dazu bei, das politische Selbstbewußtsein der Deutschen zu entfalten. Wichtiger noch war indes, zumindest für die Gruppe, mit der sich die folgenden Darlegungen befassen, für die »Gebildeten«, die literarisch vermittelte, aber doch zu praktischen politisch-sozialen Auswirkungen kommende Bewegung der Aufklärung.

Die »Gebildeten« machen im sozialen Gefüge des deutschen Volkes im späteren 18. Jahrhundert, aber auch noch weit ins 19. Jahrhundert hinein, die interessanteste Gruppe aus, und zwar deshalb, weil sie die wichtigsten Träger der Entwicklung des politischen Bewußtseins der Nation waren. Während es eine wirtschaftlich potente, einflußreiche und mächtige Bourgeoisie in Deutschland, abgesehen von einigen See-, Messe- und Gewerbestädten, noch nicht gab, formte sich in der Schicht der Gebildeten, der Bürgerliche, aber auch Adlige angehörten, im späteren 18. Jahrhundert ein wachsendes Gefühl geistiger Selbständigkeit aus, das sich auch auf die gesellschaftlich-staatliche Welt ausdehnte. Man dachte »fortschrittlich«, vorwärtsgerichtet, emanzipatorisch, in der Sprache der Zeit: »aufgeklärt«, und man wollte dementsprechend handeln. Kennzeichnend die Form dieses Denkens: kritisierende, räsonierende und rezensierende Beobachtung des Bestehenden und Geschehenden, das am Maßstab der Vernunft und der Nützlichkeit gemessen und dem Urteil der öffentlichen Meinung, also dem Urteil des lesenden, »aufgeklärten« Publikums unterworfen wurde. Die so dachten, waren zugleich sehr oft in besonders enger Weise mit dem Staat verbunden. Denn ein hoher Prozentsatz der Gebildeten stand – als Beamte, Offiziere, Richter, Lehrer – direkt in staatlichen Diensten oder hatte Stellen inne, die unter staatlichem Einfluß besetzt wurden. Auch die Pfarrer waren institutionell eng mit der Obrigkeit verknüpft. In Regierungen und Behörden, auf Kanzeln und Kathedern wollten sie alle praktisch reformieren und das Bewußtsein der Menschen von ihrer Lage, ihrer Würde, ihren Aufgaben wekken. Meist ohne wirtschaftliche Selbständigkeit (die ja auch der Dienstadel nicht besaß) und deshalb auf Einkünfte aus Amt und Beruf angewiesen, erwarteten sie in der bestehenden Gesellschafts- und Staatsordnung, in der sie benötigt wurden, soziale Sicherheit, Anerkennung und politischen Einfluß.

Damit soll nicht gesagt werden, daß sie in ihrer politischen Vorstellungswelt und ihrer Willensbildung an die bestehende Ordnung gefesselt blieben und schärfere Kritik sich nicht erlauben konnten. Wenn die Annahme einer völligen sozialen Determination des politischen Denkens und Wollens stets ein Trugschluß ist, so erst recht im Hinblick auf eine soziale Schicht, deren Bildung starke theoretische Elemente aufweist. Allerdings fanden sich die Gebildeten, je selbstbewußter sie aufgeklärte Reformvorstellungen entwikkelten, zunehmend eingeengt. Sie stießen sich an vielen Stellen am Hergebrachten und Bestehenden, fanden es unvernünftig, überholt, ineffizient, hemmend für die Entfaltung des einzelnen wie der Gesellschaft, vor allem als sie erkennen mußten, daß die »vernünftige« Interpretation der Welt noch nicht ausreichte, sie auch in ihrer Wirklichkeit vernünftig zu gestalten, und als in den 1780er Jahren, markiert durch die Illuminatenunterdrückung in Bayern und das Woellnersche Religionsedikt in Preußen, Reaktion einsetzte: »Reaktion«, der doch nicht die »Revolution« der um den Fortgang der Reform fürchtenden Kräfte folgte. Gleichwohl bewirkte die vielfältige – soziale wie ideelle – Bindung an die bestehenden staatlich-gesellschaftlichen Verhältnisse, daß die Gebildeten auch dann noch nicht ihre revolutionäre Beseitigung erstrebten, sondern an ihrer Verbesserung, ihrer evolutionären Auflockerung und Verwandlung von innen her festhielten und, sofern sie sich nicht resigniert von der politischen Welt abwandten, immer noch nicht gegen die Obrigkeit, sondern mit ihr, in ihrem Dienste, nicht in Opposition, sondern in »Teilnahme« am Staat handeln wollten.

Diese immer wieder verkündete und geforderte Teilnahme konnte viele Formen und viele Grade der Aktivität haben. Daß sie sich vielfach in geschriebenen Deklamationen erschöpfte, hat Georg Forster zu der Klage veranlaßt, es sei »des Schreibens zu viel und des Handelns zu wenig auf der Welt«.[9] Wie hätten indes gerade die Gebildeten zu eingreifendem Handeln kommen können? Weder bildeten noch vertraten sie einen tiers état. Mochten sie sich als Vertreter der Nation fühlen – eine politisch mobilisierbare Nation gab es als Massenerscheinung noch nicht. Wohl zeichnete sich unter den Gebildeten ein gewisser Consensus der politischen Anschauungen ab; politischer Handlungswille mit klarer Zielsetzung aber war das noch nicht.

## III

Was läßt sich, mit aller Vorsicht, als Inhalt dieses Consensus der politischen Anschauungen bezeichnen? Die Antwort muß eine Schicht tiefer gesucht werden als in der der politischen Ideen. Der in der praktischen Philosophie des 18. Jahrhunderts noch selbstverständlichen Zusammengehörigkeit von

Ethik und Politik entsprach in der Praxis des täglichen Lebens das Ineinander von Moralismus und »öffentlichem« Bewußtsein. Besonders eindrucksvoll ist es erkennbar im Bedeutungsgehalt des Begriffs »Bürger«, der ein Zentralbegriff im sozialen und politischen Bewußtsein der Zeit war. Ob er im Einzelfall noch in der über Christian Wolff vermittelten Aristoteles-Tradition stand (»Bürger« als Mitglied der mit dem Staate identischen »bürgerlichen« Gesellschaft von rechtlich Gleichen) oder im Sinne der Aufklärungsphilosophie gefaßt war (Bürger als Mitglieder einer vertraglich konstituierten Gesellschaft, der zugleich »Mensch« und »Untertan« ist), er umschloß zugleich moralische und politisch-soziale Qualitäten, nämlich Rechtschaffenheit, Ehrbewußtsein, Gemeinsinn, aber auch materielle und rechtliche Selbständigkeit, Besitz bestimmter Rechte und Bereitschaft zur Mitwirkung am gemeinen Besten. In den Bürgerbegriff der politischen Philosophie und Rechtslehre wurde das soziale Bewußtsein aufstrebender bürgerlicher Schichten hineingetragen, die in der Ständegesellschaft keinen ihrem Anspruch genügenden Ort besaßen. Die erste Stufe ihres Selbstbewußtseins ist durch eine bürgerliche Tugendlehre bezeichnet, in der christliches Hausvätertum, aufgeklärtes Glückseligkeitsstreben, Utilitarismus und stoische Unerschütterlichkeit gegenüber der Willkür der Mächtigen sich mischten. Sie weitete sich zu einer Welt- und Lebensanschauung aus, die »bürgerliches« Verhalten zum Normalmaß auch für die politische Welt machte, indem sie den Bürger mit dem Staatsbürger gleichsetzte, als dessen »unabtrennbare Attribute« Kant die gesetzliche Freiheit, die bürgerliche Gleichheit und die bürgerliche Selbständigkeit bezeichnet hat.[10] Ein solcher Bürgerbegriff relativierte die ständische Gesellschaftsordnung, indem er sie übergriff; er schloß die Konzeption einer staatlichen Rechtsordnung mit gesetzlicher Gleichstellung aller Selbständigen ein, kannte jedoch den politischen Machtkampf, das Streben nach Herrschaft nicht.

Wie sehr in jener Gruppe, die sich als »bürgerlich« im oben bezeichneten Sinne verstand, die Vorstellungen von staatlicher Ordnung im Zeichen eines bürgerlichen Moralismus standen, zeigt sich u. a. in der Neigung, den Staat als moralische Anstalt zu verstehen, wie auch in dem vorrangigen Interesse an der Verbesserung der »Polizei« und der Erziehung. Bürgerliche Wertvorstellungen, bürgerliche Berufsmoral wurden an den Staat herangetragen, und sie sind in der Tat nicht nur in Schulen gelehrt und von Kanzeln gepredigt worden, sondern auch in der Administration des 18. Jahrhunderts an vielen Stellen zur Wirkung gekommen. Eine andere Stelle, an der sie geltend gemacht wurden, war die literarische Kritik, die eben damals von der Diskussion um Fragen der Moral sich solchen der gesellschaftlichen und staatlichen Ordnung zuwandte.

Der geistig unabhängige, moralisch integre, ehr- und würdebewußte, rechtlich freie Bürger hat die Pflicht, das gemeine Wohl zu befördern und das Recht, an der gemeinen Sache mitzuwirken. Denn der wahre Bürger ist zugleich tätiger, wohlmeinender, aufgeklärt denkender Patriot. Mit diesem zweiten hier zu nennenden Begriff wurde gleichfalls eine Haltung bezeichnet, in der sittliche wie politische Motive ununterscheidbar verwoben waren. Für Thomas Abbt, an dem Herder den »gesunden nahrhaften Menschen- und Bürgerverstand« als vornehmste Eigenart erkannte,[11] war der Bürger mit dem Patrioten identisch. »Seinem Nebenbürger zu einer bürgerlichen Freiheit, die des Menschen Natur gemäß ist, verhelfen», das sei eine verdienstvolle Tat, die ihren Wert in sich habe und dem gemeinen Wohl nütze.[12] Durch solche Taten erweise sich der Mensch als Bürger, der die edelste aller Gesinnungen, das »Wohlwollen« besitze. Es gebe nur eine politische Tugend, vor der alle Standesunterschiede verschwänden; alle seien »Bürger«.[13]

Dienst für das »Vaterland« als Pflicht des Bürgers, der damit zum Wohl der Gesellschaft beiträgt, das sind oft wiederholte Gedanken, die nicht nur bei Aufklärungsschriftstellern, sondern auch bei Friedrich d. Gr. oder Joseph II. zu lesen sind und Teil ihrer aufgeklärten Staatspädagogik bildeten. Eine bemerkenswerte Erscheinung: der preußische Monarch selber nimmt in seinen beiden politischen Testamenten von 1752 und 1768 für sich in Anspruch, der »ersten« Pflicht des Staatsbürgers (citoyen), seinem Vaterland (patrie) zu dienen und seinen Mitbürgern (concitoyens) sich nützlich zu erweisen, nachgeeifert zu haben.[14] Eben deshalb hat er seinen Untertanen Vaterlandsliebe, patriotischen Dienst abgefordert. »Liebet euer Vaterland«, ermahnt Markgraf Karl Friedrich von Baden die »Menschen aller Klassen im Staat, Freunde, Landsleute, Patrioten, freien deutschen Männer«,[15] und als ein Fürst, der mit »wahrhaft zärtlichem, landväterlichem Herzen« und aus Pflicht gegen Gott und seine »lieben und getreuen Untertanen« um das Wohl des ganzen Staates und aller seiner Einwohner bedacht ist, stellt sich Carl Eugen von Württemberg dar.[16] Solche ebenso patriarchalischen wie patriotischen Appelle zeigen, daß auch Fürsten die Sprache bürgerlicher politischer Moral aufnahmen. Zweifellos rechneten sie dabei auf den Widerhall in der deutschen Öffentlichkeit, und nicht wenige der Aufklärungsschriftsteller sind, mehr wohlmeinend als politisch klug, ihre Lobredner geworden. Wie jedoch die wirklich aufgeklärten Fürsten ihre Herrschergewalt zwar als absolut, aber rational, in einem Vertrag begründet verstanden, der ihnen mit außerordentlichen Rechten auch die vervielfachten Pflichten des Staatsbürgers gab, so meinten viele Schriftsteller, mit dem Lob des aufgeklärten, patriotisch denkenden Fürsten zugleich einen Druck auf ihn auszuüben, damit er so fortfahre, und andere herauszufordern, seinem Beispiel zu folgen. Auf seiten der Gebildeten selber bedeutete Patriotismus die – oft noch antiker Reminiszenzen sich bedienende – bewußtseinsmäßige Aneignung des politischen Gemeinwesens. Solche Vaterlandsliebe, der enthusiasmierende Kraft nicht fehlte, hatte gleichwohl etwas Kühles, Vernünftiges; ihr ging noch ganz die irrationale Triebkraft des Nationalismus des 19. Jahrhunderts ab. Bezeichnend, daß sie für lehrbar gehalten wurde. Wekhrlin, der die »Heiligsprechung der bürgerlichen Tugend«[17] postulierte, nannte die Vaterlandsliebe kurz und bündig einen »bürgerlichen Sittenkurs«.[18] Abbt band sie an die Bedingung, daß der Staat, dem sie gelten solle, »heilsame Gesetze« habe, die dem einzelnen nicht mehr von seiner Freiheit entziehen, als zum Besten des ganzen Staates erforderlich ist.[19] Einen solchen Staat könne man lieben; in ihm werde man von dem Gefühl für Ehre erfaßt und könne deshalb für ihn Opfer bringen.

Patriot zu sein, patriotisch zu denken und zu handeln, ist in jenen Jahrzehnten auch gleichbedeutend mit dem Titel des Aufgeklärtseins. Der »aufgeklärte« Mann ist der wahre Bürger und der wahre Patriot; er handelt aus Vernunft und Gemeinsinn, ist engagiert für das Nützliche und der Menschheit Dienende und ist überzeugt von der Identität des wohlverstandenen individuellen Interesses mit dem Gesamtinteresse. Solche Männer verzeichnet der Berliner Buchhändler Nicolai auf seiner Reise durch Süddeutschland an vielen Orten. Bei den Gebildeten in vielen »Vaterländern« ist dieser recht abstrakte Patriotismus als literarisch bekundete Bereitschaft zu aktiver »Teilnahme am Staate« zu beobachten. Er ist Teil jener Übereinstimmung der politischen Gesinnung, die sich in jenen Jahrzehnten über die Grenzen der Einzelstaaten und selbst der Konfessionen hinweg herzustellen begann – erstmalig seit langem und deshalb um so größere Hoffnung weckend.

Der Aufklärungspatriotismus, in dem das Motiv der bürgerlichen Selbstversicherung und Selbstbestätigung eine oft beherrschende Rolle spielte, konnte gerade wegen seiner stark moralistischen Prägung den Raum des konkreten »Vaterlandes«, also der Stadt oder des Staates überschreiten. Er konnte sich auf das Reich als geschichtliche und auf die Nation als kulturelle Gemeinschaft richten; je stärker er jedoch moralisch-politische Haltung und Bildungsbestand war, um so leichter erweiterte er sich zum Weltbürgertum. Ohne das Engagement für Gemeinde, Stadt, Staat aufzuheben, in denen es für das Wohl der Mitbürger zu arbeiten gelte, engagierte sich der Weltbürger für das Wohl der menschlichen Gesellschaft allgemein; denn sein »Wohlwollen« ist allgemein, »unparteiisch«, nicht beengt durch politische Grenzen, die – so denkt er – eine wirre Geschichte gezogen hat. Er rüttelt nicht an solchen Grenzen, sondern überfliegt sie, wie er überhaupt das Bestehende nicht umstürzen will, sondern es durch den Gedanken der Menschenliebe und der allgemeinen Wohlfahrt durchdringen und verbessern will. Der »Bürger« und der »Patriot« waren im Bewußtsein der deutschen Gebildeten des späteren 18. Jahrhunderts keine nationalen Typen, sondern allgemeingültige Ausprägungen des aufgeklärten, mündigen, gemeinnützig denkenden und, wo immer es ihm möglich ist, auch so handelnden Menschen, der für die »Rechte der Menschheit« eintritt und sich mit allen Menschen gleichen Strebens in allen Ländern brüderlich verbunden fühlt. Je mehr freilich die Schranken verspürt wurden, auf die solches Streben in der Wirklichkeit einer von ständischen Unterschieden bestimmten Gesellschaft und enger, kleinlicher, von höfischem Geist, Fiskalismus, Polizeiaufsicht beherrschten Staatlichkeit traf, je weniger die Teilnahme am Staate konkret wurde, um so mehr konnte Weltbürgertum zur Absage an das einzelstaatliche Vaterland werden und den

Staatspatriotismus abwerten. »Staat, Vaterland und dergleichen« erschienen dem späten Lessing als abstrakte Begriffe; er stellt ihnen als höhere und geeignete Verbindung, die höchstmögliche Glückseligkeit jedes einzelnen Wesens zu erlangen, die Freimaurerei gegenüber. Freimaurer sind Weltbürger, die wissen, wo Patriotismus aufhört, Tugend zu sein.[20] Die Freimaurerei ist eine charakteristische Erscheinung in der gesellschaftlichen und geistigen Situation des späteren 18. Jahrhunderts auch in Deutschland. Für die Entwicklung des politischen Bewußtseins der Gebildeten, die ihr zu einem beträchtlichen Teil angehörten, hatte sie insofern Bedeutung, als die Logen, wenn sie nicht nur Honoratiorenklubs blieben, dazu beitrugen, jenen überregionalen Consensus der bürgerlich-weltbürgerlichen Moral herzustellen, der auch die – freilich sehr abstrakten – Vorstellungen von allgemeiner Menschenliebe, gesetzlicher Freiheit und bürgerlicher Gleichheit umschloß. In einigen Logen und logenähnlichen Verbindungen (so bei den Illuminaten) vertrat man radikale politische Forderungen; gleichwohl kann man auch sie nicht als Revolutionsklubs und kaum als Konspirationszentren bezeichnen. Aufs ganze gesehen überschritten politisches Denken und politische Willensbildung auch in den Reihen der Freimaurerei nicht das aufgeklärte weltbürgerliche Credo, also den Glauben an die Macht der Vernunft, die, durch Erziehung und Lektüre verbreitet, in der allgemeinen Publizität zut Geltung kommend, durch die von ihr ergriffenen Menschen – nämlich jeden Patrioten, Untertanen wie Fürsten – auf die soziale und politische Wirklichkeit einwirken und diese verändern, also verbessern werde. Realen Anhalt schien diese Überzeugung in der Tatsache zu haben, daß Fürsten, Beamte, Offiziere, Gelehrte und Unternehmer der Freimaurerei angehörten, die damit als Republik der bürgerlich-aufgeklärten Tugend eine Art von Modell einer Menschheitsgesellschaft und eines zukünftigen Menschheitsstaates zu sein schien. Man sprach hier viel von einer besseren Zukunft; man griff gegenwärtige Verhältnisse an. Da man aber auch überzeugt war, bereits mitten im Prozeß der Aufklärung und der Menschheitsverständigung zu stehen, da man die Tätigkeit aufgeklärter Fürsten und Regierungen vor Augen hatte, deren absolute Gewalt eine Gewähr für durchgreifendes Handeln zu bieten schien, konnte die Gegenwartskritik keine totale sein. Gerade in den Kreisen der Gebildeten hat sich bis in die Französische Revolution hinein die Überzeugung gehalten, daß Deutschland eines gewaltsamen politischen Umsturzes, wie er dann in Paris geschah, nicht bedürfe, weil die Aufklärung bereits auf dem Vormarsch, die Reform der gesellschaftlichen und staatlichen Verhältnisse an vielen Stellen im Gange sei und durch Revolution nur gefährdet werden könne. Noch 1791 schreibt Schlözer in seinen »Statsanzeigen«, kein Volk sei »reifer zur ruhigen Wiedereroberung verlorener Menschenrechte« als das deutsche. »Langsam wird die Revolution freilich geschehen, aber sie geschieht! Die Aufklärung steigt, wie in Frankreich, von unten herauf; aber sie stößt auch oben an Aufklärung: wo gibt es mehr kultivierte Souveräns als in Deutschland.« Und er fügt, sehr bezeichnend für ihn wie für das gesamte schreibende und lesende Publikum, hinzu: »Daß es allmählich, ohne Unfug, ohne Anarchie geschehe, wird nach allem Anschein mehr das Werk der Schriftstellerei als der Kabinette sein. Fürsten werden Fürsten bleiben und alle deutsche Menschen freie Menschen werden.«[21] Das ist das Programm politischer Aufklärung und Reform anstelle von Revolution, die Verkündigung von Freiheit mit den Fürsten, nicht gegen sie, freilich auch nicht allein durch sie.

## IV

Zwei Überlegungen können an diese Sätze angeknüpft werden. Schlözer spricht, offenbar ganz selbstverständlich, vom »deutschen Volk« und von den »deutschen Menschen«. Auch das Hervortreten des Nationalen gehört in den Entwicklungsprozeß des politischen Bewußtseins der deutschen Gebildeten im späteren 18. Jahrhunderts. Auf die Nation bezogenes politisches Denken konnte in enger Verbindung mit dem »Reichspatriotismus« sich entfalten, wie etwa bei dem jüngeren Moser oder bei den Göttinger Reichsstaatsrechtshistorikern. Nationales Bewußtsein konnte provoziert werden durch den Vergleich mit anderen Nationen im Blick auf ihre gelehrten und kulturellen Leistungen, auf ihre staatlichen Verhältnisse und den Geist ihres öffentlichen Lebens. Eigene Erfahrungen gemeinsamen politischen Schicksals waren noch kaum wirksam, wohl aber Patriotismus im Sinn antiker Vorbilder und nationalpädagogischer Aktionswille. Die Nationalgeist-Diskussion der 1760er Jahre, an deren Anfang Friedrich Carl v. Moser gestanden hatte, knüpfte an Montesquieus Analyse des »Geistes« der Gesetze und seiner natürlich-geschichtlichen Grundlagen an und blieb ganz Sache der Schriftsteller; literarisch blieben auch die Rückgriffe in die Geschichte der Deutschen bei Dichtern und Gelehrten.

Das Nationalbewußtsein der Gebildeten war weithin deutsches Kulturbewußtsein, das in der politischen Wirklichkeit nicht schon festen Anhalt besaß, sondern suchen mußte. Wo die Masse der Menschen noch im Horizont ständisch-regionalen Bewußtseins sich bewegte, wo die Grenzen konfessioneller Unterschiede eben erst durch die Aufklärungsbildung überschritten, aber noch mächtig waren, wo man preußischer, badischer, hohenlohischer Untertan war, aber auch keiner Fremdherrschaft unterstand, gegen die man aufbegehrte, da konnte nationale Solidarität nur schwer politisch konkret erfahren werden. Sie blieb, nach der ganzen geistigen Struktur der Bildungsschicht, eine intellektuelle Leistung. Revolutionär war dieses Nationalbewußtsein nicht; dagegen konnte es infolge seines geringen Realitätsinhalts leicht spiritualisiert oder auch ideologisch übersteigert werden.

Im politischen Bewußtsein der Gebildeten relevant wurde es als Stolz auf den – wie man glaubte – besonders hohen Grad von Aufklärung und Reform des öffentlichen Lebens in vielen deutschen Staaten, auf die von Europa beachtete Regierung von aufgeklärten Herrschern wie Friedrich d. Gr., Joseph II., Karl Friedrich von Baden. Es erhielt Impulse durch die Besinnung auf das Wesen der so viel geschmähten deutschen politischen Verfassung, die man auf ihren idealen Gehalt interpretierte, deren Vorteile man zu preisen begann und deren Mängel man abzustellen forderte. Bestand nicht ein Vorteil der schwerfälligen Struktur des als Ganzes aktionsunfähigen Reiches darin, daß sie die »Despotie« eines Herrschers und noch die Willkür vieler kleiner Fürsten verhinderte? Gab es nicht gerade in Deutschland durch die obersten Reichsgerichte, durch Landstände und durch die Existenz zahlreicher korporativer Institutionen und Rechte eine mehr oder weniger wirksame Freiheitssicherung, von der auch der einzelne profitierte? Für aufgeklärt-rationalistisches Staatsdenken blieben Reichssystem und ständisches Wesen wegen ihrer überwältigenden Irregularität monströs. Je mehr jedoch dieses Denken an historischer Dimension gewann – auch dies ein folgenreicher und bedeutsamer Vorgang im politischen Bewußtsein der Gebildeten –, desto weniger gehörte eine generelle Umwälzung der geschichtlich gewordenen deutschen Verfassungszustände in Richtung auf einen nationalen Einheitsstaat zu seinen Zielen. Überhaupt ist die enge Verknüpfung von Nationalbewußtsein und Geschichtsbewußtsein als Folge der Unfähigkeit, in der eigenen Wirklichkeit für jenes Anhalt und politische Erfüllung zu finden, für die deutschen Gebildeten charakteristisch.

Der von ihnen sehr hoch angeschlagene wissenschaftliche und literarische Aufstieg der Nation erschien ihnen als Versprechen und Gewähr zukünftiger Wiederkehr politischer Macht und Größe, wie sie die Deutschen in ihrer, nun eifriger denn je erinnerten Geschichte einst besessen hatten. Doch mußte ihr nationales Prestigebedürfnis manche Enttäuschung erfahren – schließlich die, daß die französische Nation, die man in so vieler Hinsicht überholt zu haben glaubte, sich mit einem revolutionären Schritt an die Spitze der Menschheitsentwicklung stellte. »Ach, du warest es nicht, mein Vaterland, das der Freiheit Gipfel erstieg, Beispiel strahlte den Völkern umher, Frankreich war's« – so schrieb Klopstock 1790.[22] Für die Propagierung einer »nation une et indivisible« jedenfalls gab es auch 1789 noch keinen genügend vorbereiteten Boden in Deutschland. Wenn nationale Solidarität auch schon empfunden wurde, so ließ sie sich doch noch nicht politisch aktivieren, da es keine einheitlichen, in breiten Schichten des Volkes anerkannten Ziele dafür gab. Soziale Solidarität aber ließ sich unter der Devise der Nation zum Kampf gegen Feudalrechte und Ständeprivilegien noch weniger mobilisieren, weil das Gruppen- und Interessenbewußtsein der Gebildeten, die allein als Protagonisten einer solchen Idee hätten auftreten können, noch viel zu wenig ausgeprägt war, viel zu wenig Front gemacht hatte gegen die bestehende Gesellschaftsordnung, in der sie noch immer die Erfüllung ihrer Erwartungen suchten.

In dem oben zitierten Satz spricht Schlözer zweitens davon, daß es vor allem den Schriftstellern zu danken sei, wenn die durch den Aufstieg der Aufklärung bewirkte »Revolution« in Deutschland maßvoll, ohne Anarchie erfolge. Daß die »Revolution« aber auch das Werk der Schriftsteller sei (zu denen er übrigens in erster Linie die Gelehrten rechnete), hat der Göttinger Professor an anderen Stellen oft und temperamentvoll behauptet. Es war dies Überzeugung aller Schriftsteller, aus der sie ihr hochgespanntes Selbstbewußtsein und ihren politischen Geltungsanspruch herleiteten. »Das Amt des Schriftstellers ist eines der ehrenvollsten im Staat, und seine Verpflichtung ist eine der wichtigsten!«[23] So oder ähnlich konnte man immer wieder lesen. Kein Wunder, daß all diese kritisierenden Autoren von Büchern, Broschüren, Aufsätzen, »Mitteilungen«, gedruckten »Briefen«, Reisebeschreibungen etc. ihre Macht bei weitem überschätzten. Darin hatten sie freilich recht: die Aufklärung war eine Kulturbewegung von ausschließlich literarischem Charakter wie keine andere zuvor. Ihr Prototyp war der Schriftsteller; sein Schreiben war ständiger Appell an Verstand und Urteilskraft, ein permanentes Räsonnement, das jeden Gedanken und jede Handlung auf Vernünftigkeit und Nützlichkeit prüfte, eine ständige Aufklärung der Leser in der Erwartung, die Prinzipien der Vernunft würden bei gutem Willen und Einsicht von allen geteilt werden. Als »geborene Advokaten der Menschlichkeit«,[24] gingen die Schriftsteller daran, die bestehenden Verhältnisse vor das »Tribunal des Publikums«[25] zu ziehen. Jeder Eingriff in die Rechte des Menschen gehöre vor ihr Amt, denn sie seien »das natürliche Organ der öffentlichen Gerechtigkeit«.[26] Sie erzeugten jene Öffentlichkeit, jene »Publizität«, von der nicht nur sie glaubten, sie sei das beste Mittel, »Regenten und Minister zu bessern«.[27] Ihnen sei – wie Wekhrlin schreibt – zu danken, »daß die Könige Ehrfurcht vor dem öffentlichen Ruf haben und die Druckerpresse ein eiserner Keil im Nacken des Tyrannen ist. Sie sind's, die jene allgemeine Gärung veranstaltet haben, welche den Ausbrüchen der willkürlichen Regierung, dem Laster der Höfe, dem Mutwillen der Mächtigen einen Damm setzt, indem sie die Mißbräuche der Gewalt vor den Richterstuhl des Publikums ziehet, indem sie nicht mehr erlaubt, daß ein Regent unwissend oder grausam sein dürfe, indem sie die Maßregeln der Verwaltung mustert und die Schritte des öffentlichen Wohls und Übels mit ihrer Zensur begleitet, indem sie die subalternen Narren oder Bösewichte hervor ans Licht ziehet und sie dem Gespötte des Pöbels preisgibt«.[28]

Die Öffentlichkeit also als politische Instanz, das »Publikum« als Richter auch über die Regierenden, das Schreiben als politische Belehrung und als aktives politisches Handeln, die Kritik als Druckmittel zur Erzwingung der Gerechtigkeit! Nicht nur geltungssüchtige Publizisten und Professoren glaubten an die Macht des kritischen Wortes auch in der Politik und daran, daß »bei der Publizität [...] die Epoche der wahren Völkerfreiheit« datiere,[29] sondern ihr Publikum folgte ihnen darin, wenn es auch der großen Töne mancher Publizisten überdrüssig wurde. So ist es einleuchtend, daß für diese Gebildeten die Rede- und Druckfreiheit die erste und wichtigste der Freiheiten bedeutete; wo sie ihnen gewährt (oder auch nur die Zensur gelockert) wurde, glaubten sie, den entscheidenden Schritt auf dem Wege des Fortschritts getan zu haben.

Aus der Luft gegriffen war diese Ansicht nicht. Die Diskussion öffentlicher Dinge, schon die Information über »Staatssachen«, erst recht die kritische Erörterung von Maßnahmen der Regierungen, von Gesetzgebung, Justiz, Polizei weckten das politische Interesse und vermittelten das Gefühl, an Dingen teilzunehmen, die vorher ausschließlich Sache der Obrigkeit waren. Aber auch die Wirkung auf die Regierungen und direkt auf die Fürsten blieb nicht aus; war es ihnen doch höchst unerwünscht, in den »Statsanzeigen« Schlözers, dem »Grauen Ungeheuer« Wekhrlins oder einem anderen der zahlreichen, überregional verbreiteten Journale verrissen zu werden. Im Gegenteil – sie mühten sich darum, als aufgeklärt und wohlwollend zu gelten, im »Auslande« noch mehr als in ihrem eigenen Herrschaftsbereich. Eine neue Stufe der politischen Öffentlichkeit und der Meinungsbildung war erreicht, die manchen Regierungen und konservativ denkenden Zeitgenossen bereits bedenklich schien.

Doch haben die Schriftsteller die Kritik nicht nur entfesselt, sondern sie tatsächlich auch in den Bahnen der intellektuellen Diskussion gehalten. Ihr Schreiben bot für konkrete Unzufriedenheit ein Ventil; ihre Kritik war Ausdruck eines fundamentalen guten Glaubens, der trotz zunehmender Enttäuschung in den ausgehenden 1780er Jahren nicht aufgezehrt war, als von Frankreich her die Kunde von Taten, nicht von Worten kam. Als sich nun Stimmen meldeten, die im Blick auf Frankreich den Schriftstellern vorwarfen, die Revolution sei die Ernte ihrer Saat, trat ihnen wie Schlözer so auch der badische Publizist E. L. Posselt entgegen, der 1790 im Vorwort einer von ihm neu eröffneten Zeitschrift beschwörend versicherte, Aufklärung sei »der sicherste Grundpfeiler jeder guten Verfassung, eine eherne Mauer für jeden guten Fürsten«.[30]

## V

»Gute Verfassung« und »guter Fürst« – damit sind zwei weitere Stichworte gegeben, die einen letzten Kreis der Erörterung eröffnen sollen. In ihm geht es um die Vorstellungen der hier befragten deutschen Gebildeten des späten 18. Jahrhunderts von der staatlichen Ordnung, von der Verfassung, in der gesetzliche Freiheit, bürgerliche Gleichheit und Selbständigkeit gesichert sind. Es ist unendlich viel nicht so sehr über die »beste« Staats- und Regierungsform, sondern nun, nachdem am wirksamsten Montesquieu diese Frage aufgeworfen hatte, über die angemessene Freiheit garantierende Verfassung der verschiedenen Staaten diskutiert worden. Wenn Anfang der 1760er Jahre der Vergleich zwischen »Freistaat« und »Monarchie« die Gemüter erregt hatte, so verlagerte sich später das Interesse immer mehr auf den Vergleich der tatsächlichen Herrschaftsausübung und der Rechtssicherheit in den einzelnen Staaten. In den vielgerühmten Freistaaten (Schweiz, Niederlande, auch in den Reichsstädten) meinten kritische Beobachter feststellen zu können, daß nicht das Volk, sondern kleine, interessenbestimmte »Oligarchien« das Regiment führten, denen eine maßvolle, aufgeklärte Alleinherrschaft in jedem Falle vorzuziehen sei. Glaubten die einen, in der Reichsverfassung Mittel und Garantie von Freiheit, von den Reichsständen herab bis zum letzten Hintersassen, zu finden, so sahen andere in den monarchischen Einzelstaaten die Chance, daß ein weiser Monarch und eine aufgeklärte Beamtenschaft durch Gesetzgebung staatsbürgerliche Freiheit schüfen.

Es war der nicht an eine bestimmte Regierungsform gebundene Gesetzesstaat, der im Zentrum dieser Diskussion stand. Ihn meinte man, wenn man von »gemäßigter«, »gesetzlicher«, »beschränkter« Herrschaft sprach, durch welche Einrichtungen auch immer Mäßigung und Beschränkung erreicht werde. Auf ihn auch richtete sich der »patriotische« Wunsch nach Teilhabe am Staate, die es nur dort geben könne, wo gesetzliche Freiheit und bürgerliche Gleichheit herrsche. Es stellte sich die Frage, ob die in vielen deutschen Staaten noch vorhandenen Landstände die Monarchen wirksam beschränken und auch die Freiheit aller Bürger sichern konnten. Konnten sie – noch einmal sei Schlözer zitiert – »Volkanwälte« sein oder waren sie nur »Monarchen-Bezügler«?[31] Die deutschen Landstände, die hier große Teile der Verwaltung in der Hand hatten, dort dagegen politisch fast völlig ausgeschlossen waren, konnten als Geburts- und Privilegienstände keine Repräsentanten der ganzen Bevölkerung sein, auch wenn sie es gerade im späten 18. Jahrhundert zu sein beanspruchten. Eben die Gebildeten sahen sich nicht durch sie vertreten. Wenn sie auch nicht durchweg das Ständewesen überhaupt als überholt ansahen, so kritisierten sie doch seine tatsächlichen Erscheinungsformen. Johann Georg Schlosser hielt zwar die »dauerhafte Glückseligkeit« eines Landes ohne das Vorhandensein von Landständen für unmöglich; wo jedoch noch der Adel auf den Landtagen erscheine, da sei die Belastung des Volkes weit schwerer als dort, wo es gar keine Landstände gebe. Wo dagegen jeder Stand des Volkes vertreten sei, da sei allein »dauerhaftes Wohl und Patriotismus« möglich.[32] Johann Stephan Pütter war bereit, Landstände als »Repräsentanten der sämtlichen Untertanen eines ganzen Landes« anzusehen, vorausgesetzt, daß Fürst und Stände in Dingen der »gemeinen Landesverfassung« gemeinsam und für das ganze Land (einschließlich der fürstlichen Domänen) beschließen und Gesetze und Steuern nur auf diesem Wege in Kraft gesetzt werden können.[33] Solche Auffassung von den Landständen, die den Lesern einen Idealzustand zeigen sollte, verwandelte zwar die Wirklichkeit nicht und ließ die Landstände nicht zu tatsächlichen »Volksrepräsentanten« werden, rief jedoch den Lesern ins Bewußtsein, daß es auch in Deutschland geschichtliche Institutionen gab, die geeignet waren, den monarchischen Absolutismus zu begrenzen und institutionell gesicherte Teilnahme und Mitwirkung der Regierten an der Regierung zu ermöglichen – eine Teilnahme, die die Deutschen und Europäer des 18. Jahrhunderts in England verwirklicht glaubten.

Die Beschäftigung mit den Landständen, dem vielschichtigen Komplex der korporativen Rechte und dem geschichtsbelasteten ständisch geprägten Reich, wie sie in den gelehrten und politischen Schriften der beiden Moser, Pütters, Spittlers, Schlossers u. a. Niederschlag gefunden hat, kennzeichnet die stärker historisch orientierten Mitglieder in der deutschen Bildungsschicht des 18. Jahrhunderts. In ihrem Bezug zur sozialen und politischen Wirklichkeit konkreter, wollten sie den, wie sie meinten, noch immer entwicklungsfähigen Kern deutschen Verfassungslebens, der »deutschen Freiheit«, die ihnen stets korporative Freiheit war, freilegen und den Deutschen vor Augen stellen. Historisches Recht stand ihnen höher als abstraktes Bürger- und Menschenrecht, oder genauer: sie meinten nicht, daß beide unvereinbar seien.

Für sie bedeutete der Absolutismus, auch in aufgeklärter Version, die Zerstörung älterer Rechte und Freiheiten und ihre Ersetzung durch ein »militärisches Staatsrecht« (F. C. Moser). Charakteristisch, daß Spittler den Aufstand der Brabanter gegen die wohlgemeinten, aber die historischen Rechte der Stände verletzenden Maßnahmen Josephs II. in einem Zeitschriftenaufsatz, dem er die »Joyeuse Entrée« der Brabanter beifügte, verteidigt hat![34] Ständische Restauration im Sinne der Erneuerung feudaler Privilegien hat jedoch keiner dieser Schriftsteller gefordert, sondern die Erhaltung und Erneuerung der Stände als pouvoirs intermédiaires, als Vertretung der Regierten. Wo man so dachte, sind auch Gedanken zur Reform des Adels aufgetaucht, der keineswegs beseitigt, sondern als wichtigste ständische Gruppe zu einer echten politischen Funktion zurückgeführt werden müsse, aus der er nicht ohne eigenes Verschulden, nämlich durch das Sich-Zurückziehen auf die eigenen Standesinteressen und das Preisgeben der Interessen des ganzen Landes, verdrängt worden sei.

Vertretern dieser Auffassung standen andere gegenüber, die von den alten Landständen wenig oder nichts, um so mehr aber von einer staatlichen Gesetzgebung auf der Grundlage des Natur- und Vernunftrechts und durch den aufgeklärten Willen eines »guten« Fürsten in Übereinstimmung mit dem Willen des Volkes erwarteten. Dieser Volkswille brauchte nach ihrer Ansicht nicht durch eine Vertretungskörperschaft zur Geltung zu kommen; er könne auch aus dem Consensus der politischen Vernunft hervorgehen, durch die öffentliche Meinung zum Ausdruck gebracht und durch die aufgeklärte Bürokratie vermittelt werden. Für die Vertreter dieser Richtung stand die Würde und die Macht des Gesetzes über der des Monarchen. Gute Gesetze zu haben, solle der Ehrentitel des Staates sein; sie zu beachten der Ruhm des Fürsten. Das Volk solle sein Vaterland »um seiner Gesetze willen lieben«, forderte Joseph v. Sonnenfels;[35] weise Gesetze aber seien, wie Christian Wilhelm Dohm sagte, »nur Ausdrücke des gemeinen Willens«.[36] Kant definierte, nur der »allgemein vereinigte Volkswille« könne gesetzgebend sein.[37] 1785 hieß es in der »Berlinischen Monatsschrift«: »Will ein Fürst seinen Gesetzen wo nicht eine ewige, doch eine ungewöhnliche Dauer verschaffen, so muß er dem Staate eine Verfassung geben [...]. Er muß bewirken, daß von nun an keine Gesetze anders als mit Einwilligung des gesamten Staates gegeben werden können; mit einem Worte, er muß den Staat in eine Republik verwandeln, in welcher das Haupt der regierenden Familie den bloßen Vorsitz hat.«[38]

Solche Äußerungen dürfen nicht demokratisch interpretiert werden. Auf der Vertragskonzeption des Staates beruhend, weisen sie voraus auf den Verfassungsstaat; in der Praxis aber und unter den Bedingungen der Zeit haben sich die Verfechter solcher Auffassungen an die Monarchie gehalten, in der Macht durch Recht beschränkt und Freiheit durch Gesetz gesichert sein soll, indem der Fürst sich selbst an Recht und Gesetz bindet, d.h. auf Machtspruch verzichtet. Dazu werde ihn, so dachte man, die Vernunft befähigen, die ihn sein Herrscheramt nicht als Ausfluß göttlicher Gnade, sondern als Folge des contrat social, als Auftrag begreifen, also genau so verstehen läßt, wie die »aufgeklärten« Bürger es verstanden. In der Übereinstimmung der politischen Überzeugungen bei Regierenden und Regierten sahen die Gebildeten, deren politisches Bewußtsein von vernunftrechtlichen Vorstellungen erfüllt war, die sicherste Grundlage für eine rechtsstaatliche Entwicklung, in deren Verlauf sich der Herrschaftsstaat in eine »Republik«, der Untertan zum »Bürger« verwandle. Und das Vorhandensein einer solchen Übereinstimmung bei einigen als aufgeklärt geltenden und reformerisch gesinnten Fürsten, bei manchen ihrer höheren Beamten und beim gebildeten Publikum vermochte solche Vorstellungen zu bestätigen. Das hat dazu beigetragen, daß der Monarchie in Deutschland viel von dem Ansehen, das sie in Frankreich im Laufe des 18. Jahrhunderts verlor, erhalten blieb. Wenn man freilich glaubte, sie mit dem Konzept einer Staatsbürgerrepublik gleichsam ideell unterlaufen und mit der Interpretierung auf das Ideal vernünftiger Ordnung hin tatsächlich verändern zu können, so dokumentiert sich darin die ungeheure Fehleinschätzung der sozialen und politischen Wirklichkeit und des utopischen Vertrauens auf die Macht der Vernunft, die für das politische Denken einer Schicht ohne konkreten und selbständigen Bezug zur Macht charakteristisch sind.

Wenn sowohl die Wiederbelebung oder die Reform der Landstände als auch die revolutionäre Aktion des Volkes, die die Gebildeten aus tiefstem Herzen verabscheuten, abgelehnt wurden, dann blieb, wie gesagt, nur die Hoffnung auf die Macht der öffentlichen Meinung und auf den weisen, aufgeklärten, seine Gewalt selber beschränkenden Fürsten. Diese auf harte Proben gestellte Hoffnung steht auch hinter den zahllosen Verurteilungen von fürstlicher Despotie, Mißwirtschaft, Unmoral und hinter den Klagen über den lähmenden, jeglichen Bürgergeist erstickenden Hofgeist, die in der Publizistik und den Briefen der Zeit begegnen und selten auf Erfahrungen von Männern aus Hofnähe beruhten.

Abgesehen von einigen, erst unter dem Eindruck der Französischen Revolution häufiger auftretenden und weithin für verantwortungsloses Gerede sozial entwurzelter Existenzen gehaltenen Äußerungen massiven Fürstenhasses, ist die Abschaffung der Monarchie von den Gebildeten nicht gefordert und nicht gewünscht worden. Erschien doch gerade ihnen die Herrschaft einer aristokratischen, patrizischen oder zunftbürgerlichen »Oligarchie« oder erst recht des Volkes in seiner Masse – also die »Pöbelherrschaft« oder der »Despotismus« der Menge – schrecklicher als die Herrschaft eines einzelnen, selbst wenn sie despotisch ausgeübt wurde. Überzeugt davon, daß die Masse – noch oder stets – zu ungebildet sei, um sich selber regieren oder auch nur die besten Herrscher wählen zu können, und genau wissend, daß sie selber nicht über die Macht geboten, ihre politischen Vorstellungen anders zu verwirklichen als mit Unterstützung oder Duldung der Fürsten und ihrer Beamten oder selber im Staatsdienst stehend, mußten die Gebildeten ihre größte Chance in der Aufgeklärtheit und Wohlgesonnenheit der Fürsten erblicken. Im übrigen erschien ihnen die Monarchie notwendig als die über den Ständen stehende Gewalt, die allein staatsbürgerliche Gleichheit garantieren könne.

## VI

In der Reaktion der deutschen Gebildeten auf den Ausbruch der Französischen Revolution ist bei allen Unterschieden im einzelnen doch ein beträchtlicher Grad von Übereinstimmung erkennbar, der sich aus der Diskussion der vorhergehenden Jahre erklärt. So völlig unvorbereitet waren sie nicht, daß erst die Revolution im Nachbarland sie auf das Politische gestoßen hätte. Ganz überwiegend war die Zustimmung zu dem ideenpolitischen Konzept der ersten Revolutionsphase; hatte man doch manche seiner vernunftrechtlichen Prinzipien selber akzeptiert und vertreten. Bezeichnend indes für die politische Mentalität und den politischen Erfahrungsmangel, daß man – wie übrigens auch die französischen hommes de lettres – den Anteil der Philosophie an den Ereignissen bei weitem überschätzte: »Schön ist es aber zu sehen«, schrieb Georg Forster Ende Juli 1789 an seinen Schwiegervater Heyne in Göttingen, »was die Philosophie in den Köpfen gereift und dann im Staate zustande gebracht hat, ohne daß man ein Beispiel hätte, daß je eine so gänzliche Veränderung so wenig Blut und Verwüstung gekostet hätte. Also ist es doch der sicherste Weg, die Menschen über ihren wahren Vorteil und über ihre Rechte aufzuklären; dann gibt sich das übrige von selbst.«[39] Solche Deutung der Revolution als Triumph der Philosophie und Folge der Aufklärung der Menschen barg die doppelte Gefahr in sich, die auch prompt eingetreten ist, daß die unerwarteten Gewaltsamkeiten im Ablauf der Revolution ihre fernen philosophischen Bewunderer enttäuschten und zurückschrecken ließen, den reaktionären Kräften aber die Argumente für ihr Vorgehen gegen die politische Aufklärung lieferten. Dabei hat kaum einer ihrer Vertreter die Wiederholung der Pariser Vorgänge in Deutschland gefordert oder auch nur für nötig erachtet. Vieles von dem, was in Frankreich revolutionär gewonnen werden mußte, glaubten sie in Deutschland, zumindest in seinen fortgeschrittenen Staaten, schon erreicht oder doch auf dem Wege; weiteres sollte ohne Umsturz und Gewalttat erreichbar sein. Allenfalls mochte das französische Beispiel den an manchen Stellen stockenden oder sogar blockierten Gang aufgeklärter politischer Reformen vorantreiben und im übrigen eine »kräftige Lektion für alle Menschenbedrücker in allen Weltgegenden und unter allen Ständen« (Schlözer)[40] bedeuten.

Manchmal wurde der Ton deutscher Publizisten nun kräftiger und drängender. »Wahrlich, es bedarf keines Sehergeistes; die Zeichen der Zeit reden laut genug für sich: die Völker haben aufgehört, unmündige zu sein, der Sieg des Menschenverstandes ist entschieden; fürder wird keine Tyrannei mehr sein.« Solchen Sätzen aber folgt nicht Drohung gegen die Fürsten, sondern Appell an sie, gerecht, menschlich, »Väter« ihrer Länder zu sein, und die Feststellung: »Der aufgeklärte Fürst wird und kann nichts wollen, als das Glück seiner Bürger, und die aufgeklärten Bürger werden [...] aus innerer fester Überzeugung gern und freudig seinen wohltätigen Willen tun.«[41] Wohl gab es radikalere Forderungen; charakteristisch aber für die Mehrzahl der deutschen Gebildeten war die Hoffnung auf gemäßigten Fortschritt in »gesetzlichen« Bahnen. Die Radikalisierung der Revolution hat sie darin nur noch bestätigt, andererseits ihre Ablehnung der politischen Revolution noch schärfer werden lassen. Es war nur eine kleine Gruppe, die auch die Terrorakte der Revolution durch lange Unterdrückung und Sorge um das Gewonnene rechtfertigten. Zwischen ihnen, die als »deutsche Jakobiner« verschrien wurden, und den Vertretern gemäßigt-gesetzlichen Fortschritts brach scharfer Gegensatz auf. Vertieft hatte sich inzwischen aber auch die Kluft, die sich zunächst zwischen Rationalismus und Irrationalismus und im Streit über das Maß der Kritik am Überlieferten aufgetan und sich in der Differenz zwischen vernunftrechtlicher und historischer Interpretation der gegenwärtigen politisch-sozialen Verhältnisse erweitert hatte. Es formten sich die Fronten aus, die dann unter den Schlagwortbezeichnungen »demokratisch«, »liberal«, »konservativ« das politische Bewußtsein in der ersten Hälfte des 19. Jahrhunderts bestimmt haben.

Will man abschließend die Welt- und Lebensanschauung der schreibenden und lesenden deutschen Bildungsschicht charakterisieren, so kann man sagen, daß diese Menschen das Bewußtsein hatten, in einer Krise zu stehen, d.h. in einer Zeit der Bewegung und Veränderung, in der in kritischer Auseinandersetzung mit Älterem Neues wird. Die Zeitgenossen hatten, vor der politischen Revolution und noch in ihren ersten Stadien, keine Scheu zu behaupten, sie stünden in einer umfassenden »Revolution«. »Wir leben in der Dämmerung einer großen Revolution, in den Tagen einer zweiten Scheidung von Licht und Finsternis«, schrieb Joh. Georg Zimmermann schon in den 1760er Jahren. »Man bemerkt in Europa gleichsam einen zweiten Aufstand [nach der Reformation] zum besten des gesunden Denkens. Die Wolken des Irrtums und der Furcht zerstreuen sich, des langen Zwanges müde wirft man die Ketten der Vorurteile ab, um von den verlorenen Rechten der Vernunft und Freiheit wieder Besitz zu nehmen.«[42] Wie die Berufung auf die Reformation beweist, ist hier in erster Linie an geistige Revolution gedacht, und es bleibt ein durchgehender Zug bei deutschen Schriftstellern anzunehmen, daß die wesentlichen Wandlungen die des Denkens seien, aus denen die praktischen Reformen des Rechtswesens, der Wirtschaft, der Politik sich folgerichtig ergeben würden. Gewiß, die französischen Aufklärungsphilosophen haben nicht anders gedacht; in Deutschland aber ist die – bei allen Unterschieden im einzelnen – so denkende Gruppe die einzige potentiell revolutionäre geblieben. Der temperamentvolle Ludwig Wekhrlin schrieb 1788: »Wir müssen eilen, die Revolution im menschlichen Geist womöglich zu beschleunigen [...] Laßt uns wirken, weil es Tag ist.«[43] Für den Kantianer Carl Leonhard Reinhold gilt es noch 1790, also schon angesichts der Französischen Revolution, als ausgemachte Sache, daß Deutschland »unter allen übrigen europäischen Staaten am meisten zu Revolutionen des Geistes, am wenigsten zu politischen aufgelegt« ist.[44]

Neben diesem – gleichsam letzten – Credo der Aufklärung, in dem doch ein Element der Resignation nicht fehlte, gab es unter den deutschen Gebildeten eine sich nun verstärkende Tendenz, sich enttäuscht vom Politischen abzuwenden und nach ästhetischer Versöhnung der im politischen Raum – noch oder überhaupt – unvereinbaren Gegensätze zu suchen. Diese Tendenz hatte sich bereits in den 1770er Jahren angemeldet und läßt sich schon bei der erwähnten Gruppe der stärker national und traditionalistisch eingestellten und historisch gesinnten Schriftsteller erkennen. Viele wurden nun abgestoßen von der philosophischen und religiösen Seichtigkeit vulgarisierter Aufklärung; manche wünschten, daß überlieferter Glaube, hierarchische Ordnung und Einfachheit der Sitten wieder gelten sollten. Andere zweifelten an Recht und Fähigkeit der Vernunft, das politische und soziale Leben bewußt zu formen, das sich vielmehr aus sich selbst entwickeln müsse. Sie hielten das Programm der Aufklärung, durch bewußtes Tun eine Welt der Glückseligkeit und Gleichheit herbeizuführen, für hybrid, mechanistisch, der Natur wie der Geschichte widersprechend.

Zwischen solchen Anschauungen, die, sehr pauschal, unter die Bezeichnung »Romantik« subsumiert werden können, und denen der Aufklärung waren die Grenzen im ausgehenden 18. Jahrhundert fließend. Reaktionäre Maßnahmen der Regierungen sind weniger durch antiaufklärerische Ideen als durch die Staatsräsonpraxis des aufgeklärten Absolutismus und durch Angst vor Kritik, Opposition und Auflehnung ausgelöst worden. In der Reaktion des deutschen gebildeten Publikums jedoch auf die Französische Revolution, vor allem auf ihren Fortgang, sind diese Ideen dann mehr und mehr hervorgetreten und haben dabei auch ihre dynamische Kraft gezeigt. Teile der jungen Generation, die für ihr Selbständigkeitsbewußtsein noch immer keine politische Entfaltungsmöglichkeit, keinen Weg zur Praxis fanden, wandten sich – radikaler als die »Stürmer und Dränger«, die doch weithin dem establishment sich angepaßt hatten – in emotionaler und intellektueller Opposition einer Ideenwelt zu, die – in Anknüpfung an mythisierte Vergangenheit und in Antizipation einer besseren Zukunft – die Verbindung mit der staatlich-gesellschaftlichen Realität der Gegenwart zunehmend verlor.

# *»Sie und nicht wir«*

## Deutsche Urteile über den Ausbruch der französischen Revolution

### I

»Ach, du warest es nicht, mein Vaterland, das der Freiheit
Gipfel erstieg, Beispiel erstrahlte den Völkern umher,
Frankreich war's! Du labtest dich nicht an der frohsten der Ehren,
Brachest den heiligen Zweig dieser Unsterblichkeit nicht.«

So Klopstock 1790 in seiner La Rochefoucauld gewidmeten Ode »Sie und nicht wir«, die mit der Zeile beginnt

»Hätt' ich hundert Stimmen, ich feierte Galliens Freiheit.«

Zwar gleiche der »Palme«, die Frankreich erworben habe, diejenige, welche das deutsche Vaterland sich brach, als es die von Despoten entweihte Religion reinigte und damit voranging »auf der erhabenen Bahn«; aber das sei nun kein Trost mehr.

»Denn du warest es nicht, das auch von dem Staube des Bürgers
Freiheit erhob, [...]«[1]

Schon ein Jahr zuvor hatte der Dichter den Deutschen zugerufen »Kennet euch selbst«:

»Frankreich schuf sich frei. Des Jahrhunderts edelste Tat hub
da sich zu dem Olympus empor...
O Schicksal! Das sind sie also, das sind sie,
unsere Brüder; die Franken; und wir?
Ach, ich frag' umsonst: ihr verstummet, Deutsche! Was zeiget
Euer Schweigen? bejahrter Geduld
Müden Kummer? Oder verkündet es nahe Verwandlung...?«[2]

Die gerührte Begeisterung des Dichters, der, nahe der Vollendung des siebten Lebensjahrzehnts, unter dem Eindruck der ausbrechenden Revolution in Frankreich in das Freiheitspathos seiner Jugend zurückfiel, seine enttäuschte schnelle Abkehr, als die Revolution radikal-gewaltsame Züge annahm und zum Eroberungskrieg überging, und sein Eingeständnis: »Ach, des goldenen Traums Wonn' ist dahin«[3] bezeugen zunächst Klopstocks politische Naivität. Sie sind jedoch auch Ausdruck von Erfahrungen und Stimmungsumschwüngen, denen die Mehrheit der deutschen Gebildeten in jenen Jahren ausgesetzt waren. Sie hatten den Ausbruch der Revolution im Nachbarland begrüßt, sahen sich dann jedoch mit einer Entwicklung konfrontiert, die sie enttäuschte und erschreckte, die allem zu widersprechen schien, was sie erwartet hatten, und auch ihr sich soeben regendes nationales Bewußtsein tief erschütterte.

Dieser Vorgang ist oft beschrieben, allerdings kaum hinreichend erklärt worden.[4] Erklärungsbedürftig ist nicht in erster Linie die Abwendung von der Revolution, sondern die anfängliche Zustimmung. Sie ist nur zu begreifen, wenn man die politische Konstellation und die Bewußtseinslage der Gebildeten in Deutschland am Ausgang der 1780er Jahre analysiert.[5] Zwar war diese Bewußtseinslage keineswegs einheitlich und noch weniger stabil, sondern durch erhebliche Spannungen und Gefälle, durch hohe Sensibilität und Offenheit gekennzeichnet. Es lassen sich jedoch dominante Strukturen und tonangebende Tendenzen identifizieren, insbesondere solche antizipatorischen Charakters, die ein problematisches – zugleich kritisches und unrealistisches – Verhältnis zur sozialen und politischen Wirklichkeit entstehen ließen.

## II

Seit dem Ende des Siebenjährigen Krieges, das den österreichisch-preußischen Dualismus als beherrschende Tatsache der deutschen Politik bestätigte, aber doch auch die außenpolitische Entlastung Mitteleuropas zur Folge hatte, verstärkte sich in vielen deutschen Staaten die innenpolitische Aktivität der Regierungen; gleichzeitig entfaltete sich die öffentliche Diskussion über Probleme der gesellschaftlichen Ordnung und der politischen Entwicklung. Zwischen Politik und Publizistik, Administration und öffentlicher Meinung entstand ein Verhältnis, das für beide Seiten neue Erfahrungen brachte und große Erwartungen weckte. Zunehmend bemühten sich Fürsten darum, ihre aus wirtschaftlichen Notwendigkeiten, rationaler Planung, Prestigebedürfnis und der Rezeption zeitgenössischer Ideen resultierenden politischen Maßnahmen im eigenen Lande und auswärts bekannt zu machen und ihre »wohlwollende« Gesinnung öffentlich zu bekunden. So ließ Markgraf Karl Friedrich von Baden 1783, als ihm für die Aufhebung der Leibeigenschaft gedankt wurde, seine »Antwort« öffentlich bekannt machen, in der er beteuerte, seit er über seine »Bestimmung« nachzudenken gewohnt sei, gelte es ihm als fester Grundsatz, »daß das Wohl des Regenten mit dem Wohl des Landes innig vereinigt sei«; deshalb könne er keinen Dank für das annehmen, was er zum Besten des Landes tue.[6] Und bei der Ausarbeitung des »Allgemeinen Landrechts« in Preußen sind die im Entwurf fertiggestellten Teile der – keineswegs nur inländischen – fachkundigen Öffentlichkeit zur Stellungnahme vorgelegt worden! Umgekehrt unterstützte die deutsche Aufklärungsgesellschaft, also das schreibende und lesende Publikum, die Regierungen bei ihren Maßnahmen vernünftiger Reformpolitik, versuchte aber auch, sie zu solchen zu nötigen. War es doch tief davon überzeugt, daß auf die Dauer gegen die »öffentliche Meinung« nicht regiert werden könne. Das »öffentliche Urteil«, behauptete Ludwig Wekhrlin 1784, habe »heutzutage eine überwiegende Macht«, in ihm spreche die Stimme der »öffentlichen Vernunft«, die von den Schriftstellern artikuliert werde und bereits unendlich viel Gutes bewirkt habe.[7]

Solche Aussagen – sie ließen sich häufen! – dürfen, bei aller gebotenen Skepsis, als Anzeichen für einen Wandel sowohl in der Verhaltensweise der Regierenden als auch in der Wahrnehmungs- und Argumentierweise der Regierten verstanden und als Indizien für die Entstehung eines politischen Diskurses in Deutschland interpretiert werden. Sie lassen einen im einzelnen diffusen, durch Ungleichzeitigkeiten gekennzeichneten Prozeß erkennen, in dem sich gleichwohl die Elemente eines politischen Konsenses formierten und die Hoffnung auf weitergehende Verbesserungen im sozialen und politischen Leben zunahm.[8] Als 1789 in Versailles die Generalstände zusammentraten und damit eine Revolution in Gang kam, die weit über die Dimensionen von Staatsveränderungen älteren Stils hinausging, da fanden sich die deutschen Gebildeten keineswegs mit dem Unvorstellbaren und schlechthin Inkommensurablen konfrontiert. Weder dachten sie so »unpolitisch« wie oft angenommen wird, noch fehlte ihnen die Kritikfähigkeit, ganz abgesehen davon, daß auch in Deutschland in den letzten Jahrzehnten Spannungen, Unzufriedenheiten und Veränderungswünsche zugenommen und sich geäußert hatten. Rückblickend hat ein so kluger Beobachter wie August Wilhelm Rehberg erklärt, Deutschland sei vor dem Ausbruch der Revolution in Frankreich »zu einer Veränderung seiner staatsrechtlichen Verfassung durch die innere Disharmonie ihrer Elemente wohl vorbereitet« gewesen. Unzufriedenheit mit den »Mißverhältnissen des bürgerlichen Lebens«, vielfältige Lektüre, das Interesse am »öffentlichen Leben« der Engländer und an der Unabhängigkeit der nordamerikanischen Kolonien hätten die Deutschen für »bürgerliche Verhältnisse« und für »neue Ideen über das Staatsrecht« sensibilisiert und bei ihnen ein »unbestimmtes Streben nach Verbesserung, oft nur Veränderung des Bestehenden« geweckt.[9]

Gewiß hatte diese »Gärung der Gemüter«, wie Rehberg sagte, oft kein festes Ziel und konnte leicht in »Gleichgültigkeit gegenüber der bestehenden Ordnung« umschlagen, weil sie sich nur publizistisch, nicht aber auf institutionell gesicherten Wegen zu äußern vermochte. Als bloße Unzufriedenheit und dumpfes Verlangen nach Veränderung aber kann sie nicht abgetan werden. In ihr trat das Bewußtsein der Diskrepanz zwischen den noch bestehenden und den schon antizipierten politisch-sozialen Verhältnissen zutage, das dadurch noch verstärkt wurde, daß partielle Reformen die Erwartung auf umfassende Verbesserungen auslösten. »Wo ist ein Teil der Welt, oder ein großer Staat, oder ein Zweig der Geschäfte, der nicht reif werde zu großen bevorstehenden Veränderungen?«, fragte Johannes Müller 1781.[10]

Vieles drängte sich damals den politisch Interessierten auf, was sie einen weitergehenden Wandel in den deutschen öffentlichen Verhältnissen erwarten ließ. Die erste polnische Teilung löste bei den kleinen Reichsständen einen tiefen Schock aus;[11] die Tauschpolitik Joseph II. und die Bildung des Fürstenbundes von 1785 als Antwort darauf aktualisierten den Ruf nach einer Reform der Reichsverfassung, und in gleicher Richtung wirkten die Diskussion um die Zukunft der geistlichen Staaten und das Auftreten episkopalistischer nationalkirchlicher Tendenzen.[12] Damit verknüpfte sich die andere Frage, wie Despotismus wirksam zu verhindern, regionale und ständische Freiheiten und der angeblich ursprüngliche freiheitssichernde Geist der deutschen Gesetze zu neuer Geltung zu bringen seien. Konnte dies durch die Reaktivierung und Reform der Reichsinstitutionen wie der landständischen Institutionen innerhalb der deutschen Staaten erreicht und damit zugleich dem sich verstärkt regenden nationalen Bewußtsein der Deutschen Genüge getan werden? Insbesondere in den kleineren Staaten erfuhren damals Reichspatriotismus und ständisches Denken noch einmal Auftrieb und fanden in zahlreichen historischen und juristischen Publikationen ihren Niederschlag.[13] Daneben aber stützte das schulemachende Beispiel der Reformpolitik aufgeklärter Regierungen die gegenteilige Annahme, die absolute Monarchie unter einem aufgeklärten Herrscher biete eine optimale Chance, durch aufgeklärte Gesetzgebung, Verwaltung und Erziehung eine effektive Modernisierung von Gesellschaft und Staat in Gang zu setzen und schließlich persönliche Herrschaft durch die Herrschaft des Gesetzes, Absolutismus durch Gesetzesstaatlichkeit zu überwinden. Die publizistischen Verfechter dieses Konzepts konnten auf eine Reihe von Fürsten und Regierungen hinweisen, deren Politik ihre Annahme berechtigt erscheinen ließ.[14]

So sehr sich die Vorstellungen der Vertreter beider Positionen unterschieden, ihre aktuelle politische Kritik stimmte ein gutes Stück überein. Sie richtete sich gegen untätige und indolente Fürsten und Magistrate, gegen die Gleichgültigkeit der Privilegierten, die egoistisch nur ihre Besitzstände verteidigten, gegen den Mangel an Patriotismus der Untertanen und die Willkür von Regierungen, welche Patriotismus nicht aufkommen ließ, gegen mangelhafte Justiz und unzulängliche Erziehung. Solche Kritik äußerte sich in einer seit den 70er Jahren rapide wachsenden Zahl von Zeitungen, Zeitschriften und Einzelpublikationen. Wenn infolge der territorialen Vielgliedrigkeit Deutschlands kein dominierender Mittelpunkt der Meinungsbildung und des politischen Geschehens existierte, so erreichten die an vielen Orten erscheinenden Schriften und Periodika doch eine relativ große und weit gestreute Zahl von Lesern, und die in den einzelnen Staaten sehr unterschiedliche Handhabung der Zensur machte es möglich, daß Kritik an Zuständen und Vorgängen in einem Staate von außen her leicht möglich war.[15]

Das Bemerkenswerte dieser publizistisch-literarischen Diskussion war zum einen das breite Spektrum der Themen, zum anderen das Selbstbewußtsein der daran Beteiligten. Zwar nahmen Fragen der bürgerlichen Moral noch immer einen beträchtlichen Raum ein, aber auch schon ihre Behandlung mit dem Ziel der bürgerlichen Selbstvergewisserung und der Stärkung des sozialen Selbstbewußtseins der gebildeten Mittelschichten besaß deutlich politische Valenz. Das gilt noch mehr für das schnell sich erweiternde publizistische Angebot an historischen, statistischen (also staatswissenschaftlichen), ökonomischen und geographischen Informationen, die als Material zur Aufklärung und Meinungsbildung dienen sollten und dem Leser das Gefühl vermittelten, er gewinne Einblick in Bereiche, die einst Sache allein der Regierenden gewesen waren, und habe als Wissender teil am gemeinen Wesen. Die Berichte über »musterhafte neue Anstalten und Verbesserungen«, über »Mängel und Mißbräuche« in den »Teutschen Verfassungen« sollten »herrschende Denkgewohnheiten« korrigieren, und das Lob »unbekannter Verdienste besonders verehrungswürdiger Patrioten« – das sind Formulierungen aus dem Vorwort zu Meiners und Spittlers 1787 zuerst erschienenem »Göttingischen Historischen Magazin!«[16] – sollte andere Patrioten ermuntern. Eine unübersehbare Zahl von Schriften, Abhandlungen und Aufsätzen befaßte sich – räsonierend und mit der Absicht politischer Bildung – mit Problemen der Gesetzgebung und Gesetzeskodifikation, der öffentlichen Erziehung, der Reform des Adels und des Steuerwesens, der Lage der Bauern, der armen und herrenlosen Leute, der Dienstboten und Kinder.[17] Auch in Deutschland ist bereits vor 1789 öffentlich über die Anerkennung von Menschenrechten, über Freiheit und Gleichheit als regulative Prinzipien, über die Legitimierung von Herrschaft und die Zustimmungsfähigkeit von Gesetzen diskutiert, Kritik an religiöser Intoleranz und an bäuerlicher Abhängigkeit geübt und politische Reform gefordert worden.[18] Verstärkt wurden die deutschen Verhältnisse nun auch mit denen des Auslands, insbesondere Englands und Frankreichs verglichen, dabei deutsche Defizite, Möglichkeiten und Errungenschaften abgewogen, aber auch die historischen Bedingungen der Unterschiede erörtert.

Auch das Thema der politischen Revolution war 1789 in Deutschland nicht neu. Mit intensiver Anteilnahme waren der Unabhängigkeitskampf der englischen Kolonien in Nordamerika und die Gründung eines republikanischen Staatenbundes diskutiert worden.[19] 1777 hatte Christian Wilhelm Dohm den Unabhängigkeitskrieg »das größte Ereignis des siebenten Dezenniums unseres Jahrhunderts (und vielleicht bei der Nachwelt des ganzen Säkulums)«, genannt, weil es große Veränderungen im europäischen Staatensystem, in Handel und Verkehr zur Folge haben und der »Denkart der Völker neue Kühnheit, neues Leben dem Freiheitsgeist« geben werde.[20] 1786 war in Ernst Ludwig Posselts »Aufklärungsmagazin« zu lesen, es gebe nun drei Millionen Menschen mehr in der Welt, die ihre Knie nicht vor Götzen beugten. »Noch eine Revolution wie diese, und unser Jahrhundert wird als ein Riese hervorragen unter seinen Brüdern«. Die neue »amerikanische Freiheit« werde getragen von der »vollkommenen Gleichheit der geistlichen Rechte« und von der »vollkommenen Gleichheit der bürgerlichen Rechte«, folglich gebe es in diesem Lande »keinen herrschenden Stand«, keinen Unterschied zwischen bürgerlicher und politischer Freiheit, wie er in Europa allerorten bestehe und wohl noch Jahrhunderte bestehen werde.[21] Ein Jahr zuvor, 1785, hatte Matthias Christian Sprengel eine »Geschichte der Revolution von Nord-America« vorgelegt und die amerikanischen Lebensverhältnisse geradezu als Gegenstück zu den europäischen dargestellt: Niemand werde wegen seiner Religion behindert, niemand brauche »die veränderliche Willkür oder die Launen kleiner Tyrannen oder mächtiger Despoten« zu fürchten, jeder steuerzahlende Bürger nehme »persönlich an der Landesregierung und an den öffentlichen Verfügungen Anteil, die für alle gemacht werden [...] Hier kann kein Befehl eines entfernten, mit den individuellen Umständen der niederen Klassen unbekannten Monarchen oder Finanzministers dem Untertan so oft er will einen Teil seines Erwerbs rauben. Stehende Armeen, welche in Europa die Steuern so sehr vermehrt haben, sind hier unbekannt«.[22]

Die Beschäftigung des deutschen schreibenden und lesenden Publikums mit dem Thema Revolution kam nicht wieder zum Erliegen, sondern erhielt durch Unruhen, Verfassungsumstürze und Aufstände in Genf, Aachen, Lüttich, Brabant neue Antriebe, ehe dann die Ereignisse in Frankreich alle vorhergehenden in den Schatten stellten.[23] Daß sie von anderer Größenordnung waren, ergab sich schon aus der Bedeutung Frankreichs; ihr Charakter als Totalrevolution ist allerdings, wie auch sonst in Europa (und selbst in Frankreich) nicht sogleich erkannt worden.[24] Trotz aller Sensibilisierung durch eine literarisch-theoretische Diskussion konnten die deutschen Gebildeten von der sozialen Dynamik, die in die Revolution einmündete, und von der politischen Radikalität, die sie entfaltete, nur schwer eine konkrete Vorstellung gewinnen.

Nicht deshalb, weil sie schlecht informiert waren! Nachrichten aus Paris flossen reichlich, sowohl übernommene als auch solche von deutschen Besuchern und Korrespondenten. »Briefe aus Paris« von deutschen Augenzeugen der ersten Revolutionswochen und -monate erschienen sehr schnell gedruckt; genannt seien nur diejenigen Joachim Heinrich Campes, die bereits im Frühjahr 1790 vorlagen.[25] Im gleichen Jahre schon brachte Friedrich Schulz seine vielgelesene »Geschichte der großen Revolution in Frankreich« heraus.[26] Im übrigen waren die Zeitschriften voll von Berichten über die Vorgänge in Frankreich. Der 1. Band des »Schwäbischen Archivs« brachte »Briefe aus Bordeaux«, deren Verfasser Karl Friedrich Reinhard war. Schon im Juli 1789 schrieb er: »Die Stände haben volle Freiheit, ihre Entwürfe auszuführen und die beste Constitution zu gründen, die je ein Volk beglückt hat.« Noch sei nicht abzusehen, ob es nicht einen Rückschlag gebe, für welchen Fall Schlimmstes zu erwarten sei; etliche Wochen später glaubte er nicht nur an den Erfolg der Revolution, sondern auch daran, daß der Same der revolutionären Grundsätze notwendig »früher oder später in ganz Europa seine Früchte tragen muß«.[27] – Nein – nicht Informationsmangel erklärt die relative politische Harmlosigkeit der deutschen Urteile über den Ausbruch der Revolution im Nachbarland. Ebenso wenig kann sie auf die Friedlichkeit deutscher Verhältnisse zurückgeführt werden; denn Unruhe und unterschiedliche Formen der Widersetzlichkeit, ja der Empörung, die ihre Ursachen freilich durchweg in lokalen Unzuträglichkeiten hatten, meldeten sich 1789/90 an nicht wenigen Orten.

Es sind vielmehr spezifische Erfahrungen und Denkstrukturen der deutschen Gebildeten gewesen, die ihr Urteil formiert haben. Sie alle standen unter dem Eindruck der kulturellen Entfaltung im Zeichen von Aufklärung und früher Klassik, d. h. der Entwicklung einer deutschen Literatursprache, der kritischen Auseinandersetzung mit der französischen Poetik und Rhetorik, der Entfaltung einer deutschen Dramatik, einer kritischen Philosophie, des Leistungs- und Geltungsanstiegs der Wissenschaft, schließlich der Expansion des Buchmarktes und der wachsenden Freiheit und Selbständigkeit der öffentlichen Diskussion. In diesem Prozeß hatte sich ihr Selbstbewußtsein gestärkt und ihre politische Wahrnehmungsfähigkeit geschärft.[28] Sie neigten dazu, ihre intellektuelle Emanzipationserfahrung auf die Gesellschaft als ganze zu übertragen und deren Entwicklung als Lernprozeß zu verstehen, in dem den Gebildeten, insbesondere den Schriftstellern, die entscheidende Funktion der Kritik, Belehrung und Erziehung zukomme. In dieser Annahme fanden sie sich bestärkt durch den steigenden Bedarf an gebildeten Personen vor allem im Staatsdienst und durch den tatsächlichen praktischen Einfluß, den sie als Beamte, Lehrer, Pfarrer etc. ausübten. Gewiß übersahen sie nicht die Diskrepanz, die zwischen kultureller Entwicklung und politisch-sozialer Wirklichkeit, zwischen Erwartung und tatsächlichen Zuständen nach wie vor bestand. Auch sie gehörte ja zu ihren alltäglichen Erfahrungen! Sie glaubten jedoch, daß die Zeit auch für politisch-soziale Fortschritte in Deutschland und für eine nationale Erneuerung gekommen sei – nicht durch Revolution, sondern durch Aufklärung der Menschen und durch aufgeklärte Politik.

Deshalb begrüßten viele von ihnen die Revolution mit ihren menschenrechtlichen und konstitutionell-liberalen Zielen als Werk der Philosophie. Ende Juli 1789 schrieb Georg Forster aus Mainz an seinen Schwiegervater Heyne in Göttingen: »Schön ist es aber zu sehen, was die Philosophie in den Köpfen gereift und dann im Staate zu Stande gebracht hat, ohne daß man ein Beispiel hätte, daß je eine so gänzliche Veränderung so wenig Blut und Verwüstung gekostet hätte. Also ist es doch der sicherste Weg, die Menschen über ihren wahren Vorteil und über ihre Rechte aufzuklären!«[29] Noch deutlicher der junge Friedrich Gentz Ende 1790: »Überhaupt bin ich noch nichts weniger als geneigt, an der guten Sache zu verzweifeln. Das Scheitern dieser Revolution würde ich für einen der härtesten Unfälle halten, die je das menschliche Geschlecht betroffen haben. Sie ist der erste praktische Triumph der Philosophie, das erste Beispiel einer Regierungsform, die auf Prinzipien und auf ein zusammenhängendes konsequentes System gegründet wird.«[30]

Eine solche ideengeschichtliche Interpretation, die schon bald durch den tatsächlichen Fortgang der Revolution auf harte Proben gestellt wurde, zeigt die Stärke der Überzeugung der deutschen Gebildeten, ja aller Aufklärer des 18. Jahrhunderts an, daß es möglich sei, die gesellschaftliche und politische Ordnung nach den Einsichten der Vernunft und den Grundsätzen des rechtverstandenen Nutzens für alle Menschen zu reformieren. Diese Überzeugung bedurfte einer Bestätigung um so mehr – und glaubte sie in den Vorgängen in Frankreich zu finden –, nachdem in Deutschland der Prozeß der Aufklärung und ihres Eindringens in die Politik seit der Mitte der 80er Jahre Rückschläge erfuhr und das Programm und die Mentalität der Aufklärung ihre Überzeugungskraft zu verlieren begannen. 1785 wurde in Bayern der Illuminatenorden verboten, 1788 schränkte in Preußen das Woellnersche Edikt die Kritik an Religion und Kirche ein und traf damit die empfindlichste Stelle des aufgeklärten Publikums: die Freiheit der Meinung und der Meinungsäußerung. Es machte sich nun aber auch schon, insbesondere unter den Jüngeren, der Überdruß gleichermaßen an der Schulmeisterei und den Platitüden einer rechthaberisch gewordenen Aufklärung wie an der Bevormundung einer sich aufgeklärt gebenden Verwaltung bemerkbar.

In dieser Situation erschienen der Ausbruch der Revolution in Paris, das beginnende Werk einer neuen Verfassung, die Verkündung von Menschenrechten als Verfassungsbasis, die Beseitigung der Privilegiengesellschaft als Beweise für die Unwiderstehlichkeit aufgeklärter Prinzipien. Konnten sie nicht auch zum Anstoß werden für den Fortgang der Entwicklung in Deutschland, der um so leichter sein und ohne revolutionären Umsturz vor sich gehen würde, weil der Weg der politischen Reform an so vielen Stellen schon betreten worden war? Und mußten nicht jetzt die Regierungen vor dem gewarnt sein, was geschehen konnte, wenn sie sich den berechtigten Erwartungen der Regierten verschließen würden?

## III

Für die schreibenden und lesenden, politisch sensibilisierten Deutschen ist die Revolution in Frankreich ein großes Ereignis gewesen, das sie fasziniert und in dem Bewußtsein beobachteten, daß es auch sie angehe, daß es ein Lehrstück in realer Politik im allgemeinen und eine Nötigung zur Einsicht in deutsche Verhältnisse im besonderen sei. Schon die vergeblichen Versuche zur Reform der französischen Staatsfinanzen seit dem Regierungsantritt Ludwigs XVI. hatten sie aufmerksam verfolgt. Als Jacques Necker 1781 seinen »compte rendu, présenté au roi« veröffentlichte, erregte dieses Vorgehen auch in Deutschland größtes Aufsehen. Nicht der Inhalt, sondern die Tatsache des Berichts sei das Unerhörte, heißt es in Wekhrlins »Chronologen«:

»Einen Punkt, der bisher unter die wichtigsten Staatsgeheimnisse gezählt wurde, der öffentlichen Einsicht darstellen; die Ressorts der Regierung dreist enthüllen; dasjenige Geheimnis, worauf man am eifersüchtigsten unter allen zu sein schien, ungestraft aufdecken: dies ist eine ganz neue Erscheinung in der Politik«![31] Die Wiederberufung Neckers 1788 wurde als Sieg der öffentlichen Meinung gefeiert. »Gibt es in der ganzen Geschichte ein Beispiel«, fragte Schlözer, »daß ein Hof, der noch dazu von langer Zeit her für despotisch gehalten wurde, eine solche Nachgiebigkeit für die opinion publique bewiesen hätte?«[32] Als Klopstock von der Absicht der Einberufung der Generalstände hörte, pries er sich glücklich, daß er »Dies erlebte«, und korrigierte seine vorherige Ansicht, die »größte Handlung dieses Jahrhunderts« seien die Siege Friedrichs; nun denke er anders, denn »Gallien krönet sich / Mit einem Bürgerkranze, wie keiner war«.[33] Am 10. Juni 1789 hieß es in den »Vorderösterreichischen Provinzialnachrichten«: »Die Versammlung der Französischen Generalstände wird auch in den Annalen der Menschheit merkwürdig«.[34]

Es ist weder möglich noch notwendig, hier die ganze Fülle der Zeugnisse für die frühe Aufmerksamkeit auf das Geschehen in Versailles und Paris auszubreiten. Nur einige seien erwähnt, die für die Reaktion deutscher Gebildeter charakteristisch erscheinen. Ende September 1789 schrieb Christian Garve in Breslau an Christian Felix Weiße in Leipzig noch abwartend, aber gespannt: »Was sagen und urteilen Sie von den Unruhen in Frankreich? Wird am Ende Elend oder Glück für die Nation herauskommen? Das Gebäude des Staats ist aus allen Fugen, und es wird große Weisheit oder großes Glück dazu gehören, wenn es in einer ganz neuen Form zugleich Solidität und Dauer bekommen soll. Die Epoche ist eine der wichtigsten, und sie wird wenigstens zur Aufklärung und zur Untersuchung der wichtigsten Gegenstände für die Menschheit Anlaß und Data geben«.[35] Einen Monat später bekundete Friedrich Stolberg seine Freude über die Vorgänge in Frankreich, »obwohl mancher Gallicismus die herrliche Sache der Freiheit befleckt [...] Ich fühlte mich nie kosmopolitischer als jetzt.«[36] Noch ein Jahr später hielt es Wieland für »eine Glückseligkeit, um welche uns die Nachwelt beneiden wird, daß wir Zeitgenossen und Zuschauer dieses größten und interessantesten aller Dramen, die jemals auf dem Weltschauplatze gespielt wurden, gewesen sind«.[37] Als Zeitgenossen und Zuschauer haben die deutschen Gebildeten damals interessiert, aber noch nicht unmittelbar betroffen nach Frankreich geblickt, jedoch überzeugt, daß die Auswirkungen des dortigen Geschehens die ganze zivilisierte Welt erreichen und ein Zeichen setzen werden. Garve sah den »Geist der Freiheit oder der Rebellion« überall um sich greifen,[38] und die »Staatsanzeigen« veröffentlichten schon 1789 eine Zuschrift, in der es heißt: »Frankreich ist ein großes Beispiel, was ein Volk vermag, wenn die Triebfedern der Regierung erschlaffen und nur gerade noch so viel Kraft übrigbleibt, es den Druck fühlen zu machen«. Zwar sichere Deutschlands Verfassung gegen solchen Druck und gegen den Aufstand, »doch kann diese Begebenheit immer die Aufmerksamkeit der Regenten auf sich ziehen; denn nur ein glückliches Volk liebt seinen Herrn und seine Verfassung«.[39] Schlözer, der Herausgeber der »Statsanzeigen« und unermüdliche Anprangerer von Despotismen aller Art, wurde direkter: »Die Vorfälle unserer Tage in Frankreich sind kräftige Lektion für alle Menschenbedrücker, in allen Weltgegenden, und unter allen Ständen«.[40] Schon verteidigte er auch die Revolution gegenüber denjenigen, die sie nach den Gewalttätigkeiten in ihrem Gefolge beurteilten. »Wo läßt sich eine Revolution ohne Exzesse denken? Krebsschäden heilt man nicht mit Rosenwasser. Und wäre auch unschuldiges Blut dabei vergossen worden (doch unendlich weniger als das, was die völkerräuberische Despotie Louis XIV, in einem ungerechten Kriege, vergoß): so kömmt dieses Blut auf Euch, Despoten, und Eure infame Werkzeuge, die Ihr diese Revolution notwendig gemacht habt.«[41]

Und Campe in seinen »Briefen aus Paris«: »Die ehemaligen vernunftlosen Lasttiere waren Menschen geworden, hatten Rousseaus Contrât social gelesen; und ihre verblendeten Treiber ohne Beobachtungsgeist übersahen die Verwandlung oder bildeten sich unverständiger Weise ein, daß ein kultiviertes und erleuchtetes Volk sich eben so geduldig treiben, hudeln und mißhandeln lasse, als ein rohes, als eine von Dummheit und Aberglauben starrende Menschenherde, mit der die vorigen Regierungen es zu tun gehabt hatten. Zum Schrecken aller andern gekrönten, besternten und bebänderten Menschentreiber in Europa – von denen die Menschheit ihre wohltätigen Schutzgeister, die guten, gerechten und weisen Fürsten und Minister sehr wohl zu unterscheiden weiß [Campe meint hier ausdrücklich seinen Landesherrn, den Herzog Karl Wilhelm Ferdinand von Braunschweig!] – hat der Irrtum sich entdeckt. Der große Spiegel hängt; sehe hinein, wer nicht Lust hat, mit Frankreichs Despoten ein gleiches Schicksal zu erfahren!« Campe fragt sich, ob es ratsam sei, diese »Wahrheit« öffentlich auszusprechen, und ob die »Despoten und Despotendiener« jetzt nicht völlig die Aufklärung erdrücken würden. Mit allem Selbstgefühl des aufgeklärten Schriftstellers antwortet er: »Wohl der Menschheit, daß sie jetzt überall [...] kühnlich sagen darf: sie mögen es wagen, wenn sie das Herz haben! Denn auch in dieser Betrachtung ist die französische Staatsumwälzung wohltätig für das ganze Menschengeschlecht geworden, daß sie gezeigt hat: alle Anstalten des Despotismus zur Unterdrückung der Vernunft sind jetzt umsonst – was sage ich? – sie sind vielmehr gerade das wirksamste, gerade das unfehlbarste Beschleunigungsmittel, eine allgemeine Aufklärung zu verbreiten, den Despotismus zu stürzen und die Menschheit in die ihr geraubten Rechte um so viel schneller und gewisser wieder einzusetzen«.[42]

Das war weder ein bloß rhetorischer Schreckschuß im deutschen Blätterwald noch eine Revolutionsdrohung; aber es war eine Warnung und Mahnung an die Adresse der Regierenden. Posselt beschwor im »An die Nation« gerichteten Vorwort seines »Archivs«, dessen erster Band 1790 erschien, die Fürsten: »Was in unsern Tagen geschah ist Fingerzeig genug, Euch zu deuten, wer schwach und wer stark ist. Stark ist die ganze Masse des Volks, wenn sie vom Gefühl des Drucks, der lange auf ihr lastete, endlich aufgeschreckt, mit einemmal ihr angeborenes Recht heischt. – Wahrlich, es bedarf keines Sehergeistes; die Zeichen der Zeit reden laut genug für sich: die Völker haben aufgehört, unmündige zu sein, der Sieg des Menschenverstandes ist entschieden; fürder wird keine Tyrannei mehr sein.« Wenn Posselt dann hinzufügt, daß keine Verfassung »in ihrem Zuschnitt« besser sei als die deutsche, »wenn sie nur nicht verdorben wird«; wenn er betont, daß kein Volk seinen Fürsten mehr Ehrfurcht entgegenbringe als das deutsche, wenn nur gut regiert werde, dann erkennt man hier deutlich ein durch das Beispiel der Franzosen herausgefordertes nationales Bewußtsein.[43] Ähnlich Schlözer 1791: Kein Volk erscheine ihm »reifer zur ruhigen Wiedereroberung verlorener Menschenrechte« als das deutsche, und zwar wegen seiner viel gelästerten Staatsverfassung. Langsam allerdings werde hier »die Revolution« geschehen. »Die Aufklärung steigt, wie in Frankreich, von unten herauf: aber sie stößt auch oben an Aufklärung: wo gibt es mehr kultivierte Souverains als in Deutschland?« Und dann mit kräftigem Selbstbewußtsein: »Daß es allmählich, ohne Unfug, ohne Anarchie geschehe, wird nach allem Anschein, mehr ein Werk der Schriftstellerei, als der Kabinette sein. Fürsten werden Fürsten bleiben und alle deutsche Menschen freie Menschen werden.«[44]

Es fehlte indes auch nicht – und beides konnte dicht beieinander stehen – an Stimmen, die eine nationale Enttäuschung angesichts der Ereignisse in Frankreich verraten. Schon 1789 klagte Friedrich Daniel Schubart: »Mein Gott, was für eine armselige Figur machen wir krumme und sehr gebückte Deutsche – jetzt gegen die Franzosen![45] Hatte man seit einigen Jahren in Deutschland zu glauben begonnen, dem kulturellen Aufschwung werde und müsse ein politischer aus eigener Kraft und aus eigenen geschichtlichen Voraussetzungen folgen, während Frankreich, die grande nation, in Stillstand und Verfall geraten sei; hatte man gern ein angebliches Wort Diderots zitiert, wonach die Deutschen vorwärts, die Franzosen aber rückwärts gingen, so sah man nun die Franzosen sich mit einem Schlage an die Spitze der politischen Entwicklung setzen. »Sie und nicht wir« haben den Völkern das Beispiel der Freiheit gegeben – das war Klopstocks Klage. Der junge Friedrich Gentz dagegen forderte 1790 ungeduldig Christian Garve auf, der Welt zu zeigen, »daß die Deutschen so gut wie andre Nationen wissen, was eine Gesellschaft, ein Volk, ein Regent, ein Gesetz, ein Recht, was Sklaverei, und was Freiheit ist.«[46]

## IV

War der Ausbruch der Revolution in Frankreich für das deutsche politisch interessierte Publikum ein außerordentliches, aufregendes und beunruhigendes, bestätigendes und verunsicherndes Ereignis, das den Blick auch auf die deutschen Verhältnisse zurücklenkte, so mußte der Fortgang des revolutionären Prozesses sie vor fast unlösbare Urteilsprobleme stellen. Wie ließen sich die hohen Erwartungen, die man zunächst an sie geknüpft hatte, angesichts der Radikalisierung der Revolution, ihrer Gewalttätigkeiten und ihrer militärischen Expansion aufrechterhalten und wie der revolutionäre Prozeß als notwendig, als Fortschritt, als Werk der Vernunft rechtfertigen? Diese Frage verschärfte sich mit dem räumlichen Näherrücken der Revolution und der Reaktion deutscher Regierungen. Den deutschen Gebildeten, die weithin den politischen Zielen und Errungenschaften der ersten Phase der Revolution mit humanitärer Begeisterung und Fortschrittsidealismus zugestimmt hatten, drängten sich die Antinomien moderner Politik auf – und zwar nicht als Handelnden, sondern als Beobachtenden. Als Georg Forster im Frühsommer 1790 nach Lüttich kam und dort einen unerwartet hohen Grad der Politisierung in allen Bevölkerungsschichten feststellte, billigte er einerseits die Empörung gegen die Obrigkeit als Folge von Mißhandlung, fürchtete aber andererseits die Aktion des »Pöbels«. Er erkannte, daß in der Welt sich »nichts so zuträgt, wie es sich nach der a priori entworfenen Vernunftsregel zutragen sollte.«[47] »Der wütigste Demokrat und der eigenmächtigste Despot führen heutigen Tages nur Eine Sprache; Beide sprechen von der Erhaltung und Rettung des Staats, von Recht und Gesetz; Beide berufen sich auf heilige, unverletzbare Verträge [...] Mich dünkt, etwas Wahres und etwas Falsches liegt auf beiden Seiten zum Grunde; Beide haben Recht und Unrecht zugleich. Ein Staat kann nicht bestehen, wenn jeder sich Recht schaffen will. Ganz richtig: aber nicht minder richtig ist auch der Gegensatz der demokratischen Partei: ein Staat kann nicht bestehen, wenn kein Geringer Recht bekommt. Gegen den Landesherrn sich auflehnen, ist Empörung; die Herrschermacht mißbrauchen, ist unter allen Verbrechen das schwärzeste, da es in seinen Folgen dem Staate tödlich und gleichwohl selten ausdrücklich verpönt ist [...] Jeder unruhige Kopf kann die verletzten Rechte des Bürgers zum Vorwande nehmen, um einen Aufstand zu erregen und seine ehrgeizigen Absichten durchzusetzen; jeder Despot kann aber auch, unter der Larve der Wachsamkeit für die Erhaltung des Staats, die gegründeten Beschwerden des Volks von sich abweisen, und dessen gerechtestes Bestreben seine Vorrechte zu erhalten oder wieder zu erlangen, als einen Hochverrat oder einen Aufruhr ahnden [...].[48] Skeptisch sah Forster kommenden Kämpfen entgegen: »Von den Furien des Ehrgeizes und der Selbstsucht gegeißelt« werden beide »Parteien« gegeneinander angehen, bis »Bürgerblut« geflossen ist.[49]

Forster erkannte, als er dann Brüssel besuchte, noch etwas anderes: daß das, was politische Revolution hervorbringt, »gänzlich unabhängig von dem jedesmaligen Grade der Einsicht des revoltierenden Volkes« sei. Revolutionen brechen aus, wenn die Leidenschaften aufgeregt sind, und sie haben nur dann Bestand, wenn sie Folge tyrannischer Unterdrückung sind, also eine materielle Veranlassung haben, nicht aber, wenn herrschsüchtige Menschen das Volk mit Täuschungen aufgewiegelt haben.[50] Der so schrieb, hat sich erst nach der Besetzung von Mainz durch die französische Revolutionsarmee zu den jakobinischen Zielen bekannt und dann auch die Gewaltsamkeiten der Revolution in Frankreich gerechtfertigt; aber schon, als er die »Ansichten« niederschrieb, dachte er politischer und realistischer als die meisten deutschen Gebildeten. Vor allem begann er zu begreifen, daß ihrer aller Standpunkt »überhaupt für die Politik des Tages viel zu hoch« gewesen war. »Wir übersahen dort zu viel, unser Horizont hatte sich zu sehr erweitert und die kleineren, näheren Gegenstände entzogen sich unseren Blicken. Hier unten ist von allem, was uns dort so klar, so hellglänzend vor Augen schwebte, von den Rechten der Menschheit, der Entwicklung der Geisteskräfte, der sittlichen Vollendung, vor lauter Gewühl der Menschen und ihrer kleinen, eigennützigen Betriebsamkeit wenig oder gar nichts mehr zu sehen.«[51]

Die Mehrzahl der deutschen Gebildeten indes kam nicht so eng wie Forster in Berührung mit revolutionärer Unruhe. Sie hielten an der ihnen gewohnten ideenpolitischen Betrachtungsweise fest und auch an der Überzeugung, daß Deutschland eine politische Revolution weder brauche noch ertrage, daß es ein Land der geistigen, nicht der politischen Revolution sei. Noch im September 1792 schrieb sogar Forster an Johann Müller: »Ich halte dafür, daß Deutschland noch lange nicht reif zu einer Änderung seiner Verfassung ist, und daß jeder unvorsichtige Versuch sie zu wege zu bringen Ahndung verdient.«[52] Diese – positiv oder negativ akzentuierte – Einschätzung der deutschen Situation hat auch das Urteil über den Fortgang der Revolution in Frankreich mitbestimmt, deren Dynamik irritierte und erschreckte. Versuchten die einen – so Kant –, Prinzip und weltgeschichtliche Bedeutung des Geschehens in Frankreich von seinem tatsächlichen Verlauf und seinen Begleiterscheinungen zu trennen, andere – so Schlözer – den erreichten Fortschritt gegenüber den Opfern, die er gekostet hatte, zu rechtfertigen, so glaubte Schiller zu erkennen, daß die Menschen, zumal die Franzosen, dem Versuch, sich in die »heiligen Menschenrechte« einzusetzen,[53] moralisch noch nicht gewachsen seien. Viele wandten sich – vor allem nach dem Sturz der Monarchie in Frankreich und der Hinrichtung Ludwigs XVI., unter dem Eindruck des Vorstoßes des Revolutionsheeres an den Rhein und der Jakobinerherrschaft in Paris – ganz von der Revolution ab. Solche, die sie immer abgelehnt hatten, sahen sich praktisch bestätigt; andere, die nach einer prinzipiellen Deutung des Geschehens verlangten – so Friedrich Gentz, Georg Brandes, August Wilhelm Rehberg – fanden in Edmund Burkes »Reflections« ihre Argumente.

Nur eine kleine Gruppe hat auch die jakobinische Phase der Revolution verteidigt und radikale Veränderungen in demokratischem Sinne auch in Deutschland für notwendig angesehen. Diese sogenannten »deutschen Jakobiner« haben in den letzten Jahren intensive Beachtung gefunden,[54] wobei die Geschichtswissenschaft der DDR voranging. Dabei ist allerdings durch einen oft unpräzisen Gebrauch des Jakobiner-Begriffs viel Verwirrung gestiftet worden. Die Jakobiner-Forschung mit ihrer berechtigten Kritik an einer Geschichtsschreibung, die die radikalen Kräfte in Deutschland lange verharmloste oder nicht einmal erwähnte, läßt nicht selten den Blick für historische Dimensionen vermissen – nicht zuletzt infolge unzureichender Kenntnis der deutschen Situation vor 1789/92, in der es durchaus radikale Forderungen und Erwartungen gab, die nicht erst aus Frankreich übernommen waren und nicht als »jakobinisch« bezeichnet werden sollten. So wenig wie im übrigen die Zustimmung zur Revolution in Frankreich immer auch ein Bekenntnis zur Revolution als politisches Mittel bedeutete, so wenig lassen radikale Forderungen auf die Bereitschaft zu revolutionärem Handeln schließen. In manchen Fällen war verbaler Radikalismus Ersatz für entsprechendes Tun.

Hier bleibt festzustellen, daß viele der deutschen Gebildeten, die den Ausbruch der Revolution begrüßt hatten, eine doppelte Enttäuschung erlebten: Über die *dérapage* der als Triumph der Aufklärung idealisierten Revolution in Frankreich – und über Stillstand und Reaktion in Deutschland, über das Ausbleiben weiterer politischer Reformen, für die die Revolution im Nachbarland sozusagen Maßstäbe gesetzt und Impulse gegeben hatte. Diese deprimierende Erfahrung wurde überlagert von der resignierenden oder empörten Ablehnung einer Revolution, die zu Terror und Krieg führte. Damit aber gerieten viele, mehr als sie es wollten, in die antirevolutionäre Frontstellung der konservativen Kräfte hinein, die sich gegen Aufklärung und liberale politische Forderungen wandten und selbst das Stück Modernisierung, das schon geleistet war, rückgängig zu machen versuchten. Daß in dieser Situation weder eine wirksame nationale Abwehrfront gegen die Expansion des revolutionären Frankreich zustande kam, noch die innere Reformbewegung verstärkt weitergeführt wurde, hat jene tiefe politische Bewußtseins- und Systemkrise eintreten lassen, die durch die napoleonische Intervention auf die Spitze und zu einer Lösung getrieben wurde, welche alte Probleme nur zum Teil erledigte, aber viele neue schuf.

# *Heinrich von Kleist und die Krise des Preußischen Staates um 1800*

> ... und meine Vernunft bekräftigt, was mein Herz sagt, und krönt es mit der Wahrheit, daß es wenigstens weise und ratsam sei, in dieser wandelbaren Zeit so wenig wie möglich an die Ordnung der Dinge zu knüpfen.
>
> An Ch. E. Martini, 18./19.3.1799

Titel wie dieser haben in ihrer Unverbindlichkeit etwas Ärgerliches. Sie konstatieren zwischen einer Person, ihrer Zeit und ihrer politisch-gesellschaftlichen Umgebung einen Zusammenhang, der ohne nähere Qualifizierung trivial erscheint. Auch die durch den Begriff der Krise möglicherweise ausgelöste Vermutung, es solle eine kausale Verbindung zwischen dem unglücklichen Leben Kleists und dem politischen Schicksal Preußens in seiner Zeit nachgewiesen werden, ist geeignet, Skepsis hervorzurufen. Sind doch alle Versuche, den Dichter – angeblich ohne Welt und Gesellschaft, ohne Entwicklung und ohne Realitätsbezug, den Dichter des absoluten Ich – von dem Geschehen seiner Zeit her zu erklären, im Vordergründigen steckengeblieben und gescheitert. Hier soll es gar nicht um Erklärungen des Lebens und Werkes Heinrich von Kleists gehen, sondern mit Bezug auf ihn und von ihm her von Preußen und von der Zeit um 1800 die Rede sein. Dabei wird zum einen angenommen, daß Zeitgenossenschaft ein komplexes, vielschichtiges und weitgehend indirekt vermitteltes Verhältnis ist, das die Menschen auch dann prägt, wenn sie sich dessen nicht bewußt sind oder sich ihm bewußt zu entziehen versuchen. Eine zweite Annahme bezieht sich auf Kleists Verhältnis zu Preußen. Daß es ebenso prägend wie verhängnisvoll war, lag ebenso an Kleist selbst wie an Preußen, zu dessen geschichtlicher Wirklichkeit es gehörte, daß es starke soziale Formkraft entwickelte, hohe Erwartungen weckte, bittere Enttäuschungen erzeugte und rücksichtslose Vernutzung von Menschen praktizierte.

## I

Am 4. April 1799 erhält der Seconde-Leutnant der Garde zu Fuß in Potsdam Bernd Heinrich Wilhelm von Kleist durch königliche Kabinettsordre den erbetenen Abschied aus dem Militärdienst.[1] Ihr folgt neun Tage später eine weitere Ordre, in der Friedrich Wilhelm III. sich einverstanden erklärt, daß der Verabschiedete sich »den Studien widmet«. Wenn er sich eifrig bestrebe, seine »Kenntnisse zu erweitern« und sich »zu einem besonders brauchbaren Geschäftsmanne zu bilden«, so werde der König auch später Gelegenheit haben, sich ihm gnädig und geneigt zu erweisen.[2] Am 17. April fertigt Kleist einen Revers aus, wonach er ohne königlichen Konsens nicht in auswärtigen Kriegs- oder Zivildienst eintreten, noch um Wiedereintritt in den preußischen Militärdienst nachsuchen werde; wohl aber sei ihm vorbehalten, nach Beendigung der Studien »dem Könige und dem Vaterlande im Zivilstande zu dienen«.[3]

Der so schrieb, war bereits seit einigen Tagen an der Universität Frankfurt/Oder immatrikuliert,[4] wo er dann drei Semester Physik, Mathematik, Latein, Kulturgeschichte und Naturrecht studierte. Vorausgegangen waren sieben Jahre Dienst in der preußischen Armee mit Teilnahme am Feldzug 1793–1795 gegen die französischen Revolutionsarmeen am Rhein, aber auch mit dem Garnisonsleben eines Fähnrichs und Offiziers, das Zeit zu Reisen, Lektüre, Musizieren, mathematischen Studien an der Potsdamer Stadtschule und Vorbereitung auf die Zulassung zur Universität ließ. Vermutlich wäre auch eine längere Beurlaubung zu Studienzwecken möglich, der Abschied deshalb nicht nötig gewesen.

Bedeutete das Verlassen der vorgezeichneten militärischen Karriere zweifellos eine entscheidende Weichenstellung im individuellen Lebensweg des vermögenslosen adeligen Offizierssohnes, so stellte es in der preußischen Armee am Ende des 18. Jahrhunderts doch keinen Ausnahmefall dar. Daß Offiziere vorzeitig den Dienst quittierten, um sich der Bewirtschaftung ihrer Güter zu widmen, kam häufig vor; hatte Friedrich II. auf entsprechende Gesuche noch in seinen letzten Lebensjahren erbost reagiert, so taten es seine Nachfolger nicht mehr. Auch die Bevorzugung des Zivildienstes und deshalb die Entscheidung für eine akademische Ausbildung war bei jungen Adeligen keineswegs mehr selten – man denke nur an Wilhelm und Alexander von Humboldt. Es stellt sich jedoch die Frage, ob das vermehrte Auftreten solcher Fälle nicht als ein Symptom der Krise gewertet werden muß, in der sich das friderizianische Preußen am Ende des 18. Jahrhunderts befand – einer Krise, deren Tiefe nur wenige ahnten, ehe sie durch den Zusammenbruch von 1806 dramatisch offenbar wurde. Und wenn es so ist, dürfen dann nicht auch die Gründe Kleists für sein Verlassen des Militärdienstes über seinen individuellen Fall hinaus Aufmerksamkeit beanspruchen: als Ergebnis subjektiver Erfahrung der objektiven Krise des Zeitalters und des politisch-gesellschaftlichen Systems?

In dem großen Brief vom 18. und 19. März 1799, in dem Kleist seinem Ratgeber und einstigen Lehrer Christian Ernst Martini »eine möglichst vollständige Darstellung« seiner »Denk- und Empfindungsweise« geben will und seinen »neuen Lebensplan« entwickelt,[5] nennt er als unmittelbarsten und allgemeinsten Grund für seinen Entschluß, den Abschied zu nehmen, den

»Wunsch, glücklich zu sein«. Er glaubt, das Glück als Lohn der Tugend allein durch Arbeit an seiner eigenen Bildung erlangen zu können, zumindest aber behaupten zu dürfen, daß er, wenn es ihm gelinge, bei »möglichst vollkommener Ausbildung« seiner geistigen und körperlichen Kräfte die Tugenden des Edelmuts, der Standhaftigkeit, Bescheidenheit, Genügsamkeit und Menschenliebe fest in sich zu gründen, »niemals unglücklich werde«. Dieses Ziel aber, davon ist er nach sieben verlorenen »kostbaren Jahren« überzeugt, könne er »im Soldatenstand« nicht erreichen. Denn dieser trage etwas mit seinem, Kleists, Wesen »durchaus Ungleichartiges« in sich und sei ihm deshalb verhaßt geworden. »Die größten Wunder militärischer Disziplin, die der Gegenstand des Erstaunens aller Kenner waren«, schreibt der Gardeleutnant, »wurden der Gegenstand meiner herzlichsten Verachtung; die Offiziere hielt ich für so viele Exerziermeister, die Soldaten für so viele Sklaven, und wenn das ganze Regiment seine Künste machte, schien es mir als ein lebendiges Monument der Tyrannei.« Ihm sei zweifelhaft geworden, ob er im Dienst als Mensch oder Offizier handeln müsse; die Pflichten beider zu vereinen, lasse der derzeitige Zustand der Armeen nicht zu. Deshalb mache ihm die Pflicht der eigenen »moralischen Ausbildung« das Verlassen des Soldatenstandes zur Notwendigkeit.

Nichts an dieser Lebensphilosophie war am Ende des 18. Jahrhunderts in Preußen singulär; auch Kleists kritisches Urteil über den »jetzigen Zustand der Armeen« stand keineswegs allein. Außerordentlich erscheint allenfalls der Rigorismus, mit dem der angestrebten persönlichen moralischen und intellektuellen Bildung ein absoluter Vorrang eingeräumt und die Kluft zwischen den institutionellen Zwängen eines Berufs und dem subjektiven Glücksverlangen für unüberbrückbar gehalten wird. Obwohl Kleist von sich und seiner eigenen Erfahrung spricht, artikuliert er in Schärfe das unter preußischen Gebildeten um sich greifende Bewußtsein einer tiefen Diskrepanz zwischen dem militärisch-politisch-sozialen System des späten friderizianischen Absolutismus und dem aufgeklärt-idealistischen Individualismus der deutschen Bildungsbewegung. Kleist klagt nicht darüber; er setzt auch keine Hoffnung auf künftige allgemeine Überwindung dieses Zwiespalts, sondern nimmt für sich das Recht in Anspruch, sich ihm um des eigenen Glücks willen zu entziehen. Das entspreche der moralischen Notwendigkeit wie der Vernunft, deren Herrschaft allein der freie Mann unterworfen sei. Der Staat könne nur die Beachtung der Zehn Gebote fordern und Leben, Ehre und Eigentum garantieren; die Vernunft hingegen gebiete Tugend und sichere das innere Glück des Menschen.

Kleist hätte Wilhelm von Humboldt zustimmen können, der 1792 in seinen ›Ideen zu einem Versuch, die Grenzen der Wirksamkeit des Staats zu bestimmen‹ erklärt hatte, es müsse »die freieste, so wenig als möglich schon auf die bürgerlichen Verhältnisse gerichtete Bildung des Menschen überall vorangehen«; wenn der so Gebildete sich in den Dienst des Staates begebe, müsse sich dessen Verfassung gleichsam an ihm erproben.[6] Kleist, der den späteren Eintritt in eine »Bedienung« offen ließ, hoffte, es werde ihm leichter fallen, sich »für das Besondere eines Amtes zu bilden«, wenn er zuvor sich »für das Allgemeine, für das Leben gebildet« habe.[7] Wie Humboldt, nur naiver und ichbezogener, glaubte er, daß der Staat dabei gewinne.

Für solche Bildungsvorstellung aber war der preußische Staat im Jahre 1799 ebenso wenig aufnahmefähig wie für den individuellen »Lebensplan« Kleists – und die tatsächliche Planlosigkeit seines Lebens –, für seine radikale subjektive Ernstnahme der Vernunft – und seine Unfähigkeit, Realität zu be- und ergreifen. Allerdings hätte auch ein anderer Staat dieser Zeit es nicht vermocht. Spricht doch viel dafür, daß Kleist in keinem sozialen und politischen System das gefunden hätte, wonach er strebte. Aber diese Annahme bleibt als Erklärung unbefriedigend. Zweifellos waren die Schärfe von Kleists Erfahrung, mit seiner Zeit und Umgebung nicht übereinzustimmen, und das Ausmaß seines Scheiterns an den Umständen des Lebens einzigartig. Aber an seiner Erfahrung und seinem Scheitern war doch so viel Zeitspezifisches, daß man geneigt ist zu sagen, an Kleists Schicksal seien die Spannungen und Konflikte, die Hoffnungen und Enttäuschungen, das Zerbrechen älterer Sicherheiten und die nicht oder nur schmerzhaft gelingende Suche vieler Angehöriger der Generation Kleists nach neuer Lebensorientierung geradezu idealtypisch abzulesen. Darüber hinaus besteht Anlaß für die Vermutung, daß Sinn- und Lebenskrisen, wie Kleist sie erlebte, sich im damaligen Preußen besonders heftig äußern konnten.

Kleist ist sich der geschichtlichen Dimension seiner Erfahrung bewußt gewesen. Seine Aussagen über die Unruhe und das Unheil seiner Zeit entsprangen nicht dem Bemühen, eigene Fehlschläge allgemeinen Umständen anzulasten; sie beweisen, wie sensibel er die Krisenhaftigkeit seiner Zeit empfand und wie tapfer er in ihr standzuhalten versuchte. Manche Unterstützung und Hilfe annehmend, aber unfähig, sich mit den Umständen zu arrangieren und Zugeständnisse zu machen; Unbedingtes wollend und deshalb an den Bedingtheiten des Lebens scheiternd; im praktischen Leben ein Versager, aber nicht aus Schwäche; als Dichter Ungeheuerliches wagend, aber nicht aus Stärke; extrem auf sich selber bezogen, hat er zwar oft nicht die Wirklichkeit seiner Zeit gesehen, aber ihre Wahrheit verspürt und gewußt, wie sehr seine eigene Existenz durch sie bestimmt war – auch und gerade dort, wo er sie von der bestehenden »Ordnung der Dinge« abzukoppeln entschlossen war.

Das gilt schon für seine erste große Lebensentscheidung gegen den fremdbestimmten Militärdienst, für das selbstgesetzte Ziel »moralischer Ausbildung«, die ganz aus eigenem Entschluß hervorging. Nicht sein Herz allein sage ihm, daß er recht damit tue, sondern auch die Vernunft bestätige, »daß es wenigstens weise und ratsam sei, in dieser wandelbaren Zeit so wenig wie möglich an die Ordnung der Dinge zu knüpfen«.[8] Weil eine solche Verknüpfung ihn daran hindern würde, künftige Möglichkeiten zu ergreifen? Weil die bestehende »Ordnung der Dinge« nicht mehr verläßlich war, und eine neue sich noch nicht abzeichnete? Kleist war es darum zu tun, sich freizuhalten für eine Zukunft, in der Menschen gebraucht würden, die ihre Fähigkeiten und ihren Charakter voll ausgebildet haben. Daß diese Erwartung ihre Erfüllung in Preußen suchen müsse, war für den jungen Kleist ein selbstverständlicher Gedanke.[9]

## II

An dieser Stelle ist ein Blick auf die äußere und innere Lage Preußens im Ausgang des 18. Jahrhunderts angebracht.[10] Während der Regierung Friedrichs des Großen und vor allem durch ihn hatte dieser Staat seit 1740 zunehmend die Aufmerksamkeit Europas auf sich gezogen. Auf Grund seiner militärischen Stärke war er zu einer Großmacht geworden; sein Herrschafts- und Verwaltungssystem galt als Beispiel für staatliche Effizienz und Rationalität. Retablissement, Wirtschaftsförderung und Justizreformen nach dem Ende des Siebenjährigen Krieges hatten seinem Ruf, ein aufgeklärt regiertes Land zu sein, in dem religiöse Toleranz und relative Meinungsfreiheit herrschten, gerechte Justiz geübt werde und die Beamten unter strenger Aufsicht stünden, weiter gefestigt. Der Stolz auf kriegerischen Erfolg, auf den Ruhm des Königs und die Achtung des Auslandes, aber auch das Bedürfnis nach einer Sinngebung der übersteigerten Anforderungen des Staates an die Bevölkerung hatten einen preußischen Staatspatriotismus entstehen lassen, der u. a. bei Gleim und Thomas Abbt Ausdruck fand, indes auch tief ins Volk hineinreichen konnte. Für die Gebildeten trat bestätigend die Überzeugung hinzu, in einem Lande zu leben, in dem Aufklärung allgemeiner verbreitet sei und größere Förderung erfahre als andernorts. Wenn Kant 1784 in seiner berühmten »Beantwortung der Frage: Was ist Aufklärung?« seine Zeit, die noch nicht aufgeklärt, aber doch auf dem Wege dahin sei, das »Jahrhundert Friedrichs« nannte,[11] so durfte er breiter Zustimmung sicher sein. Nun allerdings schon vermengt mit Ungeduld.

Machten sich doch in den letzten Regierungsjahren Friedrichs zunehmende Starrheit, Menschenverachtung und rechthaberisches Festhalten am persönlichen Regiment »aus dem Kabinett« lähmend bemerkbar. Die absolute Monarchie war in Preußen an Grenzen angelangt, die sie zu überschreiten nicht gewillt, allerdings auch nicht in der Lage war, ohne sich selber zu widerlegen. Daß dieser Absolutismus sich als ein aufgeklärter darstellte und als solcher hohe Erwartungen auf sich zog, hatte die ambivalente Folge, daß einerseits die Monarchie ihr Ansehen noch einmal mehren konnte, andererseits die Schranken ihrer Reformbereitschaft um so stärker empfunden wurden. Und das um so mehr, als Joseph II. in Österreich nach 1780 eine konsequente, sich allerdings bald überschlagende und weithin scheiternde Reformgesetzgebung vorantrieb, während in Preußen der angestrengte Alltag einer Politik der nüchternen Staatsräson, des strengen Fiskalismus und des sozialen Militarismus herrschte. Die Aufklärungsdiskussion ging weiter und erreichte nun erst volle publizistische Breite und Intensität. Zugleich aber verlor die praktische Reformarbeit Glanz und Verve. Außenpolitisch hatte Preußen seine Isolierung am Ende des Siebenjährigen Kriegs durch die mehr aufgenötigte als erwünschte Zusammenarbeit mit Rußland partiell überwinden können und – unter Beteiligung Österreichs – durch die erste polnische Teilung beträchtlichen und strategisch wichtigen Ländergewinn erzielt, dabei jedoch alle Grundsätze aufgeklärter Politik diskreditiert. Der Bayerische Erbfolgekrieg war lustlos begonnen und ohne Ruhm beendet worden. Der Fürstenbund von 1785 stellte zwar Preußen an die Spitze der meisten, auch katholischen und geistlichen Reichsstände und ließ Friedrich als Verteidiger der Reichsverfassung erscheinen. Diese Konstellation aber hatte nur vorübergehende propagandistische, für die preußische Politik fast keine Bedeutung.

Als der König 1786 starb, war sein Herrschaftssystem alt geworden und erstarrt. Je mehr der Elan der ersten Regierungsjahrzehnte in den Nöten des Siebenjährigen Kriegs untergegangen, der Ruhm der militärischen Erfolge verblaßt und die Reputation Preußens, der am modernsten verwaltete Staat Europas zu sein, staubig geworden waren, um so stärker trat die harte Machtstruktur dieses Staates wieder in den Blick. Wielands maliziöses Wort: »König Friedrich ist ein großer Mann, aber vor dem Glück, unter seinem Stock, sive Szepter zu leben, bewahre uns der liebe Hergott«,[12] indiziert – obwohl von außen gesprochen – einen Zwiespalt der preußischen Militärmonarchie, den sie nicht zu überwinden in der Lage war. 1786 war das friderizianische Regierungssystem, gemessen an den Erwartungen, die es geweckt hatte, bereits überholt, während andererseits die preußische Gesellschaft die Struktur und politische Mentalität einer Staatsbürgergesellschaft, wie sie die aufgeklärte Bürokratie anstrebte, noch gar nicht erreicht hatte.

Die folgenden zwei Jahrzehnte bis zum blamablen, vollständigen militärischen und politischen Zusammenbruch von 1806 gehören zu den verwirrendsten und am schwersten zu deutenden der preußischen Geschichte. Trotz der erfolgreichen Intervention in Holland 1787, trotz des Anfalls Ansbach-Bayreuths (1791), trotz des Friedens von Basel (1795) und der Erreichung der Neutralisierung Norddeutschlands, trotz der riesigen kampflosen Gebietserwerbungen durch die zweite und dritte Teilung Polens und der Gewinne aus der Säkularisation war Preußen in dieser Zeit ein weitgehend passives Element in der großen europäischen Politik: zunehmend mehr reagierend als selbständig handelnd, sich über die Handlungsfreiheit seiner Politik täuschend und seine tatsächlichen Stärken falsch einschätzend – auch seine militärische Stärke, die doch noch immer die wesentliche Voraussetzung seiner Großmachtrolle war![13] Schon die niederländische Aktion hatte Schwächen sichtbar werden lassen, die Teilmobilmachung gegen Österreich 1789 viel Geld gekostet, der Rheinfeldzug 1792–1794, an dem Kleist teilnahm, große Verluste, gewaltige Kosten und gegenüber den französischen Revolutionsarmeen wenig Ruhm eingetragen. Mochte hier die Schuld der schlechten Zusammenarbeit mit den Österreichern gegeben werden können, so ließen die Schlappen gegenüber den polnischen Aufständischen unter Kosciuszko gravierende Mängel der Armee erkennen. Zugleich wurden bei der Einverleibung der polnischen Teilungsgebiete bedenkliche Korruption und Habgier der Beamten sichtbar. Es wirkte sich aus, daß am »persönlichen Regiment« des Königs festgehalten wurde, obwohl der Nachfolger Friedrichs zu träge, unstet und indolent war, dieser Aufgabe gerecht zu werden. In seiner Umgebung breiteten sich Mätressen- und Günstlingswirtschaft, rosenkreuzerischer Irrationalismus und administrativer Immobilismus aus. Als der frische Wind, der zu Beginn der Regierung Friedrich Wilhelms II. zu wehen und das erstarrte friderizianische System wieder in Bewegung zu bringen schien, abgeflaut war, wurden deutliche Desintegrationserscheinungen sichtbar. Der völlig auf die Leitung von oben eingestellte preußische Staat trat in die allgemeine politische Krise, die in der Französischen Revolution ihren bedeutendsten, aber nicht den einzigen Ausdruck fand, ohne entschlossene Führung und ohne die sozialen Kräfte ein, die in der Lage waren, Reformen gegen eine passive und richtungslose Regierung durchzudrücken. Dazu waren auch die hohe Bürokratie und die militärische Führung unfähig, obwohl ihre Stellung sich infolge der Schwäche des Königs damals noch verstärkte. Abhängig von königlicher Weisung, vermochten sie das System nicht zu ändern. Hinzu kam, daß reaktionäre Tendenzen in der Regierung an Bedeutung gewannen. Schon das Woellnersche Religionsedikt von 1788, das in seinem ersten Teil immerhin ein Toleranzgesetz war, in seinem zweiten jedoch, in bewußtem Gegenschlag zur Aufklärung, die lutherische Landeskirche an die reformatorischen Bekenntnisschriften zurückbinden wollte und infolge seiner orthodoxen Durchführung bald bei den Gebildeten noch über seine tatsächliche Wirkung hinaus verhaßt war, hatte eine Tendenzwende angekündigt. Als das lange vorbereitete »Allgemeine Landrecht der preußischen Staaten«, eine großartige Leistung aufgeklärter Rechtswissenschaft, 1794 in Kraft gesetzt wurde, nahm ihm die Beibehaltung des königlichen Machtspruches ein ganz wesentliches Element seiner politischen Bedeutung; ein Jahrzehnt später wurde es durch den »Code Napoléon«, der in ehemaligen preußischen Westgebieten eingeführt wurde, ideell und politisch überholt. Daß 1791 die Zensur allgemein verschärft wurde, gehört zu dieser Wende.

Zugleich – auch das gehört zum widersprüchlichen Bild der Zeit – gewannen schon vor der rechtlichen Emanzipation die wohlhabenden jüdischen Familien in Berlin an gesellschaftlicher Bedeutung; auch das künstlerische und musikalische Leben nahm einen beachtlichen Aufschwung, der durch Namen wie Langhans und Schadow, Fasch, Zelter und Iffland angedeutet wird. Die Attraktivität Preußens, speziell Berlins, für Ausländer war in diesen Jahren stärker als in der Spätzeit Friedrichs.

Bei der sozialgeschichtlichen Analyse muß jedoch weiter ausgegriffen und auf eine Reihe von grundlegenden Entwicklungen hingewiesen werden, so auf den wachsenden Bevölkerungsdruck, das Knappwerden anbaufähigen Bodens, die steigenden Agrarpreise. Im ostdeutschen Gutswirtschaftsbereich profitierten davon die Grundherren, während sich die bäuerliche Bevölkerung höheren Lebensmittelpreisen und strengeren herrschaftlichen Dienstleistungsforderungen ausgesetzt sah. In den Städten stieg die Not derart, daß Ende des Jahres 1800 in Berlin an die ärmere Bevölkerung Bezugskarten für billiges Brot ausgegeben werden mußten. Kein Zweifel, daß »die Masse der Lohnempfänger in den Städten am Rande des physischen Existenzminimums« lebte;[14] zu Anfang des neuen Jahrhunderts verschlechterte sich ihre Lage in Jahren schlechter Ernten noch weiter. Hinzu kam nun der Beginn einer Absatz- und Kreditkrise mit zunehmender Verschuldung der Landwirtschaft schon vor der Kontinentalsperre von 1806. Unter diesem Druck, infolge der preußischen Niederlage und der zeitweiligen französischen Besatzung wuchs sich dieser Rückgang zu einer schweren allgemeinen Agrarkrise aus. Das Jahrhundert begann mit einer sich verschärfenden »malthusianischen Situation« und mit zunehmender Massenarmut.

Wie reagierte das politische System auf diese Krise? Da in der absoluten Monarchie der Herrscherwechsel die praktisch größte Chance für einen Wandel des Regierungssystems oder doch des Regierungsstils bot, setzte man in Preußen große Hoffnungen auf den Regierungsantritt Friedrich Wilhelms III. 1798. Dabei aber täuschte man sich sowohl in der Person des Königs als auch in der Veränderungsfähigkeit des damaligen Preußen aus eigenen Voraussetzungen heraus. Der neue Monarch war sparsam, sittenstreng, friedliebend, ein Mann eher bürgerlichen Geschmacks, aber voll überzeugt von seiner Herrscherwürde, dazu entscheidungsschwach, unselbständig, gleichwohl zunehmend rechthaberisch und störrisch, ohne Phantasie, prosaisch und pedantisch. Änderte sich der Stil der Regierung tatsächlich in vielem, so doch nicht ihr System; dazu besaß Friedrich Wilhelm nicht den Willen und das Format, allerdings auch nicht zu einem wirklich ausgeübten »persönlichen Regiment«. So dauerte die Führungskrise Preußens an, ja sie verschärfte sich in den folgenden Jahren noch, als Napoleon immer tiefer in die deutschen Verhältnisse eingriff und Preußen zunehmend isolierte, als vielfältige Reformansätze ihr Ziel nicht erreichten und dadurch ein merkwürdig suspendierter Zustand der Unsicherheit und der Irritation, auch der wachsenden Kritik entstand. Kommissionen zur Überprüfung und Ausarbeitung von Vorschlägen für die Reform des Militär- und Finanzwesens wurden eingesetzt, Reorganisationsmaßnahmen für die Provinzialbehörden eingeleitet und für die Zentrale vorgeschlagen; auf den Domänen wurde die Bauernbefreiung durchgeführt. Mit Recht hat man von einer »Vorreform« gesprochen. Wie stark das Bewußtsein war, in eine Phase notwendiger sozialer Modernisierung eingetreten zu sein, drückte der Minister Struensee 1799 dem französischen Geschäftsträger in Berlin gegenüber mit folgenden Worten aus: »Die heilsame Revolution, die ihr von unten nach oben gemacht habt, wird sich in Preußen langsam von oben nach unten vollziehen. Der König ist Demokrat auf seine Weise: er arbeitet unablässig an der Beschränkung der Adelsprivilegien und wird darin den Plan Josephs II. verfolgen, nur mit langsameren Mitteln. In wenig Jahren wird es in Preußen keine privilegierte Klasse mehr geben.«[15] Aber schon die fiskalisch notwendige Heranziehung des Adels zur Grundsteuer scheiterte, ebenso die Aufhebung des Zunftzwangs und der scharfen steuerpolitischen Trennung von Stadt und Land; die Befreiung der Privatbauern kam gegen den Widerstand des Adels, z.T. auch innerhalb der Behörden, nicht voran. Der König besaß nicht den Mut, schärfer durchzugreifen, obwohl er die Schwächen des preußischen Systems erkannte. Unter dem Eindruck dieser Einsicht verstärkten sich bei ihm die Neigung zum Hinauszögern von Entscheidungen und das Bemühen, um jeden Preis den Frieden zu erhalten. Manchen älteren Generälen und hohen Beamten aber war nicht einmal die Reformbedürftigkeit Preußens bewußt. Noch 1806, als alle Welt die Siege Napoleons bewunderte, behauptete Kleists ehemaliger Regimentskommandeur, der General von Rüchel: »Die Armee ist trotz allem, was da arriviert ist, unverbesserlich immer noch die erste der Welt!«[16]

Ganz ohne Anlaß waren solche Fehleinschätzungen der Situation Preußens allerdings nicht. Seit dem Frieden von Basel 1795 hatte sich dieser Staat aus den Koalitionskriegen gegen Napoleon herausgehalten und bis 1803 die Neutralität Norddeutschlands garantiert; die preußische Verwaltung hatte sich bei der Übernahme großer Gebiete aus den polnischen Teilungen und aus der Säkularisation des Reiches als im wesentlichen leistungsfähig erwiesen. Nie zuvor konnte Preußen sich so eindeutig als die norddeutsche Vormacht fühlen. Als jedoch 1803 Napoleon Hannover besetzen ließ, wurde Preußen widerstandslos zum Objekt der französischen Politik, ohne den Willen, sich aus dieser wenig ehrenvollen Lage zu befreien.

Kurz vor Kriegsausbruch 1806 fügte der Minister Karl Reichsfreiherr vom Stein seiner ersten großen Reformdenkschrift die hellsichtige, tief pessimistische Nachschrift hinzu: »Sollten des Königs Majestät die vorgeschlagene Veränderung der Regierungsverfassung nicht beschließen, sollten sie fortfahren, unter dem Einfluß des Kabinetts zu handeln, so ist es zu erwarten, daß der Staat (den er regiert) entweder sich auflöst, oder seine Unabhängigkeit verliert, und daß die Liebe und Achtung seiner Untertanen ganz verschwindet.«[17] Stein hatte dabei nicht einmal den Krieg und die mögliche Niederlage vor Augen, sondern den inneren Zustand des Staates – allerdings unter den Bedingungen der äußeren Situation. Die Katastrophe von der Doppelschlacht bei Jena und Auerstedt bis zum Diktatfrieden von Tilsit hat dann die innere Schwäche Preußens schockierend deutlich gemacht. Daß es in seinem Restbestand überhaupt bestehen blieb, verdankte es den Interessen Rußlands. Jedoch – dafür ist die Denkschrift Steins selber das beste Zeugnis – als Preußen zusammenbrach, standen in Verwaltung, Heer und unter den Gebildeten die Männer und Ideen für eine umfassende Reform schon bereit. Es kennzeichnet die Lage Preußens um 1800 als eine echte Krise, daß es in ihr Alternativen gab, die allerdings erst nach der Katastrophe als solche zur Wirkung kommen konnten.

In welcher Weise wurde Heinrich von Kleist von dem Geschehen und der Atmosphäre dieser Krisenjahre betroffen?

## III

Aus Kleists Bereitschaft von 1799, »in dieser wandelbaren Zeit so wenig wie möglich an die Ordnung der Dinge zu knüpfen«, darf nicht nur Krisenbewußtsein und Absage herausgelesen werden. Als er so schrieb, überwogen bei ihm Unbekümmertheit, Selbstvertrauen und die Überzeugung, die eigene intellektuelle und moralische Bildung diene gerade dann der Menschheit und der Gesellschaft, in der er lebte, wenn sie unabhängig von der bestehenden »Ordnung der Dinge« das Höchste erstrebe. Solcher egozentrische Optimismus und idealistische Subjektivismus war im Ausgang des 18. Jahrhunderts in Deutschland, auch in Berlin, wo die jüngere Generation gegen die dort lange herrschende rechthaberische Spätaufklärung rebellierte, nicht selten. Kleist nahm für sich die Freiheit in Anspruch, den selbstgewählten Weg der individuellen Vervollkommnung, dessen Ziel ihm unbezweifelbar sicher erschien, der nur scheinbaren Sicherheit einer vorgezeichneten und fremdbestimmten beruflichen Karriere vorzuziehen, um sich später selbständig für ein Amt entscheiden und in diesem nicht nur Werkzeug, sondern Handelnder sein zu können.

Verfolgt man seinen Weg von Krise zu Krise bis zur schließlichen Katastrophe, so treten nicht nur die ungeheuerliche Einseitigkeit und Konsequenz hervor, mit der er ihn beschritten hat; man erkennt auch die vielen möglichen und angebotenen Hilfen und Auffangnetze für den vom Absturz Bedrohten, der freilich weder willens noch fähig war, sie anzunehmen. Für einen Träger des Namens Kleist, für ein Mitglied des preußischen Militäradels, selbst wenn es aus dem Dienst ausgeschieden war, gab es in diesem Staate immer die hohe Sicherheit, eine Position, ein Amt zu erhalten, wenn es die erwarteten traditionellen Verhaltensstandards nicht vollkommen mißachtete. Es konnte noch immer damit rechnen, in eine Beamtenkarriere nicht ganz unten einsteigen zu müssen und schneller aufzusteigen als ein Bürgerlicher. Man darf auch nicht übersehen, daß Heinrich von Kleist durch familiäre Beziehungen und zahlreiche Kontakte mit einflußreichen Personen relativ leichten Zugang zu höchsten Kreisen in Preußen, zum Hof wie zur Regierung hatte oder hätte haben können – übrigens auch zu den Männern der Staatsreform seit 1807. Kleist ist sich dessen durchaus bewußt gewesen; wiederholt hat er sich auf die Kabinettsordre von 1799 berufen, in der ihm eine Verwendung im Staatsdienst für den Fall in Aussicht gestellt wurde, daß er sich zu einem »besonders brauchbaren Geschäftsmanne« ausgebildet habe. Ganz offensichtlich war es für ihn eine selbstverständliche Vorstellung, daß er ein »Amt« bekommen könne, wenn er darum bitte. Ein »Amt« ist aber auch die einzige Alternative für ihn geblieben, nachdem Wissenschaft als Beruf, Landwirtschaft als Lebensform und der Broterwerb durch die Feder aus jeweils unterschiedlichen Gründen gescheitert waren.

So exzeptionell sein Fall in vieler Hinsicht ist – die Ausgangssituation Heinrich von Kleists erscheint eher typisch für deutsche Gebildete am Ende des 18. Jahrhunderts. Als Erben der Aufklärung und Adepten des klassischen Bildungsidealismus strebten sie allseitige Entfaltung ihrer intellektuellen und moralischen Fähigkeiten an, um der Bestimmung des Menschen – der »Vervollkommnung ins unendliche«, wie Fichte 1794 formuliert hatte[18] – gerecht zu werden. Materielle Notwendigkeit aber zwang sie in die Beschränktheit von Beruf und Amt. Wo sonst wären für vermögenslose junge Bürgerliche, für die Söhne des besitzlosen Amts- und Militäradels und die nachgeborenen Söhne auch des grundbesitzenden Adels, wenn diese nicht in den Militärdienst eintraten, Nahrung, Ansehen und Wirkungsmöglichkeit zu finden gewesen? Die Zahl der ein Amt Erstrebenden aber überstieg am Ende des 18. Jahrhunderts in zunehmendem Maße diejenige der zu besetzenden Ämter auch im preußischen Verwaltungsstaat. Schon 1788 hieß es in der »Berlinischen Monatsschrift«: »Die Zahl der studierten und unstudierten jungen Leute, welche auf Civilbedienungen Anspruch machen, ist bei uns bekanntermaßen so groß, daß alle Kollegia damit überschwemmt sind. Vergleicht man diese Zahl mit der von den wirklichen Ämtern, und den selbst nach der größten Mortalität berechneten Vakanzen; so bleibt doch keine Hoffnung übrig, alle diese jungen Leute, oder auch nur den größten Theil derselben, auf eine Art versorgt zu sehn, die mit den vielen Aufopferungen, die ihre Vorbereitung kostet, in einigem Verhältnis stände.«[19] Kandidaten der Theologie warteten auf Pfarr- oder Lehrerstellen und überbrückten die Zeit als Hauslehrer; junge Juristen drängten auf die wenigen schlecht- oder unbezahlten Stellen als Auskultatoren; junge Offiziere standen in Friedenszeiten vor langsamem Avancement. Das alles bedeutete oft Not, langjährigen Verzicht auf Ehe und feste Wohnung, zumindest Anpassung. Das »travailler pour le roi de Prusse« war selten eine beglückende Praxis und hatte für eine aufbruchsbereite junge Generation geringe Werbekraft, zumal das Gefühl umging, daß eine den Aufgaben der Zeit entsprechende Bereitschaft zu einer neuen Politik beim Monarchen und seinen engsten Beratern nicht vorhanden sei.

Man kann Kleists Austritt aus dem Militärdienst, seine frühe Absage an ein Amt, seine späteren Versuche, ein solches zu erlangen, und seine erneuten Austritte aus der Vorbereitung dazu als ganz persönliches Geschick interpretieren und bezweifeln, ob er es überhaupt in einem Amt ausgehalten hätte. Seine Nicht-Fähigkeit zu einem Amte spiegelt jedoch auch, gleichsam in extremer Belichtung, das Verhältnis vieler junger Gebildeter zum Beruf im System der absoluten Monarchie. Zugleich läßt sich, wenn irgendwo, an der Frage des Amtes Kleists Verhältnis zu Preußen, seinem »Vaterlande«, ablesen. Als er Ende 1800 der Verlobten, der preußischen Generalstochter Wilhelmine von Zenge, seine Gründe darlegt, weshalb er »kein Amt nehmen« wolle, dürfe und könne, lehnt er es selbstsicher und noch voller Zukunftsvertrauen ab, »bloßes Werkzeug« für die »unbekannten Zwecke« des Staates zu sein. Er müsse nach »eigenem Zweck« handeln und würde, wenn der Staat anderes verlange, ihm nicht gehorchen dürfen. Daß er die Eigenschaften für ein Amt – Ordnung, Genauigkeit, Unverdrossenheit – nicht besitze, gestand er um so leichter ein, als ihm die eigene Bildung so unendlich viel wichtiger erschien; Amtstätigkeit würde ihn seine Bestimmung verfehlen lassen und unglücklich machen. Um seines Glückes willen, das er nur in der Bildung und in der Liebe finde, wolle er gern auf Ehren und Wohlstand, auf den Adel und auf gesellschaftlichen Erfolg verzichten, zumal er glaube, der Gesellschaft schon jetzt durch Wohlwollen und Güte zu nützen.[20] Als er dann doch, Ende 1800, widerwillig genug, zur Vorbereitung für den Staatsdienst an Sitzungen der Technischen Deputation im Ministerium Struensee teilnahm, also in einem Ressort von zukunftsträchtiger Bedeutung, dessen Leitung wenige Jahre später der Freiherr vom Stein übernommen hat, konnte er weder dem Sachgebiet noch der von ihm erwarteten Tätigkeit Interesse abgewinnen. Gewiß traf seine Kritik am militärischen Charakter des preußischen Kommerzsystems eine richtige Stelle; sie war jedoch nicht der entscheidende Grund für die Abneigung gegen den nüchternen Amtsdienst. »Unaufhörliches Fortschreiten in meiner Bildung, Unabhängigkeit und häusliche Freuden, das ist es, was ich unerlaßlich zu meinem Glücke bedarf«, schreibt er an die Schwester Ulrike. »Das würde mir kein Amt geben, und daher will ich es mir auf irgend einem andern Wege erwerben und sollte ich mich auch mit Gewalt von allen Vorurteilen losreißen müssen, die mich binden.«[21]

Der so schreibt, sieht zwar seine Zukunft dunkler als zuvor, bekennt jedoch, daß er »nie heitrer hineingesehen habe als jetzt«. Das Eingeständnis seiner Ungeschicktheit für ein Amt und seiner Verachtung für »den ganzen Bettel von Glück zu dem es führt«, klingt jugendlich unbedenklich. So auch seine Amts-, Hof- und Monarchiekritik; aber in ihr kommt doch die für Kleist charakteristisch bleibende, im eigentlichen Sinne »maßlose« Rigorosität seiner Erwartungen an die Welt und den Beruf zum Ausdruck. Eine bezahlte Tätigkeit glaubt er nur dann annehmen zu dürfen, wenn er das »Interesse«, in das er eingreifen soll, auch selber prüfen könne. Zwar sei es möglich, daß auch er lerne, »wie es die andern [...] machen«, aber davor möge Gott ihn behüten. Seine Beschreibung des Hofes als Ort, wo man die Menschen in solche einteile, die sich dehnen und strecken und »mit dem Hammer der Willkür« klopfen lassen, und andere, die sich dafür nicht eignen und deshalb verworfen werden, knüpft an gängige Urteile an, bezieht ihre rigueur jedoch aus dem zugleich naiven wie überempfindlichen und verletzlichen Selbstbewußtsein Kleists. Schon die Unfreundlichkeit, die er bei einem Aufenthalt in Potsdam beim König zu erkennen glaubt, läßt ihn an Ulrike schreiben, daß, wenn der König seiner nicht bedürfe, er des Königs »noch weit weniger« bedürfe. »Denn mir möchte es nicht schwer werden, einen andern König zu finden, ihm aber, sich andere Untertanen aufzusuchen.« Neben solcher fast kindlichen Trotzreaktion steht das scheue Geständnis, daß er bei der Feststellung, »selbst die besten Könige entwickeln wohl gern das schlummernde Genie, aber das entwickelte drücken sie stets nieder«, daran gedacht habe, ob es ihm nicht selber »einst so gehen könnte«.

Weniger als ein Vierteljahr später ist die Einsicht, zur Übernahme eines Amtes unfähig zu sein, mit stärker gewordenem Selbstzweifel verknüpft und zum Gefühl gesteigert, »ich passe mich nicht unter die Menschen«. Die Berliner Gesellschaft erscheint ihm – mit Ausnahme der jüdischen – oberflächlich und eng; auch das mit so viel Erwartungen angestrebte Studium ist ihm aus ähnlichem Grunde wie eine amtliche Tätigkeit fragwürdig geworden, nämlich der Notwendigkeit wegen, sich für eine bestimmte Disziplin, ein bestimmtes Thema zu entscheiden. Er findet keine Möglichkeit, die Ausbildung des Talents, die im Stillen erfolge, mit der des Charakters, die im »Strome der Welt« geschehen müsse, Wissen mit Handeln in Übereinstimmung zu bringen. Ohne sich dagegen wehren zu können und zu wollen, spürt er die »Unart nie den Augenblick der Gegenwart ergreifen zu können, sondern immer in der Zukunft zu leben«.[22] War aber die preußische Gegenwart überhaupt geeignet, von jungen Menschen »ergriffen« zu werden, welche wohl intellektuell, aber kaum sozial aus vorgezeichneten Laufbahnen herauszutreten und neue zu finden wußten?

Unwilligkeit oder Unfähigkeit, an die »Ordnung der Dinge« zu knüpfen, bei Kleist also noch immer! Aber nun auch das verstärkte Bewußtsein von der faktischen Macht dieser »Ordnung«, geringere Selbstsicherheit in der Absage an sie und vermehrte Unsicherheit über das selbstgewählte Ziel. Nach der Kant-Krise und unter dem Einfluß Rousseaus stellt sich Kleist in Paris ein neues Ziel dar. »Freiheit, ein eignes Haus, und ein Weib, meine drei Wünsche, die ich mir beim Auf- und Untergange der Sonne wiederhole, wie ein Mönch seine drei Gelübde! O um diesen Preis will ich allen Ehrgeiz fallen lassen und alle Pracht der Reichen und allen Ruhm der Gelehrten [...].«[23] Er spürt, im Oktober 1801, eine »innere Vorschrift« in seiner Brust, »gegen welche alle äußern, und wenn sie ein König unterschrieben hätte, nichtswürdig sind. Daher fühle ich mich ganz unfähig, mich in irgend ein konventionelles Verhältnis der Welt zu passen. Ich finde viele ihrer Einrichtungen so wenig meinem Sinn gemäß, daß es mir unmöglich wäre, zu ihrer Erhaltung oder Ausbildung mitzuwirken. Dabei wüßte ich doch oft nichts Besseres an ihre Stelle zu setzen [...].«[24]

Wenn Kleist nun, nach Aufgabe der Wissenschaft und voll Verachtung für das »Bücherschreiben für Geld«[25] mit dem Gedanken umgeht, in der Schweiz einen Bauernhof zu kaufen, so kann der Rousseau-Einfluß dafür nur als ein Motiv gelten; ein anderes muß in dem zu dieser Zeit bei Kleist besonders starken Gefühl gesucht werden, nur unter »Erniedrigung« sich erneut um eine Laufbahn in Preußen bemühen zu können, nachdem er eine solche ausgeschlagen und Erwartungen nicht erfüllt hatte, die andere Menschen in ihn setzten und die ihm jetzt lästig waren. Ohne ein Amt in seinem Vaterlande zu leben aber erscheint ihm auf Grund seiner Vermögensverhältnisse, auch seiner »Vorurteile« nicht möglich.[26] Denn in Preußen Bauer zu sein, in Berlin belacht oder verachtet zu werden – das war ihm undenkbar.

In dieser Zeit – Ende 1801 bis gegen Ende 1802 –, in der auch das Schweizer Experiment scheitert und die Verbindung mit Wilhelmine sich löst, erscheint Kleist die Rückkehr nach Preußen völlig unmöglich. Er glaubt, »für die üblichen Verhältnisse« vollkommen ungeeignet, für ein unscheinbares Leben bestimmt, vielleicht krank zu sein, sich aber auf keinen Fall in Preußen erniedrigen zu dürfen.[27] Ganz auf sich zurückgeworfen, wie so viele junge Gebildete seiner Generation, den Tod herbeiwünschend, lebt dennoch Ehrgeiz in ihm. »Es ist nur ein einziger Fall in welchem ich zurückkehre, wenn ich der Erwartung der Menschen, die ich törichter Weise durch eine Menge von prahlerischen Schritten gereizt habe, entsprechen kann. Der Fall ist möglich, aber nicht wahrscheinlich. Kurz, kann ich nicht mit Ruhm im Vaterlande erscheinen, geschieht es nie. Das ist entschieden, wie die Natur meiner Seele.«[28] Wie preußisch ist das alles! Diesen Ruhm sucht er nun doch durch »die Schriftstellerei« zu gewinnen; anderthalb Jahre später aber, nach Krankheit, Einsamkeit und Unrast, zweifelt er, ob Talent und Kräfte für das große Werk, an das er sich gemacht hat, ausreichen; er will vor einem Größeren, den es noch nicht gebe, zurücktreten. Deshalb, so schreibt er an die Schwester Ulrike, sei eine Rückkehr in die Heimat schlechterdings unmöglich geworden.[29] In Paris verbrennt er das Manuskript des ›Robert Guiskard‹ und bricht in einem Zustand der Verwirrung, kopf- und paßlos, nach Boulogne auf, um in der französischen Armee bei der Landung in England den Tod zu suchen.[30]

## IV

In Kleists Verhältnis zu Preußen bedeutet diese ihm selber später unerklärbare Aktion einen Wendepunkt. In dem Moment, da er alle Brücken abbrechen will, erreichen ihn seine Vergangenheit als preußischer Gardeoffizier, der sich als Spion verdächtig macht, und die Gegenwart des preußischen Staates in Gestalt seines Pariser Geschäftsträgers, der ihn zurückholt und in die Heimat schickt. Es geschieht dies zu einer Zeit, die auch als Wende in der politischen Lage Preußens angesehen werden kann; denn mit der französischen Besetzung Hannovers (Anfang Juni 1803) hatte Bonaparte die Neutralität Norddeutschlands verletzt, ohne Widerstand zu finden.

Die mit den Friedensschlüssen von Lunéville und Amiens und mit dem Reichsdeputationshauptschluß anscheinend erreichte Stabilisierung der europäischen und deutschen Verhältnisse begann zu zerfallen, ohne daß sich die Folgen schon absehen ließen. Preußen geriet zunehmend unter Druck, schließlich in die beschämende Lage, aus Ängstlichkeit, Begehrlichkeit und Selbsttäuschung tun zu müssen, was es nicht tun wollte, zuletzt in den Strudel einer totalen Niederlage.

Erstaunlich, daß in solcher Situation das äußere Schicksal eines einzelnen, zumal eines so problematischen Menschen wie Kleist, am Hof und in Regierungskreisen überhaupt Aufmerksamkeit fand, als er sich nach langer Krankheit, im Juni 1804, mit der Bitte um Anstellung an den König wandte.[31] Die Reserve, auf die er vor allem wegen des versuchten Eintritts in französische Dienste traf, hätte ihn eigentlich nicht verwundern dürfen. Daß er dennoch bitter enttäuscht war, zeugt für seine Naivität in praktischen Dingen; und sein Ersuchen um ein Amt beweist erneut die tiefsitzende Vorstellung, daß ein preußischer Adeliger und einstiger Offizier, der seine Dienste nur seinem König anbieten könne, mit Verwendung rechnen dürfe. In der Unmittelbarkeit, mit der Kleist dem König sein Schicksal in die Hände gab, lag viel aristokratischer Stolz. In seinem Innersten ist Kleist nie ein bürgerlicher Mensch gewesen! Wenn er emphatisch bereit war, Standesvorteile und -vorurteile abzuwerfen, so doch nicht, um sie gegen bürgerliche Verhaltensweisen einzutauschen. Unterhalb aller Wendungen und Krisen seines Lebens blieb Kleist von der Solidarität zwischen Monarch und Adel überzeugt; er hat sie in patriarchalischem Sinne verstanden (und dabei möglicherweise im König den Ersatzvater gesucht), und er hat, wenn er an ein Amt dachte, dessen Wahrnehmung stets als königlichen Dienst verstanden.

Die wechselnden Erwartungen und die verschiedenen Schritte Kleists in der Mitte des Jahres 1804, eine Beschäftigung zu finden, sind zu bekannt, um sie hier im Detail zu erwähnen. Nur dem neuen Ton, in dem er jetzt davon spricht, sei für einen Moment Aufmerksamkeit geschenkt. Man meint, Vorklänge der patriotischen Publizistik Kleists um 1809 zu hören: »Mein König«, »mein Vaterland«, neue achtungsvolle Wendungen, wenn vom Dienst und seinen Aufgaben die Rede ist; schließlich, nach dem Eintritt in einen Vorbereitungsdienst im Finanzdepartement unter Altenstein und während der Beschäftigung als Diätar an der Kammer in Königsberg unter Auerswald, für die sich Hardenberg eingesetzt hatte, auch ein erwachendes politisches Interesse. Hatte er Anfang 1802 aus Bern geschrieben, er habe »gar keine politische Meinung«,[32] so kritisiert er Ende November 1805 scharf das Zögern der preußischen Politik beim Ausbruch des 3. Koalitionskrieges und die tatenlose Hinnahme der Verletzung preußischen Gebietes beim Durchmarsch Bernadottes durch Ansbach. Er empfindet deutlich, daß man einem Napoleon nicht »mit einer so gemeinen und alltäglichen Reaktion begegnen« dürfe. Wie viele andere erwartet er ungewöhnliche Entschlüsse des Königs, durch die ungewöhnliche Aktionen im Lande hervorgerufen, nämlich der »Nationalgeist« und das Bewußtsein dafür geweckt würden, daß es nicht um einen »gemeinen Krieg« gehe, sondern um »Sein, oder Nichtsein«. Als dies nicht erfolgt, vermutet er, seine frühere, damals häufig gebrauchte Formulierung wieder aufgreifend, die Zeit werde »eine neue Ordnung der Dinge herbeiführen«, Preußen aber nur den Umsturz der alten erfahren. Napoleon werde ein neues Staatensystem schaffen, die Reichsverfassung umstürzen, den Kurfürsten von Bayern zum deutschen König machen: für den Preußen

Kleist eine deprimierende Aussicht! Warum, so fragt er, findet sich niemand, der dem »glückgekrönten Abenteurer« Napoleon, dem »bösen Geiste der Welt« eine Kugel durch den Kopf jagt?[33]

Scheint in dieser Zeit bei Kleist die Möglichkeit der Identifizierung mit einer amtlichen Tätigkeit und mit dem politischen Schicksal seines Landes möglich, so gibt er schon wenige Monate später in einer neuen, schwer erklärbaren physisch-psychischen Krise den Dienst wieder auf und erhält, am Vorabend des Kriegsausbruchs, von Hardenberg in erstaunlicher Großzügigkeit einen halbjährigen Urlaub mit der ausdrücklichen Aufforderung, danach die Ausbildung zum Zwecke definitiver Anstellung fortzusetzen. Dazu aber fühlt Kleist sich unfähig.[34] Nicht der preußische Staat hat ihn fallengelassen, sondern Kleist konnte sich nicht in die Bedingungen des staatlichen Apparats hineinfinden. Beim Ausbruch des Krieges und bei den schweren Rückschlägen der ersten Wochen befindet sich Kleist, der ehemalige Offizier und Amtsanwärter, außer Dienst; er ist krank und schreibt; tatunfähig lebt er im Gefühl »dieser schrecklichen Zeiten« und des »allgemeinen Elends«,[35] das ihm freilich auch die entlastende Möglichkeit bietet, das eigene Elend darin aufgehen zu sehen und das Gefühl der privaten Isoliertheit in der allgemeinen Empfindung der Menschen für das Unglück, jedenfalls für den Moment, überwunden zu glauben. Zugleich aber verschärft sich die Unsicherheit seiner materiellen Lage.

Aus ihr wird er vorübergehend durch die zufällig-absurde halbjährige Gefangenschaft in Frankreich herausgenommen, die eine neue Wendung in Kleists Leben bewirkt. Nach dem Friedensschluß kehrt er nicht nach Preußen zurück und sucht keine Beziehung zu den Männern der Reform, obwohl er mehreren von ihnen bekannt ist. An dem Werk des Wiederaufbaus Preußens auf neuen Grundlagen und in neuer Gestalt ist Kleist nicht beteiligt; es ist nicht einmal erkennbar, in welchem Maße er es überhaupt wahrnimmt. Mit literarischen und literarisch-kommerziellen Projekten und Zeitschriftenplänen befaßt, in einem lebhaften Kreis von Freunden sich bewegend, wachsende Anerkennung als Dichter erfahrend, verbringt er – fern der Politik – im rheinbündischen Dresden, an einem Ort sozusagen zwischen den Fronten, seine produktivste Zeit. Die Erhebung Österreichs 1809 versetzt ihn, den stets zwischen Enthusiasmus und Niedergeschlagenheit Schwankenden, in nationale Begeisterung und scheint ihm die neue Möglichkeit eines politischen Engagements zu bieten. Wagram und der Waffenstillstand aber vernichten gefaßte Absichten,[36] und sofort stellen sich neue Geldverlegenheiten ein. Ende 1809 ist Kleist wieder in Berlin, wohin um diese Zeit auch der Hof zurückkehrt. Vom 1. Oktober 1810 an erscheinen, von Kleist herausgegeben und redigiert, die »Berliner Abendblätter« und sind, nicht zuletzt wegen der hinzugefügten Polizeinachrichten, ein Erfolg. Neben redaktionellem Ärger und Zensurschwierigkeiten bringen sie Kleist zahlreiche neue Verbindungen mit amtlichen Stellen ein. Daß sie dennoch bereits im April des folgenden Jahres eingestellt werden müssen, ist zum geringsten Teil

Kleists Schuld.[37] Rücksichtnahme auf Frankreich, verschärfte Zensur in Preußen, Hardenbergs Verärgerung über konservativen Widerstand gegen seine Finanzpolitik, dessen Sprachrohr Adam Müller ist, und sein Mißtrauen gegenüber der »Christlich-Deutschen Tischgesellschaft«, der auch Kleist sich zugerechnet haben dürfte,[38] schließlich der nachlassende Erfolg des Blattes führen zu einer Situation, der gerade Kleist nicht gewachsen ist. Selbst jetzt fehlt ihm, trotz unerquicklicher Verhaltensfehler und Mißverständnisse, nicht jede Protektion. Zwar bleibt Hardenberg zurückhaltend; die vielfältigen Bitten Kleists, vor allem die Bemühungen Marie von Kleists, tragen ihm jedoch am 11. September 1811 eine Audienz beim König und eine Kabinettsordre ein, die ihm eine militärische Verwendung im Falle des Kriegsausbruchs in Aussicht stellt.[39] Zwei Monate später aber ist er am Ende seiner Kraft und seines Lebenswillens.

Schwer zu sagen, wie viel dazu die preußischen Bündnisverhandlungen mit Frankreich beigetragen haben, welche im Februar des folgenden Jahres zur Zusicherung eines Hilfskorps und des freien Durchmarsches beim bevorstehenden Krieg mit Rußland führten. In seinem Brief an Marie von Kleist vom 10. November 1811 hat Heinrich sie ausdrücklich als einen Grund genannt, das Leben zu verlassen. »Was soll man doch, wenn der König diese Allianz abschließt, länger bei ihm machen? Die Zeit ist ja vor der Tür, wo man wegen der Treue gegen ihn, der Aufopferung und Standhaftigkeit und aller andern bürgerlichen Tugenden, von ihm selbst gerichtet, an den Galgen kommen kann.«[40] Das war Kleists letztes Wort zu Preußen. Einige Wochen zuvor hatte er Gneisenau besucht und war von diesem, dem erbitterten Gegner Napoleons und leidenschaftlichen Verfechter des Gedankens einer Verbindung mit Rußland und eines Volksaufstandes, begeistert.[41] Die Krise des Vertrauens in den Monarchen, die schon 1809 sichtbar geworden war, erreichte eben in diesen Monaten einen neuen Höhepunkt und veranlaßte Gneisenau, Boyen, Clausewitz und andere, den preußischen Dienst zu verlassen. Kleist schied also in einer politischen Situation aus dem Leben, die alle preußischen Patrioten mit Enttäuschung und Verbitterung erfüllte, in der das durch die inneren Reformansätze wiedererstarkte Selbstbewußtsein zu zerfallen drohte.

Aber es gibt noch jenes andere letzte Wort des Dichters Kleist zu Preußen: sein Schauspiel »Prinz Friedrich von Homburg«. Keine Apologie Preußens, sondern das Aufzeigen einer höheren Möglichkeit als die Geltung des zur bloßen Regel gewordenen Gesetzes, nämlich der Synthese von natürlicher und staatlicher Ordnung, von Freiheit und Notwendigkeit, die dadurch eintritt, daß der Prinz in der Bejahung der über ihn verhängten Todesstrafe, der Kurfürst in der Ausübung seiner Gnade letzte Freiheit beweisen. Welch ein Symbol nun doch für den Geist der preußischen Staatsreform, die von dem Vertrauen in die Erneuerungsfähigkeit gerade dieses Staates bestimmt war; welch ein Gegenbild zur inneren Unsicherheit und Ängstlichkeit des regierenden Königs! Und wie kennzeichnend für den Hof, wie enttäuschend für den Dichter, daß dort das Stück totgeschwiegen, die Darstellung des Sieges der Idee einer auf Einsicht gegründeten Symbiose von Individuum und Staat indigniert zurückgewiesen wurde.

## V

Fast ein halbes Jahrhundert nach Kleists Suizid hat Friedrich Christoph Dahlmann Julian Schmidt gegenüber behauptet, Heinrich von Kleist sei »seiner düstern nagenden Hoffnungslosigkeit, seiner Verzweiflung am Vaterlande, soviel ich irgend weiß, keiner andern Leidenschaft« erlegen.[42] Auch andere, die Kleist kannten, haben bezeugt, daß, wie Fouqué sagte, »eine tiefe Schwermut über sein von den Fremden unterdrücktes Vaterland« die letzte Phase seines Lebens verdüstert habe.[43] Das Auf und Ab von Hoffnungen und Enttäuschungen, die unerquicklichen Mißverständnisse zwischen Kleist, Friedrich von Raumer und Hardenberg, die aussichtslose persönliche finanzielle Lage, das Ausbleiben der politischen Erhebung Preußens, Vorwürfe aus der nächsten Familie: also ein Syndrom von privaten und allgemeinen Erfahrungen hat offenbar seit dem September 1811 Kleists Niedergeschlagenheit vertieft, seinen Lebenswillen erschöpft, seine Todessehnsucht verstärkt, die sich dann im Zusammentreffen mit Henriette Vogel zur schwärmerisch gesuchten Tat steigerte. Hätte er davon zurückgehalten werden können? Durch ein sicheres Amt, eine freundlichere Aufnahme in der Berliner Gesellschaft, den erhofften patriotischen Erfolg des ›Homburg‹, den Ausbruch des Krieges? Wäre Kleists Schicksal ein anderes gewesen, wenn er bis zur Konvention von Tauroggen, bis zur preußischen Erhebung im Februar/März 1813 durchgehalten hätte? Wäre ihm, der am Morgen seines Todestages der Schwester Ulrike schrieb: »[...] die Wahrheit ist, daß mir auf Erden nicht zu helfen war«,[44] überhaupt und von außen zu helfen gewesen?

Solche Fragen mögen müßig erscheinen, aber sie können die Überlegung auslösen, ob nicht der preußische Staat im Stadium der Krise – die ja durch die 1807 eingeleiteten Reformen nicht schon behoben, sondern deren Überwindung durch sie erst möglich gemacht worden war – besonders ungeeignet war, den institutionellen und politischen Anhalt zu geben, der – vielleicht – einen derart an sich, der Gesellschaft und der Zeit leidenden Menschen wie Kleist hätte stützen, hätte hoffen lassen können? Auch andere, die damals auf Preußen setzten und in diesem Land Aufgaben suchten, welche ihrem intellektuellen und politischen Wirkungswillen entsprachen, wurden enttäuscht und wandten sich ab: so Adam Müller, Friedrich Gentz, Johannes von Müller und Ernst Moritz Arndt. 1809 und 1811 zweifelten selbst manche Reformer in militärischen und zivilen Ämtern an dem Staat ihrer Hoffnung, in dem gegen den Willen des Monarchen nichts bewegt werden konnte. Kleist berührte zwar führende Gruppen, gehörte ihnen jedoch nicht an, und er war sicher wenig über die tatsächlichen Kräfteverhältnisse informiert. Vielleicht war er deshalb der Enttäuschung um so mehr ausgeliefert. Auch die Berliner Gesellschaft der Jahre 1809–1811 konnte ihm keinen Halt bieten. Zwar wies sie eine beträchtliche Zahl von lebendigen Gruppen auf, wimmelte von Poeten, war jedoch aufs Ganze gesehen zerfahren, zerstritten, opportunistisch und zukunftsunsicher. Vom Hof gingen, zumal nach dem Tode der Königin Luise im Juli 1810, kein entschlossener politischer Wille, keine patriotischen Impulse aus – für Kleist eine tiefe Enttäuschung, da sich ihm in merkwürdiger Mischung von Militäradel-Mentalität und ästhetisch-politischen Vorstellungen der Staat im Monarchen darstellte, der seinen politischen Willen dem Volke mitteilt. Beim leitenden Minister, dem Staatskanzler Hardenberg, konnte Kleist nicht mehr mit Verständnis rechnen; daß dieser in ihm ein Mitglied der konservativ-aristokratischen Opposition sah, war angesichts des Kreises, mit dem Kleist damals in Verbindung stand, kaum vermeidlich. Hinzu kam der Generations- und Mentalitätsunterschied zwischen dem kühl-rationalistischen, aufgeklärt-liberalen Politiker und dem enthusiasmierbaren, romantisch-idealistischen Dichter.

Gewiß: Kleist hätte wohl in keinem Staat seiner Zeit und in keinem Amt glücklich werden können. Nur: das damalige Preußen in seiner tiefen Krise war für den so stark auf Preußen bezogen bleibenden, aber so wenig anpassungsbereiten Kleist derjenige Staat, in dessen institutionelles und Anforderungssystem er sich vielleicht am wenigsten integrieren konnte. An den Bemühungen um die Versöhnung dieses Militär- und Machtstaates mit dem idealistisch-liberalen Geist der Zeit, die von den Reformern angestrebt wurde, hat Kleist nicht teilgehabt; auf die Umwandlung in einen Staat der Kultur und Bildung, der Menschlichkeit, der Synthese von Freiheit und Notwendigkeit, von Pflicht und Liebe, glaubte er zuletzt nicht mehr warten zu können. Als er am 17. September 1811 an seine Kusine Marie schrieb: »[...] es ist mir ganz stumpf und dumpf vor der Seele, und es ist auch nicht ein einziger Lichtpunkt in der Zukunft, auf den ich mit einiger Freudigkeit und Hoffnung hinaussähe«, meinte er seine privaten Verhältnisse *und* die Situation Preußens. Er, der immer nur auf die Zukunft hin leben konnte, sah keine Zukunft mehr und keine Möglichkeit, an der »Entwickelung der Zeit« teilnehmen zu können. »Wirklich, es ist sonderbar, wie mir in dieser Zeit alles, was ich unternehme, zugrunde geht; wie sich mir immer, wenn ich mich einmal entschließen kann, einen festen Schritt zu tun, der Boden unter meinen Füßen entzieht.«[45]

Preußen hat, seit dem 18. Jahrhundert, von seinen Bewohnern, vor allem von denen, die diesem Staate in besonderer Weise dienen sollten und wollten, viel verlangt, viel Bereitschaft zur Leistung gefunden, Stolz geweckt, aber auch viele abgestoßen, verbraucht und unglücklich gemacht. Selbst in seiner Krise und während seiner Neugestaltung, als es in der Tat »moralische Eroberungen« machte, blieb es ein viel zu nüchterner Herrschafts- und Verwaltungsstaat für einen so unglücklichen, so wenig an die »Ordnung der Dinge« anknüpfen könnenden Menschen wie den Preußen Heinrich von Kleist.

# *Vom aufgeklärten Absolutismus zum monarchischen Konstitutionalismus*

## Der deutsche Adel im Spannungsfeld von Revolution, Reform und Restauration (1789–1848)

### I

Im Abschnitt VI – »Die Grundrechte des deutschen Volkes« – der »Verfassung des Deutschen Reiches« vom 28. März 1849 lautet der § 137: »Vor dem Gesetze gilt kein Unterschied der Stände. Der Adel als Stand ist aufgehoben. Alle Standesvorrechte sind abgeschafft«. Im einzelnen bestimmen die §§ 164–173, daß »jeder Untertänigkeits- und Hörigkeitsverband« für immer aufhört, Patrimonialgerichtsbarkeit und grundherrliche Polizei, die aus dem »guts- und schutzherrlichen Verband« entstandenen persönlichen Abgaben und Leistungen ohne Gegenleistung abgeschafft, alle an Grund und Boden haftenden Abgaben und Leistungen ablösbar sind. Jagdgerechtigkeit auf fremdem Grund und Boden und Jagdfrohnden sind aufgehoben; Familienfideikommisse, Lehnsverband und Steuerprivilegien einzelner Stände oder Güter sollen beseitigt werden.[1]

Damit sollte der Adel aus dem bürgerlichen und dem öffentlichen Recht ausgeschieden, nicht allerdings überhaupt beseitigt werden. Der Abgeordnete Moritz Mohl hat in den Debatten der Paulskirche die politischen Konsequenzen dieser Kompromißlösung deutlich ausgesprochen: »Wenn Sie heute die Standesprivilegien aufheben, den Adel aber fortbestehen lassen, so bleibt er [...] eine abgeschlossene Kaste; es bleibt seine Familienabsonderung; es bleibt seine höhere gesellschaftliche Stellung; es bleibt sein Einfluß auf die Höfe; es bleibt sein staatlicher Einfluß; [...] es bleibt das Bestreben des Adels, durch Erwerbung von Grund und Boden sich, wenn auch nicht eine rechtliche Territorial-Herrlichkeit, doch eine dieser ähnliche Stellung zu gründen.«[2] Der Adel würde also, wenngleich nicht mehr Stand, als soziales Institut, als eine Gruppe mit besonderen Verhaltensweisen, Absonderungsinteressen und Einflußmöglichkeiten im Rahmen monarchischer Staaten bestehen bleiben. Genau das ist geschehen! Mehr noch: Nach dem Scheitern der Revolution und auch noch nach der Reichsgründung von 1871 haben in den einzelnen deutschen Staaten privat- und öffentlich-rechtliche Vorzüge des Adels in unterschiedlicher Weise fortbestanden und seine soziale Vorrangstellung abgestützt. Erst die Weimarer Reichsverfassung vom 11. August 1919 hat sie beseitigt und den Adelstitel zum bloßen Bestandteil des Namens gemacht.[3]

Sieht man in rechtlichen und sozialen Vorzügen des Adels entscheidende Charakteristika des ancien régime, dann müßte man behaupten, es habe in Deutschland bis zum Ende des Ersten Weltkrieges angedauert. Das wäre zweifellos eine ebenso vereinfachende wie schiefe Feststellung. Denn immerhin war das Deutsche Reich im späten 19. Jahrhundert eine moderne Industriegroßmacht mit starker sozialer Mobilität, in der sich Veränderungen vollzogen, die der Sonderstellung des Adels im Prinzip widersprachen. Andererseits hat jene Feststellung doch einen begrenzten Wahrheitsgehalt, der eine tiefe Diskrepanz im politisch-sozialen Zustand Deutschlands vor 1918 offenbart: den Widerspruch zwischen ökonomischer Entwicklung und politischer Verfassung, zwischen starken demokratischen Kräften und einer sich noch immer aus traditionellen, eng begrenzten sozialen Reservoiren rekrutierenden politischen Führung. Begünstigt durch das System der sogenannten »konstitutionellen Monarchie« übten – nicht nur in Preußen – Adel und Militär noch immer einen politischen Einfluß aus, der weder ihrer Zahl und ihrer ökonomischen Kraft, noch ihrer intellektuellen Potenz und ihrer kulturellen Bedeutung entsprach. Dieser Sachverhalt hat einerseits die im ersten Weltkrieg kulminierende politische Führungskrise des nachbismarckischen Deutschland mitbewirkt, andererseits zum Defizit an liberal-demokratischer politischer Kultur beigetragen, an dem die Weimarer Republik gescheitert ist.[4]

Es erhebt sich die Frage, welche rechtliche Position, soziale Funktion und politische Rolle der deutsche Adel im 19. Jahrhundert noch eingenommen hat. Die Antwort soll hier eingeschränkt werden auf die Zeit bis zur Revolution von 1848/49. Nicht nur praktische Gründe legen diese Begrenzung nahe, auch sachliche sprechen für sie – die Tatsache nämlich, daß das Deutschland der zweiten Jahrhunderthälfte sich von dem der ersten ganz wesentlich unterschied. Der naive Optimismus der Restauration war ebenso erschüttert wie derjenige des Liberalismus; der schon seit etwa 1840 sich abzeichnende Gegensatz zwischen Liberalen und Demokraten hatte sich vertieft; ein Parteiensystem formte sich aus, die Klassengegensätze verschärften sich; vor allem der wirtschaftliche take-off der Industrialisierung nahm die Menschen in Anspruch und verwandelte die Lebensverhältnisse in kurzer Zeit in tiefgreifender Weise. – Man darf indes die Erschütterungen und Veränderungen auch schon in der ersten Jahrhunderthälfte nicht unterschätzen. Die staatliche Gestalt keines anderen Landes ist so stark verwandelt aus der Zeit der Französischen Revolution und der Herrschaft Napoleons hervorgegangen wie Deutschland. Weder der Reichsverband noch die zahllosen einstigen reichskirchlichen, reichsgräflichen, reichsritterschaftlichen Territorien wurden wiederhergestellt; von den zuletzt 51 Reichsstädten blieben nur 4 übrig. Während Österreich mehr als zuvor eine südost- und südeuropäische Macht wurde, faßte Preußen am Rhein Fuß und stand vor der Aufgabe, Gebiete zu integrieren, die zwei Jahrzehnte und länger unter französischer Herrschaft gestanden hatten. Bayern, Württemberg und Baden vergrößerten sich gewaltig. Zwar geschah dies alles infolge äußerer Eingriffe, nicht einer Volkserhebung, einer Revolution. Die Staaten des Deutschen Bundes blieben (abgesehen von den Stadtstaaten) Monarchien, in denen sich legitime Dynastien behaupteten. Aber viele von ihnen erhielten geschriebene Verfassungen, die eine Repräsentation der Regierten und deren Mitwirkung an Gesetzgebung und Besteuerung vorsahen. Das bedeutete in allen Fällen eine Veränderung gerade auch für den Adel, insofern die neuen Vertretungen sich qualitativ von den altständischen Repräsentationen unterschieden. Als nach 1830 auch in Nordwestdeutschland – zögernd und unterschiedlich erfolgreich – ein konstitutionelles Leben in Gang gekommen war, blieben nur Österreich, Preußen, wo es immerhin seit 1823 provinzialständische Vertretungen gab, und Mecklenburg, das als verfassungspolitisch rückständigster deutscher Staat seine vom Adel beherrschte altständische Vertretung behielt, Ausnahmen.[5]

Daneben ist der sich von ungefähr 1780 bis 1835 hinziehende Vorgang der Bauernbefreiung, also der Aufhebung und Ablösung der Abhängigkeitsverhältnisse der bäuerlichen Bevölkerung, zu sehen, der zumindest rechtlich, nicht jedoch wirtschaftlich zu Lasten des grundbesitzenden Adels ging. Auch die prinzipielle Beseitigung des adeligen Offiziersprivilegs in den Armeen der deutschen Staaten, die Laufbahnregelungen des staatlichen Dienstes, welche – wiederum im Prinzip – adeligen und nichtadeligen Beamten dieselben Chancen eröffnete, oder die Gewerbefreiheit, die den gewerblichen Sektor gegenüber dem agrarischen erstarken ließ, während gleichzeitig der Bevölkerungszustrom aus ländlichen Gebieten in die Städte einsetzte, haben erhebliche Veränderungen bewirkt.[6] Gesamtumfang und Einzelerscheinungen des ökonomischen, sozialen und politischen Wandels vom späten 18. bis zur Mitte des 19. Jahrhunderts, der die Grundlagen der älteren bäuerlich-aristokratischen Wirtschafts- und Gesellschaftsstruktur aufgelöst hat, sind damit allerdings nur oberflächlich angedeutet; sie sollen mit wenigen Worten weiter verdeutlicht werden. Zwar erhielten die »Standesherren« (also ehemalige Reichsgrafen und -fürsten)[7] als »privilegierte Klasse«, in geringerem Umfange auch der ehemalige niedere »Reichsadel« durch die Bundesakte von 1815 und entsprechende Artikel in den Länderverfassungen über die Garantie ihres Besitzstandes hinaus eine Reihe von Vorzügen zugesichert;[8] dennoch bedeutete die Mediatisierung nicht bloß Status- und Ansehensminderung, sondern auch materiellen Verlust, insofern Steuern und andere der Landeshoheit zukommende Einkünfte nun wegfielen. Der katholische ehemalige Reichsadel wie der Stiftsadel waren durch die Säkularisation der geistlichen Territorien hart getroffen; fielen doch damit zahlreiche einträgliche kirchliche Ämter und Pfründen fort, vor allem die Chance, zum Rang von geistlichen Fürsten aufzusteigen. Wenn man bedenkt, daß der Reichsdeputationshauptschluß 1803 112 geistliche Reichsstände beseitigte, so erhält man eine Vorstellung von der Größenordnung der Säkularisationswirkungen für den katholischen Adel. Andere Beschränkungen und Rückschläge waren für den Adel weniger spektakulär, aber auf längere Sicht nicht minder schwerwiegend. In den linksrheinischen Gebieten hob die französische Verwaltung die Feudalrechte auf; dasselbe geschah im Herzogtum Berg und im Königreich Westphalen.[9]

Mit der Auflösung des Reiches setzte in den durch Säkularisation und Mediatisierung vergrößerten Rheinbundstaaten der bürokratische Spätabsolutismus erst richtig ein, der in seinem Bestreben, altständische Rechte und regionale Tradition zu überwinden, sich auch des Mittels der Verfassungsgebung zu bedienen bereit war.[10] Schließlich lief auch das Programm der von Teilen der höheren Beamtenschaft und von jüngeren Offizieren getragenen preußischen Reform nach 1806 auf die Begrenzung der Vorrangstellung des Adels und auf die Mobilisierung vor allem der bürgerlichen Mittelschichten hinaus. Nicht von einer Revolution der Massen drohte dem Adel konkrete Gefahr, sondern von dem vereinheitlichenden Zugriff von Regierung und Verwaltung; gegen ihn hat sich der zahlenstarke, aber oft arme Landadel zur Wehr gesetzt. Bekanntes Beispiel dafür: der Widerstand des kurmärkischen Adels unter Marwitz und Finckenstein gegen Hardenbergs Finanzedikt von 1810 und gegen die Verfassungspläne Steins, später Hardenbergs, die in der Schaffung einer gesamtstaatlichen Repräsentation kulminierten.[11] Auf ständischen Rechten insistierend, die Regierung vor dem Verderben warnend, das der Monarchie aus der Aufhebung von Vorrechten des Adels entstehen müsse, und die alten Stände als die einzigen wahren Repräsentanten der Nation darstellend, wehrten sie sich gegen die befürchtete Tendenz der Gleichheit.

Eben diese Tendenz – »le dévelopement graduel de l'égalité des conditions«, die Tocqueville 1835 in der Einleitung seines Buches über die Demokratie in Amerika als »fait providentiel« bezeichnet hat[12] – stellte seit der Französischen Revolution, der Herrschaft Napoleons, den Reformen in den Rheinbundstaaten und in Preußen auch in Deutschland das Grundthema der politischen Entwicklung dar. Und zwar nicht nur als Forderung radikaler Schriftsteller und als Sorge privilegierter Gruppen, sondern als Element praktischer Politik. Indem die Regierungen und Verwaltungen in weitgehender Übereinstimmung mit der öffentlichen Meinung daran gingen, die Gleichstellung aller Staatsbürger vor dem Gesetz herbeizuführen, Steuerfreiheiten abzuschaffen, landständische Vertretungen aufzuheben oder umzuformen, die ältere scharfe Trennung zwischen Stadt und Land abzubauen, persönliche Abhängigkeiten zu beseitigen, Freizügigkeiten zu gestatten – kurzum: durch administrative Maßnahmen die ältere Privilegiengesellschaft nicht zu liquidieren, sondern umzuformen, förderten sie den Prozeß der Gleichheit, von dem keine andere Gruppe der Gesellschaft so betroffen werden mußte wie der Adel, dessen hellsichtigere Vertreter die Konsequenzen schärfer sahen als viele bürgerliche Schriftsteller, welche auf einen Fortschritt durch Ausgleich hofften.

## II

Diese Politik war – wie niemand klarer als Tocqueville erkannt hat[13] – allerdings viel älter. Wo sie sich durchsetzen konnte, hatte die absolute Monarchie die pouvoirs intermédiairs politisch entmachtet und in ihr Herrschaftssystem eingegliedert, die Administration zentralisiert und ihre Vereinheitlichung vorangetrieben. Dabei war der Adel aus zahlreichen Verantwortungen und Funktionen verdrängt und unter Kontrolle genommen worden, hatte jedoch seine soziale Vorrangstellung, aber auch mehr oder weniger umfangreiche öffentlich-rechtliche Funktionen auf lokaler und regionaler Ebene behalten. Durch den sogenannten aufgeklärten Absolutismus wurde diese Entwicklung noch verstärkt fortgesetzt.[14] Daß Friedrich II. von Preußen anders als sein Vater den landbesitzenden brandenburgisch-preußischen Adel nicht nur wirtschaftlich stützte, sondern ihm auch die Offiziersstellen sowie die höheren Verwaltungspositionen reservierte, war eine Folge einerseits der vorausgegangenen politischen Unterwerfung der Landstände, andererseits eines fiskalischen und staatsorganisatorischen Konzepts, das den verschiedenen sozialen Ständen bestimmte, durch das Staatsinteresse definierte Funktionen zuwies. Wenn dieses Ziel auch in keinem anderen Staate mit vergleichbarer Konsequenz verfolgt wurde, so läßt sich doch am preußischen Beispiel paradigmatisch die Tendenz aufgeklärter Regierungen erkennen, die ständische Privilegiengesellschaft staatsfunktionalistisch umzustellen, so daß die Sonderrechte jeden Standes als vom Staate zuerkannt und zweckrational legitimiert erschienen. Daß dies nicht eine bloße Uminterpretation von unverändert bleibenden sozialen und rechtlichen Zuständen bedeutete, sondern auch eine Disziplinierung der gesamten Staatsbevölkerung anzeigt, das läßt sich an den Intentionen der Männer um das »Allgemeine Landrecht der Preußischen Staaten« erkennen, noch deutlicher an der Politik Josephs II. in Österreich.[15]

Gewiß sind die Hoffnungen nirgendwo erfüllt worden, die man in der politischen Diskussion des späten 18. Jahrhunderts auf eine aufgeklärte Regierung setzte. Gleichwohl hat der aufgeklärte Absolutismus wesentlich dazu beigetragen, Reform als Aufgabe der Politik verstehen zu lassen oder auch die Adelskritik zu begünstigen. Diese ging einerseits von utilitarisch-ökonomischen Überzeugungen aus, andererseits von vernunft- und naturrechtlichen Prinzipien und vom bürgerlichen Verdienstdenken. »In einem aufgeklärten Zeitalter bei einer verfeinerten Nation«, so konnte 1774 in Wielands »Teutschem Merkur« gelesen werden, »sollte aller Rang und Stand der Bürger nicht erblich, sondern persönlich, nicht zufällig, sondern verdienstlich [...] eingerichtet [...] sein.«[16] Kant fand keine hinreichenden Gründe für einen Erbadel, da ohnehin nur die Einteilung in Souverän und Volk natürlich sei, nicht aber eine solche, in der ein Adel zwischen beiden steht.[17]

Man muß allerdings darauf hinweisen, daß die aufgeklärten Herrscher wie Friedrich II. in Preußen, der Habsburger Joseph II., der Markgraf Karl

Friedrich von Baden und andere für ihre Politik der staatlichen Funktionalisierung und Modernisierung, nicht der Auflösung der Ständegesellschaft, adelige Helfer gefunden haben. Diese kamen jedoch oft nicht aus dem »normalen« kleinen Landadel, sondern aus landfremden oder solchen ursprünglich nichtadeligen Familien, die schon länger im landesherrlichen Dienst tätig und nobilitiert worden waren. Solche Differenzierung ist in jedem einzelnen Falle wie bei jeder allgemeinen Aussage über den Adel wichtig. »Den« Adel gab es im Grunde überhaupt nicht, und die Führung eines Titels sagt nicht viel darüber aus, welche Position sein Träger im Lande einnahm, welche sozialen Interessen und politischen Ziele er vertrat.[18] Daß Männer aus dem Dienstadel und Nobilitierte sich besonders energisch für ständische Vorrechte einsetzten und nichtadelige Rittergutsbesitzer besonders konsequent Ortsobrigkeitsfunktionen wahrnahmen, dafür gab es im 19. Jahrhundert zahlreiche Beispiele.[19]

Zweitens darf das starke, sogar noch steigende Interesse auch des alten, landeingesessenen und grundbesitzenden Adels an Stellen und Ämtern, die der Landesherr besetzte, nicht übersehen werden. Sie boten Versorgung, aber auch die Chance, im Wandel vom Ständestaat zum Verwaltungsstaat Einfluß zu behalten. Diese Chance hat der deutsche, vor allem der preußische Adel mit Erfolg genutzt. Durch das ganze 19. Jahrhundert ist er das wichtigste Reservoir für die Rekrutierung von Kräften für Herrschaftsaufgaben und, fast ausschließlich, für Hofämter und für höhere Offiziersstellen gewesen. Nicht infolge adelsfreundlicher Politik monarchischer Regierungen, sondern wegen der Entschiedenheit, mit der er seine sozialen Vorteile nutzte, von der ihm verfassungsrechtlich verbliebenen Macht Gebrauch machte und staatliche Aufgaben und Dienste wahrnahm, konnte er eine bedeutende politische Rolle behaupten. Dazu entschied er sich bereits während der für ihn besonders kritischen Zeit zwischen 1803 und 1815, als verschärfte Adelskritik und Adelsreformvorstellungen mit spätabsolutistischen Gleichschaltungsmaßnahmen in den Rheinbundstaaten und frühliberalen Reformen in Preußen zusammentrafen. An dieser – nicht durch Massendruck erzwungenen, sondern von hohen Beamten und Militärs durchgesetzten – Politik haben Adelige maßgeblichen Anteil gehabt. Allerdings: Stein, Hardenberg, Altenstein, Scharnhorst waren keine Altpreußen; Humboldt, Boyen, Grolmann, Clausewitz stammten aus neuem Adel; Gneisenau, Schön, Beyme wurden erst nobilitiert. Ohne die Landfremden, den Beamtenadel, die bürgerlichen Beamten und die hinter ihnen stehende »bürgerliche« Bildungsbewegung von der Aufklärung zu Neuhumanismus und idealistischem Frühliberalismus sind in der Tat die preußischen Reformen nicht denkbar. Aber ohne partielle Mitarbeit von seiten des preußischen Landadels wären sie völlig aussichtslos gewesen. Andererseits sind die weitergehenden Ziele der Reform – so die grundlegende Neuordnung des Finanzwesens und vor allem die Schaffung einer gesamtstaatlichen Repräsentation – eben am Widerstand der konservativen Adelsopposition gescheitert, die ihren Einfluß beim Monarchen gegen

Hardenberg geltend machte, wobei sie praktische Unterstützung auch bei bürgerlichen Beamten, ideelle durch die konservativ gewordene Romantik fand. Adam Müllers Kritik am friderizianischen Staat, seine Berufung auf Edmund Burkes Ablehnung des abstrakten naturrechtlichen Denkens und seine ständisch-organischen Wirtschaftsvorstellungen kamen den Interessen der märkischen Adelsfronde unter Friedrich Ludwig v. d. Marwitz ganz gelegen.[20]

Zweifellos hat das Ansehen des Adels durch die romantische Adelsnostalgie und auch durch das weitverbreitete Mißtrauen der bürgerlichen Gebildeten gegen Volkssouveränität und Egalität Stützung erfahren; indirekt aber auch durch die bürgerlich-liberale Sanktionierung der Unverletzlichkeit des Eigentums als Menschenrecht, die der Adel sich zunutze zu machen suchte. Deklarierte er doch seine Privilegien als Eigentum, das ohne Rechtsbruch nicht geschmälert werden dürfe. Und schließlich machte er, vor allem in Preußen, seine Verdienste um den Aufstieg, die Erhaltung, auch für die Wiederherstellung des Staates im Befreiungskrieg geltend. Aufgeschreckt durch die Revolution in Frankreich und mindestens ebensosehr durch reformpolitische Maßnahmen in deutschen Staaten hat sich der Adel nicht einfach auf Defensive und Restauration eingestellt, sondern zugleich hartnäckig und anpassungsfähig seine Rolle im monarchischen System verteidigt, in dem er seinen festesten Rückhalt sah. In der Tat war nicht die Monarchie, sondern die Bürokratie der bedrohliche Gegner adeliger Sonderrechte, und das aufstrebende, in den staatlichen Dienst hineindrängende gebildete Bürgertum der gefährlichste Konkurrent des Adels.

Das gilt vor allem in ökonomischer und kultureller Hinsicht. Der kleine Landadel in Deutschland, speziell in den östlichen Teilen, war überwiegend nicht eben wohlhabend und oft durch standesgemäßen Aufwand überfordert. Auch sein Bildungsstandard lag, gemessen an den Anforderungen der wissenschaftlichen, beruflichen und literarisch-philosophischen Bildung der Zeit, aufs Ganze gesehen nicht eben hoch. So fand er sich zunehmend unter einen ungewohnten Druck gesetzt und gezwungen, mit anderen, »bürgerlichen« Selektionskriterien zu rechnen. Dem setzte er die Behauptung entgegen, die standesspezifischen adeligen Tugenden und Erfahrungen seien für das Wohl der Gesellschaft und die Stabilität der Staaten unentbehrlich, da sie das wirksamste Gegengewicht gegen den Despotismus von oben und von unten darstellten. Bei den bürgerlichen und dienstadeligen Beamten nahm er Mangel an Selbständigkeit und Anfälligkeit für liberale Ideen, ja für jakobinische Praktiken an, weil ihnen der gegründete eigene Besitz, die Erfahrung des Herrseins auf eigener Scholle fehle – weil sie Männer ohne »Ar und Halm« waren, was bekanntlich Bismarck noch als Grund für angebliche Verhaltensmängel seines Nachfolgers, des Generals v. Caprivi, angesehen hat.[21] Beim ostdeutschen Adel, der auf dem Lande lebte, seine Güter selbst bewirtschaftete und noch lange obrigkeitliche Funktionen wahrnahm, kam das tief eingewurzelte Bewußtsein konkreter Herrschaftsausübung als Pflicht und

Recht hinzu – eine Mentalität, für die er dem Nichtadeligen und Nicht-Grundbesitzer das Verständnis ebenso absprach wie für die Leistungen, die vom Grundadel seit Generationen erbracht worden seien.

Gerade beim ostdeutschen Landadel, dessen sozial arrogantes und politisch borniertes Verhalten im 19. Jahrhundert zunehmend als gesamtgesellschaftliche Belastung empfunden worden ist, muß beachtet werden, daß er nicht als Hof- oder Rentenadel funktionslos geworden, meist aber auch nicht vermögend genug war, um sich auf ein vorwiegend genießendes Dasein zurückzuziehen oder in wirtschaftliche Unternehmungen größeren Stils einzusteigen. Um so enger verbanden sich bei ihm agrarwirtschaftliche mit politischen Interessen und mit konkretem Herrschaftsbewußtsein. Wie selbstverständlich setzte er die Interessen seines Standes mit denen der Provinz und schließlich des Staates gleich. Und seine tatsächliche Macht, sein Einfluß und sein Zugriff auf das gesamte ländliche Leben blieb auch nach der Bauernbefreiung so stark, daß sein Selbstverständnis sich alltäglich bestätigt fand.

## III

Wenn der ostdeutsche Landadel in vieler Hinsicht als Ausnahme angesehen werden muß, so läßt sich doch generell sagen, daß im 19. Jahrhundert der Adel weder ökonomisch eine quantité négligeable darstellte noch politisch bereits im Abseits stand.[22] Auf Grund öffentlicher Funktionen besaß er Macht und Ansehen; durch familiäre Beziehungen verfügte er über direkte Verbindungen zu den regierenden Dynastien und in so prestigeträchtigen Bereichen wie dem Militär, der Diplomatie, den obersten Ämtern der Kreis- und Provinzialverwaltung dominierte er noch immer. In den Ministerien und obersten staatlichen Behörden dagegen waren häufiger Männer aus Familien des Dienstadels oder Nobilitierte anzutreffen, weil man hier eher den Fachmann mit spezieller Ausbildung und Amtserfahrung benötigte. Die zunehmende Häufigkeit der Nobilitierung, durch die nicht nur geleisteter Dienst anerkannt, sondern gesellschaftlicher Umgang erleichtert werden sollte, zeigt allerdings, wie sehr das soziale Geltungs- und Ansehensgefüge noch durch den Adel bestimmt war.

Als Beweis dafür kann die nach dem Sturz Montgelas' 1817 in Bayern gebildete Regierung gelten. Das Außenministerium hatte Alois Graf v. Rechberg-Rothenlöwen, das Innenministerium Sigismund Graf von Thürheim, das Finanzministerium Max Freiherr von Lerchenfeld inne. Ohne Portefeuille gehörte der Präsident des bayerischen Reichsrats, Feldmarschall Fürst Wrede dem Ministerium an. Der Generaldirektor des Innenministeriums, Georg Friedrich von Zentner, der wenige Jahre später den Rang eines Staatsministers erhielt, war zwar bürgerlicher Herkunft, einst Professor des Staatsrechts, aber schon 1792 geadelt und 1819 in den Freiherrenstand erhoben worden. Unter den badischen Ministern der frühkonstitutionellen Zeit finden sich die Freiherren von Reitzenstein, Marschall von Bieberstein, von Berstett, von Blittersdorf. Die Bürgerlichen Ludwig Georg Winter und Karl Friedrich Nebenius, beide Juristen, haben sehr viel längere Anlaufzeit bis zum Amt des Innenministers gebraucht. In Württemberg gehörten zu den wichtigsten Ministern die Freiherren von Wangenheim und von Maucler, die Grafen Wintzingerode und Beroldingen. Ähnliche Beobachtungen lassen sich in anderen deutschen Staaten machen. Unter den preußischen Staatsministern von 1841 bis 1848 findet sich nicht ein einziger Nichtadeliger; allerdings kamen etliche aus dem Dienstadel. Wie wenig jedoch schnelle Schlüsse von der sozialen Herkunft auf die politischen Ziele der einzelnen gestattet sind, dafür kann der Minister Ludwig Hassenpflug in Kurhessen als Beispiel gelten: ein Bürgerlicher ultrakonservativer Haltung!

Bemerkenswerter noch ist die starke Repräsentanz des Adels auf den Landtagen.[23] Im Zweikammernsystem des süddeutschen Frühkonstitutionalismus ist ihm z. T. eine doppelte Vertretung eingeräumt worden. In Bayern, Württemberg und Baden gehörten der ersten Kammer neben den Prinzen der Dynastie die Häupter der mediatisierten fürstlichen und gräflichen, also der »standesherrlichen« Familien, ferner vom Monarchen berufene Mitglieder an, unter denen stets zahlreiche Adelige gewesen sind. In Baden mußten der ersten Kammer acht Abgeordnete des grundbesitzenden Adels angehören. In den gewählten 2. Kammern nahmen in Bayern die adeligen Gutsbesitzer ein Achtel der Sitze ein, wobei ihr parlamentarischer Einfluß durch enge Verbindung mit den Vertretern des Klerus und denen der nichtadeligen Landeigentümer (die die Hälfte der Sitze innehatten) erheblich verstärkt wurde. Ähnlich in Württemberg, wo gut 12 % der Sitze in der 2. Kammer den Vertretern des ritterschaftlichen Adels zukamen – eine um so bemerkenswertere Tatsache, als dem durch erfolgreichen Widerstand gegen den fürstlichen Absolutismus berühmt gewordenen alten württembergischen Landtag keine Vertreter des Adels angehört hatten. In Baden dagegen fehlte der Adel in der 2. Kammer; ihre Mitgliedschaft war rein bürgerlich und bäuerlich zusammengesetzt, was zweifellos als eine Voraussetzung dafür angesehen werden darf, daß der badische Landtag zur wichtigsten Plattform für den Liberalismus in Deutschland vor 1848 geworden ist. In Hessen-Darmstadt gehörten 6 der 50 Abgeordneten dem grundbesitzenden Adel an, die in vielen Vertretern des nichtadeligen ländlichen Besitzes politische Gesinnungsgenossen fanden.

In Hannover war es nach dem Verfassungspatent von 1819 bei einer Ständeversammlung geblieben, in der der Adel die 1. Kammer bildete, während die 2. Kammer aus Vertretern der Städte bestand. In Braunschweig dagegen gab es nach dem Aufstand von 1830 gemäß der Neuen Landschaftsordnung von 1832 nur eine Kammer, in der dem Adel als Stand keine Sitze mehr zustanden, da die gewählten Vertreter die Gesamtheit der Landeseinwohner repräsentierten. Auch Kurhessen hatte nach der Verfassung von 1831 nur eine Kammer, der allerdings auch die Prinzen des kurfürstlichen Hauses, die Chefs der standesherrlichen Familien und einige Abgeordnete des ehemaligen Reichsadels und der Ritterschaft angehören mußten. In Sachsen wiederum sah die Verfassung von 1831 zwei Kammern vor; in der ersten nahmen die Rittergutsbesitzer zwei Fünftel der Sitze ein, in der zweiten noch einmal ein Viertel. – In Preußen, wo eine gesamtstaatliche Repräsentation bis 1848 nicht zustande kam, waren die 1823 gesetzlich angeordneten Provinzialstände Stände im herkömmlichen Sinne, also Vertretungen der Interessen des allein wahlberechtigten Grundbesitzes, wobei der Ritterschaft die Hälfte, den Städten ein Drittel, den Bauern ein Sechstel der Sitze zugewiesen waren; hinzu kamen Virilstimmen für die Standesherren. Von insgesamt 584 Deputierten der preußischen Provinzialstände gehörten 278 dem Grundadel an; hinzu kamen 124 Vertreter des bäuerlichen Grundbesitzes, in der großen Mehrzahl wohlhabende Landwirte, worin insgesamt der noch ganz überwiegende agrarische Charakter Preußens Ausdruck fand.

Zwei Feststellungen drängen sich auf: Die erste knüpft an den soeben gegebenen Überblick an. Der deutsche Adel hat sich – um seiner Besitzstanderhaltungsinteressen willen, aber auch auf Grund seiner Herrschaftserfahrung und des verschärften Oppositionsbewußtseins gegen wachsende Verstaatlichung und Bürokratisierung – mit Erfolg bemüht, seinen Einfluß auch in den neuen Institutionen zur Geltung zu bringen. Dabei konnte er auch auf die Seite des Liberalismus treten. Heinrich Freiherr von Gagern war Sprecher der Liberalen in der hessen-darmstädtischen 2. Kammer und ist eine der großen Gestalten der Paulskirche geworden.[24] Johann Adam von Itzstein führte in der zweiten badischen Kammer den radikalen Flügel. Älteres adeliges Freiheitsbewußtsein konnte in die modernen Formen parlamentarischer Opposition eingehen. Auch außerhalb der Kammern gab es politisch liberal gesinnte Adelige, selbst unter Standesherren und ostpreußischen Landedelleuten. Die Fürsten Friedrich zu Solms-Laubach und Ludwig zu Solms-Lich können als deutsche Whigs bezeichnet werden und die Brüder v. Schrötter aus Ostpreußen als aufgeklärt-liberale Reformanhänger. Die 1847 im preußischen Vereinigten Landtag in Erscheinung tretenden westfälischen Landräte v. Vincke[25] und v. Bockum-Dolffs verkörperten überzeugend den frühen, unideologischen, noch vor-parteiischen Liberalismus, in dem sich personales und regionales Selbständigkeitsbewußtsein mit nationalem Denken verbinden konnte. Auch die Vorstellung, daß der Adel verpflichtet sei, am politischen Leben Anteil zu nehmen, konnte – wie bei den Brüdern von Gagern und schon bei ihrem Vater[26] – starker Impuls sein.

An der Kontinuität adeliger Macht und adeligen Einflusses kann also nicht bloß die Fortdauer älterer gesellschaftlicher Strukturen abgelesen werden; sie war auch das Ergebnis des politischen Engagements des Adels unter veränderten Verhältnissen. Keine andere soziale Gruppe hat noch im 19. Jahrhundert so viele Amts-, Funktions- und Rangträger im Militär, in Relation zu ihrer Zahl auch im öffentlichen Dienst, gestellt wie der Adel. Verständlich, daß er überzeugt war, für seine Leistung gebe es keinen Ersatz und die Gesellschaft bedürfe des Adels. In romantischer Version findet sich diese Anschauung bei Friedrich Leopold Graf Stolberg, der 1816 schrieb, die »Idee des Adels« beruhe, »wie alles, was groß ist im Menschen, auf Aufopferung des Geringeren, um das Höhere zu ergreifen. Der Adel muß entsagen jedem kaufmännischen und niedrigen Gewerbe. Drei Bestimmungen wurden ihm gegeben: veredelter Landbau [...]; Staatsverwaltung; Verteidigung des Vaterlandes«.[27] In der Tat hat der Adel in diesen drei Bereichen lange eine quantitativ dominierende, immer weniger allerdings eine exklusive oder gar eine fachlich führende Rolle gespielt. In der Landwirtschaft drangen rationale Agrartechnik und kapitalistische Betriebs- und Arbeitsorganisation vor, die von adeligen Grundbesitzern zwar nicht selten früher aufgenommen wurden als von bäuerlichen, aber ihren herrschaftlichen Traditionen nicht eigentlich entsprachen und sie im Prinzip zu »bürgerlichen« Unternehmern machten. Mochte der innere Widerspruch zwischen marktorientierter Getreideproduktion mit zunehmender Lohnarbeit einerseits und rechtlich-politischer Vorrangstellung der ostelbischen Rittergutsbesitzer andererseits lange Zeit kaum spürbar sein – je mehr die letztere abgebaut wurde und je krasser auch adelige Gutsbesitzer unter dem Druck agrarischer Absatzkrisen im letzten Drittel des 19. Jahrhunderts interessenpolitisch agierten, um so offener trat er hervor.

Das Recht des Adels auf Erhaltung seiner Standesqualität, selbst die politische Notwendigkeit der Existenz eines Adelsstandes ist auch von Nichtadeligen mit unterschiedlichen Argumenten verfochten worden. An Montesquieu anknüpfend sahen die einen in ihm den »Mittelstand«, der Despotismus verhindert und wahre Monarchie ermöglicht; andere erblickten in ihm den Garanten für geschichtlich gewordene soziale Ordnung. »Der Adel ist also die erste und einzig notwendige staatsrechtliche Institution im Staate«, behauptete Adam Müller in seinen *Elementen der Staatskunst* (1809); »er repräsentiert, den einzelnen Menschen und ihrer augenblicklichen Macht gegenüber, die Macht und die Freiheit der unsichtbaren und der abwesenden Glieder der Gesellschaft«.[28] In Ludwig Tiecks Novelle *Die Ahnenprobe* von 1833 findet sich der Satz: »Der Adel, der angeerbte, ist von allen Einrichtungen die mildeste, um das Wohlbefinden der unteren Stände möglich zu machen.«[29] Und das konservative *Berliner Politische Wochenblatt* hat in dem Bemühen um eine ständisch-konstitutionelle Monarchie den »wahren« Adel von der »Aristokratie des Geldes« scharf abgehoben.[30] Auf der anderen Seite verlangten die gemäßigten Liberalen, die eine Vertretung des »aristokratischen Prinzips« im Staate gleichwohl für nötig erachteten, einen verbesserten Adel – sei es, daß sie hinter den Feudalismus als Verfallserscheinung auf die angebliche »alte, echte deutsche allgemeine Nobilität aller freien Vollbürger« zurückgriffen (so Carl Theodor Welcker 1834),[31] sei es, daß sie wie Paul Achatius Pfizer 1842 sich einen »verfassungsmäßigen und gesetzlichen Adel neben dem monarchischen Staatsoberhaupt« vorstellten. Dieser sollte nicht nur »ein bloßer Adel der Vernunft«, sondern könne auch »ein Adel des Verdienstes und der Talente oder der persönlichen Würdigkeit, ein Adel des Geld-

oder Grundbesitzes, ja sogar in der Volksvertretung selbst enthalten sein [...], so daß das aristokratische Element in die Vertreter des dem Volke vorbehaltenen Teils der Staatsgewalt unmittelbar gelegt wird«.[32] Nur auf dem Flügel der Demokraten, Jungdeutschen und Junghegelianer lehnte man den Adel völlig ab, weil aristokratisches und demokratisches Prinzip miteinander unvereinbar seien und – wie Heinrich Heine 1832 sagte – »alle Konstitutionen, selbst die beste«, nicht helfen könnten, »so lange nicht das ganze Adeltum bis zur letzten Wurzel zerstört ist.«[33]

In den zitierten – und vielen anderen – Voten zur Notwendigkeit einer Vertretung des aristokratischen Prinzips, zur Reform oder Erweiterung des Adels oder zur Schaffung einer neuen, auf Besitz, Bildung, Verdienst und Geburt gegründeten Aristokratie kam nicht nur Sorge vor Demokratie oder Cäsarismus zum Ausdruck, sondern auch Einsicht in die noch vorhandene Bedeutung des Adels für das politische Leben: Er war ein wesentlicher Bestandteil der Verfassungswirklichkeit weit über jeden Verfassungstext hinaus.

## IV

Die zweite Feststellung bezieht sich auf die soziokulturelle Vorherrschaft und Überlegenheit des Adels auf dem Lande, im Militär, in hohen Behörden und an den Höfen. Im Auftreten der Angehörigen vor allem des alten Adels, in ihrem Umgang mit Menschen anderer sozialer Herkunft äußerte sich, bewußt oder unbewußt, die Gewöhnung des Herr-Seins und des Lebens aus Traditionen.[34] Auch nach der Aufhebung der Erbuntertänigkeit, wenn die Inhaber von Kleinstellen zu Landarbeitern wurden, änderte sich im konkreten, alltäglichen Verhältnis zwischen Gutshof und Dorf, zwischen Gutsherrn und Bauern fast nichts. In den preußischen Ostprovinzen, wo die vorgesehene Land-Gemeindereform bis in die 1850er Jahre gegen den altständisch-konservativen Widerstand nicht durchgesetzt werden konnte, behielten die Gutsherren, obwohl nun nur private Grundeigentümer, in den Landgemeinden und den selbständigen Gutsbezirken die Polizeigewalt, das Kirchenpatronat und oft auch die niedere Gerichtsherrschaft. Damit erhielt sich das alte Verständnis zwischen dem Gutsherrn einerseits, dem Schultheißen, Pfarrer und Lehrer andererseits. Die Strukturen der Autorität waren tief in das Bewußtsein der Menschen eingegangen, so daß sie in ihrer Alltäglichkeit denjenigen, die nie aus dieser Welt heraustraten, wie natürlich erschienen. Die adeligen Gutsherren erwarteten Gehorsam als Obrigkeit, Anerkennung als Herren, als Vertreter eines anderen Standes, einer anderen kulturellen Welt mit exklusivem Verhaltenskodex, besonderer Ehrauffassung und überlokaler Kommunikation. Mochte die Weltkenntnis des Landjunkers faktisch nicht größer sein als die seines Pastors und seine Bildung erheblich geringer, so gehörte er doch zu den Höhergestellten, den Herrschenden. Die Jagd als adeliges Vorrecht und Vergnügen mit elaboriertem Ritual, die besonderen

Kirchenstühle, das ganze Titelwesen, die Protektorenrolle von Adeligen in Vereinen und bei Festen sind nur einige Beispiele für das ständige Inerscheinungtreten adeligen Vorrangs. Wo Adelige mit Nichtadeligen dienstlich zusammentrafen, entstand nur ausnahmsweise ein engerer und dauerhafter gesellschaftlicher Umgang. Man hielt auf Distanz und blieb, auch in Städten, im wesentlichen unter sich, wobei allerdings hier der Unterschied zwischen altem grundbesitzendem Adel, Dienstadel und Nobilitierten zwar nicht verschwand, aber weniger Bedeutung hatte. Im hochkonservativen Kreis um Friedrich Wilhelm IV. stammten die Brüder Gerlach aus einer Familie des preußischen Dienstadels, Josef Maria von Radowitz aus ungarischem katholischem Adel, Anton Graf Stolberg-Wernigerode aus uradeligem Geschlecht, Friedrich Julius Stahl war Professor der Rechtswissenschaft! Solches Aneinanderrücken durch dienstliche Aufgaben oder gemeinsame politische und ideologische Ziele wurde häufiger, und Bildungsanforderungen und Laufbahnvorschriften führten zu vermehrten Kontakten – vom Gymnasium über die Universität bis zum Beruf. Dennoch blieben grobe und feine Unterschiede bestehen. Manche studentischen Verbindungen waren fast exklusiv adelig und ließen die Aufnahme eines Nichtadeligen als Ausnahme und Gunst erscheinen; Adelige avancierten im Verwaltungsdienst oft schneller und wurden für eine Reihe von höheren Stellen mit repräsentativen Funktionen bevorzugt; in der Hofrangordnung nahmen sie einen uneingeschränkten Vorrang ein; im Militär stellte sich das Adelsmonopol auf Offiziersstellen – zumindest bei den Linientruppen – weitgehend wieder her, nachdem zu Beginn des 19. Jahrhunderts eine Öffnung für die bürgerlichen Mittelschichten stattgefunden hatte.

Gewiß kann von einer »Verbürgerlichung« des Adels im Hinblick auf seine Anpassung an generelle »bürgerliche« Leistungsnormen und Ausbildungsgänge gesprochen werden. Es läßt sich auch behaupten, daß ein größerer Teil des Adels als im 18. – und dann wieder in der zweiten Hälfte des 19. Jahrhunderts – aktiv an der intellektuellen und literarischen Bewegung der Zeit teilnahm, die entscheidend von den bürgerlichen Gebildeten getragen und durch ihre individualistischen und idealistischen Leitvorstellungen beherrscht war. Darüber hinaus aber fand eine »Verbürgerlichung« doch kaum statt. Zwar wurde die Berührungszone zwischen bürgerlichen Gebildeten und beamtetem Adel breiter; die soziale Exklusivität des Adels aber blieb eine Tatsache, die zwar oft kritisiert, im allgemeinen jedoch hingenommen wurde, auch von den bürgerlichen Gebildeten. Für sie war der Eintritt in eine reiche, selbständige Bourgeoisie, die es im vor- und frühindustriellen Deutschland ohnehin nur an wenigen Stellen gab, noch weniger möglich als in das höhere Beamtentum, wo schließlich Nobilitierung in Aussicht stand.

Tocqueville hat im Blick auf den französischen Adel im 18. Jahrhundert davon gesprochen, daß dieser, nachdem er seine politische Macht schon früher einbüßte, auch den beherrschenden Einfluß auf die Meinungen, auf die Ideen und auf die Schriftsteller und damit einen wesentlichen Teil seiner

Herrschaft, nämlich sein Ansehen, verloren. Nur weil der Platz, den er einst im »gouvernement des esprits« eingenommen habe, leer gewesen sei, hätten die Schriftsteller ihn besetzen können.[35] Diese Analyse läßt sich auf Deutschland im frühen 19. Jahrhundert nur bedingt übertragen. Seit dem späten 18. Jahrhundert hatte hier der Adel ebenfalls seinen Einfluß auf die Meinungs- und Ideenentwicklung zunehmend verloren, war jedoch längst nicht in dem Maße beiseite gedrängt worden wie die französische Aristokratie. Weder hatte er, auch unter absolutistischem Regime, seine Macht in vergleichbarer Weise eingebüßt, noch hatte er einen Tiers État als Rivalen. Gleichwohl ist auch hier die Kluft zwischen politischer Macht und sozialem Einfluß einerseits, kultureller und ökonomischer Bedeutung andererseits zunehmend bewußt geworden. Sie hat 1848 – damit kehre ich zum Ausgangspunkt zurück – auch viele Gemäßigte davon überzeugt, daß der Adel keine Zukunft mehr habe oder haben sollte. Selbst Jacob Grimm meinte, der Adel müsse aussterben,[36] und in Hannover setzten die keineswegs radikalen Vertreter der 2. Kammer in der Kommission für die Ausarbeitung der Antwortadresse der Ständeversammlung auf die Thronrede im März 1848 die Forderung nach »Aufhebung der Vertretung des Adels als solchen in der allgemeinen Ständeversammlung sowie die Aufhebung aller Vorzüge der Geburt für den Adel unbeschadet der Privatrechte« durch.[37]

## V

Forderungen dieser Art aber schossen weit über die Realität der Machtverhältnisse in Deutschland hinaus. Noch war der Adel zwar nicht mehr der alleinige, aber doch – aufs Ganze gesehen – der vorherrschende politische Stand. Der Versuch der Mittelschichten, ihn aus dieser Rolle zu verdrängen, lief sich bald fest – allerdings weniger am Widerstand des Adels als vielmehr an dem der Monarchen und an ihren militärischen, polizeilichen und administrativen Apparaten, an der Sorge der besitzenden und gebildeten bürgerlichen Schichten vor dem Radikalismus und an der Gleichgültigkeit der breiten Massen, vor allem der ländlichen Bevölkerung, gegenüber liberalen und demokratischen Zielen. Noch spielten ältere ständische, regionale und obrigkeitliche Strukturen eine erhebliche Rolle in der deutschen politischen Kultur. Es wirkte sich aus, daß im Zuge der Restauration die Verbindung zwischen Adel und Monarchie sich erneut befestigt hatte, daß der Adel in Deutschland noch nicht so funktionslos und diskreditiert war, um leicht beseitigt werden zu können, und daß die bürgerlichen Mittelschichten politisch noch nicht geschlossen und stark genug waren, den Übergang zur monarchie bourgeoise zu erzwingen. Es blieb nach 1848 bei der konstitutionellen monarchie bureaucratique, in deren Funktionssystem der Adel wesentliche Elemente seiner sozialen Vorrangstellung und seines politischen Einflusses bewahrte.

# *Aufklärung und Reformzeit*

## Kontinuitäten und Neuansätze in der deutschen Politik des späten 18. und beginnenden 19. Jahrhunderts

### I

Die Diskussion um das Ausmaß des Wandels, der um 1800 in Europa bzw. in der atlantischen Welt stattgefunden hat und in dem das entstanden ist, was oft die »moderne Welt« genannt wird, hat bis heute nichts an Aktualität verloren. Ebensowenig die Debatte um Verlauf, Tiefenwirkung und besonderen Charakter der Veränderungen, die um diese Zeit in Deutschland stattgefunden haben. Als ein Reflex der Schwierigkeit der Deutung dieser Zeit können die Bemühungen gelten, eine überzeugende, sachnahe Periodisierung der deutschen Geschichte vom 18. zum 19. Jahrhundert zu finden. Ein der großen Revolution in Frankreich vergleichbares, zumindest annähernd tief einschneidendes Ereignis läßt sich für sie nicht benennen. Dennoch drängt sich die Frage auf, ob nicht die Revolution im Nachbarland weitreichende Auswirkungen auf den Raum des Alten Reiches gehabt hat, die es berechtigt erscheinen lassen, 1789 als Epochendatum auch in der deutschen Geschichte anzuerkennen? Tatsächlich aber war es nicht die Ausstrahlung der Revolution, nicht einmal ihr expansiver Ausgriff bis zum Rhein, der das Gebäude des Reiches zum Einsturz brachte, sondern erst die Intervention Napoleons in Mitteleuropa. Das deutsche ancien régime endete 1803–1807 mit der Säkularisation der geistlichen Staaten und der Mediatisierung der Reichsgrafschaften, der Reichsstädte und der Reichsritterschaft, mit der Begründung des Rheinbundes und der Auflösung des Reiches, mit der Katastrophe Preußens und der Begründung napoleonischer Satellitenstaaten.

Andererseits muß festgestellt werden, daß in den größeren Rheinbundstaaten nun erst ein absolutistisches Regiment zur Ausbildung gelangte. Jetzt erst setzten sich hier Forderungen und Grundsätze aufgeklärter Reformpolitik durch. Mehr noch: Über das Neuordnungswerk des Wiener Kongresses hinaus lassen sich starke Kontinuitäten, auch in staatlichen und ständischen Institutionen, feststellen. Endete das deutsche ancien régime nicht doch erst 1848, mit der »Deutschen Revolution«, die zwar als nationales Einigungs- und Verfassungswerk scheiterte, aber doch in Preußen und Österreich den Übergang zum Konstitutionalismus brachte und allgemein das politische Bewußtsein in Deutschland tief veränderte? Oder muß umgekehrt betont werden, daß das ancien régime auch in Deutschland schon im späten 18. Jahrhundert in der Auflösung begriffen und dieser Prozeß durch die Auswirkungen der Französischen Revolution, das Weiterdrängen von Reformen in demokratische Richtung durch den Bonapartismus behindert wurde? Muß nicht überhaupt die Zeit der aufgeklärten Reformen seit dem Ende des Siebenjährigen Krieges und die der Staatsreformen des beginnenden 19. Jahrhunderts in Deutschland bis 1815 oder 1819 oder 1830 unter dem Aspekt des Zusammenhangs und der Kontinuität gesehen werden? Damit würde man sich von der politischen und Institutionengeschichte her älteren Periodisierungsvorschlägen der deutschen Literatur- und Geistesgeschichte annähern, die die Zeit vom Sturm und Drang bis zu Goethes und Hegels Tod als eine Großepoche zusammenfaßten, welche Klassik und Romantik, kritischen Idealismus und Neuhumanismus übergriff.

Allen Periodisierungen liegen bestimmte Annahmen zugrunde; sie bringen Optionen zum Ausdruck, die sowohl begründbar als auch bestreitbar sind. Denn alle Periodisierungen sind nachträgliche Rationalisierungen, die den Ablauf des geschichtlichen Prozesses zu strukturieren und die Fülle der Geschehnisse und Zusammenhänge begrifflich zu fassen versuchen. Da der Prozeß der Geschichte in den verschiedenen Bereichen des gesellschaftlichen Lebens nicht synchron verläuft, läßt sich eine politikgeschichtliche nicht ohne weiteres mit einer wirtschafts- oder literaturgeschichtlichen Periodisierung gleichschalten. Man müßte schon weit abstrahieren und sehr allgemeine Gliederungskategorien zugrundelegen, wenn man eine allgemeingültige Periodisierung vornehmen wollte, also z. B. – was oft geschehen ist und in der europäischen Überlieferung hohe Dignität besitzt – in Jahrhunderten denken. In der Tat assoziieren sich mit den einzelnen Jahrhunderten relativ konkrete Vorstellungen. Gerade im Hinblick auf die deutsche Geschichte aber hat sich immer wieder das Bedürfnis eingestellt, zwischen dem achtzehnten und dem neunzehnten Jahrhundert eine Epoche sui generis anzusetzen, sowohl in Bezug auf die politische und Geistesgeschichte als auch auf die Bewußtseins- und Sozialgeschichte. Dieser Epochenansatz liegt auch nicht außerhalb europäischer Vergleichbarkeit; ihm muß also keineswegs die Absicht unterstellt werden, die These vom »deutschen Sonderweg« zu stützen.

## II

Im folgenden geht es um den Nachweis, daß es in Deutschland vom 18. zum 19. Jahrhundert starke personelle, ideelle und institutionelle Kontinuitäten gegeben hat.[1] Diesen Befund auf eine fehlende Revolution zurückzuführen, bliebe an der Oberfläche der Erklärung. Auch in Frankreich hat die Revolution nicht, wie ihre Protagonisten meinten, völlig neue Verhältnisse geschaffen, sondern – worauf Tocqueville entschieden hingewiesen hat – eine langfristige institutionelle Entwicklung fortgesetzt, ja gesteigert. »Unsichtbare, aber fast allmächtige Bande verknüpfen die Ideen eines Jahrhunderts mit denen des voraufgegangenen, die Vorliebe der Söhne mit den Neigungen der Väter«, heißt es in Tocquevilles 1836 niedergeschriebenem Essay »État social et politique de la France avant et depuis 1789«. Er fährt fort: »Eine Generation mag wohl den voraufgegangenen Generationen den Krieg ansagen, aber es ist leichter, sie zu bekämpfen als ihnen nicht zu gleichen. Man kann also schwerlich über eine Nation in einer bestimmten Zeit sprechen, ohne zu sagen, was sie ein halbes Jahrhundert zuvor gewesen war.« Und am Ende des Durchgangs durch ein halbes Jahrhundert resümiert er: »Wenn wir jetzt das Buch der Geschichte schließen und [...] dazu übergehen, uns anzuschauen, was diese Zeit hervorgebracht hat, so bemerken wir, daß sich ungeheure Veränderungen vollzogen haben. Aber *unter* allen diesen neuen und unbekannten Dingen erkennen wir leicht die gleichen charakteristischen Züge, die uns ein halbes Jahrhundert zuvor aufgefallen waren. Man übertreibt also im allgemeinen die durch die französische Revolution hervorgebrachten Wirkungen.«[2] – »Ungeheure Veränderungen« vollzogen sich um 1800 auch in Deutschland, wenngleich anderer Art, auf andere Weise und mit anderen Ergebnissen. Französische Besetzung und Verwaltung auf dem linken Rheinufer für mehr als zwanzig Jahre, Beseitigung der geistlichen Staaten, Säkularisation geistlichen Besitzes, Liquidation der Landeshoheit von Reichsrittern und Reichsgrafen, also Herrschaftswechsel in zahlreichen Fällen, Auflösung des Reiches, Aufhebung der Reichsgerichte und des Reichstags, Kriege, Grenzveränderungen, Besatzungen, Regierungs- und Verwaltungsreformen, Veränderungen im Rechts- und Schulwesen, in der Militär- und Kirchenorganisation – das alles zusammen bewirkte im Laufe eines Vierteljahrhunderts ein Maß an Umgestaltung, das allenfalls mit den tiefreichenden Veränderungen in der ersten Hälfte des 16. Jahrhunderts verglichen werden kann. Eine Umgestaltung, die auch durch das Wiederherstellungswerk des Wiener Kongress nicht rückgängig gemacht wurde![3]

Gewiß haben die Menschen in Deutschland diese Veränderungen auf unterschiedliche Weise erlebt, je nachdem sie, direkt oder indirekt, als engagierte Beobachter, als Reformfreunde oder als Anhänger des Alten betroffen waren. Alle aber standen unter dem Eindruck einer tiefen Krise der politischen Institutionen wie des politischen Bewußtseins, deren Ausgang die Betroffenen und Beobachtenden nicht abzusehen vermochten. Diese Ungewißheit wurde dadurch noch verstärkt, daß die Krise zu einem beträchtlichen Teil aus externen Anlässen hervorging, so daß sich den Deutschen das Gefühl aufdrängen mußte, politisch nurmehr Objekt der Politik großer europäischer Mächte, vor allem des napoleonischen Frankreich, darzustellen, und vom Verlust der politischen Identität bedroht zu sein.[4] Zugleich löste die Krise vielfältige, oft diffuse, oft widersprüchliche Erwartungen im Hinblick auf die Durchführung notwendiger Reformen, auf Modernisierung der deutschen politischen Verhältnisse aus, die, nachdem so viele der älteren Institutionen beseitigt waren oder sich aufgelöst hatten, ebenso dringend erschienen wie ihre Durchführung leichter geworden war. Denn wenn auch der Spielraum für selbständiges Handeln deutscher Regierungen während der napoleonischen Ära außenpolitisch eng beschränkt war, so war er in den vergrößerten Rheinbundstaaten wie auch in Preußen nach der Katastrophe von 1806/07 innenpolitisch größer als zuvor – in mancher Hinsicht größer als später, nachdem sich die Verhältnisse konsolidierten und restaurative Kräfte wieder stärker hervortraten.

Gleichwohl sind bekanntlich das gesellschaftliche Gefüge und die innerstaatlichen Machtverhältnisse in Deutschland nicht in einer mit Frankreich vergleichbaren Tiefe verändert worden. Daß in Deutschland keine Revolution stattgefunden habe, hilft als Erklärung nicht weiter. Revolutionen müssen nicht eintreten; es gibt keinen Entwicklungsmechanismus, der Revolutionen vom Typ der französischen verlangt. Richtiger ist es, nach den politischen und sozialen Verhältnissen in Deuschland im späten 18. Jahrhundert und den ihnen innewohnenden Spannungen zu fragen[5] und festzustellen, welche Reformideen und -potentiale es um 1800 gab.

## III

Daß die politischen und auch die sozialen Verhältnisse in Deutschland in erheblichem Maße verbesserungsbedürftig seien, war im 18. Jahrhundert, insbesondere in seinem letzten Drittel, communis opinio zumindest unter den Gebildeten, wobei im einzelnen unterschiedliche Meinungen über den Umfang, den Weg und die Mittel, über die Ziele und die Gefahren bestanden, zumal die Chancen für Reformen in den einzelnen deutschen Territorien sehr verschieden beurteilt werden mußten. Niemand dachte an die Auflösung des Reiches, das spätestens seit 1648 eine Art Dachverband mehr oder weniger selbständiger Staaten oder staatlicher Gebilde war; daß aber die Reichsgerichte, insbesondere das Reichskammergericht, das Reichsmilitär- und -verteidigungswesen der »Verbesserung« bedurften, wurde von niemandem bestritten. Vielfach wurde eine Stärkung der kaiserlichen Exekutivgewalt, eine erhöhte Funktionsfähigkeit des Reichstags und der Reichskreise gefordert. Reichsjuristen wie Pütter und reichspatriotische Schriftsteller wie der jüngere Moser glaubten noch immer an die Möglichkeit einer Reform des Reiches im Rückgriff auf seine einstigen Funktionen. Ihren Vorstellungen standen diejenigen nahe, die – wie Spittler oder Häberlin – von der Erneuerung der landständischen Vertretungen und ihrer Umwandlung zu echten Repräsentationen des ganzen Landes eine politische Reform in den einzelnen Staaten, vor allem die Verhinderung willkürlichen, auf militärische Gewalt gestützten despotischen Regiments, dagegen eine stärkere »Teilnahme« der Bürger am Staate erwarteten.

Dem stand das andere Reformkonzept einer aufgeklärten Regierung unter einem mit uneingeschränkter Gewalt ausgestatteten, selber aufgeklärten

Monarchen gegenüber.[6] Seine Verfechter – zu ihnen gehörten die Männer des preußischen Allgemeinen Landrechts ebenso wie die Österreicher Sonnenfels und Beck – nahmen an, daß in solchem System optimale Chancen für Reformen auf dem Wege der Gesetzgebung, der Verwaltung und der öffentlichen Erziehung gegeben seien. Reform wurde von ihnen ganz als Veranstaltung »von oben« verstanden: als Ergebnis vielfältiger vernünftiger Maßnahmen, die zum Nutzen des Ganzen, damit auch zum Wohle aller Einzelnen, selbst gegen ihren unvernünftigen Widerstand, durchgesetzt werden müssen und dürfen, weil sie im Prinzip die Zustimmung der vernünftig Denkenden finden, ohne daß jedoch diese Zustimmung formal notwendig ist. Notwendig dagegen ist die freie kritische Diskussion, in der sich politische Bewußtseinsbildung entfaltet, deren legitime Träger die gebildeten Schriftsteller, die Pfarrer, Lehrer, Beamten sind.

Obwohl diese Reformkonzeption eng mit der Aufklärung verknüpft war, besaß sie ihren Ursprung nicht in ihr. Verbesserung der Justiz, der Moral und des Arbeitsfleißes, Überwindung von Armut, Stärkung der Wirtschaft, Erhöhung der staatlichen Einkünfte und Modernisierung der Heeresorganisation strebten schon patriarchalisch und absolutistisch regierende Fürsten an, sei es unter dem Einfluß frommer Amtsauffassung oder im Sinne kameralistischer Verwaltungslehre oder auch nur im Interesse der Machtsteigerung. Solche Politik lag im Zuge der Rationalisierung des Staatsapparates, die ansatzweise in allen frühmodernen Staaten Europas zu beobachten ist. In Deutschland bestanden dafür besonders gute Voraussetzungen, denn in manchen Staaten waren die Landstände schwach entwickelt oder fehlten ganz; viele Städte hatten den Wohlstand und die Unabhängigkeit verloren, die sie im 16. Jahrhundert besaßen; das Landeskirchenwesen stützte die Macht der Landesherren. Auch der Regenteneifer mancher Fürsten darf nicht unterschätzt werden. Der »teutsche Fürstenstaat«, wie Seckendorff ihn beschrieben hatte, das Modell des wohlgeordneten »Polizei«-Staates unter wohlwollender Obrigkeit, ist nicht nur Theorie gewesen.[7]

Oft freilich blieb die Praxis eng, bevormundend und pfennigfuchserisch, erreichte keine Stetigkeit, wurde behindert durch Verschwendung oder scheiterte an zu geringen Mitteln und fehlendem Personal für die Durchführung. Es gibt keinen Grund, die Politik der inneren »Staatsbildung« (O. Hintze) zu idealisieren. Für die Entwicklung des modernen Staates mit seiner umfassenden Gesetzgebungs- und Verwaltungskompetenz ist sie gleichwohl grundlegend wichtig gewesen und hat die politische Mentalität der Regierenden wie der Regierten erheblich geprägt. Wuchs bei jenen die Neigung, Herrschaft nicht nur als Aufgabe und Recht der Erhaltung des Bestehenden, sondern auch der Gestaltung und Verbesserung zu verstehen, so bei diesen die Gewöhnung an administrative Kontrolle, Regulierung und Anleitung. Regierung und Verwaltung – also »der Staat« – griffen zunehmend, permanent und direkt in das Leben der Untertanen ein.

War es also nicht erst der Staat der absoluten Monarchie oder gar des »aufgeklärten Absolutismus«, in dem diese Entwicklung anhob, so hat sie doch dort, wo der Anspruch der Monarchen auf absolutes Regiment erhoben und wirksam wurde, wesentliche Fortschritte gemacht. Anders gesagt: Die Aufklärung war keine notwendige oder gar hinreichende Bedingung für die Reformpolitik deutscher Regierungen in der zweiten Hälfte des 18. Jahrhunderts, sie hat jedoch für solche Politik neue Motive geliefert, das Bewußtsein für die Notwendigkeit von Veränderungen gestärkt und diesen eine neue Zielsetzung gegeben. Ohne daß die älteren Ziele staatlicher Machtsteigerung, im Innern wie nach außen, an Bedeutung zurücktraten, wandelten sich das Selbstverständnis von Regenten und Regierungen und der Stil ihrer Politik. Zunehmend wurden Gesetze und Verordnungen – keineswegs nur in werbewirksamer Anpassung an den »Zeitgeist« – mit dem Wohl des Ganzen, der Glückseligkeit der Bürger, der Menschenwürde begründet und dabei auf den Gesellschaftsvertrag, auf Menschenrechte und die Vernunft rekurriert. Regenten und Minister betonten ihren »patriotischen« Eifer und verlangten ihn auch von den Untertanen; sie legten Wert darauf, als »aufgeklärte« Männer in den Zeitungen und Zeitschriften gelobt und wegen Verbesserungen und Reformen, die sie veranlaßt oder zugelassen hatten, gefeiert zu werden. Aufgeklärte Monarchen wie Friedrich II., Joseph II., Karl Friedrich von Baden wurden als Beispiele hingestellt. Zumal nach dem Siebenjährigen Krieg fanden Gesetze und praktische Verwaltungsmaßnahmen, die aufgeklärten Grundsätzen entsprachen – oder doch so interpretiert werden konnten –, in der sich entfaltenden Publizistik der Zeit ein positiveres Echo als militärische Erfolge. Zwischen aufgeklärten Schriftstellern und der Verwaltung entwikkelte sich ein Verständnis, das in dieser Form nur möglich war, weil viele der Schreibenden selber Beamte waren oder nach Verbeamtung strebten. Sie beteiligten sich an der Kritik der bestehenden Verhältnisse und Verhaltensweisen, wobei sie in der Regel den eigenen Herrscher und das eigene Land ausnahmen, es allerdings in ihrer allgemeinen Kritik und auch in Lob und Tadel der Zustände in anderen Ländern indirekt mitmeinten. Die publizistisch tätigen Professoren, Juristen, Pfarrer, Verwaltungsbeamten des frühen Liberalismus im 19. Jahrhundert, die zum Teil in den Landtagen saßen, hatten ihre Vorläufer in den Aufklärungsschriftstellern des späten 18. Jahrhunderts.

## IV

Die bisher nur sehr allgemein angesprochene Kontinuitätsproblematik soll im folgenden (1.) unter personalgeschichtlichem, (2.) unter institutionsgeschichtlichem, (3.) unter ideengeschichtlichem und (4.) unter mentalitätsgeschichtlichem Aspekt näher erörtert werden.

1. Als die Auflösung des Reiches, die z. T. erheblichen Vergrößerungen der Rheinbundstaaten und der Zusammenbruch Preußens Staatsreformen

notwendig machten, wurden diese dadurch erleichtert und beschleunigt, daß die Männer, die sie in die Hand nahmen, schon bereitstanden.[8] Sie kamen nicht »aus dem Volke«; sie waren durchweg keine völlig »neuen Männer«, sondern hatten fast alle vorher Erfahrungen im Staatsdienst gesammelt, wenn auch meist nicht in Spitzenstellungen. Das gilt für Stein und Hardenberg, Scharnhorst, Frey und die Schrötters ebenso wie für Montgelas, Brauer, Reitzenstein, Georgii und andere. In den meisten Fällen waren sie während ihrer Ausbildung und ersten Tätigkeit mit aufgeklärten Reformvorschlägen und -forderungen, zum Teil schon mit einer – wenn auch begrenzten – reformpolitischen Praxis in Berührung gekommen. Das trifft für Gönner und Zentner, für Normann und Kretschmann, für Schmid, für Boyen und Süvern wie für viele andere zu.

Sowohl die leitenden Köpfe der Reform als auch ihre engeren Mitarbeiter, die durch Denkschriften, Ausarbeitungen und Durchführungsbestimmungen einen nicht immer leicht erkennbaren Anteil am Werk der Reform hatten, waren sozusagen vom »Bau«; sie hatten Beispiele der Regierungs- und Verwaltungsreform vor Augen und Anfänge mitgemacht. Das gilt insbesondere für Preußen, aber auch für Baden. Vor allem in Süddeutschland hatten die theresianischen und josephinischen Reformen in Österreich Eindruck gemacht, allerdings auch die Risiken forcierter Veränderungen bei relativ rückständigen Verhältnissen erkennen lassen.

Gewiß war – sieht man von Friedrich von Württemberg ab – der Beitrag der Herrscher an den Reformen im beginnenden 19. Jahrhundert geringer als im achtzehnten, was nur zum Teil im minderen Format der zu jener Zeit regierenden Monarchen eine Erklärung findet. Die politische Konstellation hatte sich gewandelt; monarchische Selbstherrschaft – als Anspruch wie als Wirklichkeit – war im Prinzip überholt; die Monarchen selber sahen Vorteile darin, für das Werk der Reform verantwortliche Minister heranzuziehen. Damit wurde ein wichtiger Schritt auf dem Weg zur Ministerialregierung getan, der praktisch allerdings nicht viel weiter als vom monarchischen zum bürokratischen Absolutismus führte. Denn die Reformen blieben fast ausschließlich das Werk von Beamten. Nur selten wurden outsider herangezogen. Das hat das Selbstbewußtsein der Beamten und die Stellung von Regierung und Verwaltung noch einmal gestärkt.

Selbstverständlich dürfen Stein, Hardenberg, Montgelas, Reitzenstein, Friedrich von Württemberg, Metternich nicht einfach der nachwirkenden Aufklärung zugerechnet werden – eher schon, mit Unterschieden im einzelnen, manche ihrer Mitarbeiter. Und ebenso selbstverständlich können ihre Reformmaßnahmen, vor allem im Bereich der Verwaltungsorganisation, nicht als unmittelbare Ausflüsse aufgeklärten Denkens begriffen werden. F. L. Knemeyer hat gewiß recht, wenn er schreibt, es sei verfehlt, »aus einer allgemeinen geistesgeschichtlichen Epochenvorstellung auf Organisationsmaßnahmen selbst schließen zu wollen«. Dennoch erscheint seine Feststellung überzogen: »Die Einordnung eines Reformers als ›Aufklärer‹ hat für den Gang der Reformen keinen Erkenntniswert. Sie dürfte vielmehr zumeist zu Fehlvorstellungen führen.«[9] Hier liegt offenbar ein doppeltes Mißverständnis vor: zum einen eine zu enge Vorstellung von dem, was die Aufklärung für den Denkstil, die Vorstellungswelt und die Praxisorientierung der Gebildeten bewirkt hat. Wenn auch die »Organisationsmaßnahmen«, die sie durchführten, an sich nicht auf die Aufklärung zurückgeführt werden können, so gingen sie doch mit einem durch die Aufklärung geprägten Bewußtsein an sie heran. Zum anderen ein zu enger Reformbegriff, der sich allerdings teilweise wohl aus der strikten Beschränkung Knemeyers auf »Regierungs- und Verwaltungsreformen« erklärt. Es läßt sich nachweisen, daß viele Reformer die einzelnen »Organisationsmaßnahmen« im Zusammenhang umfassenderer Staatsreform sahen und die stärkere Zentralisierung, die verbesserte Leistungsfähigkeit der Administration als Voraussetzung für aktives, erneuerndes und modernisierendes Regierungshandeln verstanden. Dies galt ebenso für die österreichische Staatsreform von 1748 wie für Steins Vorschläge zur Ablösung der Regierung »aus dem Kabinett« durch ein kollegialisches Ministerium schon vor 1806.

Insgesamt höher veranschlagt Knemeyer die Bedeutung des »staatswissenschaftlichen« Studiums und der Lektüre staatswissenschaftlicher Schriften für die »geistige Grundhaltung« der Reformer; dadurch sei eine »bestimmte Staatsauffassung« vermittelt worden, die als »Basis für den Aufbau entsprechender Organisationsformen« gedient habe, doch sei dadurch nur ein »allgemeines Ziel« angegeben worden.[10] Auch hier wird man differenzieren müssen. Die Ausbildung in Königsberg bei Kant und Kraus, in Göttingen bei Pütter und Spittler, an der Hohen Karlsschule in Stuttgart hat im Einzelfall zweifellos mehr bewirkt als allgemeine Zielangabe.

Um die Behauptung personeller Kontinuitäten zu unterstützen, seien einige zusätzliche Beobachtungen angemerkt. Im preußischen Staatskanzler Hardenberg läßt sich leicht der allmächtige Minister für Ansbach und Bayreuth wiedererkennen, zu dessen Mitarbeitern einige der späteren Reformer in den thüringisch-sächsischen Staaten gehörten. Höheren preußischen Beamten hat es offenbar keine Schwierigkeiten gemacht, nach 1807 in den Dienst des Königreichs Westfalen zu treten und im napoleonischen Verwaltungssystem weiterzuarbeiten, ja, Vorzüge an ihm zu erkennen. Relativ hohe Kontinuität läßt sich auch in Baden erkennen, obwohl Schlosser ausschied und der Markgraf sich zunehmend zurückzog. In Bayern, wo der Herrscherwechsel von 1799, und in Preußen, wo die Katastrophe von 1806/07 den Weg für personelle Veränderungen an der Spitze freimachten, hatten sich die Reformer im Heer und in der Verwaltung bereits zu Wort gemeldet.

Ob generell von einem »neuen Beamtentyp« gesprochen werden darf, der erst im Zuge der Reformen des beginnenden 19. Jahrhunderts geschaffen worden sei – so Knemeyer[11] –, bleibt zumindest fraglich. Gewiß war zur Durchführung dieser Reformen eine Beamtenschaft erforderlich, die bereit war, sich mit den Zielen des staatlichen Neuaufbaus zu identifizieren, sich hohen sachlichen wie funktionalen Anforderungen zu stellen. Neue bzw. ausgearbeitete Ausbildungs- und Laufbahnvorschriften sollten gewährleisten, daß Können und Verdienst anstelle von Herkunft und Konnexion über Beförderung entschieden; die Mißbräuche des Sportelwesens wurden abgestellt, die Kontrollen über die Amtsausübung verschärft. Die Ansätze dafür aber waren schon früher gelegt, die Prinzipien eher formuliert worden. (Und die Ausführung neuer Bestimmungen blieb auch nach der Reform noch oft hinter den erklärten Zielen zurück.)

2. Institutionelle Kontinuitäten lassen sich besonders deutlich in Österreich und in Preußen erkennen. In diesen, aus historisch zum Teil sehr unterschiedlich geprägten Ländern zusammengefügten Staaten hatte die Tendenz zur Zentralisierung auf der obersten Verwaltungsebene schon im 18. Jahrhundert zu umfassend angelegten, wenn auch nur begrenzt erfolgreichen Organisationsmaßnahmen geführt, die für andere Staaten zum Beispiel geworden sind. Dafür kann das von Eberhard Weis ans Licht gezogene sog. »Ansbacher Memoire« Montgelas' von 1796 als Beleg dienen.[12] Mit Recht sagt Weis, daß jede »ernsthafte Reformdenkschrift« dieser Zeit ihre Vorgänger im 18. Jahrhundert gar nicht ignorieren konnte.[13] Selbstverständlich sind im Einzelfall die besonderen Bedingungen des Staates und der Stunde zu beachten. Während das Stein'sche Konzept von 1808 bereits die Überwindung überzogener Zentralisierung der Regierungsgewalt beabsichtigte, stand bei den Reformen der vergrößerten Rheinbundstaaten Zentralisierung noch ganz im Vordergrund. Oder auch, insbesondere in Württemberg, die Ausschaltung ständischer Mitregierung und Ämterbesetzung. Für Württemberg, in begrenzterem Maße auch für Bayern, läßt sich insofern von spätem Absolutismus sprechen, als sich nun erst Maßnahmen durchführen ließen, die in absolutistisch regierten Staaten schon früher stattgefunden hatten. Analoges gilt für die napoleonischen Modellstaaten Berg und Westfalen.[14] Charakteristisch, daß das napoleonische Regierungssystem mit seiner starken Betonung der Exekutive und das napoleonische Verwaltungssystem mit seinem regelmäßigen, schematischen Aufbau wegen ihrer überlegenen Rationalität viele deutsche Beamte beeindruckte.

Noch stärker als in der Verwaltung treten institutionelle Kontinuitäten im Rechtswesen in den Blick. Die Kodifizierung mit dem Ziel des Übergreifens regionaler Rechte, der Rationalisierung des geltenden Rechts und der Gleichförmigkeit der Justiz, ferner die Reformen im Prozeß- und Strafrecht und Strafvollzug waren nach Idee und erster Ausführung Werke des 18. Jahrhunderts und der Aufklärung. Ohne Christian Wolff und seine Schüler, ohne Pufendorf, Hobbes, Grotius, ohne die Naturrechtslehre des 18. Jahrhunderts lassen sich die deutschen Kodifikationen nicht denken. Gewiß ging der Code Napoléon dann wesentlich über sie hinaus, aber seine Prinzipien waren den aufgeklärten und reformbereiten deutschen Juristen nicht fremd, auch wenn sie seine volle Übertragung auf deutsche Verhältnisse für inopportun und gefährlich hielten.[15] Der Gedanke der Gleichheit vor dem Recht war durchaus

Bestandteil auch deutschen aufgeklärten Denkens, welches z. B. das Rechtsverhältnis der Erbuntertänigkeit im Prinzip ablehnte. Maßnahmen der sog. Bauernbefreiung,[16] der erhöhten Freizügigkeit, der Auflockerung des Zunftzwanges waren aus fiskalischen und ökonomischen, aber auch aus humanitären Gründen und aufgeklärter Rechtsüberzeugung vorangetrieben worden und wurden im frühen 19. Jahrhundert fortgesetzt. Und das Thema der Adelsreform stand bereits vor 1789 zur Diskussion.

Starke Kontinuitäten sind auch im Bereich der Kirchenpolitik und vor allem des Erziehungs- und Bildungswesens offensichtlich. Die Grundlagen des modernen Erziehungswesens sind von der Aufklärung gelegt worden. Der auf die Reformation zurückreichende Gedanke einer allgemeinen Schule hatte im 18. Jahrhundert zu zahlreichen Verordnungen über die Einführung und Durchsetzung allgemeiner Schulpflicht geführt; ein allgemeines öffentliches Schulwesen wurde konzipiert und diskutiert; Nationalerziehungspläne wurden entworfen, die im beginnenden 19. Jahrhundert in verstärkt politisierten, auf nationale Erneuerung abgestellten Plänen ihre Nachfolger fanden. Staatlich geförderte und kontrollierte Lehrerausbildung wurde gefordert; Schulversuche wie die der Philantropinisten fanden ebenso landesherrliche und bürgerliche Förderung wie die Realschule Heckers in Berlin oder die Industrieschule Wagemanns in Göttingen. Als Marksteine in der staatlich gesteuerten, zugleich von utilitaristischen und aufgeklärt-humanitären Motiven angetriebenen, reformbereiten Schulpolitik deutscher Staaten können die Begründung des preußischen Oberschulkollegiums im Jahre 1787 und das großangelegte »Revisionswerk« der braunschweigischen Schulreformer um J. H. Campe (1785–92) gelten. Über die Wendung zum Neuhumanismus und seine Auswirkungen auf das Gymnasium und die Universität hinaus sind wesentliche Elemente und Ansätze des 18. Jahrhunderts durch die Reformen im neunzehnten eher fortgeführt als neu entwickelt worden.[17]

3. Die ideengeschichtlichen Kontinuitäten können hier nur angedeutet werden. Schon Ernst Troeltsch hat den philosophischen Idealismus und die klassische deutsche Literatur als Fortsetzung und Vollendung der Aufklärung interpretiert.[18] Deutlicher noch sind die Kontinuitäten in den politischen und sozialen Leitvorstellungen zu erkennen. Daß es unveräußerliche Menschenrechte gebe, ist gleichermaßen von allen reformgesinnten Männern der Aufklärung wie des deutschen Frühliberalismus anerkannt worden, wenngleich sie daraus für die praktische Gestaltung des öffentlichen Lebens unterschiedliche, kaum allerdings radikale demokratische Konsequenzen zogen – sicher nicht mehr, nachdem ihnen der Verlauf der Revolution in Frankreich vor Augen stand. Daß Gesetze für jedermann gelten, daß sie für alle von ihnen Betroffenen im Prinzip zustimmungsfähig sein müssen, daß jedermann sich auf sie berufen können und durch sie in seinen Rechten und seinem Eigentum geschützt werden muß, daß die Regierenden nicht in gerichtliche Verfahren eingreifen dürfen – das alles war allgemeine Überzeugung. Und auch, daß es – wenn auch in Grenzen – einen öffentlichen Aus-

tausch der Meinungen geben müsse, daß Regierung und Verwaltung dem Wohle der Bevölkerung dienen sollen, ja nur ihretwegen existieren.

Bereits die Aufklärung hatte einen staatsbürgerlichen »Patriotismus« zu wecken gesucht und erkannt, daß er nur dort existieren könne, wo ein Interesse des Bürgers für das öffentliche Wohl vorhanden und eine »Teilnahme« am Staate möglich ist. Für die Reformer des beginnenden 19. Jahrhunderts mußte solche »Teilnahme« als Loyalität zum »Vaterland«, als Bereitschaft vor allem der bürgerlichen Mittelschichten, die Politik der Regierung zu unterstützen, besonders wichtig sein. Hier ist ein Motiv für die Einsicht der Regierenden zu fassen, daß Konstitutionen notwendig und vorteilhaft seien. Auch die Idee einer deutschen Kultur- und Geschichtsnation ist unter dem Eindruck der napoleonischen Hegemonie weiter entfaltet und politisiert worden. Die Vorstellung eines Wandels »vom Weltbürgertum zum Nationalstaat« (F. Meinecke) wird dem Prozeß der Entwicklung des politischen Bewußtseins der Deutschen vom 18. zum 19. Jahrhundert nicht wirklich gerecht; sie ist gleichermaßen zu sublim und zu vereinfacht. Muß doch auch die Linie vom Fürstenbund von 1785 über den Rheinbund von 1805 zum Deutschen Bund von 1815 als eine deutsche Kontinuitätskomponente begriffen werden, nicht anders die der Entfaltung des voll handlungsfähigen, Sicherheit, Gesetzlichkeit, Wohlfahrt garantierenden, obrigkeitlich gelenkten Staates. Von 1803 bis 1808 war die deutsche politische Situation für die Realisierung von Vorstellungen, die sich im 18. Jahrhundert formiert hatten, relativ offen.

4. Mentalitätsgeschichtliche Kontinuitäten lassen sich an den politischen Wahrnehmungsweisen und Vorstellungen, den Formen des sozialen und individuellen Selbstverständnisses, an Denk-, Argumentations- und Verhaltensweisen der meinungsführenden Gruppen in Deutschland erkennen. Das gilt z. B. für die Vorstellungen von der Ordnung der Gesellschaft, von der Funktion und der »Ehre« (also dem Ansehen) des einzelnen und der »Stände« in ihr, vom Funktionieren der sozialen Beziehungen; es gilt auch für die Umgangsformen, die Weisen der Kommunikation, die Stilisierung und Sinngebung des täglichen Lebens, das Verhalten gegenüber Traditionen und die Erwartungen an die Zukunft.

Betrachtet man diejenigen näher, die als Protagonisten und Träger aufgeklärter, »bonapartistischer« und frühliberaler Reformpolitik in deutschen Staaten angesehen werden können, so lassen sich bei ihnen erhebliche Verhaltens- und Bewußtseinskonstanten auch dann feststellen, wenn sie unter sich verändernden politischen Bedingungen handelten. Zwar trat neben den älteren Typus des rationalistisch denkenden und argumentierenden, die Menschen allgemein skeptisch beurteilenden, Politik funktionalistisch und kalkulierend betreibenden, Emotionen und Meinungsdruck ebenso verachtenden wie fürchtenden Politikers, wie ihn Kaunitz und Metternich, Hardenberg und Montgelas verkörperten, der jüngere Typus des kritisch-idealistischen, wissenschaftlich geprägten, politisch-pädagogisch argumentierenden Beamten und Offiziers, für den Humboldt und Clausewitz als Beispiele gelten können. Aber auch diese standen der Masse der Bevölkerung fern, betrachteten sie als Objekt von Erziehung und Wohlfahrt und gingen von der Kluft zwischen Gebildeten und Ungebildeten als sozialer Realität aus. Sie alle verstanden sich als Kenner und Sachwalter der Bedürfnisse und Interessen der Bevölkerung, als Repräsentanten des gemeinen Wesens, sie bildeten die Gruppe, die Hegel den »allgemeinen Stand« derjenigen genannt hat, die das allgemeine Interesse zu dem ihren gemacht haben.[19] Dabei verfolgten sie jedoch auch die spezifischen Interessen eines Funktionsstandes, in dem Adelige und Bürgerliche – in den süddeutschen Staaten stärker als in Preußen – aneinanderrückten und eine einheitliche Beamtenmentalität entwickelten.[20]

Über die Beamtenschaft hinaus haben die die Reformen mit Beifall und Kritik begleitenden Gebildeten in den Jahrzehnten des späten 18. und frühen 19. Jahrhunderts ein gesteigertes Bewußtsein ihrer gesamtgesellschaftlichen Bedeutung kultiviert und die Mentalität einer politischen Bürgerlichkeit entwickelt, in der landschaftliche und staatspatriotische, nationale und kosmopolitische Loyalitäten oft untrennbar miteinander verknüpft waren. Im grundbesitzenden Adel wie in der ländlichen Bevölkerung, auch im Kleinbürgertum wirtschaftlich stagnierender Städte hat sich die Mentalitätsstruktur dagegen trotz der vielfältigen politischen Veränderungen im Grunde wenig gewandelt. Aufs Ganze gesehen war – eben wegen der Fülle der Geschehnisse – das Ruhe- und Stabilitätsbedürfnis größer als das Verlangen nach weitergehenden Umgestaltungen. Der Prozeß einer tiefergehenden Politisierung blieb auf Minderheiten begrenzt. Dennoch: daß die »alte Zeit« zu Ende gegangen war, das empfand wohl jeder.

## V

Ernst Brandes, Friedrich Gentz und andere haben als Miterlebende behauptet, daß Deutschland zwischen dem Ende des Siebenjährigen Krieges und dem Ausbruch der Französischen Revolution in vielen Hinsichten, vor allem in der allgemeinen Aufklärung und der »öffentlichen Wohlfahrt«, große Fortschritte gemacht habe. Für sie bedeuteten die Auswirkungen der Revolution und ihre Folgen Störung und Unterbrechung einer hoffnungsvollen Entwicklung. Hätte sie fortgesetzt werden können? Daß Veränderungen tiefgreifender Art, nicht bloß partielle Verbesserungen, nötig seien, hatten schon die aufgeklärten Reformer vor 1800 nicht bezweifelt; keiner von ihnen aber hatte die Bedingungen vorausgesehen, unter denen sie dann wenige Jahre später weitergeführt, durchgeführt oder auch erst in Gang gesetzt werden konnten. Dieser Wandel der Bedingungen war das Ergebnis weitgehend exogener Ereignisse. Ihr Ausmaß hat den Reformen, die konzeptionell nicht neu und in ihren Intentionen nicht radikal waren, in mancher Hinsicht die

Dimension des Neuanfangs, der umfassenden Erneuerung, der »Revolution von oben« gegeben.

Man muß allerdings unterscheiden. In Preußen hatte die Katastrophe von 1806/07 nicht ein traditionsbeladenes und petrifiziertes politisches System, sondern den vergleichsweise modernen Verwaltungs- und Militärstaat des friderizianischen Spätabsolutismus unter sich begraben. War dadurch das Reformkonzept der preußischen Aufklärung diskreditiert? Oder war es deshalb in Krise und Untergang geraten, weil es weder die Grenzen des monarchischen Absolutismus noch des sozialen Feudalismus zu überwinden vermocht hatte? Im Programm der Reformer lassen sich sowohl die Fortführung und Erweiterung aufgeklärter Reformvorstellungen als auch neue liberale Ansätze beobachten! Es war ein umfassendes Programm der Regierungs-, Verwaltungs-, Heeres-, Sozial- und Bildungsreform, durch das Preußen wieder an die Spitze der politischen Entwicklung in Deutschland treten sollte; es scheiterte jedoch daran, daß wesentliche Elemente der Struktur des monarchischen Militär- und Verwaltungsstaates mit der privilegierten Stellung des Landadels sich behaupten konnten. So trug Preußen die Diskrepanz zwischen partieller Modernität und Unfähigkeit zu moderner Verfassungsstaatlichkeit mit sich in das 19. Jahrhundert hinein – auch noch in seine Entwicklung zum Industriestaat. Das Konzept der »Stein-Hardenberg'schen Reform« konnte selbst nach 1918 noch als Versprechen und Orientierungsnorm gelten.

In den süddeutschen Rheinbundstaaten wurde manches sehr schnell »nachgeholt«, was der preußische Prozeß der Staatsbildung schon früher und mühsamer erreicht hatte. Säkularisation, Mediatisierung, Reichsauflösung und Gebietsveränderungen, ferner der Krieg und Napoleons Rheinbundpolitik machten Verwaltungsreformen nötig und erleichterten Eingriffe in Privilegien und Besitzstände. Insgesamt ging man hier pragmatischer, auch »opportunistischer« an die Reformen heran als in Preußen, in gewisser Weise auch erfolgreicher, weil die Ziele moderater, die Widerstände geringer waren. Mit Recht kann man sagen, daß Bayern, Württemberg, Baden damals wirklich neue Staaten wurden. Dieser Befund wird durch den früh erfolgenden Eintritt dieser Staaten in die konstitutionelle Bewegung unterstrichen. Preußen besaß wirksame administrative Instrumente staatlicher Integration – und eine Staatsideologie – schon vor 1800; die süddeutschen Staaten mußten neue unter geschichtlich späten Bedingungen entwickeln und anwenden. Hier stand man nicht vor der Notwendigkeit, einen zerschlagenen Staat wiederherzustellen, sondern vor der Aufgabe, neu gebildete Staaten zu konsolidieren. Sie wurde begünstigt durch die Ausnahmesituation der Rheinbundzeit; die wirklichen Schwierigkeiten der Integration erhoben sich erst nach 1815. Dann erst kam es zur Entscheidung, wie »modern« diese Staaten wirklich waren.

# *Anmerkungen*

## *Montesquieu in Deutschland*

1 Viktor *Klemperer*, Montesquieu, Bd. 1, Heidelberg 1914, S. XII.
2 Stats-Anzeigen 12 (1788), S. 369.
3 Ebd. 13 (1789), S. 469, Anm.
4 Die Montesquieuliteratur ist fast unüberschaubar. Hier sei nur die letzte Biographie genannt: Robert *Shackleton*, Montesquieu. A Critical Biography, Oxford 1961. Beste Ausgabe: Montesquieu, Oeuvres Complètes, hg. v. André Masson, 3 Bde., Paris 1950–1955.
5 Walter *Rehm*, Europäische Romdichtung, 2. durchges. Aufl., München 1960, S. 164. (Rehm weist auf die Wirkung der »Considérations« u. a. auf Heinse und Schiller hin: S. 182).
6 Vgl. Viktor *Klemperer*, Montesquieu, Bd. 1 (s. Anm. 1), S. 4: »Politik im weitesten Sinne könnte man, wenn es um ein – immer einseitiges – Registerwort ginge, das Lebensthema Montesquieus nennen.«
7 Charles-Louis *de Montesquieu*, De l'Esprit des Lois, 1748, XIX, 4.
8 Vgl. das wichtige 1. Kap. des 3. Buches von Tocquevilles »L'Ancien Régime et la Révolution« (1856), das die Überschrift trägt: »Comment, vers le milieu du dix-huitième siècle, les hommes de lettres devinrent les principaux hommes politiques du pays, et des effets qui en résultèrent«. Alexis *de Tocqueville,* Oeuvres, Papiers et Correspondances, Bd. II, 1: L'Ancien Régime et la Révolution, hg. v. Jacob Peter Mayer, eingeleitet von Georges Lefèbvre, Paris 1952, S. 193 ff.
9 Daß der »Esprit des Lois« 1751 vom Hl. Stuhl auf den Index der verbotenen Bücher gesetzt wurde (übrigens gleichzeitig mit Pufendorfs »De officio hominis«, vgl. Robert *Shackleton*, Montesquieu [s. Anm. 4], S. 375), hat seine Verbreitung auch in vorwiegend katholischen Ländern nicht gehindert. Die Wiener Zensurkommission gab ihn 1752 frei. Vgl. Robert Adolf *Kann*, A Study in Austrian Intellectual History. From Late Baroque to Romanticism, New York 1960, S. 124. Um diese Zeit war der »Esprit« schon ein europäischer Bestseller.
10 Die Übersetzung ist recht unzulänglich und trägt die Zeichen zu schneller Arbeit und unzureichenden Verstehens. Die Namensschreibung Montesquiou war zunächst häufig.
11 Johann Georg *Hamann*, Sämtliche Werke, hg. v. Josef Nadler, Bd. 5: Tagebuch eines Lesers (1753–1788), Wien 1953, S. 145.
12 Maupertuis' Gedenkrede lag mir vor in einer deutschen Übersetzung, die den »Briefen des Herrn von Montesquieu an verschiedene Freunde in Italien ... Aus dem Französischen« [1768] beigegeben ist.
13 Johann Heumann *von Teutschenbrunn*, Geist der Gesetze der Teutschen, Nürnberg 1760, Vorrede; wiederaufgenommen in die 2. Aufl. von 1779.
14 Isaak *Iselin*, Philosophische und politische Versuche, o. O. 1760, S. 152. Der

Schweizer Iselin war ein im ganzen deutschen Sprachbereich viel gelesener Schriftsteller.

15 Briefe (s. Anm. 12), Vorrede.

16 Aus dem Vorbericht des Übersetzers, Charles de Montesquieu, Betrachtungen über die Ursachen der Größe und des Verfalls der Römer, aus dem Französischen mit Anmerkungen, Altenburg 1786.

17 In seiner Vorrede zu *Winckelmanns* »Geschichte der Kunst des Altertums«, Wien 1776, S. XIX; zit. nach: Johann Joachim *Winckelmann*, Briefe, hg. v. Walter Rehm, Bd. 3: 1764–1768, Berlin 1956, S. 576. Siehe auch den Brief Justus Mösers an Friedrich Nicolai, Osnabrück, 5. April 1767, in: Justus *Möser*, Briefe, hg. v. Ernst Beins und Werner Pleister, Hannover/Osnabrück 1939, S. 234 f.; hier werden Winckelmann, Montesquieu und Abbt pari passu genannt.

18 So Ferdinand *von Lamezan*, Skizze über die Gesetzgebung. In Briefen, Mannheim 1781, S. 76.

19 So Wolfgang Heribert *von Dalberg*, Montesquieu oder die unbekannte Wohlthat. Ein Schauspiel in drey Handlungen für die Mannheimer National-Schaubühne, o. O. 1787, Vorrede.

20 So Ew. Friedrich Graf *von Hertzberg*, Dissertation tendant à expliquer les causes de la supériorité des Germains sur les Romains [...] (1780), in: *Ders.*, Huit Dissertations lues dans les assemblées publiques de l'Académie Royale des Sciences et Belles-Lettres de Berlin 1780–1787, Berlin 1787, S. 32.

21 Wolfgang Heribert *von Dalberg*, Montesquieu oder die unbekannte Wohlthat (s. Anm. 19), Vorrede.

22 Vgl. Friedrich *Sengle*, Wieland, Stuttgart 1949, S. 96.

23 Um nur einen Beleg für die politische Beurteilung der »Considérations« zu geben: In dem Vorbericht der Altenburger Übersetzung von 1786 heißt es, Montesquieu habe »mehr politisch«, Gibbon »mehr historisch« geschrieben, denn M. habe die historischen Fakten nur gebraucht, »um seine politischen Sätze anwendbar zu machen«. Bekannt ist Friedrichs d. Gr. intensive Beschäftigung mit diesem Werk. Vgl. Max *Posner*, Die Montesquieu-Noten Friedrichs II, in: Historische Zeitschrift 47, Neue Folge 11 (1882), S. 193 ff.

24 Briefe (s. Anm. 12), S. XVII.

25 Justus Möser, Briefe (s. Anm. 17), S. 182 und 187.

26 Ludvig Baron *de Holberg*, Remarques sur quelques positions qui se trouvent dans L'Esprit des Loix [1753], Vorwort und 514. und 518. Brief (keine Seitenzählung).

27 Betrachtungen über das Buch L'Esprit des Loix genannt, wiederabgedruckt in: David Georg *Strube*, Nebenstunden, Theil 5, Hannover $^{2}$1766, S. 383 ff.

28 Akademierede über dieses Thema 1784, in: Huit Dissertations (s. Anm. 20), S. 141.

29 Heinrich Friedrich Karl Freiherr *vom Stein*, Briefe und amtliche Schriften, hg. v. Erich Botzenhart/Walter Hubatsch, Bd. 1, Stuttgart 1957, S. 107.

30 Sur la véritable richesse des états, la balance du commerce et celle du pouvoir [1786], in: Huit Dissertations (s. Anm. 20), S. 224 f.

31 Isaak *Iselin*, Politischer Versuch über die Berathschlagung [anonym erschienen], Basel 1761, S. 85, Anm.

32 Justus *Claproth*, Ohnmaßgeblicher Entwurf eines Gesetzbuches, welches die Prozeß-Ordnung, vom Privat-Recht das Recht der Personen und von der Policey-Ordnung das Dorf-Recht in sich hält, Frankfurt 1774, Vorrede.

33 Brief aus Nantes, Oktober 1769; Emil Gottfried *von Herder*, Johann Gottfried von Herders Lebensbild. Ein chronologisch-geordneter Briefwechsel, verbunden mit den hierher gehörigen Mittheilungen aus seinem ungedruckten Nachlasse, Bd. II, Abth. 1, Erlangen 1846, S. 80f.

34 Gedenkrede (s. Anm. 12), S. XVIII.

35 Nach Edgar *Bonjour*, Studien zu Johannes von Müller, Basel 1957, S. 106 und 16.

36 So u. a. Helfrich Peter *Sturz*, Montesquieu und Lord Chesterfield, in: *Ders.*, Schriften, 2. Slg., 2. verb. Aufl., Leipzig 1786, S. 323.

37 Friedrich Carl *von Moser,* Beherzigungen, Frankfurt 1761, S. 14.

38 Johann Gottfried Herder in seinem Winckelmann-Aufsatz von 1781 über die Kritiker, die Winckelmanns Leben verbitterten. Johann Gottfried Herders Sämmtliche Werke, hg. v. Bernhard Suphan (Repr. Nachdruck d. Ausgabe Berlin 1877–1913), Bd. 15, Hildesheim 1967, S. 40.

39 Johann August *Bach*, Unpartheyische Critik über in- und ausländische juristische Schriften, Bd. 1–6, Leipzig 1750–1755. (Im 3. Stück des 2. Teils [1750], S. 234; fortgesetzt im 5. Stück des 3. Teils [1751], S. 427ff. Verfasser dürfte Bach selber sein.)

40 Animadversiones philologicae in librum francicum de Caussis legum... [1751]. Diese Rede ist wiederabgedruckt in: Johann August *Ernesti*, Opuscula philologico – critica, multis locis emendata et aucta, Lugd. Bat. 1764.

41 Vgl. H. *Thieme*, Die Zeit des späten Naturrechts. Eine privatrechtsgeschichtliche Studie, in: Zeitschrift der Savigny-Stiftung für Rechtsgesch., German. Abt. 56 (1936), S. 212.

42 An Thomas Abbt, Anfang Juni 1764; Justus Möser, Briefe (s. Anm. 17), S. 152. Vgl. auch den Brief von Anfang Januar 1765 an denselben (ebd., S. 182) und an Nicolai vom 18. Mai 1767 (ebd., S. 235): »Es gibt mehrere Arten von Antiken als diejenigen, welche Herr Winckelmann zu seinem Gegenstande erwählt; ich meine diejenigen, welche Montesquieu in ein großes und vortreffliches Gemälde gefügt hat, ohne gleichwohl eine einzige einzelne Figur mit dem gehörigen Fleiße und der erforderlichen Treue behandelt zu haben.«

43 Friedrich Carl *von Moser*, Beherzigungen (s. Anm. 37), S. 14f. Oder auch, gelehrtenstolz und systemeifrig, Johann Heinrich Gottlob *von Justi*, Gesammelte Politische und Finanz-Schriften II, Kopenhagen/Leipzig 1761, S. 4: »Der Herr von Montesquieu, dessen schöner Geist an großen und edlen Vorstellungen sehr fruchtbar war, hatte nicht die Eigenschaft, seine allgemeinen Vorstellungen wohl auseinanderzusetzen.«

44 Vgl. Johann Gottfried *Herder*, Journal meiner Reise im Jahr 1769, hier zit. nach: Sturm und Drang. Kritische Schriften, hg. v. Erich Loewenthal, Heidelberg 1949, S. 360.

45 Aus der Vorrede der Übersetzung des »Esprit« von 1753 (s. Anm. 10).

46 Ludvig Baron *de Holberg,* Remarques (s. Anm. 26).

47 Justus *Claproth*, Ohnmaßgeblicher Entwurf (s. Anm. 32).

48 Akademierede 1780. Vollständiger Titel: Ewald Friedrich Graf *von Hertzberg.* Dissertation tendant à expliquer les causes de la supériorité des Germains sur les Romains et à prouver que le Nord de la Germanie ou Teutonie entre le Rhin et la Vistule, et principalement la présente Monarchie Prussienne, est la patrie originaire de ces Nations héroïques, qui dans la fameuse migration des peuples ont détruit l'Empire Romain, et qui ont fondé et peuplé les principales monarchies de l'Europe, in: Huit Dissertations (s. Anm. 20), S. 32ff.

49 Johann David *Michaelis,* Mosaisches Recht nebst Zusätzen zu den ersten 4 Theilen, Frankfurt am Mayn 1770–75.
50 Ebd., I, S. 2.
51 Ebd., I, S. 23 ff. Ausdrücklich II, S. 181: nicht alles hänge vom Klima ab, »sondern noch mehreres vom Zufall«. Auch könnten »altes Herkommen oder Religion« einen starken Einfluß auf das Recht haben.
52 [Anonym], Entwurf der allgemeinen Grundsätze der Gesetzgebung, o. O. 1777, S. 97 ff.
53 Johann Heumann *von Teutschenbrunn,* Geist der Gesetze der Teutschen (s. Anm. 13).
54 Aus der Vorrede der 1. Aufl.
55 Ebd., S. 64.
56 Ebd., S. 66.
57 Ebd., S. 69.
58 Ebd., S. 75.
59 Hier zitiert nach Thomas *Abbt,* Vermischte Werke, 2. Theil, Berlin/Stettin 1770, S. 3 ff.
60 Ebd., S. 1 f.
61 Ebd., S. 61.
62 Ebd., S. 79.
63 Friedrich Carl *von Moser,* Von dem Teutschen Nationalgeist, Frankfurt 1765, S. 42.
64 Vgl. Friedrich *Meinecke*, Werke, hg. v. Hans Herzfeld/Carl Hinrichs u. a., Stuttgart 1957–69, Bd. 5: Weltbürgertum und Nationalstaat, Stuttgart 1962, S. 30 f.
65 Johann Georg *Zimmermann*, Von dem Nationalstolze [1758]; in weiteren Auflagen stark verändert.
66 Friedrich Carl *von Moser,* Von dem Teutschen Nationalgeist, Frankfurt 1765, S. 19 f.
67 Johann Jakob *Bülau*, Noch etwas zum Deutschen Nationalgeist, Lindau 1766.
68 Friedrich Carl Casimir *von Creutz*, Versuch einer pragmatischen Geschichte von der merkwürdigen Zusammenkunft des teutschen Nationalgeistes mit den politischen Kleinigkeiten, Frankfurt 1766.
69 Bereits 1752 war bei C. F. Voss (Berlin/Potsdam) eine Schrift »La source, la force et le véritable esprit des lois« des Comte Jean de Cataneo (Giovanni Cattaneo) erschienen, aus der Justi Teile übersetzt hat. (Gesammelte Politische und Finanz-Schriften 2 [s. Anm. 43], S. 95 ff. und S. 190 ff.)
70 Vgl. Erwin *Hölzle,* Die Idee einer altgermanischen Freiheit vor Montesquieu, in: Historische Zeitschrift, Beiheft 5 (1925).
71 Kurt *von Raumer,* Absoluter Staat, korporative Libertät, persönliche Freiheit, in: Historische Zeitschrift 183 (1957), S. 55.
72 Benno *von Wiese,* Friedrich Schiller, Stuttgart 1959, S. 336.
73 Christian Conrad Wilhelm *Dohm*, Mémoire sur la Constitution Politique des Anciennes Nations, in: Mémoires de la Société des Antiquitès de Cassel 1 (1780), S. 209 ff.
74 Jakob *Mauvillon*, Sammlung von Aufsätzen über Gegenstände aus der Staatskunst, Staatswirthschaft und neuesten Staatengeschichte, Bd. 1, Leipzig 1776, S. 184. Mauvillon stand England kritisch gegenüber und nahm Montesquieus Darstellung der englischen Verfassung nicht an.
75 Johann Heinrich Gottlob *von Justi*, Vergleichungen der Europäischen mit den

Asiatischen und andern vermeintlich Barbarischen Regierungen, in drey Büchern verfaßt, Bd. 1, Berlin/Stettin/Leipzig 1762, S. 6ff. *Ders.*, Grundriß einer guten Regierung in fünf Büchern, Frankfurt/Leipzig 1759. *Ders.*, Die Natur und das Wesen der Staaten, Berlin/Stettin/Leipzig 1760. *Ders.*, Gesammelte Politische und Finanz-Schriften, Bd. 2 (s. Anm. 43), S. 3ff. Abhandlung von der Anordnung und dem Gleichgewichte der Hauptzweige der obersten Gewalt, worauf die Glückseligkeit und Freiheit des Staats hauptsächlich ankommt.

76 Eberhard Friedrich *Georgii*, Versuch einer Beantwortung der Frage: Sind scharfe Gesetze einem Staate zuträglich? [1779], zit. nach: Erwin *Hölzle*, Das alte Recht und die Revolution. Eine politische Geschichte Württembergs in der Revolutionszeit 1789–1805, München/Leipzig 1931, S. 79.

77 Johann Jacob Moser an Herzog Karl Eugen: zit. nach Erwin *Hölzle*, Das alte Recht (s. Anm. 76), S. 43. Anm. 3.

78 Johann Stephan *Pütter*, Beyträge zum Teutschen Staats- und Fürsten-Rechte, Göttingen 1777, S. 87: »[...] daß die Regierungsform des Teutschen Reichs im Ganzen noch immer monarchisch, nur freilich eingeschränkt, nicht absolut monarchisch sei.«

79 Ebd., S. 183.

80 Ebd., S. 34.

81 Ebd., S. 183.

82 Friedrich Carl *von Moser*, Beherzigungen (s. Anm. 37), S. 612.

83 Carl Friedrich *Haeberlin*, Handbuch des Teutschen Staatsrechts, Bd. II, o. O. 1794, S. 28.

84 Friedrich Carl *von Moser*, Beherzigungen (s. Anm. 37), S. 626.

85 Ebd., S. 615.

86 Ferdinand *von Lamezan*, Skizze über die Gesetzgebung (s. Anm. 18), S. 86.

87 Vgl. Curt *Mehring*, Inwieweit ist praktischer Einfluß Montesquieus und Voltaires auf die strafrechtliche Tätigkeit Friedrichs d. Gr. anzunehmen bzw. nachzuweisen? Juristische Diss., Breslau 1927.

88 Johann Christoph *Gottsched*, Des Freiherrn von Bielfeld Lehrbegriff der Staatskunst, Bd. 1, Breslau/Leipzig [2]1764, Vorerinnerung des Übersetzers [1760].

89 Ebd., 1, S. 142.

90 Christ. Friedrich Freiherr *von Ungern-Sternberg*, Blick auf die moralische und politische Welt. Was sie war, was sie ist, was sie seyn wird. Bremen 1785, S. 157.

91 Ebd., S. 162.

92 Ebd., S. 206ff.

93 Ebd., S. 209.

94 Réflections sur la force des états sur leur puissance relative et proportionelle [1782], in: Huit Dissertations (s. Anm. 20), S. 92.

95 Ebd., S. 144: »[...] la forme de gouvernement la plus propre à produire et à effectuer le bonheur des hommes, des sociétés et des nations [...].«

96 Ebd., S. 157ff.

97 Ebd., S. 164.

98 Ewald Friedrich *von Hertzberg*, Abhandlung über das dritte Jahr der Regierung König Friedrich Wilhelms II., o. O. 1789, S. 1.

99 Ebd., S. 7.

100 Vgl. Adolf *Stölzel*, Carl Gottlieb Svarez. Ein Zeitbild aus der zweiten Hälfte des achtzehnten Jahrhunderts, Berlin 1885. Wenigstens genannt seien: Carl Gottlieb

*Svarez*, Vorträge über Recht und Staat [1791/92], hg. v. Hermann Conrad/Gerd Kleinheyer, Köln 1960. Ernst Wilhelm *Klein*, Freyheit und Eigenthum, abgehandelt in acht Gesprächen über die Beschlüsse der französischen Nationalversammlung, Berlin 1790.

101 Vgl. Adolf *Stölzel*, Carl Gottlieb Svarez (s. Anm. 100), S. 334 f.

102 Dazu: Alfred *Stern*, Der Einfluß der Französischen Revolution auf das deutsche Geistesleben, Stuttgart/Berlin 1928. Jacques *Droz*, L'Allemagne et la Révolution Française. Paris 1949. Kurt *von Raumer*/Manfred *Botzenhart*, Deutschland um 1800. Krise und Neugestaltung 1789–1815, in: Handbuch der deutschen Geschichte, neu hg. v. Leo Just, Bd. 3/I, 1. Teil, Wiesbaden 1959.

103 Johann Gottfried *Herder*, Journal meiner Reise im Jahre 1769 (s. Anm. 44), S. 344.

104 Ebd., S. 360.

105 Gedanken bei Lesung Montesquieus, in: Emil Gottfried *von Herder*, Johann Gottfried von Herders Lebensbild II, 1 (s. Anm. 33), S. 352.

106 Ebd., S. 353 f.

107 Zit. nach Edgar *Bonjour*, Studien (s. Anm. 35), S. 17.

108 Johannes von Müller, Briefe in Auswahl, hg. v. Edgar Bonjour, Basel $^{2}$1954, S. 198.

## *Bibliographischer Nachtrag*

*Ursula A. J. Becher*, Politische Gesellschaft. Studien zur Genese bürgerlicher Öffentlichkeit in Deutschland, Göttingen 1978.

*Claus-Peter Clostermeyer*, Zwei Gesichter der Aufklärung. Spannungslagen in Montesquieus »Esprit des Lois«, Berlin 1983.

*Berthold Falk*, Montesquieu, in: Klassiker des politischen Denkens, Bd. 2: Von Locke bis Max Weber, hg. v. Hans Maier u. a., München 1968, S. 53–74.

*Dietrich Geyer*, »Gesellschaft« als staatliche Veranstaltung. Bemerkungen zur Sozialgeschichte der russischen Staatsverwaltung im 18. Jahrhundert, in: Jahrbuch für die Geschichte Osteuropas, Neue Folge Bd. 14 (1966), S. 21–50.

*Barbara Stollberg-Rilinger*, Der Staat als Maschine. Zur politischen Metaphorik des absoluten Fürstenstaats, Berlin 1986.

*Johan van der Zande*, Bürger und Beamter. Johann Georg Schlosser 1739–1799, Wiesbaden 1986.

*Ständewesen und Staatsverwaltung in Deutschland im späteren 18. Jahrhundert*

1 Leopold *von Ranke*, Die deutschen Mächte und der Fürstenbund. Deutsche Geschichte von 1780 bis 1790, in: *Ders.*, Sämmtliche Werke. 2. Gesammtausgabe, Bd. 31/32, Leipzig 1875 ($^{2}$1877), S. 361.

2 Zu den Historikern, die das Bewußtsein für die Vielschichtigkeit der politisch-sozialen Welt Europas vor 1800 geschärft und gezeigt haben, daß auch der Aufstieg des »modernen Staates« keiner einsträhnigen Entwicklung folgte, gehört Kurt von Raumer. Neben seinem ideengeschichtlich wichtigen Werk über den Ewigen Frieden (Kurt *von Raumer,* Ewiger Friede. Friedensrufe und Friedenspläne seit der Renaissance, Freiburg/München 1953) sind zu nennen: Kurt *von Raumer,* Absoluter Staat, korporative Libertät, persönliche Freiheit, in: Historische Zeitschrift 183 (1957), S. 55–96, und das Einleitungskapitel »Deutschland am Vorabend der Französischen Revolution« in seiner großangelegten Darstellung »Deutschland um 1800. Krise und Neugestaltung (1789–1815)«, in: Handbuch der deutschen Geschichte, neu hg. von Leo Just, Bd. 3: Deutsche Geschichte im 19. Jahrhundert. Wiesbaden 1959, S. 3–16.

3 Die hier angeschnittene Problematik ist Teil des Fragenkomplexes, dessen Bearbeitung die von Dietrich Gerhard geleitete Neuzeit-Abteilung des Max-Planck-Instituts für Geschichte in Göttingen unter dem Thema »Ständisches Wesen und Staat im 17. und 18. Jahrhundert« international vergleichend aufgenommen hat. Vgl. allgemein: Dietrich *Gerhard*, Regionalismus und ständisches Wesen als ein Grundthema europäischer Geschichte, in: Historische Zeitschrift 174 (1952), S. 307 ff., wieder abgedruckt zuletzt in Gerhards Aufsatzsammlung »Alte und neue Welt in vergleichender Gechichtsbetrachtung«, Göttingen 1962. Zur speziellen Thematik: Dietrich *Gerhard*, Amtsträger zwischen Krongewalt und Ständen. Ein europäisches Problem, in: Alteuropa und die moderne Gesellschaft. Festschrift für Otto Brunner, hg. v. Historischen Seminar der Universität Hamburg, Göttingen 1963, S. 230–247. *Ders.*, Problems of Representation and Delegation in the Eighteenth Century, in: Liber Memorialis Sir Maurice Powicke, Dublin 1963, Louvain 1965, S. 117 ff. Die Nennung dieses Aufsatzes mag hier genügen, um auf die Arbeit der Commission Internationale pour l'Histoire des Assemblées d'États und damit auf die internationale Erforschung des Ständewesens hinzuweisen.

4 Fritz *Hartung*, Herrschaftsverträge und ständischer Dualismus in deutschen Territorien, in: Schweizer Beiträge zur allgemeinen Geschichte 10 (1952), wiederabgedr. in: Fritz *Hartung*, Staatsbildende Kräfte der Neuzeit. Gesammelte Aufsätze, Berlin 1961, S. 64.

5 Wolfram *Fischer,* Das Fürstentum Hohenlohe im Zeitalter der Aufklärung, Tübingen 1958, S. 38.

6 Adolf *Lichtner*, Landesherr und Stände in Hessen-Cassel. 1797–1821, Göttingen 1913, S. 2.

7 Francis Ludwig *Carsten,* Princes and Parliaments in Germany. From the Fifteenth to the Eighteenth Century, Oxford 1959, S. 343 ff.

8 Herbert *Helbig,* Fürsten und Landstände im Westen des Reiches im Übergang vom Mittelalter zur Neuzeit, in: Rheinische Vierteljahresblätter 29 (1964), S. 49 f.

9 Karl Ernst *Demandt*, Geschichte des Landes Hessen, Kassel 1959, S. 256. In Fulda schieden im 18. Jh. auch die Städte und die (zeitweilig einen eigenen Stand bilden-

den) Leiter der 4 Kollegiatstifter aus. Ausführlich: Anneliese *Hoffmann*, Studien zur Entwicklung des Territoriums der Reichsabtei Fulda und seiner Ämter, Marburg 1958, S. 186ff.

10 Barthold *Witte*, Herrschaft und Land im Rheingau, Meisenheim 1959, S. 212ff.

11 Herbert *Helbig*, Fürsten und Landstände (s. Anm. 8), S. 35, 48.

12 Ernst *von Meier*, Hannoversche Verfassungs- und Verwaltungsgeschichte 1680–1866, Bd. I: Die Verfassungsgeschichte, Leipzig 1898, S. 225ff. Auch Carl *Haase*, Das ständische Wesen im nördlichen Deutschland, Göttingen 1964.

13 Hans *Goldschmidt*, Zentralbehörden und Beamtentum im Kurfürstentum Mainz vom 16. bis zum 18. Jahrhundert, Berlin/Leipzig 1908, S. 51ff.

14 Fritz *Hartung*, Das Großherzogtum Sachsen unter der Regierung Carl Augusts 1775–1828, Weimar 1923, S. 3f.

15 *Ders.*, Hardenberg und die preußische Verwaltung in Ansbach-Bayreuth von 1792 bis 1806, Tübingen 1906, S. 13ff.

16 Acta Borussica [= AB]. Die Behördenorganisation und die allgemeine Staatsverwaltung Preußens im 18. Jahrhundert, Bd. VI, 1. Hälfte: Einleitende Darstellung der Behördenorganisation und der allgemeinen Verwaltung in Preußen beim Regierungsantritt Friedrichs II. von Otto *Hintze*, Berlin 1901.

17 Nach der Teilung Hessens 1567 blieb die »landschaftliche Verfassung« für Gesamthessen bestehen; alternierend sollten in Kassel und Darmstadt Gesamtlandtage stattfinden; nach 1628 sind sie nicht mehr zusammengetreten. Vgl. Conradus Wilhelm Ledderhose, Kleine Schriften, Bd. 1, Marburg 1787, S. 66f.; auch Adolf *Lichtner*, Landesherr und Stände in Hessen-Cassel (s. Anm. 6), Einleitung.

18 Wolfgang *Windelband*, Die Verwaltung der Markgrafschaft Baden zur Zeit Karl Friedrichs, hg. v. der Badischen Historischen Kommission, Leipzig 1916, S. 39f.

19 Fritz *Hartung*, Deutsche Verfassungsgeschichte vom 15. Jahrhundert bis zur Gegenwart, 5. neubearb. Aufl., Stuttgart 1950, S. 110ff.

20 Manfred *Hamann*, Das staatliche Werden Mecklenburgs, Köln 1962.

21 Francis Ludwig *Carsten*, Princes and Parliaments in Germany (s. Anm. 7), S. 242. Horst *Schlechte*, Die Staatsreform in Kursachsen, 1762–1763. Quellen zum kursächsischen Rétablissement nach dem Siebenjährigen Kriege, Berlin 1958, S. 13f.

22 Helmuth *Croon*, Stände und Steuern in Jülich-Berg im 17. und vornehmlich im 18. Jahrhundert, Bonn 1929, vor allem auch die Schlußbetrachtung, S. 248ff.

23 Die Denkschrift des Reichsfreiherrn Clemens August Maria *von Kerkerink zur Borg* über den Zustand des Fürstbistums Münster im Jahre 1780, hg. v. Georg Erler, in: Zeitschrift für vaterländische Geschichte und Altertumskunde 69 (1911). 1. Abtlg., S. 420ff. Ferner August *Meyer zu Stieghorst*. Die Verhandlungen der Landstände des Fürstbistums Münster zur Zeit der französischen Revolution 1789–1802, Hildesheim 1911, S. 16ff.

24 Aloys *Meister*, Das Herzogtum Westfalen in der letzten Zeit der kurkölnischen Herrschaft, in: Zeitschrift für vaterländische Geschichte und Altertumskunde 64 (1906), 1. Abtl., S. 96ff.

25 Vgl. Erwin *Hölzle*, Das alte Recht und die Revolution. Eine politische Geschichte Württembergs in der Revolutionszeit 1789–1805, München/Leipzig 1931, 1. Buch »Altwürttemberg«. Walter *Grube*, Der Stuttgarter Landtag 1457–1957. Von den Landständen zum demokratischen Parlament, hg. im Auftrage d. Kommission für Geschichtliche Landeskunde in Baden-Württemberg, Stuttgart 1957, vor allem S. 427ff. Albert Eugen *Adam*, Herzog Karl und die Landschaft, in: Herzog Karl

Eugen von Württemberg und seine Zeit, hg. v. württembergischen Geschichts- und Altertums-Verein, Bd. 1, Esslingen 1907, S. 193 ff.

26 Hans *Rall*, Kurbayern in der letzten Epoche der alten Reichsverfassung 1745–1801, München 1952, S. 367 ff. Ferner: Fritz *Zimmermann*, Bayerische Verfassungsgeschichte vom Ausgang der Landschaft bis zur Verfassungsurkunde von 1818, Teil 1: Vorgeschichte und Entstehung der Konstitution von 1808; phil. Diss., München 1940, S. 8 ff.

27 Für Hessen-Kassel: Francis Ludwig *Carsten*, Princes in Parliaments in Germany (s. Anm. 7), S. 184. Karl Ernst *Demandt*, Geschichte des Landes Hessen (s. Anm. 9), S. 200. Adolf *Lichtner*, Landesherr und Stände in Hessen-Cassel (s. Anm. 6), Einleitung.

28 Rudolf *Lehmann*, Die Verhältnisse der niederlausitzischen Herrschafts- und Gutsbauern in der Zeit vom Dreißigjährigen Krieg bis zu den preußischen Reformen, Köln 1956, S. 3.

29 Martin *Wehrmann*, Geschichte von Pommern, Bd. 2: Bis zur Gegenwart, Gotha ²1921, S. 188 ff.

30 Ernst *von Meier*, Hannoversche Verfassungs- und Verwaltungsgeschichte (s. Anm. 12), Bd. 1, S. 462 ff.

31 Anstelle zahlreicher Einzelarbeiten jetzt: Herbert *Hassinger*, Die Landstände der österreichischen Länder. Zusammensetzung, Organisation und Leistung vom 16.–18. Jahrhundert, in: Jahrbuch für Landeskunde von Niederösterreich 36 (1964), S. 989 ff.

32 Aloys *Meister*, Das Herzogtum Westfalen (s. Anm. 24), S. 100.

33 Vgl. Viktor *Bibl*, Die Restauration der niederösterreichischen Landesverfassung unter Leopold II., Innsbruck 1902. (Eine befriedigende zusammenfassende Darstellung der Reformen Maria Theresias und noch mehr Josephs II. jenseits der Zentralverwaltung, vor allem im Hinblick auf die Stände, fehlt noch.) Von Einzelarbeiten sei genannt: E. *Ilwof*, Der ständische Landtag des Herzogtums Steiermark unter Maria Theresia und ihren Söhnen, in: Archiv für österreichische Geschichte 104 (1913), S. 121 ff. In großen Linien: Herbert *Hassinger*, Die Landstände der österreichischen Länder (s. Anm. 31).

34 Gesuch der Stände des Kgr. Preußen an den König vom 17. 9. 1786; gedr. bei Adalbert Bezzenberger (Hg.), Aktenstücke des Provinzialarchivs in Königsberg aus den Jahren 1786–1820 betreffend die Verwaltung und Verfassung Ostpreußens, Königsberg 1898, S. 140.

35 Dazu noch immer: Leopold *von Ranke*, Die deutschen Mächte und der Fürstenbund (s. Anm. 1), vor allem S. 270 ff.

36 Friedrich *Hertz*, Die Rechtssprechung der höchsten Reichsgerichte im römisch-deutschen Reich und ihre politische Bedeutung, in: Mitteilungen des Instituts für österreichische Geschichtsforschung 69 (1961), S. 342 ff.

37 Zitiert bei Bernhard *Rieger*, Die Hessen-Darmstädtischen Landstände und der Absolutismus, jur. Diss., Giessen 1894, S. 22.

38 Vgl. Woldemar Bernhard *Wenck*, Deutschland vor hundert Jahren, Bd. 1: Politische Meinungen und Stimmungen bei Ausbruch der Revolutionszeit, Leipzig 1887, S. 65 ff. Auch Kurt *von Raumer*, Deutschland um 1800 (s. Anm. 2), S. 19 f.

39 Vgl. Rudolf *Vierhaus*, Montesquieu in Deutschland. Zur Geschichte seiner Wirkung als politischer Schriftsteller im 18. Jahrhundert, in diesem Band, S. 9–32.

40 Friedrich Carl *von Moser*, Patriotische Briefe, o. O. 1767, S. 33 f., 39, 98 f.

41 Friedrich Carl *von Moser*, ebd., S. 207. *Ders.*, Von dem Deutschen National-Geist, o. O. 1765, S. 42 f.
42 Dazu Carl *Häberlin*, Handbuch des Teutschen Staatsrechts, Bd. 2, 1794, S. 76 ff.
43 Eberhard *Gothein*, Der Breisgau unter Maria Theresia und Joseph II., Heidelberg 1907, S. 16 ff. Martin *Wellmer*, Der vorderösterreichische Breisgau, in: Vorderösterreich. Eine geschichtliche Landeskunde, hg. v. Alemannischen Institut unter Leitung von Friedrich Metz, Bd. 2, Freiburg 1959, S. 309 ff.
44 Magnus Friedrich *von Bassewitz*, Die Kurmark Brandenburg, ihr Zustand und ihre Verwaltung unmittelbar vor dem Ausbruch des frz. Krieges im Oktober 1806, Leipzig 1847; und Otto *Hintze*, AB, VI, 1 (s. Anm. 16), S. 347 ff.
45 Heinrich *Heffter*, Die deutsche Selbstverwaltung im 19. Jahrhundert. Geschichte der Ideen und Institutionen. Stuttgart 1950, S. 14.
46 Bruno *Schumacher*, Geschichte Ost- und Westpreußens, hg. v. Göttinger Arbeitskreis, 2. veränd. u. verm. Aufl., Würzburg 1957, S. 174.
47 Otto *Hintze*, AB, VI, 1, (s. Anm. 16) S. 239 ff. *Ders.*, Die Hohenzollern und ihr Werk. 500 Jahre vaterländischer Geschichte, Berlin 1915, S. 293 f.
48 Carl Gottlieb *Svarez*, Vorträge über Recht und Staat, hg. v. Hermann Conrad und Gerd Kleinheyer, Köln 1960, S. 64.
49 Ebd., S. 61 f.
50 Der Begriff »Beamte« hat sich erst im 19. Jahrhundert zu der heute geläufigen weitgefaßten Bedeutung entfaltet; wohl taucht er im späteren 18. Jh. schon auf, üblicher aber sind noch »Bedienter«, »Diener«, »Staatsdiener«.
51 Karl Ernst *Demandt*, Geschichte des Landes Hessen (s. Anm. 9), S. 227.
52 Otto *Hintze*, AB, VI, 1, (s. Anm. 16), S. 260 ff.
53 Magnus Friedrich *von Bassewitz*, Die Kurmark Brandenburg (s. Anm. 44), S. 133 ff. Ferner: Otto *Hintze*, AB, VI, 1, (s. Anm. 16), S. 347 ff.
54 Vgl. dazu: Fritz *Martiny*, Die Adelsfrage in Preußen vor 1806 als politisches und soziales Problem. Erläutert am Beispiel des kurmärkischen Adels, Stuttgart/Berlin 1938, S. 47 ff. Es handelt sich um die bisher einzige neuere deutsche Arbeit, die den Ursachen des Interesses des Adels an Ämtern (freilich nur im ständischen Wirkungskreis) nachgeht.
55 Aloys *Meister*, Das Herzogtum Westfalen (s. Anm. 24), S. 104 ff.
56 Ernst *von Meier*, Hannoversche Verfassungs- und Verwaltungsgeschichte (s. Anm. 12), Bd. 1, S. 516.
57 Hans *Rall*, Kurbayern (s. Anm. 26), S. 371.
58 Erwin *Hölzle*, Das alte Recht (s. Anm. 25), S. 31.
59 Denkschrift des Reichsfreiherrn Clemens August Maria *von Kerkerink* (s. Anm. 23), S. 431, 440.
60 Barthold *Witte*, Herrschaft und Land im Rheingau (s. Anm. 10), S. 194.
61 Für die Verbreitung dieser Praxis sei hier nur auf die Bemühungen des Kurfürsten-Erzbischofs Max Franz in Köln, Münster und im Deutschen Orden zur Schaffung eines effizienten Beamtentums hingewiesen. Vgl. Max *Braubach*, Maria Theresias jüngster Sohn Max Franz, letzter Kurfürst von Köln und Fürstbischof von Münster (Neubearbeitung), Wien 1961, S. 109 ff.
62 Zitiert bei Bernhard *Rieger*, Die Hessen-Darmstädtischen Landstände (s. Anm. 37), S. 26 f.
63 Vgl. Friedrich Carl *von Moser*, Über den Diensthandel der teutschen Fürsten, Frankfurt/Leipzig 1786. Diese Erscheinung verdient näher untersucht zu werden.

Ein Beispiel: H. *Eberhard*, Stellenverkauf im Fürstentum Schwarzburg-Sondershausen. Zur Geschichte des kleinstaatlichen Absolutismus im 18. Jahrhundert, in: Forschungen aus mitteldeutschen Archiven. Zum 60. Geburtstag von Hellmut Kretzschmar, hg. v. der Staatlichen Archivverwaltung im Staatssekretariat f. innere Angelegenheiten, Berlin 1953, S. 304 ff.

64 Vgl. Johannes *Ziekursch*, Beiträge zur Charakteristik der preußischen Verwaltungsbeamten in Schlesien bis zum Untergange des friderizianischen Staates, Breslau 1907, S. 13.

65 Ebd., passim.

66 Walter *Dorn*, The Prussian Bureaucracy in the Eighteenth Century, in: Political Science Quarterly 46 (1931), S. 403 ff., und 47 (1932), S. 75 ff., 259 ff. Über den Konservatismus der Beamten vor allem 47 (1932), S. 82, 266.

67 Carl Gottlieb *Svarez*, Vorträge über Recht und Staat (s. Anm. 48), S. 262 »Stand der Staatsbeamten«, der aus Personen gebildet ist, »deren sich der Staat zu Besorgung öffentlicher Angelegenheiten und Geschäfte, es sei im Militär- oder Zivilfache, bedient«.

68 Dazu Erwin *Hölzle*, Das alte Recht (s. Anm. 25), S. 26 ff.

69 Neben den genannten Arbeiten von Ziekursch und Dorn ist vor allem zu nennen das sehr kritische Buch von Hans *Rosenberg*, Bureaucracy, Aristocracy and Autocracy. The Prussian Experience 1660–1815, Cambridge 1958. Grundlegend noch immer Otto *Hintzes* Untersuchungen: Gesammelte Abhandlungen, 2. erw. Aufl., hg. v. Gerhard Oestreich, Bd. 1: Staat und Verfassung. Gesammelte Abhandlungen zur allgemeinen Verfassungsgeschichte, Göttingen 1962; Bd. 3: Regierung und Verwaltung. Gesammelte Abhandlungen zur Staats-, Rechts- und Sozialgeschichte Preußens, Göttingen 1967, auch: *Ders.*, Der Beamtenstand [1911], S. 93 ff., in: *Ders.*, Gesammelte Abhandlungen, Bd. 2: Soziologie und Geschichte. Gesammelte Abhandlungen zur Soziologie, Politik und Theorie der Geschichte, Göttingen 1964, S. 66–125.

70 Vgl. Wilhelm *Naudé*, Zur Geschichte des preußischen Subalternbeamtentums, in: Forschungen zur Brandenburgischen und Preußischen Geschichte 18,2 (1905), S. 365 ff.

71 Vgl. dazu Otto *Büsch*, Militärsystem und Sozialleben im alten Preußen 1713–1807. Die Anfänge der sozialen Militarisierung der preußisch-deutschen Gesellschaft, Berlin 1962, vor allem S. 139 ff.

72 Herbert *von Borch*, Obrigkeit und Widerstand. Zur politischen Soziologie des Beamtentums, Tübingen 1954.

## *Bibliographischer Nachtrag*

*Peter Baumgart* (Hg.), Ständetum und Staatsbildung in Brandenburg-Preußen. Ergebnisse einer internationalen Fachtagung, Berlin 1983.

*Karl Bosl*, Die Geschichte der Repräsentation in Bayern. Landständische Bewegung, landständische Verfassung, Landesausschuß und altständische Gesellschaft, München 1974.

*Ders.*, Von der Ständeversammlung zum demokratischen Parlament. Die Geschichte der Volksvertretung in Baden-Württemberg, Stuttgart 1982.

*Ders.*, Von der ständischen Gesellschaft zur bürgerlichen Gleichheit, Berlin 1980.
*Ders.*, Der moderne Parlamentarismus und seine Grundlagen in der ständischen Repräsentation, Berlin 1977.
*Dietrich Gerhard*, Das Abendland 800–1800. Ursprung und Gegenbild unserer Zeit, Freiburg/Würzburg 1985.
*Ders.* (Hg.), Ständische Vertretungen in Europa im 17. und 18. Jahrhundert, Göttingen $^{2}$1974.
*Ders.*, Gesammelte Aufsätze, Göttingen 1977.
*Maximilian Lanzinner*, Fürst, Räte und Landstände. Die Entstehung der Zentralbehörden in Bayern (1511–1598), Göttingen 1980.
*Gerhard Oestreich*, Geist und Gestalt des frühmodernen Staates, Berlin 1969.
*Ders.*, Strukturprobleme der frühen Neuzeit. Ausgewählte Aufsätze, hg. v. Brigitta Oestreich, Berlin 1980.
*Volker Press*, Herrschaft, Landschaft und »Gemeiner Mann« in Oberdeutschland vom 15. bis zum frühen 19. Jahrhundert, in: Zeitschrift für die Geschichte des Oberrheins, Neue Folge 84 (1975), S. 169–214.
*Ders.*, Steuern, Kredit und Repräsentation. Zum Problem der Ständebildung ohne Adel, in: Zeitschrift für Historische Forschung 2 (1975), S. 59–93.
*Ders.*, Die Landschaft aller Grafen von Solms. Ein ständisches Experiment am Beginn des 17. Jahrhunderts, in: Hessisches Jahrbuch für Landesgeschichte 27 (1977), S. 37–106.
*Franz Quarthal*, Landstände und ländliches Steuerwesen in Schwäbisch-Österreich, Stuttgart 1980.
*Armgard von Reden*, Landständische Verfassung und fürstliches Regiment in Sachsen-Lauenburg (1543–1689), Göttingen 1974.
Von der ständischen Gesellschaft zur bürgerlichen Gleichheit, [Red.: Helmut Quaritsch], Berlin 1980.
Von der Ständeversammlung zum demokratischen Parlament. Die Geschichte der Volksvertretungen in Baden-Württemberg, hg. v. der Landeszentrale für politische Bildung, Baden-Württemberg, Stuttgart 1982.

## *Wahlkapitulationen in den geistlichen Staaten des Reiches im 18. Jahrhundert*

1 Hans Erich *Feine*, Kirchliche Rechtsgeschichte. Die katholische Kirche, 4. neubearb. und erw. Aufl., Köln/Graz 1964, S. 534.

2 *Ders.*, Die Besetzung der Reichsbistümer vom Westfälischen Frieden bis zur Säkularisation 1648–1803, Amsterdam 1964 (Nachdr. der Ausg. Stuttgart 1921), S. 343.

3 Ebd., S. 346.

4 Ebd., S. 347. H. E. Feine hätte auch auf Franz Georg von Trier hinweisen können, der als Fürstprobst von Ellwangen nach der Annahme der Wahlkapitulation in eigenhändigen Bemerkungen zu ihren einzelnen Bestimmungen anmerkte, ob er sie halten wolle oder könne. In einem Brief an das Ellwanger Kapitel vom 9. September 1734 verurteilte er mit scharfen Worten dessen »unbegründetes corregiment«. Siehe Hans *Pfeifer*, Verfassungs- und Verwaltungsgeschichte der Fürstprobstei

Ellwangen, Stuttgart 1959, S. 201. Die letzte Ellwanger Wahlkapitulation kam bei der Koadjutorwahl von 1770 zustande!

5 Stats-Anzeigen, hg. v. August Ludwig Schlözer, Bd. 3 (1783), S. 213 f.

6 Johann Jacob *Moser*, Persönliches Staats-Recht derer Teutschen Reichs-Stände (Neues Teutsches Staatsrecht 11,1), Frankfurt 1775, S. 124.

7 Ebd., S. 123 f.

8 Hans Erich *Feine*, Die Besetzung der Reichsbistümer (s. Anm. 2), S. 343.

9 Die Rechtmäßigkeit von Wahlkapitulationen war im Instrumentum Pacis Osnabrugense von 1648 (Art. V § 17) generell anerkannt. Vgl. Karl *Zeumer*, Quellensammlung zur Geschichte der Deutschen Reichsverfassung in Mittelalter und Neuzeit, Bd. 2, Tübingen [2]1913, S. 406.

10 Johann Jacob *Moser*, Persönliches Staats-Recht (s. Anm. 6), S. 103 f.

11 Ebd., S. 114 ff.

12 Ebd., S. 125.

13 Es kennzeichnet die Praxis der Wahlkapitulationen, daß sie – nachdem sie sich einmal durchgesetzt hatten – Formularcharakter erhielten. Die vorhergehende wurde zum Muster der jeweils neuen, die je nach Möglichkeit Ergänzungen erhielt.

14 Johann Jacob *Moser*, Persönliches Staats-Recht (s. Anm. 6), S. 90.

15 Vgl. hierzu u. a.: Rudolfine Freiin *von Oer*, Landständische Verfassungen in den geistlichen Fürstentümern Nordwestdeutschlands, in: Ständische Vertretungen in Europa im 17. und 18. Jahrhundert, hg. v. Dietrich Gerhard, Göttingen [2]1974, S. 94 ff.

16 Reinhard *Renger*, Landesherr und Landstände im Hochstift Osnabrück in der Mitte des 18. Jahrhunderts. Untersuchungen zur Institutionengeschichte des Ständestaates im 17. und 18. Jahrhundert, Göttingen 1968, S. 62.

17 Ebd., S. 66.

18 Vgl. Hans Erich *Feine*, Besetzung der Reichsbistümer (s. Anm. 2), S. 334 f.

19 Vgl. Fritz *Hartung*, Die Wahlkapitulationen der deutschen Kaiser und Könige, in: Historische Zeitschrift 107 (1911), S. 306 ff. (Allerdings ist es auch im Reich nicht gelungen, zu einer capitulatio perpetua zu kommen. Der Entwurf dazu von 1711 ist nicht rechtskräftig, sondern nur zur inoffiziellen Grundlage für spätere Kapitulationen geworden.)

20 Vgl. Manfred *Stimming*, Die Wahlkapitulationen der Erzbischöfe und Kurfürsten von Mainz (1233–1788), Göttingen 1909, S. 84 ff.

21 Dazu: u. a. Max *Braubach*, Maria Theresias jüngster Sohn Max Franz, letzter Kurfürst von Köln und Fürstbischof von Münster, Wien 1961. Heribert *Raab*, Clemens Wenzeslaus von Sachsen und seine Zeit 1739–1812, Bd. 1: Dynastie, Kirche und Reich im 18. Jahrhundert, Freiburg/Basel/Wien 1962.

22 Journal von und für Deutschland 2 (1785). Vgl. dazu: Peter *Wende*, Die geistlichen Staaten und ihre Auflösung im Urteil der zeitgenösssischen Publizistik, Lübeck/Hamburg 1966. Max *Braubach*, Die kirchliche Aufklärung im katholischen Deutschland im Spiegel des Journal von und für Deutschland, in: Historisches Jahrbuch 54 (1934), S. 17 f.

23 Stats-Anzeigen, Bd. 9 (1786), S. 385 f.

24 Andreas Joseph *Schnaubert*, Über des Freiherrn von Moser's Vorschläge zur Verbesserung der geistlichen Staaten in Deutschland, Jena 1788, S. 103.

25 Joseph *von Sartori*, Statistische Abhandlung über die Mängel der Regierungsver-

fassung der geistlichen Wahlstaaten und von den Mitteln solchen abzuhelfen, Augsburg 1787, S. 1C7. (Diese Schrift erhielt noch eine »Fortsetzung«, die gleichzeitig mit ihr veröffentlicht wurde.)

26 Stats-Anzeigen, Bd. 12 (1788), S. 369.

27 Joseph *von Sartori*, Statistische Abhandlung (s. Anm. 25), S. 23.

28 Ernst *von Klenk*, Preisfrage: Über die Mängel der geistlichen Wahlstaaten, Frankfurt 1787, S. 61 ff.

29 Über die Regierung der geistlichen Staaten in Deutschland, Frankfurt/Leipzig 1787, S. 176 f.

30 Ebd., S. 183.

31 Ebd., S. 69.

32 Ebd., S. 163.

33 Ebd., S. 230.

34 Stats-Anzeigen, Bd. 13 (1789), S. 309, Anm.

## *Absolutismus*

* Thematik und Gliederung dieses Beitrags sind durch seinen ursprünglichen Zweck eines Artikels in der Enzyklopädie »Sowjetsystem und demokratische Gesellschaft« bestimmt. 1966 zuerst veröffentlicht, repräsentiert er nicht den heutigen Stand der Forschung. Für die sowjetische Forschung vgl. den Artikel von Claus *Scharf*, Strategien marxistischer Absolutismusforschung. Der Absolutismus in Rußland und die Sowjethistoriker, in: Jb. d. Deutsch-Italienischen Historischen Instituts in Trient 5 (1979), S. 457–506, der sich kritisch und weiterführend mit meinem Artikel auseinandersetzt.

1 Karl *Marx*, Die moralisierende Kritik und die kritisierende Moral. Beitrag zur Deutschen Kulturgeschichte. Gegen Karl Heinzen von Karl Marx, in: Karl Marx/Friedrich Engels, Werke [= MEW], hg. v. Institut für Marxismus-Leninismus beim ZK der SED, Bd. 4, Berlin [Ost] 1959, S. 344.

2 Vgl. *Ders.*, Der Prozeß gegen den Rheinischen Kreisausschuß der Demokraten. [Verteidigungsrede von Karl Marx], in: MEW, Bd. 6, Berlin [Ost] 1959, S. 253.

3 *Ders.*, Deutsche Ideologie, Kritik der neuesten deutschen Philosophie in ihren Repräsentanten Feuerbach, B. Bauer und Stirner, und des deutschen Sozialismus in seinen verschiedenen Propheten [1845/46], in: MEW, Bd. 3, Berlin [Ost] 1958, S. 345.

4 *Ders.*, Die moralisierende Kritik und die kritisierende Moral (s. Anm. 1), S. 347.

5 *Ders.*, Der Prozeß gegen den Rheinischen Kreisausschuß der Demokraten (s. Anm. 2), S. 253.

6 Friedrich *Engels*, Der Ursprung der Familie, des Privateigentums und des Staats. Im Anschluss an Lewis H. Morgans Forschungen [1884], in: MEW, Bd. 21, Berlin [Ost] 1962, S. 167.

7 *Ders.*, [Aus dem handschriftlichen Nachlaß: Über den Verfall des Feudalismus und das Aufkommen der Bourgeoisie], in: MEW, Bd. 21, Berlin [Ost] 1962, S. 397.

8 *Ders.*, [Aus dem handschriftlichen Nachlaß: Zum Bauernkrieg], in: MEW, Bd. 21, Berlin [Ost] 1962, S. 402.

9 *Ders.*, Herrn Eugen Dührings Umwälzung der Wissenschaft (Anti-Dühring), in: MEW, Bd. 20, Berlin [Ost] 1962, S. 153.
10 Karl *Kautsky*, Die Klassengegensätze im Zeitalter der Französischen Revolution, Stuttgart 1908, S. 10.
11 Karl *Marx*, Die moralisierende Kritik und die kritisierende Moral (s. Anm. 1), S. 351.
12 Ebd., S. 352.
13 *Ders.*, Die Bourgeoisie und die Kontrerevolution, in: MEW, Bd. 6, Berlin [Ost] 1959, S. 106ff.
14 *Ders.*, Der Prozeß gegen den Rheinischen Kreisausschuß der Demokraten (s. Anm. 2), S. 254.
15 MEW, Bd. 18, S. 290ff.
16 Friedrich *Engels*, Der Ursprung der Familie, des Privateigentums und des Staats (s. Anm. 6), S. 167.
17 Sergej Danilovič *Skazkin*, Diskussionsbeitrag zum Bericht Mousnier/Hartung, in: Atti del X congr. internaz. Roma 1955, Rom 1957, S. 436f.
18 *Ders.*, Das Problem des Absolutismus in Europa [russ], in: Iz istorii srednevekovoj Evropy 10/17 vv. Sbornik statej, Moskau 1957.
19 Gerhard *Schilfert*, Deutschland von 1648–1789. Vom Westfälischen Frieden bis zum Ausbruch der Französischen Revolution, Berlin [Ost] [2]1962, S. 39ff.
20 Ebd., S. 156ff.
21 Alfred *Meusel*, Diskussionsbeitrag zum Bericht Mousnier/Hartung, in: Atti del X congr. internaz. Roma 1955, Rom 1957, S. 434ff., sowie in: Zeitschrift für Geschichtswissenschaft 4 (1956), S. 777–779.
22 Friedrich *Engels* in: Karl Marx/Friedrich Engels, Ausgewählte Briefe, Berlin [Ost] 1953, S. 434ff.
23 Karl *Obermann*, Einheit und Freiheit. Die deutsche Geschichte von 1815–1849 in zeitgenössischen Dokumenten dargestellt, Berlin [Ost] 1950, S. 425.
24 Zeitschrift für Geschichtswissenschaft 4 (1954), S. 570.
25 Ernst *Fraenkel*, Deutschland und die westlichen Demokratien, Stuttgart 1964, S. 13ff.
26 Vgl. Michel *Lhéritier,* Le Rôle historique du despotisme éclairé particulièrement au 18e siècle, in: Bull. Internat. Comm. Hist. Sci. 1 (1928), H. 5, S. 601–612. Fritz *Hartung*, Die Epochen der absoluten Monarchie in der neueren Geschichte, in: Historische Zeitschrift 145 (1931), S. 46–52. Michel *Lhéritier,* Le despotisme éclairé de Frédéric II à la Révolution française, in: Bull. Internat. Comm. Hist. Sci. 9 (1937), S. 181–225. Georges *Lefèbvre,* Le despotisme éclairé, in: Ann. hist. Révolution franç. 21 (1949), S. 97–115. Roland *Mousnier,* La participation des gouvernés à l'activité des gouvernants dans la France du XVIIe siècles, in: Schweizer Beiträge zur allgemeinen Geschichte 20 (1962/63), S. 200–229. Werner *Näf,* Frühformen des »Modernen Staates« im Spätmittelalter, in: Historische Zeitschrift 171 (1951), S. 225–243. *Ders.*, Die Epochen der neueren Geschichte. Staat und Staatengemeinschaft vom Ausgang des Mittelalters bis zur Gegenwart, Bd. 1.2, Zürich [2]1959/60. Ernst *Walder,* Zwei Studien über den aufgeklärten Absolutismus, in: Schweizer Beiträge zur allgemeinen Geschichte 15 (1957), S. 134–171.
27 Emile *Lousse,* Absolutisme, droit divin, despotisme éclairé, in: Schweizer Beiträge zur allgemeinen Geschichte 16 (1958), S. 91–106. Francis Ludwig *Carsten*,

Princes and Parliaments in Germany. From the 15th to the 18th Century, Oxford 1959. Dietrich *Gerhard*, Regionalismus und ständisches Wesen als ein Grundthema europäischer Geschichte, in: Historische Zeitschrift 174 (1952), S. 307–337.

28 Marc *Bloch*, La société féodale, 2 Bde., Paris 1939/40. François Louis *Ganshof*, Qu'est ce que la féodalité?, 3. durchgesehene und erweiterte Auflage, Brüssel 1957. Otto *Brunner*, Vom Gottesgnadentum zum monarchischen Prinzip, in: Das Königtum, Lindau/Konstanz 1956, S. 279–305. *Ders.*, Die Freiheitsrechte in der altständischen Gesellschaft, in: Aus Verfassungs- und Landesgeschichte. Festschrift für Theodor Mayer, Bd. 1, Lindau 1954, S. 293–303.

29 Otto *Hintze*, Staat und Verfassung, Göttingen ²1962.

30 Michel *Lhéritier*, Le Rôle historique du despotisme éclairé particulièrement au 18e siècle (s. Anm. 26).

31 Roland *Mousnier*, in: Atti del X congr. internaz., Rom 1957, S. 438.

32 Vgl. A. S. *Samojlo*, Das Problem der absoluten Monarchie in der gegenwärtigen und bürgerlichen Historiographie [russ.], in: Srednie veka. Sbornik. Moskau 1959, S. 125 ff.

33 Emile *Lousse*, Absolutisme, droit divin, despotisme éclairé (s. Anm. 27), S. 91–106.

34 Otto *Brunner*, Land und Herrschaft. Grundfragen der territorialen Verfassungsgeschichte Österreichs im Mittelalter, Wien/Wiesbaden ⁴1959.

35 Gerhard *Oestreich*, Strukturprobleme des europäischen Absolutismus, in: Vierteljahresschrift für Sozial- und Wirtschaftsgeschichte 55 (1968), S. 329–347.

## *Bibliographischer Nachtrag*

*Rudolf von Albertini*, Das politische Denken in Frankreich zur Zeit Richelieus, Marburg 1951.

*Perry Anderson*, Die Entstehung des absolutistischen Staates, Frankfurt 1979.

*Stuart Andrews*, Enlightened Despotism, London 1967.

*Karl Otmar Freiherr von Aretin*, (Hg.), Der aufgeklärte Absolutismus, Köln 1974.

*Henri Brunschwig*, La Crise de l'État Prussien à la fin du 18e siècle et la genèse de la mentalité romantique, Paris 1947.

*Friedrich Engels*, Die preußische Verfassung [1847], in: Marx, Karl/Engels, Friedrich, Werke [= MEW], hg. v. Institut für Marxismus-Leninismus beim ZK der SED, Bd. 4, Berlin [Ost] 1959, S. 30–36.

*Ders.*, Die »Krisis« in Preußen [1873], in: MEW, Bd. 18, Berlin [Ost] 1962, S. 290–295.

*John G. Gagliardo*, Enlightened Despotism, London 1967.

*Fritz Hartung*, L'État c'est moi, in: Historische Zeitschrift 169 (1949), S. 1–30.

*Ders.*, Der aufgeklärte Absolutismus, in: Historische Zeitschrift 180 (1955), S. 14–42.

*Ders./Mousnier, Roland*, Quelques problèmes concernant la monarchie absolue, in: Relazioni del X congr. internaz. di scienze storiche, Rom 1955, Bd. 4, Florenz 1955, S. 1–55.

*Erich Hassinger*, Das politische Testament Richelieus, in: Historische Zeitschrift 173 (1952), S. 485–503.

*Gerhard Heitz,* Der Zusammenhang zwischen den Bauernbewegungen und der Entwicklung des Absolutismus in Mitteleuropa, in: Zeitschrift für Geschichtswissenschaft 13 (1965), Sonderheft, S. 71 ff.

*Carl Hinrichs,* Zur Selbstauffassung Ludwigs XIV. in seinen Mémoires, in: Formen der Selbstdarstellung. Festgabe f. F. Neubert, Berlin 1956, S. 145–160.

*Ernst Hinrichs,* (Hg.), Absolutismus, Frankfurt 1986.

*Karl Kautsky,* Die Klassengegensätze im Zeitalter der Französischen Revolution, Stuttgart 1908.

*Ders.,* Die materialistische Geschichtsauffassung, Bd. 1.2, Berlin 1927.

*Evgenij Alekseevič* Kosminskij, Istorija srednich vekov. Ucebnik. Moskau 1943. Dt. Ausg.: Kosminskij, Evgenij Alekseevič, Geschichte des Mittelalters. Lehrbuch, Berlin [Ost] [5]1952.

*Leonhard Krieger,* An Essay on the Theory of Enlightened Despotism, Chicago/London 1975.

*Ders.,* Kings and Philosophers 1689–1789, London 1970.

*B. Köpeczi/A. Soboul/É. M. Bálazs/D. Kosary* (Hg.), L'Absolutisme Éclairé, Budapest/Paris 1985.

*Jürgen Kuczynski,* Zur Periodisierung der deutschen Geschichte in der Feudalzeit, in: Zeitschrift für Geschichtswissenschaft 2 (1954), S. 133–151.

*Johannes Kunisch,* Absolutismus. Europäische Geschichte vom Westfälischen Frieden bis zur Krise des Ancien Régime, Göttingen 1986.

*Ders./Helmut Neuhaus* (Hg.), Der dynastische Fürstenstaat. Zur Bedeutung der Sukzessionsordnungen für die Entstehung des frühmodernen Staates, Berlin 1982.

*Ders./Barbara Stollberg-Rilinger* (Hg.), Staatsverfassung und Heeresverfassung in der europäischen Geschichte der frühen Neuzeit, Berlin 1986.

*Vladimir Iljitsch Lenin,* Staat und Revolution. Die Lehre des Marxismus vom Staat und die Aufgaben des Proletariats in der Revolution. [Gosudarstvo i revoljucija, 1917], in: Lenin, Vladimir Iljitsch, Werke [= LW], hg. vom Institut für Marxismus-Leninismus beim ZK der KPdSU (ins Deutsche übertragen nach der 4. russ. Ausgabe), Bd. 25: Juni–September 1917, Berlin [Ost] 1960, S. 393–507.

*Ders.,* Über den Staat. Vorlesung an der Swerdlow-Universität 11. Juli 1919 [O gosudarstve, 1919], in: LW, Bd. 29, Berlin [Ost] 1961, S. 460–479.

*Ders.,* Das revolutionäre Spanien [1854], in: MEW, Bd. 10, Berlin [Ost] 1961, S. 431–485.

*Karl Marx/Friedrich Engels,* Artikel aus der »Neuen Rheinischen Zeitung« (1. Juni–7. November 1848), in: MEW, Bd. 5, Berlin [Ost] 1959, S. 11–457.

*Franz Mehring,* Die Lessing-Legende. Zur Geschichte und Kritik des preußischen Despotismus u. der klassischen Literatur (1893), Berlin [5]1919.

*Ders.,* Historische Aufsätze zur preußisch-deutschen Geschichte, hg. v. F. Oelßner, Berlin 1946.

*Ingrid Mittenzwei,* Über das Problem des aufgeklärten Absolutismus, in: Zeitschrift für Geschichtswissenschaft 18 (1970), S. 1162–1172.

*Dies.,* Theorie und Praxis des aufgeklärten Absolutismus in Brandenburg-Preußen, in: Jahrbuch für Geschichte 6 (1972), S. 53–106.

*Charles Morazé,* Finance et despotisme. Essai sur les despotes éclairés, in: Annales 3 (1948), S. 279–296.

*N. Nicolini,* Libertà e monarchia assoluta, in: Atti Accad. Pontaniana N.S. 7 (1959).

*Gerhard Oestreich/Inge Auerbach,* Die ständische Verfassung in der westlichen und

in der marxistisch-sowjetischen Geschichtsschreibung, in: Anciens Pays et Assemblées d'États – Standen en Landen Bd. LXVII (1976), S. 5–54.
*Boris Fedorovič* Porschnev, Narodnye vosstanija vo Francii pered frondoj. M. L. 1948. Dt. Ausg.: Porschnev, Boris Fedorovič, Die Volksaufstände in Frankreich vor der Fronde, 1623–1648, Leipzig 1954.
*Ders.*, Absoljutizm, in: BSE, Bd. 1 (1949), S. 31–32 [Absolutismus].
*Mark Raeff*, The Well-Ordered Police State. Social and Institutional Change through Law in the Germanies and Russia 1600–1800, New Haven/London 1983.
*Kurt von Raumer*, Absoluter Staat, korporative Libertät, persönliche Freiheit, in: Historische Zeitschrift 183 (1957), S. 55–96.
*Roman Schnur*, Individualismus und Absolutismus. Zur politischen Theorie von Thomas Hobbes, 1600–1640, Berlin 1963.
*Stephan Skalweit*, Das Herrscherbild des 17. Jahrhunderts, in: Historische Zeitschrift 184 (1957), S. 65–80.
*Ders.*, Das Zeitalter des Absolutismus als Forschungsproblem, in: Deutsche Vierteljahresschrift für Literaturwissenschaft und Geistesgeschichte 35 (1961), S. 298–315.
*Sergej Danilovič Skazkin/N. I. Konrad*, Absoljutizm, in: Sovetskaja istoriceskaja enciklopedija, Bd. 1, Moskau 1961, Sp. 45–48, [Absolutismus].
*Leo Stern*, Zur Periodisierung der Geschichte Deutschlands im Feudalismus, in: Zeitschrift für Geschichtswissenschaft 5 (1957), 1, S. 61–110.
*Barbara Stollberg-Rilinger*, Der Staat als Maschine. Zur politischen Metaphorik des absoluten Fürstenstaates, Berlin 1986.
*Hans Sturmberger*, Kaiser Ferdinand II. und das Problem des Absolutismus, München 1957.
*Franco Valsecchi*, Dispotismo illuminato, in: Questioni di storia del Risorgimento e dell'unità d'Italia. A cura di E. Rota, Mailand 1951.
*Rudolf Vierhaus*, Deutschland im Zeitalter des Absolutismus, Göttingen ²1984.
*Ders.*, Staaten und Stände. Vom Westfälischen bis zum Hubertusburger Frieden 1648 bis 1763, Berlin 1984.
*Reinhard Wittram*, Formen und Wandlungen des europäischen Absolutismus, in: Glaube und Geschichte. Festschrift für Friedrich Gogarten, Gießen 1948, S. 278–299.
*Ders.*, Peter I., Czar und Kaiser. Zur Geschichte Peters des Großen in seiner Zeit. Bd. 1., 2, Göttingen 1964.

## *Aufklärung als Lernprozeß*

### *Literaturhinweise*

Zur Aufklärung:

*Horst Stuke*, Artikel »Aufklärung«, in: Geschichtliche Grundbegriffe. Historisches Lexikon zur politisch-sozialen Sprache in Deutschland, hg. v. Otto Brunner/Werner Conze/Reinhart Koselleck, Bd. 1, Stuttgart 1972, S. 243–342.
*Fritz Valjavec*, Geschichte der abendländischen Aufklärung, Wien/München 1961.
*Ernst Cassirer*, Die Philosophie der Aufklärung, Tübingen 1932.
*Peter Gay*, The Enlightenment. An Interpretation, 2 Bde., New York 1966, 1969.

Friedrich *Engel-Janosi*/Grete *Klingenstein*/Heinrich *Lutz* (Hg.), Formen der europäischen Aufklärung. Untersuchungen zur Situation von Christentum, Bildung und Wissenschaft im 18. Jahrhundert, München 1976.
*Joachim Kopper*, Einführung in die Philosophie der Aufklärung. Die theoretischen Grundlagen, Darmstadt 1971.
*Peter Pütz*, Die deutsche Aufklärung, Darmstadt 1978.
*Ders.* (Hg.), Erforschung der deutschen Aufklärung, Meisenheim 1980.
*Wilhelm Dilthey*, Studien zur Geschichte des deutschen Geistes, in: *Ders.*, Gesammelte Schriften, Bd. 3, Stuttgart/Göttingen [4]1969.
*Werner Krauss*, Studien zur deutschen und französischen Aufklärung, Berlin 1963.
*Werner Schneiders*, Die wahre Aufklärung. Zum Selbstverständnis der deutschen Aufklärung, Freiburg/München 1974.
*Franklin Kopitzsch* (Hg.), Aufklärung, Absolutismus und Bürgertum in Deutschland, München 1976.
*Wolfgang Martens*, Die Botschaft der Tugend. Die Aufklärung im Spiegel der deutschen moralischen Wochenschriften, Stuttgart 1968.
*Rudolf Vierhaus*, Zur historischen Deutung der Aufklärung. Probleme und Perspektiven, Bremen 1977, S. 39–54.
*Ders.* (Hg.), Bürger und Bürgerlichkeit im Zeitalter der Aufklärung, Heidelberg 1981.
*Ders.* (Hg.), Wissenschaften im Zeitalter der Aufklärung, Göttingen 1985.
*Otto Dann* (Hg.), Lesegesellschaften und bürgerliche Emanzipation. Ein europäischer Vergleich, München 1981.
*Helmuth Kiesel/Paul Münch*, Gesellschaft und Literatur im 18. Jahrhundert. Voraussetzungen und Entstehung des literarischen Marktes in Deutschland, München 1977.
*Ulrich Im Hof*, Das gesellige Jahrhundert. Gesellschaft und Gesellschaften im Zeitalter der Aufklärung, München 1982.
*Pierre Grappin*, L'Allemagne des Lumières. Périodiques, Correspondances, Témoignages, Paris 1982.
*Franco Venturi*, Utopia and Reform in the Enlightenment, Cambridge 1971.
Österreich im Europa der Aufklärung. Kontinuität und Zäsur in Europa zur Zeit Maria Theresias und Josephs II., 2 Bde., Wien 1985.
*Peter Hanns Reill*, The German Enlightenment and the Rise of Historism, Berkeley 1975.
*Hans Erich Bödeker/Ulrich Herrmann* (Hg.), Aufklärung als Politisierung – Politisierung der Aufklärung, Hamburg 1987.
*Hans Erich Bödeker/Georg Iggers/Jonathan B. Knudsen/Peter H. Reill* (Hg.), Aufklärung und Geschichte. Studien zur deutschen Geschichtswissenschaft im 18. Jahrhundert, Göttingen 1986.

Zum Bildungs- und Erziehungswesen:

*Rudolf Vierhaus*, Artikel »Bildung«, in: Geschichtliche Grundbegriffe. Historisches Lexikon zur politisch-sozialen Sprache in Deutschland, hg. v. Otto Brunner/Werner Conze/Reinhart Koselleck, Bd. 1, Stuttgart 1972, S. 508–551.
*Günther Dohmen*, Bildung und Schule, 2 Bde., Weinheim 1964/65.
*Theodor Ballauf/Klaus Schaller*, Pädagogik. Eine Geschichte der Bildung und Erziehung, Bd. II: Vom 16. bis zum 19. Jahrhundert, Freiburg/München 1970.

*Friedrich Paulsen*, Geschichte des gelehrten Unterrichts an den deutschen Schulen und Universitäten vom Ausgang des Mittelalters bis zur Gegenwart, hg. v. Rudolf Lehmann, 2 Bde., Berlin/Leipzig [3]1921.
*Herwig Blankertz*, Geschichte der Pädagogik von der Aufklärung bis zur Gegenwart, Wetzlar 1982.
*Ulrich Herrmann* (Hg.), Die Bildung des Bürgers. Die Formierung der bürgerlichen Gesellschaft und die Gebildeten im 18. Jahrhundert, Weinheim 1982.
*Ders.* (Hg.), Das pädagogische Jahrhundert. Volksaufklärung und Erziehung zur Armut im 18. Jahrhundert in Deutschland, Weinheim 1981.
*Ludwig Fertig*, Campes politische Erziehung. Eine Einführung in die Pädagogik der Aufklärung, Darmstadt 1977.
*Andreas Flitner*, Die politische Erziehung in Deutschland. Geschichte und Probleme 1750–1880, Tübingen 1957.
*Reinhart Siegert*, Aufklärung und Volkslektüre. Exemplarisch dargestellt an Rudolph Zacharias Becker und seinem »Noth- und Hülfsbüchlein«, in: Archiv für Geschichte des Buchwesens 19 (1978), Sp. 565–1348.
*Rolf Reichardt*, Reform und Revolution bei Condorcet. Ein Beitrag zur späten Aufklärung in Frankreich, Bonn 1973.
*Hans-Georg Herrlitz*, Studium als Standesprivileg. Die Entstehung des Maturitätsproblems im 18. Jahrhundert. Lehrplan- und gesellschaftsgeschichtliche Untersuchungen, Frankfurt 1973.
*Heinz-Joachim Heydorn/Gernot Koneffke*, Studien zur Sozialgeschichte und Philosophie der Bildung, Bd. 1: Zur Pädagogik der Aufklärung, München 1973.
*Ludwig Fertig*, Zeitgeist und Erziehungskunst. Eine Einführung in die Kulturgeschichte der Erziehung in Deutschland von 1600 bis 1900, Darmstadt 1984.
*Hanno Schmitt*, Schulreform im aufgeklärten Absolutismus. Leistungen, Widersprüche und Grenzen philantropischer Reformpraxis im Herzogtum Braunschweig-Wolfenbüttel 1785–1790, Weinheim/Basel 1979.

## *»Patriotismus« – Begriff und Realität einer moralisch-politischen Haltung*

1 Christian Graf *Krockow*, Nationalismus als deutsches Problem, München [2]1974, S. 124.
2 Ich knüpfe an Überlegungen an, die ich zuerst in dem Aufsatz »Politisches Bewußtsein in Deutschland vor 1789« (in diesem Band S. 183–201) dargelegt und seither in einigen anderen Arbeiten weitergeführt habe.
3 Zur Wortgeschichte vgl. Jacob und Wilhelm *Grimm*, Deutsches Wörterbuch, Bd. 7, Leipzig 1889, S. 1504f.
4 Zedlers Universallexikon, Bd. 26, Leipzig/Halle 1740, Sp. 1393.
5 Zitiert nach: Wolfgang *Martens*, Die Botschaft der Tugend. Die Aufklärung im Spiegel der deutschen Moralischen Wochenschriften, Stuttgart 1968, S. 135, und nach Helmut *König*, Zur Geschichte der Nationalerziehung in Deutschland im letzten Drittel des 18. Jahrhunderts, Berlin 1960, S. 76.
6 Friedrich Carl *von Moser*, Beherzigungen, Frankfurt 1771, S. 247.

7 Der alte Deutsche. Ein politisches und literarisches Wochenblatt aus Schwaben, Bd. I, 1775, S. 209–11.

8 Johann Wolfgang *von Goethe,* Werke, Hamburger Ausgabe, Bd. 10: Autobiographische Schriften, Bd. 2, hg. v. Lieselotte Blumenthal u. Erich Trunz, Hamburg 1959, S. 488f.

9 Helfrich Peter *Sturz*, Erinnerungen aus dem Leben des Grafen J. H. E. Bernstorff, Leipzig 1777, S. 80f.

10 Friedrich Gottlieb *Klopstock,* Mein Vaterland, in: *Ders.*, Sämtliche Werke, Bd. 4, Leipzig 1854, S. 214.

11 Friedrich Carl *von Moser,* Beherzigungen (s. Anm. 6), S. 244.

12 *Ders.*, Von dem Teutschen Nationalgeist, Frankfurt 1765, S. 13.

13 Gotthold Ephraim Lessings sämtliche Schriften, hg. v. Karl Lachmann, 3. auf's neue durchgesehene und vermehrte Auflage, besorgt durch Franz Muncker, Bd. 17, Leipzig 1904, S. 156.

14 Friedrich Gabriel *Resewitz*, Die Erziehung des Bürgers zum Gebrauch des gesunden Verstandes und zur gemeinnützigen Geschäftigkeit, neue u. verb. Aufl., Wien 1787, S. 106f.

15 Johann Wolfgang *von Goethe,* Werke, Hamburger Ausgabe, Bd. 9: Autobiographische Schriften, Bd. 1, hg. v. Lieselotte Blumenthal u. Erich Trunz, Hamburg 1955, S. 535.

16 Johann Wolfgang *von Goethe* an Katharina Elisabeth Goethe, 9. 8. 1779, in: Goethes Briefe. Hamburger Ausgabe, hg. v. Karl Robert Mandelkow, Bd. 1, Hamburg 1962, S. 267.

17 Justus *Möser,* Osnabrückische Geschichte. Allgemeine Einleitung, Osnabrück 1768, Vorrede.

18 Friedrich *Nicolai*, Bechreibung einer Reise durch Deutschland und die Schweiz im Jahre 1781. Nebst Bemerkungen über Gelehrsamkeit, Industrie, Religion und Sitten, Bd. 1, Berlin 1783, S. 263; Bd. 6, 1785, S. 595 und S. 769.

19 Immanuel *Kant*, Über den Gemeinspruch: Das mag in der Theorie richtig sein, taugt aber nicht für die Praxis [1793], in: Immanuel *Kant*, Werke in zehn Bänden, hg. v. Wilhelm Weischedel, Bd. 9, Darmstadt 1968, S. 145f.

20 Die Werke Friedrichs des Großen in deutscher Übersetzung, hg. v. Gustav Berthold Volz, Bd. 8: Philosophische Schriften, Berlin 1913, S. 268ff.

21 Ewald Friedrich Graf *von Hertzberg,* Huit Dissertations lues dans les assemblées publiques de l'Académie Royale des Sciences et Belles-Lettres de Berlin. Tenues pour l'anniversaire du Roi Frédéric II. dans les années 1786–1787, Berlin 1787.

22 Karl Theodor von Dalberg an Kaiser Joseph II. Mainz, 26. 4. 1787. Zit. nach: Karl Freiherr *von Beaulieu-Marconnay,* Karl von Dalberg und seine Zeit. Zur Biographie und Charakteristik des Fürsten Primas, Bd. 1, Weimar 1879, S. 117ff.

23 Christian Cay Lorenz *Hirschfeld*, Betrachtung über die heroischen Tugenden. Hier zit. nach: Helmut *König*, Zur Geschichte der Nationalerziehung (s. Anm. 5), S. 80.

24 Johann Bernhard *Basedow*, Vorstellungen an Menschenfreunde und vermögende Männer über Schulen, Studien und ihren Einfluß in die öffentliche Wohlfahrt, Hamburg 1768, S. 29. Hier auch: »Patriotismus ist eine starke Neigung, das gemeine Beste fördern zu wollen, und eine zureichende Einsicht, es nach seinem Stande zu können.«

25 Christian Daniel *Voß*, Versuch über die Erziehung für den Staat, als Bedürfnis unserer Zeit, zur Beförderung des Bürgerwohls und der Regenten Sicherheit, Halle 1799. Hier zit. nach Helmut *König*, Zur Geschichte (s. Anm. 5), S. 82f.
26 Johannes *Stuve*, Über das Schulwesen, in: Kleine Schriften gemeinnützigen Inhalts, hg. v. Joachim Heinrich Campe, Braunschweig 1794. Hier zit. nach Helmut *König*, Zur Geschichte der Nationalerziehung (s. Anm. 5), S. 82.
27 Zacharias *Becker*, Vorlesungen über die Pflichten und Rechte des Menschen, Gotha 1791/92. Zit. nach Helmut *König*, Zur Geschichte der Nationalerziehung (s. Anm. 5), S. 78f.
28 Immanuel *Kant*, Über den Gemeinspruch (s. Anm. 19), S. 161.
29 Hier zit. nach: Thomas *Abbt*, Vermischte Werke, Bd. 2, Berlin/Stettin 1770, S. 11, 16.
30 Friedrich Carl *von Moser*, Vom Teutschen Nationalgeist, Frankfurt 1765, S. 19f., 42.
31 *Ders.*, Patriotische Briefe, o. O. 1767, S. 25, 31f.
32 Johann Georg *Schlosser*, Politische Fragmente, in: *Ders.*, Kleine Schriften, Bd. 2, Basel 1780, S. 237.
33 [Anonym] Johann Adam *Bergk*, Untersuchungen aus dem Natur-, Staats- und Völkerrechte, Kronberg 1975 (Neudruck der Ausgabe 1796), S. 208, 211–214. Das Werk trägt den Untertitel: »Mit einer Kritik der neuesten Konstitution der französischen Republik«.
34 Vgl. Harry *Bresslau*, Geschichte der Monumenta Germaniae Historica, Hannover 1921.
35 Grundlinien der Philosophie des Rechts, hg. v. Johannes Hoffmeister, Hamburg $^{4}$1955, S. 219.

## *Aufklärung und Freimaurerei in Deutschland*

1 [Anonym] Nachrichten von einem großen, aber unsichtbaren Bunde gegen die christliche Religion und die monarchischen Staaten, Marburg 1795, Zitat S. 100.
2 Wiener Zeitschrift 4 (1792).
3 »Die zwei Schwestern P... [Paris] und W... [Wien] oder neu entdeckter Freymaurer- und Revolutionsplan.« [anonym erschienen]
4 Dazu: Johannes Rogalla *von Bieberstein*, Die These von der Verschwörung 1776–1945. Philosophen, Freimaurer, Juden, Liberale und Sozialisten als Verschwörer gegen die Sozialordnung. Bern/Frankfurt 1976.
5 Zur Geschichte der Freimaurerei in Deutschland: Dietrich *Bischoff*, Die deutsche Freimaurerei, Leipzig 1919. August *Wolfstieg*, Ursprung und Entwicklung der Freimaurerei, 3 Bde., Berlin $^{2}$1923. Eugen *Lennhoff*, Die Freimaurerei, Wien/Leipzig/Zürich 1929. Ferdinand *Runkel*, Geschichte der Freimaurerei in Deutschland, 3 Bde., Berlin 1931–32. Ferdinand Joseph *Schneider*, Die Freimaurerei und ihr Einfluß auf die geistige Kultur in Deutschland am Ende des 18. Jahrhunderts, Prag 1909.
6 Vgl. dazu: Hans *Grassl*, Aufbruch zur Romantik. Bayerns Beitrag zur deutschen Geistesgeschichte 1765–1785, München 1968, S. 173ff. Noch immer nützlich: Leopold *Engel*, Geschichte des Illuminaten-Ordens. Ein Beitrag zur Geschichte

Bayerns, Berlin 1906; mit Vorsicht zu verwenden: René *Le Forestier,* Les Illuminés de Bavière et la Franc-Maçonnerie allemande, Paris 1914. Für das Rheinland s.: Quellen zur Geschichte des Rheinlandes im Zeitalter der Französischen Revolution 1780–1801, hg. v. Josef Hansen, Bd. I, Bonn 1931, vor allem S. 41 ff., mit umfangreichen Anmerkungen des Herausgebers. Mit allgemein gehaltener Einleitung: Edwin *Zellwecker,* Das Urbild des Sarastro. Ignaz von Born, Wien 1953.

7 Vgl. dazu ebenfalls: Hans *Grassl*, Aufbruch zur Romantik (s. Anm. 6), S. 96 ff., ferner: Arnold *Marx*, Die Gold- und Rosenkreuzer. Ein Mysterienbund des ausgehenden 18. Jahrhunderts in Deutschland, Leipzig 1930. Gustav *Krüger,* Die Rosenkreuzer, Berlin 1932.

8 Die Bullen sind von Reichs wegen nicht amtlich publiziert worden.

9 Zitiert nach: Quellen..., hg. v. Josef Hansen, Bd. I (s. Anm. 6), S. 55 f.

10 »Brüderlicher Zuruf an die Oberen der bekannten Freimaurer Systeme«, in: Berlinische Monatsschrift, Bd. 8 (1786), S. 148.

11 Zum Problem der Aufklärung sei hier nur auf einige neuere Titel verwiesen: Max *Horkheimer*/Theodor W. *Adorno*, Dialektik der Aufklärung, Amsterdam 1947. Hans Matthias *Wolff*, Die Weltanschauung der deutschen Aufklärung in geschichtlicher Entwicklung, München 1949. Fritz *Valjavec*, Gechichte der abendländischen Aufklärung, Wien 1961. Werner *Krauss*, Perspektiven und Probleme. Zur französischen und deutschen Aufklärung und andere Aufsätze, Neuwied/Berlin 1965. Peter *Gay,* The Enlightenment. An Interpretation, Bd. 2: The Science of Freedom, New York 1969. Willi *Oelmüller,* Die unbefriedigte Aufklärung. Beiträge zu einer Theorie der Moderne von Lessing, Kant und Hegel, Frankfurt 1969. Ferner: Reinhart *Koselleck*, Kritik und Krise. Ein Beitrag zur Pathogenese der bürgerlichen Welt, Freiburg 1959.

12 Vgl. auch: Rudolf *Vierhaus*, Deutschland im 18. Jahrhundert: soziales Gefüge, politische Verfassung, geistige Bewegung, in: Lessing und die Zeit der Aufklärung, Göttingen 1968, S. 12 ff. *Ders.*, Politisches Bewußtsein in Deutschland vor 1789, in diesem Band S. 183–201.

13 Zu dem hier angesprochenen Problemkomplex vgl. auch: Jürgen *Habermas*, Strukturwandel der Öffentlichkeit. Untersuchungen zu einer Kategorie der bürgerlichen Gesellschaft, Neuwied 1962. Franz *Schneider*, Pressefreiheit und politische Öffentlichkeit. Studien zur politischen Geschichte Deutschlands bis 1848, Neuwied/Berlin 1966.

14 Dazu u. a.: Hans *Hubrig*, Die patriotischen Gesellschaften des 18. Jahrhunderts, Weinheim 1952. Für die Lesegesellschaften des Rheinlandes s.: Quellen..., hg. v. Joseph Hansen, Bd. I (s. Anm. 6). Quellen und informativer Kommentar bes. S. 16 f., 35 f.

15 Vgl. Rudolf *Vierhaus*, Absolutismus, in diesem Band S. 63–83.

16 Dazu auch Reinhart *Koselleck*, Kritik und Krise (s. Anm. 11), S. 81 ff.

17 H. Grassls Gleichsetzung von »Höhepunkt der Aufklärung« (s. Anm. 6), und »Illuminatenorden« erscheint trotzdem, auch für die bayerische Situation, problematisch, wird damit doch der Orden zu einseitig in einer die Vorstellung folgerichtiger Entwicklung provozierenden Weise in den Prozeß der Aufklärung eingebunden. Ein zeitgenössisches, sehr hochmütiges Urteil aus protestantischem Bereich über die Bedingungen für Aufklärung in katholischen Gebieten, das zugleich den Illuminatenorden wegen seiner Übertreibungen scharf kritisiert: »Katholische Länder taugen schlechterdings für ein Institut nicht, welches als Organ

der Denkfreyheit und Aufklärung den im Finstern so thätigen Organen der Verdummung und Geistessklaverey entgegen arbeiten soll. Der gewöhnliche Gipfel katholischer Aufklärung ist Atheismus, oder durchgängiger Skepticismus, der selbst die Moralität für eine bloße Folge der Erziehung und Gewohnheit hält. Die Armen haben, wenn sie mit dem Einreißen ihrer Verschanzungen gegen die Vernunft fertig sind, keine Kraft mehr, ein neues Gebäude aufzuführen« (Reinhold an Halem, in: Gerhard Anton von Halems Selbstbiographie, zum Druck bearb. v. Ludwig Wilhelm Christian von Halem und hg. v. Christian Friedrich Strackerjan, Oldenburg 1840, S. 61).

18 Zu den irritierendsten Erscheinungen der deutschen Freimaurerei im ausgehenden 18. Jahrhundert gehören die Richtungsstreitigkeiten und Zugehörigkeitswechsel, die darauf schließen lassen, daß mancherlei Erwartungen geweckt und enttäuscht wurden und daß es einen gewissen »Bedarf« an Gruppenbildung gab. Ein Beispiel dafür ist Knigge. Nach dem Verbot des Ordens hat ein Teil seiner Mitglieder, vor allem außerhalb Bayerns, in Lesegesellschaften oder in ganz lockerer Form als Freundeskreise Kontakt behalten, so z. B. in Bonn. Vgl. Max *Braubach*, Beethovens Abschied von Bonn, Köln/Opladen 1970, S. 22f.

19 Zit. nach Heinrich *Sieveking*, Georg Hinrich Sieveking. Lebensbild eines Hamburgischen Kaufmannes aus dem Zeitalter der französischen Revolution, Berlin 1913, S. 26.

20 Für viele andere nur dieses Beispiel: »Teutschland ist unter allen übrigen europäischen Staaten am meisten zu Revolutionen des Geistes, am wenigsten zu politischen aufgelegt.« Carl Leonhard *Reinhold,* Briefe über die kantische Philosophie, Bd. 1, Leipzig 1790, S. 16.

21 Lessing an Friedrich Nicolai, 25. 8. 1769, in: Gotthold Ephraim Lessings Sämtliche Schriften, hg. v. Karl Lachmann, 3. Aufl. bearb. v. Franz Muncker, Bd. 17, Leipzig/Stuttgart 1904, S. 298.

22 Dazu: Hannah *Ahrendt*, Von der Menschlichkeit in finsteren Zeiten. Rede über Lessing, München 1960.

23 Gotthold Ephraim Lessings Sämtliche Schriften (s. Anm. 21), Bd. 18, S. 109. Auch zitiert in der tiefschürfenden Studie von Ingrid *Strohschneider-Kohrs,* Vom Prinzip des Maßes in Lessings Kritik, Stuttgart 1969, S. 10.

24 Hier zitiert nach: Lessings Werke, hg. v. Julius Petersen, Bd. 6, bearb. von Waldemar von Olshausen, Berlin 1925, S. 54.

25 Ebd., S. 37.

26 Ebd., S. 41.

27 Ebd.

28 G..., Zwei Maurerreden, in: Berlinische Monatsschrift, Bd. 7 (1786), S. 176.

29 Dazu: Hedwig *Voegt,* Die deutsche jakobinische Literatur und Publizistik 1789 bis 1800, Berlin [Ost] 1955. Percy *Stulz*/Alfred *Opitz,* Volksbewegungen in Kursachsen zur Zeit der Französischen Revolution, Berlin [Ost] 1956. Heinrich *Scheel,* Süddeutsche Jakobiner. Klassenkämpfe und republikanische Bestrebungen im deutschen Süden Ende des 18. Jahrhunderts, Berlin [Ost] 1962. Walter *Grab*, Demokratische Strömungen in Hamburg und Schleswig-Holstein zur Zeit der ersten französischen Republik, Hamburg 1966. Allgemein: Fritz *Valjavec*, Die Entstehung der politischen Strömungen in Deutschland 1770–1815, München 1951. Noch immer nützlich: Woldemar Bernhard *Wenck*, Deutschland vor hundert Jahren, 2 Bde., Leipzig 1887/1890.

30 Vgl. Hans *Grassl*, Aufbruch zur Romantik (s. Anm. 6), S. 275 f.
31 Dazu: Mainz zwischen Rot und Schwarz. Die Mainzer Revolution 1792–1793 in Schriften, Reden und Briefen, hg. v. Claus Träger, Berlin [Ost] 1963. François G. *Dreyfus*, Sociétés et mentalités à Mayence dans la seconde moitié du XVIIIe siècle, Paris 1968.
32 Vgl. Fritz *Valjavec*, Das Woellnersche Religionsedikt und seine geschichtliche Bedeutung, in: Historisches Jahrbuch 72 (1953), S. 386 ff.

## *Bibliographischer Nachtrag*

*Winfried Dotzauer,* Freimaurergesellschaften am Rhein. Aufgeklärte Sozietäten auf dem linken Rheinufer vom Ausgang des Ancien Régime bis zum Ende der napoleonischen Herrschaft, Wiesbaden 1977.

*Richard von Dülmen*, Der Geheimbund der Illuminaten. Darstellung, Analyse, Dokumentation, Stuttgart/Bad Cannstadt 1975.

*Klaus Epstein,* Die Ursprünge des Konservatismus in Deutschland. Der Ausgangspunkt: Die Herausforderung durch die Französische Revolution 1770–1806 (dt.), Frankfurt 1973.

*Ludwig Hammermayer,* Der Wilhelmsbader Freimaurer-Konvent von 1782. Ein Höhe- und Wendepunkt in der Geschichte der deutschen und europäischen Geheimgesellschaften, Heidelberg 1980.

*Ders.*, Zur Geschichte der europäischen Freimaurerei und Geheimgesellschaften im achtzehnten Jahrhundert. Genese, Historiographie, Forschungsprobleme, in: Eleusis 31 (1976), S. 367–388.

*Peter Christian Ludz* (Hg.), Geheime Gesellschaften, Heidelberg 1975.

*Helmut Reinalter* (Hg.), Freimaurer und Geheimbünde im 18. Jahrhundert in Mitteleuropa, Frankfurt 1983.

## *Lichtenberg und seine Zeit*

1 Georg Christoph *Lichtenberg,* Schriften und Briefe, hg. v. Wolfgang Promies, 4 Bde., München 1967–1970, – Zitat: I, D 474.
2 Zur allgemeinen und speziell zur deutschen Geschichte sei verwiesen auf: Handbuch der europäischen Geschichte, hg. v. Theodor Schieder, Bd. 4: Europa im Zeitalter des Absolutismus und der Aufklärung, hg. v. Fritz Wagner, Stuttgart 1968. Stuart *Andrews*, Eighteenth Century Europe. The 1680s to 1815, London 1965. Leo *Gershoy*, From Despotism to Revolution, 1763–1789, The Rise of Modern Europe, hg. v. William Leonard Langer, New York 1944. Leonard *Krieger*, Kings and Philosophers 1689–1789, London 1970. Robert Roswell *Palmer*, The Age of Democratic Revolution. A Political History of Europe and America, 1760–1800, Bd. 1: The Challenge, Princeton 1959. Hajo *Holborn,* Deutsche Geschichte in der Neuzeit, Bd. 1: Das Zeitalter der Reformation und des Absolutismus, Stuttgart 1960, S. 548 ff. Walter Horace *Bruford,* Germany in the Eighteenth

Century: The Social Background of the Literary Revival, Cambridge 1935. Woldemar Bernhard *Wenck*, Deutschland vor hundert Jahren, 2 Bde., Leipzig 1887/90. Rudolf *Vierhaus*, Deutschland im 18. Jahrhundert: soziales Gefüge, politische Verfassung, geistige Bewegung, in: Lessing und die Zeit der Aufklärung, Göttingen 1968, S. 12ff. Richard *Newald*, Von Klopstock bis zu Goethes Tod 1750–1832, 1. Teil: Ende der Aufklärung und Vorbereitung der Klassik (Geschichte d. dt. Literatur von den Anfängen bis zur Gegenwart, Bd. VI, 1), München 1957.

3 Zur Biographie und zum Ort Lichtenbergs in der Geistesgeschichte sollen hier nur wenige Titel genannt werden: Herbert *Schöffler*, Lichtenberg, Göttingen ²1944. *Ders.*, Lichtenberg. Studien zu seinem Wesen und Geist, hg. v. Goetz von Selle, Göttingen 1956. Wilhelm *Grenzmann*, Georg Christoph Lichtenberg, Salzburg/Leipzig 1939. Paul *Requadt*, Lichtenbergs geistesgeschichtlicher Ort, in: Der Deutschunterricht 10 (1958), H. 2, S. 48–61. Wolfgang *Promies*, Georg Christoph Lichtenberg in Selbstzeugnissen und Bilddokumenten, Reinbek 1964 (mit ausführlichen Literaturangaben). Wolfgang *Rödel*, Forster und Lichtenberg. Ein Beitrag zum Problem deutscher Intelligenz und Französischer Revolution, Berlin 1960.

4 Georg Christoph *Lichtenberg*, Schriften I (s. Anm. 1), F 786.

5 Für den hier angesprochenen Zusammenhang einer sozialgeschichtlichen Analyse der deutschen »Gebildeten«, speziell der Schriftsteller: Rudolf *Vierhaus*, Bildung, in: Geschichtliche Grundbegriffe. Historisches Lexikon der politisch-sozialen Sprache in Deutschland, hg. v. Otto Brunner/Werner Conze/Reinhart Koselleck, Bd. 1, Stuttgart 1972, S. 508ff. *Ders.*, Aufklärung und Freimaurerei in Deutschland, in diesem Band S. 110–125. *Ders.*, Politisches Bewußtsein in Deutschland vor 1789, in diesem Band S. 183–201.

6 Georg Christoph *Lichtenberg*, Schriften I (s. Anm. 1), E 422.

7 Ebd., I, D 53.

8 Am 16. 6. 1794. Ebd., IV, S. 884.

9 Ebd., I (s. Anm. 1), F 412.

10 Vgl. Stats-Anzeigen 5 (1783), S. 516.

11 Johann Erich *Biester*, Der gefürchtete eilfte Julius 1783 in Berlin, in: Berlinische Monatsschrift 2 (1783), S. 143.

12 Das graue Ungeheuer 2 (1784), S. 190.

13 Vgl. dazu die Einleitung zu: Die französischen Moralisten. La Rochefoucauld, Vauvenargues, Montesquieu, Chamfort. Rivard. Die Aphorismenbücher in vollst. Gestalt. Verdeutscht und hg. v. Fritz Schalk. Mit einem Vorwort von Karl Vossler, Leipzig 1938. – Neue Folge: Galiani, Fürst von Ligne, Joubert, Leipzig 1940.

14 Über das England, das Lichtenberg kennengelernt hat, vgl. Lewis Bernstein *Namier*, England in the Age of the American Revolution, Bd. 2, London 1961. John Steven *Watson*, The Reign of George III., 1760–1815, Oxford 1960. Arthur Stanley *Turberville*, Johnson's England. An Account of the Life and Manners of his Age, 2 Bde., Oxford 1933. George *Rudé*, Wilkes and Liberty. A Social Study of 1763 to 1774, London 1962. Caroline *Robbins*, The Eighteenth Century Commonwealthman. Studies in the Transmission, Development and Circumstance of English Liberal Thought From the Restauration of Charles I. until the War with the 13 Colonies, Cambridge, Mass. 1959. Dorothy *Marshall*, English People in

the Eighteenth Century, London 1956. Thomas Southcliffe Ashton (Hg.), An Economic History of England, Bd. 3: The 18th Century, London 1955. Kurt *Kluxen,* Geschichte Englands, Stuttgart 1968, S. 412 ff.

15 Georg Christoph *Lichtenberg,* Schriften I (s. Anm. 1), E 37.
16 Ebd., II, RA 23.
17 Ebd., II, RA 148.
18 Ebd., I, F 477.
19 Ebd., I, C 343.
20 Ebd., I, C 67.
21 Ebd., I, E 81.
22 Ebd., I, D 367.
23 Ebd., I, E 245.
24 Ebd., I, E 500.
25 Ebd., I, E 196.
26 Ebd., I, D 84.
27 Ebd., I, E 115.
28 Ebd., I, E 455.
29 Ebd., I, E 169.
30 Ebd., I, E 195.
31 Ebd., I, F 215.
32 Ebd., I, F 731.
33 Ebd., I, E 194.
34 Ebd., I, F 971.
35 Für das Göttingische Museum (1779). Ebd., III, S. 569 ff.
36 Dazu u. a.: Über Physiognomik; wider die Physiognomen. Zu Beförderung der Menschenliebe und Menschenkenntnis. Ebd., III, S. 255.
37 »Die Zeitungsschreiber haben sich ein hölzernes Kapellchen erbaut, das sie auch den Tempel des Ruhms nennen, worin sie den ganzen Tag Porträte anschlagen und abnehmen und ein Gehämmer machen, daß man sein eigenes Wort nicht hört.« Ebd., I, D 108.
38 Dazu: »Ich glaube nicht, daß ein vernünftiger Mann in Deutschland ist, der sich um das Urteil einer Zeitung bekümmert, ich meine, der ein Buch verdammt, weil es die Zeitung verdammt, oder schätzt, weil es die Zeitung anpreist, denn es streitet schlechterdings mit dem Begriff eines vernünftigen Mannes.« Ebd., I, F 5.
39 Dazu: Zum Parakletor. 5 Briefe von Mägden über Literatur. Ebd., III, S. 530 ff.
40 Ebd., I, C 61.
41 Ebd., I, D 121.
42 Ebd., I, F 441.
43 Ebd., I, E 423.
44 Am 1. 10. 1775. Ebd., III, S. 338.
45 Ebd., III, S. 190.
46 Ebd., I, B 387.
47 Ebd., I, E 187.
48 Ebd., I, F 431.
49 Ebd., I, B 143.
50 Ebd., I, F 484.
51 Ebd., I, E 412.
52 Ebd., I, D 369.

53 Brief vom 30.9.1790. Ebd., IV, S.781.
54 An den Vetter Friedrich August Lichtenberg, 16.11.1792. Ebd., IV, S.829.
55 An Remberg, 4.12.1793. Ebd., IV, S.862.
56 Am 16.6.1794. Ebd., IV, S.884.
57 Am 5.6.1795. Ebd., IV, S.929.
58 An Ebell, 26.2.1795. Ebd., IV, S.917.
59 Johann Wolfgang *von Goethe*, Maximen und Reflexionen, Nr.419, in: *Ders.*, Werke. Hamburger Ausgabe, Bd. 12: Schriften zur Kunst, Schriften zur Literatur, Maximen und Reflexionen. Mit Anm. vers. v. Herbert von Einem und Hans Joachim Schrimpf. Textkrit. durchges. v. Werner Weber und Hans Joachim Schrimpf, Hamburg 1953, S.422. Ebenso in Wilhelm Meisters Wanderjahre, 3.Buch, Aus Makariens Archiv 97.

## *Christian Wilhelm Dohm – Ein politischer Schriftsteller der deutschen Aufklärung*

1 Jetzt im Neudruck vorliegend: Christian Konrad Wilhelm *von Dohm*, Über die bürgerliche Verbesserung der Juden, 2 Teile [1781 und 1783] in einem Band, Hildesheim/New York 1973. Im Anhang: Franz *Reuss*, Christian Wilhelm Dohms Schrift »Über die bürgerliche Verbesserung der Juden« und deren Einwirkung auf die gebildeten Stände Deutschlands. Eine kultur- und literaturgeschichtliche Studie, Phil. Diss. Leipzig/Kaiserslautern 1891.
2 Vgl. allgemein: Hans *Gerth*, Bürgerliche Intelligenz um 1800. Zur Soziologie des deutschen Frühliberalismus [1935]. Mit einem Vorwort und einer ergänzenden Bibliographie hg. v. Ulrich Herrmann, Göttingen 1976. Ernst *Manheim*, Aufklärung und öffentliche Meinung. Studien zur Soziologie der Öffentlichkeit im 18. Jahrhundert [1933], hg. und eingel. v. Norbert Schindler, Stuttgart 1979. Jürgen *Habermas*, Strukturwandel der Öffentlichkeit. Untersuchungen zu einer Kategorie der bürgerlichen Gesellschaft, Neuwied/Berlin 1962.
3 Zu Dohms Lebensgeschichte: Wilhelm *Gronau*, Christian Wilhelm von Dohm nach seinem Wollen und Handeln. Ein biographischer Versuch, Lemgo 1822. Ilsegret *Dambacher*, Christian Wilhelm von Dohm. Ein Beitrag zur Geschichte des preußischen aufgeklärten Beamtentums und seiner Reformbestrebungen am Ausgang des 18. Jahrhunderts, Bern/Frankfurt 1974.
4 Dazu: Karl *Meier-Lemgo*, Geschichte der Stadt Lemgo, Lemgo ²1962. Volker *Wehrmann*, Die Aufklärung in Lippe. Ihre Bedeutung für Politik, Schule und Geistesleben, Detmold 1972.
5 Vgl. John *Stroup*, The Struggle for Identity in The Clerical Estate: Northwest German Protestant Opposition To Absolutist Policy in The Eighteenth Century, Phil. Diss., Yale-University, New Haven (Conn.) 1980.
6 Geschrieben am 1.5.1773 in Leipzig. Zit. nach Ilsegret *Dambacher*, Christian Wilhelm von Dohm (s. Anm.3), S.7.
7 Geschrieben im Januar 1776 in Göttingen. Zit. nach Wilhelm *Gronau*, Christian Wilhelm von Dohm nach seinem Wollen und Handeln (s. Anm.3), S.40.
8 An Johann Wilhelm Ludwig Gleim 1774 oder 1775. Zit. nach Wilhelm *Gronau*,

Christian Wilhelm von Dohm nach seinem Wollen und Handeln (s. Anm. 3), S. 37.

9 Zit. nach Wilhelm *Gronau*, Christian Wilhelm von Dohm nach seinem Wollen und Handeln (s. Anm. 3), S. 48.

10 Christian Wilhelm *Dohm*, Geschichte des Baierischen Erbfolgestreites nebst Darstellung der Lage desselben im Jahre 1779, Frankfurt/Leipzig 1779. S. auch seine Darstellung des Krieges und des Teschener Friedens in seinen »Denkwürdigkeiten meiner Zeit oder Beiträge zur Geschichte vom letzten Viertel des achtzehnten und vom Anfang des neunzehnten Jahrhunderts 1778 bis 1806«, Bd. 1, Lemgo/Hannover 1814.

11 Christian Wilhelm *Dohm*, Über den deutschen Fürstenbund, Berlin 1786. Wiederabgedr. in: *Ders.*, Denkwürdigkeiten, Bd. 3, Lemgo/Hannover 1817, S. 220 ff.

12 Vgl. Ilsegret *Dambacher*, Christian Wilhelm von Dohm (s. Anm. 3), S. 23.

13 Dohms Brief und Schlossers Antwort bei Wilhelm *Gronau*, Christian Wilhelm von Dohm nach seinem Wollen und Handeln (s. Anm. 3), S. 96 ff.

14 Diese Denkschrift ist gedruckt als Anhang zu »Über die bürgerliche Verbesserung der Juden« (s. Anm. 1), S. 155 ff.

15 So Dohm selber in der »Vorerinnerung« seiner Schrift »Über die bürgerliche Verbesserung« (s. Anm. 1).

16 5 Lieferungen, Lemgo 1777 bis 1785.

17 Deutsches Museum 2 (1777), S. 97 ff.: Über die Einrichtung einer Volkslehre in einem eigentlich monarchischen Staat, nach den Begriffen des Verfassers der Abhandlung: Über den Patriotismus als Gegenstand der Erziehung in Schulen eines monarchischen Staates. – Der Name von Zedlitz bleibt ungenannt.

18 Über das phisiokratische Sistem. Mit einem Vorwort von Joseph von Sonnenfels, Wien 1782. (Zuerst in: Deutsches Museum 2, 1778, S. 289–324.)

19 So, in Aufnahme früherer Darlegungen, in: »Über die bürgerliche Verbesserung der Juden« (s. Anm. 1) 2. Teil, S. 158.

20 18. Dezember 1781. Zit. nach: Aus Friedrich Heinrich Jacobis Nachlaß, hg. v. Rudolf Zoeppritz, Bd. 1, Leipzig 1869, S. 49.

21 An Johann Wilhelm Ludwig Gleim, wahrscheinlich 1776. Zit. nach Wilhelm *Gronau*, Christian Wilhelm von Dohm nach seinem Wollen und Handeln (s. Anm. 3), S. 41 f.

22 18. 12. 1781 und 25. 2. 1782. Zit. nach: Aus Friedrich Heinrich Jacobis Nachlaß (s. Anm. 20), S. 49 und 51 f.

23 Vgl. dazu Dohms Schrift »Über die Wichtigkeit und Einrichtungen von Volkskalendern und Volksschriften überhaupt«, Leipzig 1796. Wiederabgedruckt (unter dem Titel »Über Volkskalender und Volksschriften überhaupt«) bei Wilhelm *Gronau*, Christian Wilhelm von Dohm nach seinem Wollen und Handeln (s. Anm. 3), S. 572–590.

24 Dazu Rudolf *Vierhaus*, »Bildung«, in: Geschichtliche Grundbegriffe. Historisches Lexikon zur politisch-sozialen Sprache in Deutschland, hg. v. Otto Brunner/Werner Conze/Reinhart Koselleck, Bd. 1, Stuttgart 1972, S. 508–551. Lenore *O'Boyle*, Klassische Bildung und soziale Struktur in Deutschland zwischen 1800 und 1848, in: Historische Zeitschrift 207 (1968), S. 584–608; wiederabgedruckt in: Schule und Gesellschaft im 19. Jahrhundert. Sozialgeschichte der Schule im Übergang zur Industriegesellschaft, hg. v. Ulrich *Herrmann*, Weinheim/Basel 1977. Fritz K. *Ringer*, Higher Education in Germany in the Nineteenth Century, in:

Journal of Contemporary History 2 (1967), S. 123–138. *Ders.*, Education and Society in Modern Europe, Bloomington/London 1979.

25 Christian Konrad Wilhelm *von Dohm*, Über die bürgerliche Verbesserung der Juden, (s. Anm. 1) 2. Teil, S. 151 f.

26 Ebd., S. 152.

27 Vgl. dazu Rudolf *Vierhaus*, Politisches Bewußtsein in Deutschland vor 1789, in diesem Band S. 183–201.

28 Preußische Gesetz-Sammlung 1812, S. 17; abgedruckt in: Dokumente zur deutschen Verfassungsgeschichte, hg. v. Ernst Rudolf Huber, Bd. 1: Deutsche Verfassungsdokumente 1803–1850, Stuttgart 1961, S. 45 ff.

## *Friedrich Nicolai und die Berliner Gesellschaft*

1 Leopold Friedrich Günther *von Göckingk*, Friedrich Nicolai's Leben und literarischer Nachlaß, Berlin 1820, S. 28 f.

2 Vgl. ebd., S. 73 ff. Horst *Möller*, Aufklärung in Preußen: Der Verleger, Publizist und Geschichtsschreiber Friedrich Nicolai, Berlin 1974, S. 229 f.

3 Leopold Friedrich Günther *von Göckingk*, Friedrich Nicolai's Leben (s. Anm. 1), S. 85 f.

4 Horst *Möller*, Aufklärung in Preußen (s. Anm. 2), S. 238 ff.

5 Vgl. dazu: Leopold Friedrich Günther *von Göckingk*, Friedrich Nicolai's Leben (s. Anm. 1), S. 89 ff. Horst Möller, Aufklärung in Preußen (s. Anm. 2), S. 230 ff. Dazu auch: Was ist Aufklärung? Beiträge aus der Berlinischen Monatsschrift, hg. v. Norbert Hinske, Darmstadt 1973, Einleitung S. XXIV ff.

6 Norbert Hinske, Was ist Aufklärung? (s. Anm. 5), S. XXVI.

7 Vgl. Fritz *Valjavec*, Das Woellnersche Religionsedikt und seine geschichtliche Bedeutung, in: Historisches Jahrbuch 72 (1953), S. 386–400.

8 Zitiert bei Horst *Möller*, Aufklärung in Preußen (s. Anm. 2), S. 212.

9 Zitiert ebd., S. 214.

10 Leopold Friedrich Günther *von Göckingk*, Friedrich Nicolai's Leben (s. Anm. 1), S. 91 f.

11 Zitiert bei Norbert Hinske (Hg.), Was ist Aufklärung? (s. Anm. 5), S. XXIX.

12 Vgl. dazu: Rudolf *Vierhaus*, Heinrich von Kleist und die Krise des preußischen Staates um 1800, in diesem Band S. 216–234.

13 Dazu: Ludwig *Geiger*, Berlin 1688–1840. Geschichte des geistigen Lebens der preußischen Hauptstadt, 2 Bde., Berlin 1892/1895. Herbert *Scurla*, Rahel Varnhagen. Die große Frauengestalt der deutschen Romantik. Eine Biographie, Frankfurt 1980. Karl *Hillebrand*, Die Berliner Gesellschaft in den Jahren 1789 bis 1815 [1870], in: *Ders.*, Unbekannte Essays, hg. v. Hermann Uhde-Bernays, Bern 1955, S. 13–81.

14 Germaine *de Staël*, Über Deutschland, hg. v. Sigrid Metken, Stuttgart 1962, S. 127 ff.

15 Zitiert bei Horst *Möller*, Aufklärung in Preußen (s. Anm. 2), S. 11.

16 Ebd., S. 26.

17 Leopold Friedrich Günther *von Göckingk*, Friedrich Nicolai's Leben (s. Anm. 1), S. 84 f.

18 Ebd., S. 87.
19 Horst *Möller,* Aufklärung in Preußen (s. Anm. 2), S. 30.
20 Vgl. Richard *Newald,* Von Klopstock bis zu Goethes Tod (1750–1832, Geschichte der deutschen Literatur VI, 1), München 1957, S. 122.
21 Beschreibung einer Reise durch Deutschland und die Schweiz im Jahre 1781, 12 Bde., Berlin/Stettin 1783–1796.
22 In einem Brief an Böttiger: zitiert bei Herbert *Scurla,* Rahel Varnhagen (s. Anm. 13), S. 126f.

### *Umrisse einer Sozialgeschichte der Gebildeten in Deutschland*

1 Hier zitiert nach Walther *Rathenau*, Gesammelte Schriften, Bd. 3, Berlin 1925, S. 70.
2 Zum Grundsätzlichen: Wolfgang *Zorn*, Hochschule und höhere Schule in der deutschen Sozialgeschichte der Neuzeit, in: Spiegel der Geschichte. Festgabe f. Max Braubach, hg. v. Konrad Repgen u. Stephan Skalweit, Münster 1964, S. 321–339. Education and Social Structure, in: Journal of Contemporary History 2 (1967), H. 3. Lawrence *Stone* (Hg.), The University in Society, 2 Bde., Princeton 1974.
3 Vgl. Rudolf *Vierhaus,* »Bildung«, in: Otto Brunner/Werner Conze/Reinhart Koselleck (Hg.), Geschichtliche Grundbegriffe. Historisches Lexikon zur politisch-sozialen Sprache in Deutschland, Bd. 1, Stuttgart 1972, S. 508–551.
4 Johann Heinrich *Zedler,* Grosses Vollständiges Universal-Lexikon, Bd. 10, Leipzig 1735; Neudruck Graz 1961, Sp. 725.
5 So im Titel und in der Vorrede des ersten Bandes, Christian Gottlieb *Jöcher*, Allgemeines Gelehrten-Lexikon, Bd. 1, Leipzig 1750.
6 Fortsetzung und Ergänzungen zu Christian Gottlieb *Jöchers* allgemeinem Gelehrten-Lexico, worin die Schriftsteller aller Stände nach ihren vornehmsten Lebensumständen und Schriften beschrieben werden, Bd. 1, Leipzig 1784, Neudruck Hildesheim 1960.
7 Dazu u. a. Friedrich *Paulsen*, Das deutsche Bildungswesen in seiner gesellschaftlichen Entwicklung, Stuttgart $^{3}$1919, Neudruck Darmstadt 1966. *Ders.*, Die Wandlungen des Bildungsideals in ihrem Zusammenhang mit der sozialen Entwicklung [1899], in: Gesammelte pädagogische Abhandlungen, hg. v. Eduard Spranger, Stuttgart/Berlin 1912. *Ders.*, Geschichte des gelehrten Unterrichts auf den deutschen Schulen und Universitäten vom Ausgang des Mittelalters bis zur Gegenwart, 2 Bde., hg. und in einem Anhang fortgesetzt von Rudolf Lehmann, Leipzig $^{3}$1919, Neudruck Berlin 1965. Auch: Lawrence *Stone* (Hg.), The University in Society, Bd. 2: Europe, Scotland and the United States from the 16th to the 20th Century, Princeton 1974.
8 Vgl. Klaus *Bleeck*, Adelserziehung auf deutschen Ritterakademien. Die Lüneburger Adelsschulen (1655–1850), 2 Teile, Frankfurt/Bern 1977.
9 Vgl. auch Volker *Sinemus,* Poetik und Rhetorik im frühmodernen deutschen Staat. Sozialgeschichtliche Bedingungen des Normenwandels im 17. Jahrhundert, Göttingen 1978, S. 108ff.

10 Vgl. dazu Rudolf *Vierhaus*, Deutschland im Zeitalter des Absolutismus (1648–1763), Göttingen 1978, S. 77f., 94ff.

11 Dazu Lenore *O'Boyle*, The Problem of an Excess of Educated Men in Western Europe (1800–1850), in: Journal of Modern History 42 (1970), S. 471–495.

12 J. G. *Krünitz*, Oekonomisch-technologische Encyclopädie oder allgemeines System der Staats-, Stadt-, Haus- und Landwirtschaft und der Kunstgeschichte, Bd. 17, Berlin [2]1787, S. 77ff.

13 Dazu: Heinz-Joachim *Heydorn*/Gernot *Koneffke*, Studien zur Sozialgeschichte und Philosophie der Bildung, Bd. 1: Zur Pädagogik der Aufklärung, München 1973. Hanno *Schmitt*, Schulreform im aufgeklärten Absolutismus. Leistungen, Widersprüche und Grenzen philanthropischer Reformpraxis im Herzogtum Braunschweig–Wolfenbüttel 1785–1790. Weinheim/Basel 1979. Rudolf *Vierhaus*, Kultur und Gesellschaft im 18. Jahrhundert, in: Studien zum 18. Jahrhundert, Bd. 1, Nendeln 1978, S. 71–86.

14 Dazu: Wilhelm *Roessler*, Die Entwicklung des modernen Bildungswesens in Deutschland, Stuttgart 1961. Karl-Ernst *Jeismann*, Das preußische Gymnasium in Staat und Gesellschaft. Die Entstehung des Gymnasiums als Schule des Staates und der Gebildeten (1781–1817), Stuttgart 1974. Heinz-Joachim *Heydorn*/Gernot *Koneffke*, Studien zur Sozialgeschichte (s. Anm. 13), Bd. 2: Aspekte d. 19. Jahrhunderts, München 1973.

15 Vgl. Helmut *Koenig*, Zur Geschichte der Nationalerziehung in Deutschland im letzten Drittel des 18. Jahrhunderts, Berlin 1960. Andreas *Flitner*, Die politische Erziehung in Deutschland. Geschichte und Probleme 1750–1880, Tübingen 1957.

16 Johann Gottlieb *Fichte*, Einige Vorlesungen über die Bestimmung des Gelehrten, Jena/Leipzig 1794.

17 Dazu: Eduard *Spranger*, Philosophie und Pädagogik in der preußischen Reformzeit, in: Historische Zeitschrift 104 (1910), S. 278–321. *Ders.*, Wilhelm von Humboldt und die Reform des Bildungswesens [1910], Tübingen [3]1965. Karl-Ernst *Jeismann*, Das preußische Gymnasium in Staat und Gesellschaft (s. Anm. 14), S. 215ff. Lenore *O'Boyle*, Klassische Bildung und soziale Struktur in Deutschland zwischen 1800 und 1840, in: Historische Zeitschrift 207 (1969), S. 584–616. Manfred *Riedel*, Forschung und Bildung. Wilhelm von Humboldts ursprünglicher Begriff der Wissenschaft, in: Recht und Gesellschaft, Festschrift für Helmut Schelsky zum 65. Geburtstag, hg. v. Friedrich Kaulbach u. Werner Krawietz, Berlin 1979, S. 419–433. Clemens *Menze*, Die Bildungsreform Wilhelm von Humboldts. Das Bildungsproblem in der Geschichte des europäischen Erziehungsdenkens, Bd. 13, Hannover 1975.

18 Dazu: Hans Heinrich *Gerth*, Bürgerliche Intelligenz um 1800. Zur Soziologie des deutschen Frühliberalismus. Mit einem Vorwort und einer ergänzenden Bibliographie hg. v. Ulrich Herrmann, Göttingen 1976.

19 Vgl. dazu u. a. Otto *Hintze*, Der Beamtenstand [1911], wiederabgedruckt in: *Ders.*, Soziologie und Geschichte. Ges. Abhandlungen zur Soziologie, Politik und Theorie der Geschichte, hg. v. Gerhard Oestreich (= Ges. Abhandlungen Bd. 2), Göttingen 1964, S. 66–125.

20 Dazu u. a. Fritz K. *Ringer*, Higher Education in Germany in the Nineteenth Century, in: Journal of Contemporary History 2 (1967), S. 123–138. Peter Martin *Roeder*, Erziehung und Gesellschaft. Ein Beitrag zur Problemgeschichte unter besonderer Berücksichtigung des Werkes von Lorenz von Stein, Weinheim/Berlin

1968. Walter *Rüegg*, Bildung und Gesellschaft im 19. Jahrhundert, in: Bildung und Gesellschaft. Zum Bildungsbegriff von Humboldt bis zur Gegenwart, hg. v. Hans Steffen, Göttingen 1972. Reiner Siegbert *Elkar*, Junges Deutschland in polemischem Zeitalter. Das schleswig-holsteinische Bildungsbürgertum in der ersten Hälfte des 19. Jahrhunderts. Zur Bildungsrekrutierung und politischen Sozialisation, Düsseldorf 1979. Detlef K. *Müller*, Sozialstruktur und Schulsystem. Aspekte zum Strukturwandel des Schulwesens im 19. Jahrhundert, Göttingen 1977.

21 Heinrich Rudolph *Gneist*, Der Rechtsstaat und die Verwaltungsgerichte in Deutschland, Berlin 1872, Darmstadt ³1958. Otto *Hintze*, Preußens Entwicklung zum Rechtsstaat [1920], wiederabgedruckt in: *Ders.*, Regierung und Verwaltung. Ges. Abhandlungen zur Staats-, Rechts- und Sozialgeschichte Preußens, hg. u. eingel. v. Gerhard Oestreich (= Ges. Abhandlungen, Bd. 3), Göttingen 1967, S. 97–163. Ulrich *Scheuner*, Begriff und Entwicklung des Rechtsstaats, in: Macht und Recht. Beiträge zur luth. Staatslehre der Gegenwart, hg. v. Hans Dombois und Erwin Wilkens, Berlin 1956, S. 76–88. Hans *Maier*, Rechtsstaat und Grundrechte im Wandel des modernen Freiheitsverständnisses, in: *Ders.*, Politische Wissenschaft in Deutschland, München 1969, S. 198–214. Auch: Theodor *Schieder*, Die Krise des bürgerlichen Liberalismus. Ein Beitrag zum Verhältnis von politischer und gesellschaftlicher Verfassung, in: *Ders.*, Staat und Gesellschaft im Wandel unserer Zeit. Studien zur Geschichte des 19. und 20. Jahrhunderts, München 1959, S. 58–88.

22 Vgl. u. a. Lothar *Gall*, Verfassungsstaat und Bildungswesen. Eine programmatische Denkschrift von Georg Gottfried Gervinus, in: Zeitschrift für die Geschichte des Oberrheins, Neue Folge 120 (1972), S. 375–432.

23 Achim *Leschinsky*/Peter Martin *Roeder*, Schule im historischen Prozeß. Zum Wechselverhältnis von institutioneller Erziehung und gesellschaftlicher Entwicklung, Stuttgart 1976. Ulrich *Herrmann* (Hg.), Schule und Gesellschaft im 19. Jahrhundert. Sozialgeschichte der Schule im Übergang zur Industriegesellschaft, München/Basel 1977. Herwig *Blankertz*, Bildung im Zeitalter der großen Industrie. Pädagogik, Schule und Berufsbildung im 19. Jahrhundert, Hannover 1969. Wilhelm Lexis (Hg.), Das Unterrichtswesen im Deutschen Reich, 4 Bde., Berlin 1904.

24 Hans-Georg *Herrlitz*, Studium als Standesprivileg. Die Entstehung des Maturitätsproblems im 18. Jahrhundert. Lehrplan- und gesellschaftsgeschichtliche Untersuchungen, Frankfurt 1973. Karl-Ernst *Jeismann*, Das preußische Gymnasium in Staat und Gesellschaft (s. Anm. 14).

25 Ruth *Meyer*, Das Berechtigungswesen in seiner Bedeutung für Schule und Gesellschaft im 19. Jahrhundert, in: Zeitschrift für die gesamte Staatswissenschaft 124 (1968), S. 763–776.

26 Vgl. Knut *Borchardt*, Zum Problem der Erziehungs- und Ausbildungsinvestitionen im 19. Jahrhundert, in: Beiträge zur Wirtschafts- und Stadtgeschichte. Festschrift für Hektor Ammann, hg. v. Hermann Aubin u. a., Wiesbaden 1965, S. 380–392, Zitat: S. 389. Siehe auch: Hartmut *Kaelble*, Chancenungleichheit und akademische Ausbildung in Deutschland 1910–1960, in: Geschichte und Gesellschaft 1 (1975), S. 121–149.

27 Vgl. auch Klaus *Vondung* (Hg.), Das Wilhelminische Bildungsbürgertum. Zur Sozialgeschichte seiner Ideen, Göttingen 1976. Fritz K. *Ringer*, The Decline of

the German Mandarins: The German Academic Community 1890–1933, Cambridge (Mass.) 1969. Hartmut *Titze*, Die soziale und geistige Umbildung des preußischen Oberlehrerstandes von 1870 bis 1914, in: Zeitschrift für Pädagogik (1977), H. 14, S. 107–128.

28 Lenore *O'Boyle,* Klassische Bildung (s. Anm. 17), S. 606.

29 Diese und die folgenden Zahlen nach Fritz K. *Ringer*, Higher Education (s. Anm. 20), S. 123–138. Vgl. auch Hermann *Mitgau*, Soziale Herkunft der deutschen Studenten bis 1900, in: Helmut Roessler/Günther Franz (Hg.), Universität und Gelehrtenstand. 1400–1800. Büdinger Vorträge 1966, Limburg 1970, S. 233–268.

30 Max *Weber*, Wahlrecht und Demokratie in Deutschland [1917], wiederabgedruckt in: *Ders.*, Gesammelte politische Schriften, hg. v. Johannes Winckelmann, Tübingen $^{2}$1958, S. 235 f.

31 Dazu: Lenore *O'Boyle,* The Problem of an Excess (s. Anm. 11).

32 Vgl. dazu: Theodor *Geiger,* Intelligenz, in: Handwörterbuch der Sozialwissenschaften, Bd. 5, Stuttgart/Tübingen/Göttingen 1956, S. 302–304. Joseph A. *Schumpeter,* Kapitalismus, Sozialismus und Demokratie, München $^{2}$1950, S. 235 ff.: Die Soziologie der Intellektuellen. Karl *Mannheim,* Mensch und Gesellschaft im Zeitalter des Umbaus, Darmstadt 1958, S. 117 ff.: Die Stellung der Intelligenzschicht in der Gesellschaft.

33 Dazu Peter *Lundgreen,* Historische Bildungsforschung, in: Historische Sozialwissenschaft, hg. v. Reinhard Rürup, Göttingen 1977, S. 96–125. Ulrich *Herrmann,* Vorwort zu dem von ihm herausgegebenen Sammelband »Schule und Gesellschaft. Sozialgeschichte der Schule im Übergang zur Industriegesellschaft«, Weinheim/Basel 1977.

## *Bibliographischer Nachtrag*

*Werner Conze/Jürgen Kocka,* Bildungsbürgertum im 19. Jahrhundert. Teil 1: Bildungssystem und Professionalisierung im internationalen Vergleich, Stuttgart 1985.

*Margret Kraul,* Gymnasien und Gesellschaft im Vormärz. Göttingen 1980.

*Fritz Ringer,* Education and Society in Modern Europe, Bloomington/London 1979.

*Steven R. Turner,* The Bildungsbürgertum and the learned Profession in Prussia, 1770–1830. The Origin of a Class, in: Histoire Sociale – Social History 13 (1980).

## *Politisches Bewußtsein in Deutschland vor 1789*

1 In seiner Schrift »Die französische Revolution«. [Das 1. Kapitel ist überschrieben »Deutschland vor dem Ausbruch der Revolution von 1789«.] August Wilhelm *Rehberg*, Sämmtliche Schriften, Bd. 2, Hannover 1831, S. 7.

2 Der Zustand Deutschlands 1763–1789, ebd., Bd. 1, Hannover 1828, S. 2.

3 Ebd., 2, S. 6.

4 Ebd., 1, S. 2.
5 Ebd., 2, S. 7.
6 Ebd., 2, S. 14f.
7 Der Untertitel dieser Schrift lautet »Eine Prüfung des Buches: De l'état de la France à la fin de l'an VIII«. Vor allem S. 63f.
8 Ebd., S. 75f.
9 An Friedrich Heinrich Jacobi, Mainz 2.1.1789, in: Georg *Forster,* Sämmtliche Schriften, hg. v. dessen Tochter und begleitet mit einer Charakteristik Forsters von Georg Gottfried Gervinus, Bd. 8, Leipzig 1843, S. 37.
10 Immanuel *Kant*, Metaphysik der Sitten [1797], § 46, hg. v. Karl Vorländer, Hamburg 1959 (Unveränderter Nachdruck der Ausgabe 1922), S. 136f.
11 Johann Gottfried *Herder,* Ueber Thomas Abbts Schriften. Der Torso von einem Denkmaal, an seinem Grabe errichtet. Erstes Stück 1768, in: Johann Gottfried Herders Sämmtliche Werke, hg. v. Bernhard Suphan, Bd. 2, Berlin 1877, Hildesheim 1967 (Repr. Nachdruck d. Ausg. Berlin 1877–1913), S. 289.
12 Thomas *Abbt*, Vom Verdienst, Goslar/Leipzig ²1766, S. 214.
13 Thomas *Abbt*, Vom Tod fürs Vaterland [1761], hier zit. aus: Thomas *Abbt,* Vermischte Werke, Bd. 2, Berlin/Stettin 1770, S. 15.
14 Politisches Testament 1752, nach dem Druck in: Georg *Küntzel*/Martin *Haß,* Die politischen Testamente der Hohenzollern nebst ergänzenden Aktenstücken, Bd. 2: Das politische Testament Friedrichs des Großen von 1752, bearb. v. Georg Küntzel, Leipzig/Berlin ²1911, S. 1 (Introduction). Politisches Testament 1768, nach dem Druck in: Friedrich der Große. Die politischen Testamente, hg. v. Gustav Berthold Volz, Berlin 1920.
15 »Meine Antwort auf die Danksagungen des Landes nach Aufhebung der Leibeigenschaft und einiger Abgaben«. Karlsruhe, 19. Sept. 1783, gedruckt in: Schlözers Stats-Anzeigen 5 (1783), S. 305.
16 An die Deputierten der Stände, die ihm für die Abschaffung des Lottos danken. Briefwechsel meist historischen und politischen Inhalts, hg. v. August Ludwig Schlözer, Bd. 5, Göttingen 1779, S. 128.
17 Chronologen 5 (1780), S. 144.
18 Paragrafen 1 (1791), S. 170f.
19 Thomas *Abbt*, Vom Tod fürs Vaterland (s. Anm. 13), S. 16.
20 Gotthold Ephraim *Lessing*, Ernst und Falk. Gespräche für Freimäurer. 2. Gespräch, Wolfenbüttel 1778.
21 Stats-Anzeigen 16 (1791), S. 95, Anmerkung.
22 »Sie und nicht wir.« An La Rochefoucould [1790], in: Friedrich Gottlieb Klopstocks sämmtliche Werke, Bd. 4: Oden. Erster Theil, Leipzig 1854, S. 320f.
23 Schwäbisches Museum, hg. v. Johann Michael Armbruster, Bd. 1, 1785, Vorrede S. VI.
24 Das graue Ungeheuer, hg. v. Wilhelm Ludwig Wekhrlin, Bd. 2, 1784, S. 190.
25 Hyperboreische Briefe, hg. v. Wilhelm Ludwig Wekhrlin, Bd. 2, 1788, S. 170.
26 Das graue Ungeheuer (s. Anm. 24), S. 192.
27 Graf von Schmettow an Schlözer, Plön 24.5.1784, in: Christian *von Schlözer,* August Ludwig von Schlözers öffentliches und Privatleben, Bd. 2, Leipzig 1828, S. 106.
28 Chronologen 9 (1781), S. 328.
29 Hyperboreische Briefe (s. Anm. 25), Bd. 1, 1788, S. 18.

30 Archiv für ältere und neuere, vorzüglich Teutsche Geschichte, Staatsklugheit und Erdkunde 1 (1790), Vorwort »An die Nation«, S. X.
31 Stats-Anzeigen 12 (1788), S. 369 (Anmerkung zu einer Zuschrift aus Wien).
32 »Landstände«, in: »Politische Fragmente«, in: Johann Georg *Schlosser,* Kleine Schriften, Bd. 2, Basel 1780, S. 236.
33 Johann Stephan *Pütter,* Beyträge zum teutschen Staats- und Fürstenrecht, Göttingen 1777, S. 182 f.
34 Historische Bemerkungen über die in den Oesterreichischen Niederlanden ausgebrochenen Unruhen. Meiners u. Spittlers Göttinger Historisches Magazin 1, 1787; wiederabgedruckt in: Ludwig Timotheus *von Spittler,* Sämtliche Werke, hg. v. Carl Wächter, Bd. 1, Stuttgart/Tübingen 1827, S. 298 ff.
35 Über die Liebe des Vaterlandes, 1771; erweitert in: Joseph *von Sonnenfels,* Gesammelte Schriften, Bd. 7, Wien 1785, S. 55.
36 In der Einleitung zu seinem »Entwurf einer verbesserten Constitution der Kaiserlich freien Reichsstadt Aachen»; gedruckt in: Wilhelm *Gronau,* Christian Wilhelm von Dohm nach seinem Wollen und Handeln. Ein biographischer Versuch, Lemgo 1822, S. 566.
37 Immanuel *Kant,* Metaphysik der Sitten (s. Anm. 10), § 46, S. 136.
38 »Neuer Weg zur Unsterblichkeit der Fürsten«, in: Berlinische Monatsschrift 5 (1785), S. 239 ff.
39 Mainz, 30. 7. 1789. – Georg *Forster,* Sämmtliche Schriften, Bd. 8 (s. Anm. 9), S. 84 f.
40 Stats-Anzeigen 13 (1789), S. 466, Anmerkung.
41 Ernst Ludwig *Posselt,* Archiv für ältere und neuere, vorzüglich Teutsche Geschichte 1 (s. Anm. 30), Vorwort S. 7.
42 Johann Georg *Zimmermann,* Vom Nationalstolze [1758], hier zit. nach der 4. vermehrten Auflage, Zürich 1768, S. 196 f.
43 Hyperboreische Briefe (s. Anm. 25), Bd. 1, 1788, S. 308.
44 Briefe über die Kantische Philosophie 1 [1790], S. 16.

## *»Sie und nicht wir«*

1 Friedrich Gottlieb Klopstocks Sämmtliche Werke, stereotypische Ausgabe, Bd. 4/5: Oden, Leipzig 1839, S. 320 f.
2 Ebd., S. 313 f.
3 »Mein Irrthum«, ebd., S. 333 ff. Siehe auch die Oden »Die États Généraux« (S. 306 f.), »Der Freiheitskrieg« (S. 323 ff.), »Der Eroberungskrieg« (S. 335 f.). Vgl. auch: Eberhard Wilhelm *Schulz,* Klopstocks Alterslyrik, in: Euphorion 61 (1967), S. 295–317.
4 Als wichtigste einschlägige Arbeiten sind zu nennen: Woldemar Bernhard *Wenck,* Deutschland vor hundert Jahren, 2 Bde., Leipzig 1887/1890. Alfred *Stern,* Der Einfluß der Französischen Revolution auf das deutsche Geistesleben, Stuttgart/Berlin 1928. Jacques *Droz,* L'Allemagne et la Révolution Française, Paris 1949. Kurt *von Raumer*/Manfred *Botzenhart,* Deutschland um 1800: Krise und

Neugestaltung 1789–1815, in: Handbuch der deutschen Geschichte, neu hg. v. Leo Just, Bd. 3/I., 1. Teil, 1. Abschn., Wiesbaden 1980, insbesondere S. 24 ff.

5 Dazu: Clemens Theodor *Perthes,* Das deutsche Staatsleben vor der Revolution. Eine Vorarbeit zum deutschen Staatsrecht, Hamburg/Gotha 1845. Woldemar Bernhard *Wenck,* Deutschland vor hundert Jahren (s. Anm. 4), Bd. 1. Walter H. *Bruford,* Germany in the Eighteenth Century. The Social Background of the Literary Revival, Cambridge 1935. Fritz *Valjavec,* Die Entstehung der politischen Strömungen in Deutschland (1770–1815), München 1951, mit einem Nachwort von Jörn Garber, Kronberg/Düsseldorf 1978. Rudolf *Vierhaus,* Politisches Bewußtsein in Deutschland vor 1789, in: diesem Band S. 183–201.

6 Abgedruckt in: Schlözers Stats-Anzeigen 5 (1783), S. 302 ff.

7 Das graue Ungeheuer 2 (1784), S. 123. Ebd., S. 190 ff., auch: »Jeder Schriftsteller ist geborener Advokat der Menschlichkeit [...] Jeder Eingriff in die Rechte der Menschlichkeit gehört also in sein Amt. Er ist das natürliche Organ der öffentlichen Gerechtigkeit [...]«. In Wekhrlins »Chronologen« 9 (1781), S. 328 ff. hatte es schon geheißen, es werde bald der Tag kommen, an dem »ein öffentlicher Widerhall des Tadels, der die Sitten der Großen in Respekt erhält, [...] das Motto der Nation« sei.

8 Dazu: Jürgen *Habermas,* Strukturwandel der Öffentlichkeit. Untersuchungen zu einer Kategorie der bürgerlichen Gesellschaft, Neuwied/Berlin 1962. Hans *Gerth,* Bürgerliche Intelligenz um 1800. Zur Soziologie des deutschen Frühliberalismus. Mit einem Vorwort u. einer ergänzenden Bibliogr. hg. v. Ulrich Herrmann, Göttingen 1976, S. 61 ff. Hans Erich *Bödeker,* Thomas Abbt: Patriot, Bürger und bürgerliches Bewußtsein, in: Bürger und Bürgerlichkeit im Zeitalter der Aufklärung, hg. v. Rudolf Vierhaus, Heidelberg 1981, S. 221–253.

9 August Wilhelm *Rehberg,* Die französische Revolution [1793], in: Ders., Sämmtliche Schriften, Bd. II, Hannover 1831, S. 7 ff.

10 Johannes *Müller,* Antrittsrede an dem Geburtsfeste des Durchlauchtigsten Fürsten und Herrn, Herrn Friedrich des Zweyten, regierenden Landgrafen zu Hessen, Cassel 1781, S. 6.

11 Vgl. Karl Otmar Freiherr *von Aretin*, Tausch, Teilung und Länderschacher als Folgen des Gleichgewichtssystems der europäischen Großmächte. Die polnischen Teilungen als europäisches Schicksal, in: Jahrbuch für die Geschichte Mittel- und Ostdeutschlands 30 (1981), S. 53–68.

12 Vgl. dazu: *Ders.*, Heiliges Römisches Reich 1776–1806. Reichsverfassung und Staatssouveränität, Wiesbaden 1967. *Ders.*, Vom Deutschen Reich zum Deutschen Bund, Göttingen 1980, S. 45 ff.

13 Vgl. dazu: Rudolf *Vierhaus,* Land, Staat und Reich in der politischen Vorstellungswelt deutscher Landstände im 18. Jahrhundert, in: Historische Zeitschrift 223 (1976), S. 40–60. *Ders.*, Ständewesen und Staatsverwaltung in Deutschland im späteren 18. Jahrhundert, in diesem Band S. 33–49.

14 Dazu: Geraint *Parry,* Enlightened Government and its Critics in Eighteenth Century Germany, in: The Historical Review 6 (1963), S. 178–192.

15 Dazu: Martin *Welke,* Zeitung und Öffentlichkeit im 18. Jahrhundert. Betrachtungen zur Reichweite und Funktion der periodischen deutschen Tagespublizistik, in: Presse und Geschichte. Beiträge zur hist. Kommunikationsforschung, München 1977, S. 71–99. Rolf *Engelsing,* Der Bürger als Leser. Lesergeschichte in Deutschland 1500–1800, Stuttgart 1974. Auch: Rudolf *Vierhaus,* Patriotismus –

Begriff und Realität einer moralisch-politischen Haltung, in diesem Band S. 96–109. Auch: Franz *Schneider*, Pressefreiheit und politische Öffentlichkeit. Studien zur politischen Geschichte Deutschlands bis 1848. Neuwied/Berlin 1966.

16 Göttingisches Historisches Magazin, hg. v. Christoph *Meiners* und Ludwig Timotheus *Spittler*, Bd. 1: »Vorerinnerung«, Hannover 1787.

17 Darüber wird der von der Göttinger Akademie der Wissenschaften betreute Index deutschsprachiger Zeitschriften von 1750–1800 eingehende Auskunft geben.

18 Dazu u. a.: Jürgen *Schlumbohm*, Freiheit. Die Anfänge der bürgerlichen Emanzipationsbewegung in Deutschland im Spiegel ihres Schlagwortes, Düsseldorf 1975.

19 Vgl. Horst *Dippel*, Deutschland und die amerikanische Revolution. Sozialgeschichtliche Untersuchung zum politischen Bewußtsein im ausgehenden 18. Jahrhundert, phil. Diss., Köln 1972 (auch englisch: Germany and the American Revolution 1770–1800. A Sociohistorical Investigation of Late Eighteenth-Century Political Thinking, Chapel Hill 1977). *Ders.*, Americana Germanica 1770–1800. Bibliographie deutscher Amerikaliteratur, Stuttgart 1976.

20 Der Teutsche Merkur, hg. v. Christoph Martin Wieland, Bd. 1 (1773), S. 279. Vgl. auch Johann Georg *Büsch*, Grundriß einer Geschichte der merkwürdigsten Welthändel unserer Zeit, Hamburg [3]1796, S. 440.

21 Wissenschaftliches Magazin für Aufklärung 2 (1786), S. 296ff.

22 Matthias Christian *Sprengel*, Geschichte der Revolution von Nord-America, Frankenthal 1785, S. 63ff.

23 Vgl. Johann Melchior *Hoscher*, Beyträge zur neuesten Geschichte der Empörung deutscher Unterthanen wider ihre Landesherrschaft. Aus gerichtlichen Akten, Gießen 1790. Dazu auch: Robert Roswell *Palmer*, The Age of Democratic Revolution. A Political History of Europe and America, 1760–1800, Bd. 1, Princeton 1959.

24 Dazu: Karl *Griewank*, Der neuzeitliche Revolutionsbegriff. Entstehung und Entwicklung. Aus dem Nachlaß hg. v. Ingeborg Horn-Staiger, Frankfurt [2]1969, S. 175ff.

25 Joachim Heinrich *Campe*, Briefe aus Paris zur Zeit der Revolution geschrieben, Braunschweig 1790; Neudruck mit Erläuterungen, Dokumenten und einem Nachwort von Hans-Wolf Jäger, Hildesheim 1977.

26 Friedrich *Schulz*, Geschichte der großen Revolution in Frankreich. Neue vermehrte Auflage, Berlin 1790. Das Vorwort ist »Paris, September 1789« datiert.

27 Schwäbisches Archiv, hg. v. Philipp Wilhelm G. *Hausleutner*, Bd. 1, Stuttgart 1790, S. 484; der zweite Brief wurde im September/Oktober 1789 geschrieben, S. 516.

28 Vgl. Rudolf *Vierhaus*, Kultur und Gesellschaft im achtzehnten Jahrhundert, in: Studien zum achtzehnten Jahrhundert, hg. v. Bernhard Fabian u. Wilhelm Schmidt-Biggemann. Bd. 1: Das achtzehnte Jahrhundert als Epoche, Nendeln 1978, S. 71–86. Auch: Ebd., Bd. 2: Deutschlands kulturelle Entfaltung 1763–1790, München 1980.

29 An Christian Gottlob Heyne, Mainz, 30. 7. 1789, in: Georg *Forster*, Sämmtliche Schriften, hg. v. dessen Tochter und begleitet mit einer Charakteristik Forsters von Georg Gottfried Gervinus, Bd. 8, Leipzig 1843, S. 84f.

30 An Christian Garve, Berlin, 5. 12. 1790. Briefe von und an Fr. von Gentz, hg. v. Friedrich Carl Wittichen, Bd. 1, München 1909, S. 177f.

31 Chronologen 7 (1780), S. 184f. Ein anderes Beispiel für die Aufmerksamkeit, die

Necker erregte, ist Friedrich Carl von Mosers Buch »Necker. In Briefen an Herrn Iselin in Basel«, o. O. 1782.

32 Stats-Anzeigen 12 (1788), S. 384.

33 Friedrich Gottlieb Klopstocks Sämmtliche Werke (s. Anm. 1), Bd. 4, S. 306f.

34 Vorderösterreichische Provinzialnachrichten, 10. 6. 1789, Freiburg i. Br., Nr. XLVI.

35 Breslau, 24. 9. 1789. Christian Garve, Briefe an Christian Felix Weiße und einige andere Freunde, hg. v. Manso und Schneider, Bd. 1, Breslau 1803, S. 377.

36 An Halem, Berlin, 27. 10. 1789. Gustav Anton von Halems Selbstbiographie, bearb. v. Ludwig Wilhelm Christian von Halem, hg. v. Christian Friedrich Strackerjan, Oldenburg 1840, Briefe, S. 85.

37 An Halem, Weimar, 3. 11. 1790. Ebd., S. 110.

38 An Weiße, Breslau, 14. 11. 1789 (s. Anm. 35), S. 380. Zuvor hatte der Beobachter Garve gesagt: »Ist die Revolution in Frankreich bisher noch nicht nützlich, so ist sie sicher lehrreich; und die Natur der Staaten und Verfassungen, der Einfluß des National-Charakters auf dieselben, die Schwierigkeiten großer Verbesserungen, und tausend verwandte Dinge, werden den Menschen mehr einleuchten oder sie mehr beschäftigen.«

39 Stats-Anzeigen 13 (1789), S. 334f.

40 Ebd., S. 466, Anm. 4.

41 Ebd., S. 467f., Anm.

42 Joachim Heinrich *Campe,* Briefe aus Paris (s. Anm. 25), S. 141ff.

43 Archiv für ältere und neuere, vorzüglich Teutsche Geschichte, Staatsklugheit und Erdkunde, Bd. 1, Meiningen 1790, S. VIIff.

44 Stats-Anzeigen 16 (1791), S. 95, Anm.

45 An seinen Sohn, Stuttgart, 18. 8. 1789. Schubarts Leben in Briefen, hg. v. David Friedrich Strauss, Bonn ²1878, Bd. 2, S. 272. Im gleichen Brief heißt es etwas später: »Mein Patriotismus hat seit einiger Zeit das Schwindfieber. Wir Deutsche sind in Wort und That nicht mehr die alten [...].«

46 An Garve, Berlin, 8. 3. 1790 (s. Anm. 30), S. 158.

47 Georg *Forster,* Ansichten vom Niederrhein, von Brabant, Flandern, Holland und Frankreich im April, Mai und Junius 1790, bearb. v. Gerhard Steiner, in: Georg Forsters Werke, hg. v. der Deutschen Akademie der Wissenschaften zu Berlin, Bd. 9, Berlin 1958, S. 118.

48 Ebd., S. 124f.

49 Ebd., S. 133f.

50 Ebd., S. 161f.

51 Ebd., S. 132.

52 Mainz, 10. 9. 1792. Briefe an Johannes von Müller, hg. von Johann Heinrich Maurer-Constant, Bd. 6, Schaffhausen 1840, S. 310f.

53 Brief an den Prinzen Friedrich Christian von Schleswig-Holstein-Sonderburg-Augustenburg, Jena 13. 7. 1793: »Über die ästhetische Erziehung des Menschen«, und einem Vorwort hg. v. Wolfhart Henckmann, München 1967, S. 20.

54 Dazu: Walter *Grab,* Norddeutsche Jakobiner. Demokratische Bestrebungen zur Zeit der Französischen Revolution, Hamburg 1966. Heinrich *Scheel,* Süddeutsche Jakobiner. Klassenkämpfe und republikanische Bestrebungen im deutschen Süden Ende des 18. Jahrhunderts, Berlin [Ost] ²1971. Axel *Kuhn*, Jakobiner im Rheinland. Der Kölner konstitutionelle Zirkel von 1789, Stuttgart 1976. Helmut

*Reinalter*, Der Jakobinismus in Mitteleuropa. Eine Einführung, Stuttgart 1981. Ders. (Hg.), Jakobiner in Mitteleuropa, Innsbruck 1977.

### *Heinrich von Kleist und die Krise des Preußischen Staates um 1800*

1 Gedruckt in: Heinrich von Kleists Lebensspuren. Dokumente und Berichte der Zeitgenossen, hg. v. Helmut Sembdner, Nr. 26. Hier zitiert nach der dtv-Gesamtausgabe, Bd. 8, München 1969, S. 24. Die an Kleist direkt ergangene Kabinettsordre ist erst verspätet in seine Hände gelangt; unter dem gleichen Datum erging eine Ordre an Kleists Regimentskommandeur von Rüchel (ebd., Nr. 24 a, S. 24).

2 An Kleist, 13. 4. 1799; ebd., Nr. 24 b, S. 24.

3 Ebd., Nr. 25, S. 24 f.

4 Universitätsmatrikel, 10. 4. 1799; ebd., Nr. 29, S. 26.

5 Geschrieben in Potsdam; hier zitiert nach: Heinrich *von Kleist*, Briefe 1793–1804, hg. v. Helmut Sembdner, dtv-Gesamtausgabe, Bd. 6, München 1964, S. 13–26.

6 Hier zitiert nach: Wilhelm *von Humboldt*, Werke in fünf Bänden, hg. v. Andreas Flitner u. Klaus Giel, Bd. 1, Darmstadt 1960, S. 106.

7 Brief an Martini (s. Anm. 5), S. 24.

8 Ebd., S. 25.

9 Aus der neueren Kleist-Literatur, die herangezogen wurde, seien folgende Titel hervorgehoben: Heinz *Ide*, Der junge Kleist. »... in dieser wandelbaren Zeit ...«, Würzburg 1961. Günter *Blöcker*, Heinrich von Kleist oder Das absolute Ich, Berlin 1960. Hans *Mayer*, Heinrich von Kleist. Der geschichtliche Augenblick, Pfullingen 1962. Walter *Müller-Seidel*, Kleists Weg zur Dichtung, in: Die deutsche Romantik, hg. von Hans Steffen, Göttingen 1967, S. 112–133. Hans Joachim *Kreutzer*, Die dichterische Entwicklung Heinrichs von Kleist. Untersuchungen zu seinen Briefen und zu Chronologie und Aufbau seiner Werke, Berlin 1967. Ulrich *Vohland*, Bürgerliche Emanzipation in Heinrich von Kleists Dramen und theoretischen Schriften, Bern/Frankfurt 1976. Ulrich *Gall*, Philosophie bei Heinrich von Kleist. Untersuchungen zu Herkunft und Bestimmung des philosophischen Gehalts seiner Schriften, Bonn 1977.

10 Zur deutschen und speziell zur preußischen Geschichte um 1800: Kurt *von Raumer*/Manfred *Botzenhart*, Deutschland um 1800: Krise und Neugestaltung. Von 1789 bis 1815, Wiesbaden 1980, in: Handbuch der Deutschen Geschichte, neu hg. v. Leo Just, Bd. 3/1 a. Otto *Hintze*, Die Hohenzollern und ihr Werk, Berlin 1915, S. 402–489. *Ders.*, Preußische Reformbestrebungen vor 1806. [1896], wiederabgedruckt in: Ders., Regierung und Verwaltung. Gesammelte Abhandlungen zur Staats-, Rechts- und Sozialgeschichte Preußens, hg. v. Gerhard Oestreich (Ges. Abhandlungen, Bd. 3), Göttingen ²1967, S. 504–529. Hans *Rosenberg*, Bureaucracy, Aristocracy and Autocracy. The Prussian Experience 1660–1815, Cambridge (Mass.) 1958. Otto *Büsch*, Militärsystem und Sozialleben im alten Preußen 1713–1807. Die Anfänge der sozialen Militarisierung der preußisch-deutschen Gesellschaft, Berlin 1962. Reinhart *Koselleck*, Preußen zwischen Reform und Revolution. Allgemeines Landrecht, Verwaltung und soziale Bewegung von 1791 bis 1848, Stuttgart 1967. Hanna *Schissler*, Preußische Agrargesellschaft im Wandel.

Wirtschaftliche, gesellschaftliche und politische Transformationsprozesse von 1763 bis 1847, Göttingen 1978. Fritz *Martiny*, Die Adelsfrage in Preußen vor 1806 als politisches und soziales Problem, Stuttgart/Berlin 1938. Henri *Brunschwig*, La crise de l'état prussien à la fin du XVIIIe siècle et la genèse de la mentalité romantique, Paris 1947; dt.: Gesellschaft und Romantik in Preußen im 18. Jahrhundert, Berlin 1975.

11 Berlinische Monatsschrift 4 (1784), S. 491.

12 Zitiert nach Woldemar *Wenck*, Deutschland vor hundert Jahren. Politische Meinungen und Stimmungen bei Ausbruch der Revolutionszeit, Leipzig 1887, S. 175.

13 Vgl. dazu: Handbuch der deutschen Militärgeschichte 1648–1939, begründet von Hans Meier-Welcker, Bd. 1, München 1979, (Abschnitte I und II). Offiziere im Bild von Dokumenten aus drei Jahrhunderten, hg. v. Hans Meier-Welcker, Stuttgart 1964.

14 Wilhelm *Abel*, Geschichte der deutschen Landwirtschaft vom frühen Mittelalter bis zum 19. Jahrhundert, Stuttgart $^{3}$1978, S. 345.

15 Zitiert nach Otto *Hintze*, Die Hohenzollern (s. Anm. 10), S. 427.

16 Zitiert nach Kurt *v. Raumer*/Manfred *Botzenhart*, Deutschland um 1800 (s. Anm. 10), S. 181.

17 »Darstellung der fehlerhaften Organisation des Kabinetts und der Notwendigkeit der Bildung einer Ministerialkonferenz«. Berlin, 26./27. April 1806. Die Nachschrift: 10. 5. 1806, in: Freiherr *vom Stein*, Briefe und amtliche Schriften, Bd. II, 1, neubearb. v. Peter G. Thielen, Stuttgart 1959, S. 214. Auch: Gerhard *Ritter*, Stein. Eine politische Biographie, Bd. 1, Stuttgart/Berlin 1931, S. 187 ff.

18 Einige Vorlesungen über die Bestimmung des Gelehrten [1794], in: Johann Gottlieb *Fichte*, Werke 1794–1796, hg. v. Reinhard Lauth und Hans Jacob (J. G. Fichte – Gesamtausgabe, Bd. I, 3), Stuttgart/Bad Cannstadt 1966, S. 32.

19 »Über die zu große Anzahl der Studierenden«, in: Berlinische Monatsschrift 12 (1788), S. 251 f.

20 Berlin, 13. 11. 1800; Gesamtausgabe, Bd. 6 (s. Anm. 5), S. 117–123.

21 Berlin, 25. 11. 1800; ebd., S. 132–135.

22 An Ulrike von Kleist, Berlin, 5. 2. 1801; ebd., S. 157 ff.

23 An Wilhelmine von Zenge, Paris, 15. 8. 1801; ebd., S. 209.

24 An Wilhelmine von Zenge, Paris, 10. 10. 1801; ebd., S. 217.

25 Ebd., S. 219.

26 Ebd., S. 218.

27 An Ulrike von Kleist, Bern, 12. 1. 1802; ebd., S. 235 f.

28 An Wilhelmine von Zenge, Thun, 20. 5. 1802; ebd., S. 248.

29 An Ulrike von Kleist, Genf, 5. 10. 1803; ebd., S. 258.

30 An Ulrike von Kleist, St. Omer, 26. 10. 1803; ebd., S. 259.

31 Vgl. dazu den Brief an Ulrike von Kleist, Berlin, 24. 6. 1804; ebd., S. 259–261.

32 An Ulrike von Kleist, Bern, 12. 1. 1802; ebd., S. 238.

33 An Otto August Rühle von Lilienstern, Königsberg Ende November 1805; zitiert nach Heinrich *von Kleist*, Briefe 1805–1811 (dtv-Gesamtausgabe), Bd. 7, München 1964, S. 16.

34 Vgl. die Briefe Kleists an Karl Frhr. von Stein zum Altenstein, Königsberg, 30. 6. 1806 und 4. 8. 1806, ferner an Hans von Auerswald, Königsberg, 10. 7. 1806; ebd., S. 18–22.

35 An Ulrike von Kleist, Königsberg, 24. 10. 1806; ebd., S. 25.

36 Vgl. an Ulrike von Kleist, Prag, 18. 7. 1809: »So lange ich lebe, vereinigte sich noch nicht soviel, um mir eine frohe Zukunft hoffen zu lassen; und nun vernichten die letzten Vorfälle nicht nur diese Unternehmung – sie vernichten meine ganze Tätigkeit überhaupt.« (Ebd., S. 79)

37 Zu den Vorgängen um das Ende der »Berliner Abendblätter« und die Mißverständnisse zwischen Kleist, Friedrich von Raumer und Hardenberg vgl. die Briefe Kleists, ebd., S. 100–118. Dazu: Dirk *Grathoff,* Die Zensurkonflikte der Berliner Abendblätter. Zur Beziehung von Journalismus und Öffentlichkeit bei Heinrich von Kleist, in: Ideologiekritische Studien zur Literatur. Essays I, hg. v. Volkmar Sander, Frankfurt 1972, S. 35–168.

38 Kleists Zugehörigkeit zur »Christlich Deutschen Tischgesellschaft«, die von Reinhold Steig behauptet wird, ist strittig. Vgl. Hans Joachim *Kreutzer* in: Euphorion 62 (1968), S. 210–212; ferner *Ders.*, Die dichterische Entwicklung Heinrichs von Kleist (s. Anm. 9), S. 21, Anm. 52. Kritik an den Namenslisten bei Steig wird auch von Jürgen *Knaack,* Achim von Arnim – Nicht nur Poet. Die politischen Anschauungen Arnims in ihrer Entwicklung, Darmstadt 1976, S. 35 ff., geübt, ohne daß er jedoch Kleist herausnimmt; vgl. auch Dirk *Grathoff,* Die Zensurkonflikte (s. Anm. 37), S. 67 ff. Zu Hardenbergs Haltung vgl. Hans *Haussherr,* Hardenberg. Eine politische Biographie, Bd. 3: Die Stunde Hardenbergs, Köln/Graz [2]1965, S. 270 ff.

39 Die Kabinettsordre ist gedruckt in der dtv-Gesamtausgabe, Bd. 7, S. 126.

40 Ebd., S. 130.

41 Vgl.: An Marie von Kleist, Berlin, 17. 9. 1811; ebd., S. 125.

42 9. 6. 1858; vgl. Lebensspuren (s. Anm. 1), Nr. 519 a, S. 359.

43 Ebd., Nr. 516, S. 358.

44 dtv-Gesamtausgabe, Bd. 7, S. 133.

45 Ebd., S. 125.

## *Vom aufgeklärten Absolutismus zum monarchischen Konstitutionalismus*

1 Reichsgesetzblatt 1849. Hier zit. nach: Dokumente zur deutschen Verfassungsgeschichte, hg. v. Ernst Rudolf Huber, Bd. 1, Stuttgart 1961, S. 318 ff.

2 Stenographische Berichte über die Verhandlungen der deutschen constituirenden Nationalversammlung zu Frankfurt am Main, hg. auf Beschluss der Nationalversammlung durch die Redaktions-Commission und in deren Auftrag v. Franz Wigard, Bd. 2, Frankfurt 1848, S. 1295 f.

3 Artikel 109, Reichsgesetzblatt 1919. Hier zit. nach: Dokumente (s. Anm. 1), Bd. 3, Stuttgart 1966, S. 145.

4 Vgl. Hans-Ulrich *Wehler,* Das Deutsche Kaiserreich 1871–1918, Göttingen [5]1983. Rudolf *Vierhaus*, Kaiser und Reichstag zur Zeit Wilhelms II., in: Festschrift für Hermann Heimpel, Bd. 1, Göttingen 1971, S. 257 ff.

5 Vgl. dazu allgemein: Ernst Rudolf *Huber,* Deutsche Verfassungsgeschichte seit 1789, Bd. 1: Reform und Restauration, 1789 bis 1830, Stuttgart 1957; Bd. 2: Der Kampf um Einheit und Freiheit, 1830 bis 1850, Stuttgart 1960. Fritz *Hartung,* Deutsche Verfassungsgeschichte vom 15. Jahrhundert bis zur Gegenwart, Stuttgart [9]1969. Gesellschaft, Parlament und Regierung. Zur Geschichte des Parlamen-

tarismus in Deutschland, hg. von Gerhard A. Ritter, Düsseldorf 1974, Teil 1: Gesellschaftliche Repräsentation und politische Herrschaft vor 1848. Wolfgang *Mager*, Das Problem der landständischen Verfassungen auf dem Wiener Kongreß 1814/15, in: Historische Zeitschrift 217 (1974), S. 296 ff. Rudolf *Vierhaus*, Von der altständischen zur Repräsentativverfassung. Zum Problem institutioneller und personeller Kontinuität vom 18. zum 19. Jahrhundert, in: Der moderne Parlamentarismus und seine Grundlagen in der ständischen Repräsentation, hg. v. Karl Bosl, Berlin 1977, S. 177 ff. Hartwig *Brandt*, Landständische Repräsentation im deutschen Vormärz. Politisches Denken im Einflußfeld des monarchischen Prinzips, Neuwied/Berlin 1968. Für Preußen vor allem das grundlegende Buch von Reinhart *Koselleck*, Preußen zwischen Reform und Revolution. Allgemeines Landrecht, Verwaltung und soziale Bewegung von 1791 bis 1848, Stuttgart 1967.

6 Vgl. Handbuch der Deutschen Wirtschafts- und Sozialgeschichte, Bd. 2, hg. v. Wolfgang Zorn, Stuttgart 1976. Friedrich *Lütge*, Deutsche Sozial- und Wirtschaftsgeschichte. Ein Überblick, Berlin [3]1966, S. 404 ff. Friedrich Wilhelm *Henning*, Die Industrialisierung in Deutschland 1800 bis 1914, Paderborn 1973.

7 Heinz *Gollwitzer*, Die Standesherren. Die politische und gesellschaftliche Stellung der Mediatisierten 1815–1918, Göttingen [2]1964.

8 Hanns Hubert *Hofmann*, Adelige Herrschaft und souveräner Staat. Untersuchungen über Staat und Gesellschaft in Franken und Bayern im 18. und 19. Jahrhundert, München 1962. Rudolf *Vierhaus*, Eigentumsrecht und Mediatisierung. Der Kampf um die Rechte der Reichsritterschaft, 1803–1815, in: Eigentum und Verfassung. Zur Eigentumsdiskussion im ausgehenden 18. Jahrhundert, hg. v. Rudolf Vierhaus, Göttingen 1972, S. 229 ff.

9 Vgl. Helmut *Berding*, Napoleonische Herrschafts- und Gesellschaftspolitik im Königreich Westfalen 1807–1813, Göttingen 1973.

10 Vgl. Kurt *von Raumer*, Deutschland um 1800. Krise und Neugestaltung, in: Handbuch der Deutschen Geschichte, hg. v. Leo Just, Bd. 3, Abschn. 1, Konstanz o. J., S. 235 ff. Elisabeth *Fehrenbach*, Traditionale Gesellschaft und revolutionäres Recht. Die Einführung des Code Napoléon in den Rheinbundstaaten, Göttingen [3]1983.

11 Friedrich August Ludwig *von der Marwitz*, Ein märkischer Edelmann im Zeitalter der Befreiungskriege, hg. v. Friedrich Meusel, Bd. 2, 1, S. 152 ff., und Bd. 2, 2, Berlin 1913. Hans *Haussherr*, Hardenberg. Eine politische Biographie, 3. Teil: Die Stunde Hardenbergs, Köln [2]1965, insbesondere S. 264 ff. Auch: Herbert *Obenaus*, Die Immediatkommission für die ständischen Angelegenheiten als Instrument der preußischen Reaktion im Vormärz, in: Festschrift für Hermann Heimpel, Bd. 1, Göttingen 1971, S. 410 ff.

12 Alexis *de Tocqueville*, De la Démocratie en Amérique. Oeuvres Complètes, hg. v. Jacob Peter Mayer, Bd. 1, Paris 1951, S. 4. Der erste Band des Werkes erschien 1835.

13 Es ist eine der Hauptthesen in Tocquevilles späterem Werk »L'Ancien Régime et la Révolution« [1856]. Oeuvres Complètes, Bd. 2, Paris 1952.

14 Von der umfangreichen Literatur sei hier nur genannt: Der Aufgeklärte Absolutismus, hg. von Karl Otmar Freiherr von Aretin, Köln 1974; dort auch weitere bibliographische Hinweise.

15 Zum Allgemeinen Landrecht: Uwe-Jens *Heuer*, Allgemeines Landrecht und Klassenkampf, Berlin 1960. Günter *Birtsch*, Gesetzgebung und Repräsentation im

späten Absolutismus, in: Historische Zeitschrift 208 (1969), S. 265 ff. Zu Joseph II.: Paul *von Mitrofanov,* Joseph II. und seine politische und kulturelle Tätigkeit, 2 Bde., Wien 1910.

16 Teutscher Merkur, 6. Bd., 1774, S. 244 f. Das Zitat stammt aus einem Aufsatz von C. J. *Majer,* Beiträge zur Geschichte der Menschheit.

17 Immanuel *Kant,* Metaphysik der Sitten, Staatslehre 49. Allgemeine Anmerkung D von 1797. Zit. nach: Immanuel *Kant,* Werke in zehn Bänden, hg. von Wilhelm Weischedel, Bd. 7, Darmstadt 1968, S. 450.

18 Siehe den Artikel »Adel« von Werner *Conze,* in: Geschichtliche Grundbegriffe. Historisches Lexikon der politisch-sozialen Sprache in Deutschland, hg. v. Otto Brunner, Werner Conze u. Reinhart Koselleck, Bd. 1, Stuttgart 1972, S. 1 ff.

19 Zu den hier angesprochenen Problemen sei nur auf einige wichtige einschlägige Arbeiten hingewiesen: Fritz *Martiny,* Die Adelsfrage in Preußen vor 1806 als politisches und soziales Problem. Erläutert am Beispiel des kurmärkischen Adels, Stuttgart 1938. Hans *Rosenberg,* Bureaucracy, Aristocracy and Autocracy. The Prussian Experience 1660–1815, Cambridge, Mass. 1958. Otto *Büsch,* Militärsystem und Sozialleben im alten Preußen 1713–1807. Die Anfänge der sozialen Militarisierung der preußisch-deutschen Gesellschaft, Berlin 1962. Reinhart *Koselleck,* Preußen zwischen Reform und Revolution (s. Anm. 5).

20 Vgl. Adam *Müller,* Elemente der Staatskunst [1809], hg. v. Jakob Baxa, Jena 1922. Friedrich August Ludwig *von der Marwitz* (s. Anm. 11).

21 Otto *von Bismarck,* Erinnerung und Gedanke. Die gesammelten Werke, hg. v. Gerhard Ritter u. Wolfgang Stadelmann, Bd. 15, Berlin 1932, S. 538.

22 Vgl. Otto *Hintze,* Die Hohenzollern und der Adel [1914]. Wiederabgedruckt in: *Ders.,* Regierung und Verwaltung. Gesammelte Abhandlungen zur Staats-, Rechts- und Sozialgeschichte Preußens, hg. v. Gerhard Oestreich (= Ges. Abhandlungen, Bd. 3), Göttingen ²1967, S. 30 ff. Hintzes Abhandlungen enthalten allgemein eine Fülle von grundlegenden Analysen zum Thema.

23 Dazu u. a. Ernst Rudolf *Huber,* Verfassungsgeschichte (s. Anm. 5), Bde. 1 und 2.

24 Deutscher Liberalismus im Vormärz. Heinrich von Gagern. Briefe und Reden 1815–1848, hg. v. Paul *Wentzcke* und Wolfgang *Klötzer,* Göttingen 1959.

25 Siegfried *Bahne,* Die Freiherren Ludwig und Georg Vincke im Vormärz, Dortmund 1975.

26 Vgl. Hellmuth *Rössler,* Zwischen Revolution und Reaktion. Ein Lebensbild des Reichsfreiherrn Hans Christoph von Gagern, Göttingen 1958.

27 An den Grafen Westphal, 1. 2. 1816; zit. nach Johannes *Janssen,* Friedrich Leopold Graf zu Stolberg, Bd. 2, Freiburg 1877, S. 354 f.

28 Adam *Müller,* Elemente (s. Anm. 20), Bd. 1, S. 187.

29 Ludwig *Tieck,* Die Ahnenprobe, hier zit. nach: Gesellschaft und Staat im Spiegel deutscher Romantik, hg. v. Jakob Baxa, Jena 1924, S. 474.

30 S. Wolfgang *Scheel,* Das »Berliner Politische Wochenblatt« und die politische und soziale Revolution in Frankreich und England, Göttingen 1964.

31 Artikel »Adel« in: Karl *von Rotteck*/Karl Theodor *Welcker,* Staatslexikon, Bd. 1, Altona 1834, S. 353.

32 Paul Achatius *Pfizer,* Gedanken über Recht, Staat und Kirche, Bd. 1, Stuttgart 1842, S. 361 f.

33 Heinrich *Heine,* Französische Zustände [1832]. Zwischennote zu Artikel IX, in: *Ders.,* Sämtliche Werke in zwölf Bänden, Bd. 10, Berlin o. J., S. 116.

34 An dieser Stelle kann verwiesen werden auf: E. P. *Thompson,* Patrician Society, Plebeian Culture, in: Journal of Social History 7 (1974), S. 382. – Für die in diesem Absatz angesprochenen Zusammenhänge findet sich in Briefwechseln, Autobiographien, politischen Schriften und Reden, aber auch in literarischen Werken reiches Material. Überdies: Hans Wilhelm *Eckhardt,* Herrschaftliche Jagd, bäuerliche Not und bäuerliche Kritik. Zur Geschichte der fürstlichen und adeligen Jagdprivilegien vornehmlich im südwestdeutschen Raum, Göttingen 1976.

35 Alexis *de Tocqueville,* L'Ancien Régime et la Révolution (s. Anm. 13), S. 196.

36 Aus der Adelsdebatte der Frankfurter Nationalversammlung bei der Beratung der Grundrechte am 1. u. 2. August 1848. Stenographische Berichte (s. Anm. 2), Bd. 2, S. 1311.

37 Zit. nach Manfred *Botzenhart,* Der deutsche Parlamentarismus in der Revolutionszeit 1848–1850 (Handbuch der Geschichte des deutschen Parlamentarismus), Düsseldorf 1977, S. 202.

## *Aufklärung und Reformzeit*

1 Diese Thematik ist angesprochen u. a. in: Eberhard *Weis,* Absolute Monarchie und Reform im Deutschland des späten 18. und frühen 19. Jahrhunderts, in: Festschrift f. Karl Bosl, hg. v. Friedrich Prinz, Franz-Joseph Schmale u. Ferdinand Seibt, Stuttgart 1974, S. 436–461. Rudolf *Vierhaus,* Von der altständischen zur Repräsentativverfassung, in: Der moderne Parlamentarismus und seine Grundlagen in der ständischen Repräsentation, hg. v. Karl Bosl, Berlin 1977, S. 177–194. *Ders.,* Vom aufgeklärten Absolutismus zum monarchischen Konstitutionalismus. Der deutsche Adel im Spannungsfeld von Revolution, Reform und Restauration (1789–1848), in diesem Band S. 235–248.

2 Dieser Essay ist jetzt zu finden in: Alexis *de Tocqueville,* L'Ancien Régime et la Révolution. Oeuvres Complètes, hg. v. Jacob Peter Mayer, Bd. 2, Paris 1952, S. 31–66; die zitierten Stellen: S. 35 f., 65. Ich folge der Übersetzung von Siegfried Landshut in der von ihm hg. Auswahl aus dem Gesamtwerk Tocquevilles: Das Zeitalter der Gleichheit, Stuttgart 1954, S. 121, 144 f.

3 Generell sei hier verwiesen auf: Kurt *von Raumer*/Manfred *Botzenhart,* Deutschland um 1800: Krise und Neugestaltung. Von 1789 bis 1815, in: Handbuch der Deutschen Geschichte, hg. von Leo Just, Bd. 3/I, 1. Teil, Wiesbaden 1980. Ferner: Karl Otmar Freiherr *von Aretin,* Vom Deutschen Reich zum Deutschen Bund, Göttingen 1980. Elisabeth *Fehrenbach,* Vom Ancien Régime zum Wiener Kongreß, München 1981.

4 Vgl. dazu auch: Rudolf *Vierhaus*, Heinrich von Kleist und die Krise des preußischen Staates um 1800, in diesem Band S. 216–234. Ferner: die ältere, nicht unproblematische Arbeit von Henri *Brunschwig,* La crise de l'état prussien à la fin du XVIIIe siècle et la genèse de la mentalité romantique, Paris 1947.

5 Vgl. Rudolf *Vierhaus,* Politisches Bewußtsein in Deutschland vor 1789, in diesem Band S. 183–201. Marc *Raeff,* The Well-Ordered Police-State, Social and Institutional Change through Law in the Germanies and Russia (1600–1800), New Haven/London 1983.

6 Vgl. Geraint *Parry*, Enlightened Government and its Critics in Eighteenth-Century Germany, in: Historical Journal 6 (1963), S. 178–192.
7 Rudolf *Vierhaus*, Deutschland im Zeitalter des Absolutismus. (1648–1763), Göttingen $^{2}$1984.
8 Neben der älteren Literatur, die man jetzt vor allem bei: Kurt *von Raumer*/Manfred *Botzenhart*, (s. Anm. 3) verzeichnet findet, sind besonders zu nennen: Ernst Rudolf *Huber*, Deutsche Verfassungsgeschichte seit 1789, Bd. I: Reform und Restauration, 1789–1830, Stuttgart 1957. Franz-Ludwig *Knemeyer*, Regierungs- und Verwaltungsreformen in Deutschland zu Beginn des 19. Jahrhunderts, Köln 1970. Für Bayern: Eberhard *Weis*, Die Begründung des modernen bayerischen Staates unter König Max I. (1790–1825), in: Handbuch der bayerischen Geschichte, hg. v. Max Spindler, Bd. IV, 1, München 1974, S. 3–86. Für Baden: Erwin *Arndt*, Vom markgräflichen Patrimonialstaat zum großherzoglichen Verfassungsstaat Baden. Ein Beitrag zur Verfassungsgeschichte Badens zu Beginn des 19. Jahrhunderts mit Berücksichtigung der Verhältnisse in Bayern und Württemberg, in: Zeitschrift für die Geschichte des Oberrheins 101 (1953), S. 157–264, 463–531. Zu Württemberg: Erwin *Hölzle*, Württemberg im Zeitalter Napoleons und der deutschen Erhebung, Stuttgart 1937. Zu Preußen: Reinhart *Koselleck*, Preußen zwischen Reform und Revolution. Allgemeines Landrecht, Verwaltung und soziale Bewegung von 1794 bis 1848, Stuttgart 1967.
9 Franz-Ludwig *Knemeyer*, Regierungs- und Verwaltungsreformen (s. Anm. 8), S. 277.
10 Ebd., S. 276.
11 Ebd., S. 281.
12 Eberhard *Weis*, Montgelas (1759–1799). Zwischen Revolution und Reform, München 1971, S. 266 ff.
13 Ebd., S. 269.
14 Dazu: Rainer *Wohlfeil*, Napoleonische Modellstaaten, in: Napoleon und die Staatenwelt seiner Zeit, hg. v. Wolfgang von Groote, Freiburg 1969, S. 33–57.
15 Zur Rezeption des Code Napoléon: Elisabeth *Fehrenbach*, Traditionale Gesellschaft und revolutionäres Recht. Die Einführung des Code Napoléon in den Rheinbundstaaten, Göttingen $^{3}$1983. *Dies.*, Der Kampf um die Einführung des Code Napoléon in den Rheinbundstaaten, Wiesbaden 1973. Helmut *Berding*, Napoleonische Herrschafts- und Gesellschaftspolitik im Königreich Westfalen 1807–1813, Göttingen 1973. Werner *Schubert*, Französisches Recht in Deutschland zu Beginn des 19. Jahrhunderts. Zivilrecht, Gerichtsverfassungsrecht und Zivilprozeßrecht, Köln 1977.
16 Dazu neuerdings zusammenfassend: Christof *Dipper*, Die Bauernbefreiung in Deutschland (1790–1850), Stuttgart 1980.
17 Dazu: Wilhelm *Roessler*, Die Entstehung des modernen Erziehungswesens in Deutschland, Stuttgart 1961. Karl-Ernst *Jeismann*, Das preußische Gymnasium in Staat und Gesellschaft, Stuttgart 1974. Ludwig *Fertig*, Campes politische Erziehung. Eine Einführung in die Pädagogik der Aufklärung, Darmstadt 1977.
18 Ernst *Troeltsch*, Der deutsche Idealismus [1900], Das neunzehnte Jahrhundert [1913]. Wiederabgedruckt in: *Ders.*, Gesammelte Schriften, Bd. 4: Aufsätze zur Geistesgeschichte und Religionssoziologie, hg. v. Hans Baron, Tübingen 1925, S. 532–587 und 614 ff.
19 Georg Wilhelm Friedrich *Hegel*, Grundlinien der Philosophie des Rechts, § 303,

in: *Ders.*, Sämtliche Werke, Neue kritische Ausgabe, hg. v. Johannes Hoffmeister, Hamburg [4]1955, S. 284 f.

20 Zur Beamtenproblematik vgl. u. a.: Hans *Hattenhauer*, Geschichte des Beamtentums, Köln 1980 (Handbuch des öffentlichen Dienstes, Bd. 1), besonders S. 161 ff. Bernd *Wunder*, Privilegierung und Disziplinierung. Die Entstehung des Berufsbeamtentums in Bayern und Württemberg (1780–1825), München 1978.

# *Verzeichnis der ursprünglichen Druckorte*

*Montesquieu in Deutschland. Zur Geschichte seiner Wirkung als politischer Schriftsteller im 18. Jahrhundert.* In: Collegium Philosophicum. Studien. Joachim Ritter zum 60. Geburtstag, Basel/Stuttgart 1965, S. 403–437.

*Ständewesen und Staatsverwaltung in Deutschland im späteren 18. Jahrhundert.* In: Dauer und Wandel der Geschichte. Aspekte europäischer Vergangenheit. Festgabe für Kurt von Raumer zum 15. Dezember 1965, hg. v. Rudolf Vierhaus und Manfred Botzenhart, Münster 1966, S. 337–360.

*Wahlkapitulationen in den geistlichen Staaten des Reiches im 18. Jahrhundert.* In: Herrschaftsverträge, Wahlkapitulationen, Fundamentalgesetze, hg. v. Rudolf Vierhaus. (Veröffentlichungen des Max-Planck-Instituts für Geschichte, Bd. 56. Zugleich: Études présentées à la Commission Internationale pour l'Histoire des Assemblées d'États, Bd. LIX.) Göttingen 1977, S. 205–219.

*Absolutismus.* In: Sowjetsystem und demokratische Gesellschaft. Eine vergleichende Enzyklopädie. Bd. 1, Freiburg i. Br./Basel/Wien 1966, Sp. 18–38.

*Aufklärung als Lernprozeß.* In: Education and Enlightenment, Hannover 1985 (Informationen zur Erziehungs- und Bildungshistorischen Forschung, Heft 26, IV, Selbstdruck Hannover 1985, S. 25–46.

*»Patriotismus«-Begriff und Realität einer moralisch-politischen Haltung.* In: Deutsche patriotische und gemeinnützige Gesellschaften, hg. v. Rudolf Vierhaus, München 1980, S. 9–29.

*Aufklärung und Freimaurerei in Deutschland.* In: Das Vergangene und die Geschichte. Festschrift für Reinhard Wittram zum 70. Geburtstag, hg. v. Rudolf von Thadden, Gert von Pistohlkors und Hellmuth Weiss, Göttingen 1973, S. 23–41.

*Lichtenberg und seine Zeit.* In: Aufklärung über Lichtenberg, Göttingen 1974, S. 21–43.

*Christian Wilhelm Dohm – Ein politischer Schriftsteller der deutschen Aufklärung.* Erstdruck.

*Friedrich Nicolai und die Berliner Gesellschaft.* In: Friedrich Nicolai 1733–1811. Essays zum 250. Geburtstag, Berlin 1983, S. 87–98.

*Umrisse einer Sozialgeschichte der Gebildeten in Deutschland.* In: Quellen und Forschungen aus italienischen Archiven und Bibliotheken, Bd. 60 (1980), S. 395–419.

*Politisches Bewußtsein in Deutschland vor 1789.* In: Der Staat, Bd. 6 (1967), S. 175–196.

*»Sie und nicht wir«. Deutsche Urteile über den Ausbruch der Französischen Revolution.* In: Deutschland und die Französische Revolution, hg. v. Jürgen Voß. (Beihefte der Francia, Bd. 12.) München/Zürich 1983, S. 1–15.

*Heinrich von Kleist und die Krise des Preußischen Staates um 1800.* In: Kleist-Jahrbuch 1980, hg. v. Hans Joachim Kreutzer, 1982, S. 9–33.

*Vom aufgeklärten Absolutismus zum monarchischen Konstitutionalismus. Der deutsche Adel im Spannungsfeld von Revolution, Reform und Restauration (1789–1848).* In: Legitimationskrisen des deutschen Adels 1200–1900, hg. v. Peter Uwe Hohendahl/Paul Michael Lützeler, Stuttgart 1979, S. 119–135.

*Aufklärung und Reformzeit. Kontinuitäten und Neuansätze in der deutschen Politik des späten 18. und beginnenden 19. Jahrhunderts.* In: Reformen im rheinbündischen Deutschland, hg. v. Eberhard Weis, München 1984, S. 287–301.

# *Register*

(angefertigt von Rainer Sabelleck)